심리학의 **기초**부터 **전문 분야**까지

심리학
비주얼백과

—— *Visual Psychology* ——

심리학의 **기초**부터 **전문 분야**까지

심리학
비주얼백과

Visual Psychology

오치 케이타 편 | 김선숙 옮김

BM 성안당

차례

Ⅰ 마음과 뇌

Ⅱ 진화하는 마음

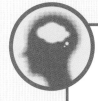

※ 본문 중의 *표시 부분은 단어 설명을 따로 실었습니다. (232p 참고)

인간이 활동하는 곳에 심리학이 있다

Keywords | 실험 | 조사 | 통계적 방식 | 증거 |

심리학의 미션

심리학에 대한 이미지는 다양하다. 하지만 실제 학문으로서의 심리학은 많은 사람이 생각하는 것보다도 훨씬 엄밀한 방법론에 근거한 과학이다. 심리학의 미션은 불가사의한 인간의 다양한 행동 법칙을 밝히는 것이다.

▼ 인간의 마음에 대해 다양한 각도로 사색한다.

▼ 인간의 행동을 객관적인 방법으로 실험하거나 조사하고, 이를 분석해 행동 법칙을 밝힌다.

심리학이란 어떤 학문일까? 대개의 사람들은 심리학을 '사람의 마음을 읽는 학문'이라고 생각한다. 실제로 서점에 가면 사람의 마음을 읽기 위한 심리학 책이 많이 나와 있다. 하지만 현실의 심리학은 사람의 마음을 읽기 위한 학문이 아니다.

◆ 심리학이란 어떤 학문일까

심리학자가 문제로 삼는 것은 오히려 더 근본적인 문제, 즉 사람의 행동에 대한 법칙을 밝히는 일이다. 인간은 상황에 따라 어떤 행동을 취하는가. 왜 그런 행동을 취하는가. 인간은 어떤 식으로 환경을 인지하고 기억하며 자신의 행동을 결정하는가. 인간의 이런 시스템은 태어나면서부터 완성되어 있는 것인가. 그렇지 않으면 환경과의 상호작용 속에서 만들어져가는가. 이 같은 시스템이 잘 돌아가지 않는 것은(예를 들면 정신 질환 등) 어떤 때인가. 이것을 고치려면 어떻게 해야 하는가.

이와 같이 인간의 행동에는 많은 불가사의가 존재하는데 이를 객관적이고 실증적인 방법론에 의해 법칙으로써 밝히는 것이 심리학의 역할이다.

그렇기 때문에 서재에 틀어박혀 사색의 폭을 넓히는 것이 심리학의 방법으로 옳은 것은 아니다. 심리학자는 많은 사람을 대상으로 실험이나 조사를 해서 거기서 나타나는 행동을 통계적인 방식으로 분석해 행동 법칙을 밝힌다. 사람의 마음 밑바닥을 공상하거나 추측하는 일은 누구나 즐겁게 할 수 있지만, 심리학자가 이런 일을 하는 것은 아니다. 심리학자는 실험이나 조사에서 얻은 에비던스(evidence, 증거)가 있는 데이터를 토대로 추론하고 논리를 구성하며, 그 이론에는 확실한 증거가 있는가, 논리의 비약이 없는가를 항상 염두에 두면서 연구를 진행해야 한다. 이런 의미에서 심리학은 과학임이 분명하다고 할 수 있다.

심리학은 인간의 다양한 행동을 연구 대상으로 하기 때문에 그에 대응해서 몇 가지 분야로 나누어진다. 인간의 인지와 행동의 메커니즘을 연구하는 인지심리학, 성장과 나이에 따른 변화를 연구하는 발달심리학, 집단으로서의 인간을 연구하는 사회심리학, 인간 행동의 부적응에 대해 연구하는 임상심리학 등이 있다. 심리학은 인접하는 다른 학문 영역과도 밀접한 관련이 있어 연구의 최선전에서는 적극적인 협조가 이루어지고 있다.

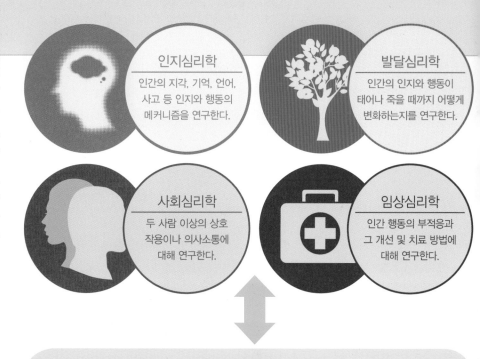

인지심리학
인간의 지각, 기억, 언어, 사고 등 인지와 행동의 메커니즘을 연구한다.

발달심리학
인간의 인지와 행동이 태어나 죽을 때까지 어떻게 변화하는지를 연구한다.

사회심리학
두 사람 이상의 상호 작용이나 의사소통에 대해 연구한다.

임상심리학
인간 행동의 부적응과 그 개선 및 치료 방법에 대해 연구한다.

인접한 다른 학문 영역
통계학 · 뇌신경과학 · 생물학 · 의학 · 인류학 · 사회학 등

◆ 심리학을 구성하는 다양한 분야

인간의 행동에는 다종다양한 측면이 존재하기 때문에 심리학도 이에 대응해 몇몇 분야로 나뉜다.

먼저 인간의 지각이나 기억, 언어나 사고의 메커니즘을 밝히는 분야로서 인지심리학이 있다. 또한 태어나 죽을 때까지 우리 인간의 인지나 행동이 어떻게 변화해가는지, 어떤 요인에 영향을 받아 변화해가는지를 연구하는 분야로서 발달심리학이 있다. 그리고 두 사람 이상의 상호작용, 예를 들면 연애나 지원 행동, 그룹 활동이나 의사소통의 문제를 다루는 사회심리학, 인간의 이상한 행동이나 부적응 등에 대해 그 원인을 규명하고 개선·치료해가는 임상심리학 분야가 있다.

물론 심리학은 인간의 다종다양한 활동과 밀접한 관계가 있어 이들 활동에서 인간의 행동을 밝혀나간다. 이와 같은 응용 분야에는 학교심리학, 마케팅심리학, 장애심리학, 범죄심리학, 운동심리학, 산업·조직심리학 등이 있다.

결국 "인간이 활동하는 곳에 심리학이 있게 마련이다"라고 할 수 있다. (오치 케이타)

I
마음과 뇌

인간의 뇌 vs 동물의 뇌

Keywords │ 뇌간 │ 대뇌변연계 │ 대뇌피질 │ 전두 전 영역 │

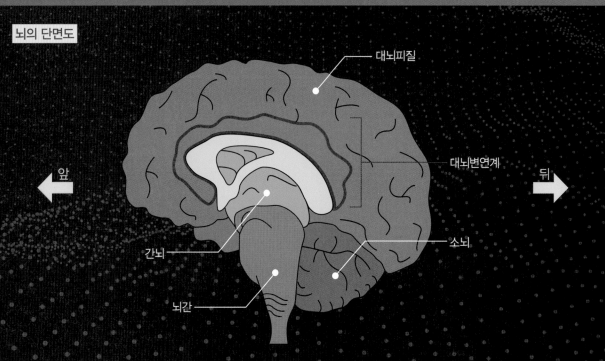

뇌의 단면도

대뇌피질

대뇌변연계

앞

뒤

소뇌

간뇌

뇌간

'동물 뇌'의 본능적 욕구나 원시적 감정은 '사람 뇌'의 목적의식이나 장기 전략에 의해 제어된다.

사 람의 뇌 밑에는 난폭한 악마와 본능대로 사는 악어가 함께 잠자고 있다……. 뇌신경과학적으로는 정밀한 표현이 아닌지도 모른다. 그러나 이렇게 비유하면 뇌의 구조와 기능을 직감적으로 이해하기 쉽다. 생물이 진화하면서 뇌에 새로운 기능이 보태졌기 때문이다. 바꿔 말하면 뇌의 깊은 곳에는 먼 조상들이 사는 데 필요했던 마음의 기능이 지금도 내재되어 있다. 작은 생물이었던 조상의 무서운 힘, 생존경쟁을 이겨낸 흉폭성, 무리를 만들어 획득하기 시작한 사회성…… 이 모든 역사가 아로새겨 있다.

◆ 생명 유지와 본능을 담당하는 뇌

먼저 '악어의 뇌'를 살펴보자. 배가 고픈 악어는 강가에 숨어 먹이를 기다리고 있다가 사냥감이 물을 마시러 가까이 오면 있는 힘을 다해 잡아먹는다. 배가 부른 악어는 하마 무리가 에워싸도 강가에서 편히 쉬다 짓밟힐 것 같은 상황이 닥쳐서야 도망치기 시작한다. 그리고 발정기에는 교미 상대를 찾아 어슬렁어슬렁 돌아다닌다. 악어가 하는 일은 '그 순간'의 쾌락을 찾는

행동이 대부분이다.

이와 같은 악어의 행동 대부분은 후두부 밑에 위치하는 소뇌, 뇌의 중앙에 위치하는 척수와 직접 이어지는 뇌간의 작용으로 설명할 수 있다. 소뇌는 운동 기능을 담당하고 있어, 소뇌에 장애가 생기면 악어도 우리도 움직이지 못하게 된다. 뇌간(하위 뇌간)은 다수의 생명 유지 기능과 감각의 집결을 담당하고 있다. 뇌간에 장애가 생기면 호흡이나 심장 및 순환기가 기능을 하지 못해 죽음에 이르게 된다.

넓은 의미에서 뇌간에 포함되는 간뇌는 내장, 혈압, 체온, 호르몬 분비, 성적 흥분의 자율신경을 제어하는 시상하부와, 후각 이외의 모든 감각의 중계점으로 대뇌를 각성시키는 시상으로 구성되어 있다. 특히 시상하부는 '먹고 싶다', '자고 싶다', '교미하고 싶다'처럼 생존과 생식에 직결되는 본능적 욕구와, 위협에 반사적으로 '공격한다', '도망친다' 같은 원시적인 감정 행동도 담당한다. 여기에 좋고 싫음에 관여하는 대뇌변연계(→006)의 작용이 더해지면 욕구나 감정은 더욱 과장된다.

대뇌변연계의 기능은 사나운 말(馬)에 비유할 수 있다. 대뇌

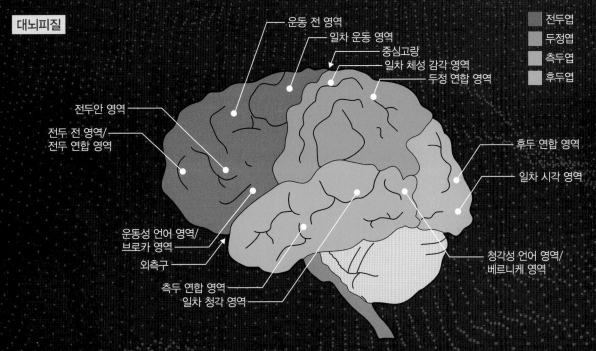

대뇌피질

운동 전 영역
일차 운동 영역
중심고랑
일차 체성 감각 영역
두정 연합 영역

전두안 영역
전두 전 영역/
전두 연합 영역

후두 연합 영역

일차 시각 영역

운동성 언어 영역/
브로카 영역
외측구

청각성 언어 영역/
베르니케 영역

측두 연합 영역
일차 청각 영역

전두엽
두정엽
측두엽
후두엽

대뇌피질은 대뇌의 표면을 덮는 대략 2.5밀리미터의 신경세포 층으로, 해부학적으로는 크게 전두엽, 두정엽, 측두엽, 후두엽 4개로 크게 나눈다. 인간다운 행동에 관여하는 가장 중요한 부위는 전두엽의 전두 전 영역(전두 연합 영역)이다.

변연계에는 '편도체'라 불리는 아몬드 모양의 기관이 있다. 이 기관은 격한 감정의 중심에 있다. 감정은 눈앞의 사태가 자신에게 좋은지 나쁜지 순간적으로 판단해 '좋고 나쁨'을 강조하는 역할을 담당한다. 예를 들어 말(馬)은 자기 등 위에 태울 사람을 고른다. 자신과 맞는 사람에게는 접근하고, 자신과 맞지 않을 듯한 사람은 피해 다니며 때로 난폭하게 굴기도 한다. 자신을 불쾌하게 만들지도 모르는 사람을 사전에 알아차리고 회피 또는 배제하려고 하는 것이다. 이 중심적인 역할을 담당하는 것이 편도체이다.

◆ 행동을 제어하고 계획하는 뇌

감정을 생존경쟁에서 보다 유효하게 활용하는 데는 무엇이 필요할까? 그건 '언제 어디에 가면 좋은 것이 있다거나 나쁜 것이 있다'고 하는 데이터베이스이다. 단기적인 기억을 저장하는 곳은 해마지만, 해마는 기억을 보존할 수가 없다. 그 역할을 담당하는 것은 대뇌피질이다. 대뇌피질에 보존된 정보는 유사한 것끼리 세트로 해서 처리된다. 감정과 '자신에게 좋은 것과 나쁜 것'의 데이터베이스를 획득함으로써 생존경쟁에서 얼마나 유리해졌는지, 사람을 비롯해 뇌의 시스템을 획득한 생물의 자손이 지구상에서 번식하고 있는 현재의 상태를 보면 알 수 있을 것이다.

복잡한 사회를 만든 사람은 사회에서 임기응변적으로 처신하면 불리한 입장이 될 수도 있고 벌을 받을 수도 있다. 여기서 사람에게 특히 발달한 대뇌피질의 전두 전 영역(전두엽 앞 부분)이 활약한다. 전두 전 영역의 작용으로 우리는 동물적인 본능이나 충동의 폭주를 제어하며 타인의 안색을 살피고 자신의 역할을 자각할 수 있다. 그리고 이는 목적의식이나 사회 속에서 보다 유리한 장기적 전략을 가능케 한다. 아이들이 "난 커서 ○○가 될 거야"라고 말하는 것은 이 기능을 직접 표현한 예이다. 자신의 목적을 노출하면 불리해진다는 것을 안 후에는 숨기려고 하는데, 이것 또한 전두 전 영역의 작용이다. (스기야마 다카시)

뇌에 그려진 마음과 신체의 지도

Keywords | 펜필드의 호문쿨루스 | 체성 감각 영역 | 신체 부위 국재 | 환상지 |

일차 체성 감각 영역의 신체 부위 국재 지도

일차 체성 감각 영역의 단면을 보면 신체 각 부위에 대응한 감각을 담당하는 영역이 정연하게 나란히 위치해 있다는 것을 알 수 있다. 각 영역의 상대적인 크기를 재현해서 의인화한 것이 펜필드의 호문쿨루스다.

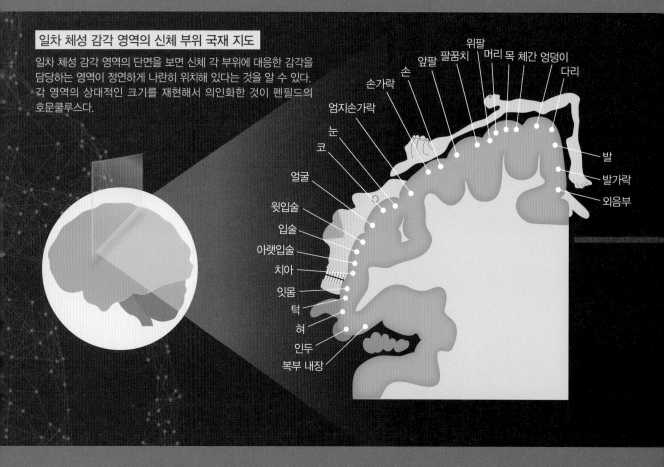

우리 뇌에는 소인이 살고 있다. 그 소인은 우리의 머리끝에서 발끝까지 거꾸로 매달려 있다. 입, 혀, 손가락이 이상하게 크고 그에 비해 팔이나 하지는 작은 색다른 모습이다……

◆ 뇌에 사는 소인

이것은 '펜필드의 호문쿨루스(Homunculus)'로 알려진, 뇌의 표면에 있는 신체의 지도를 의인화한 것이다(호문쿨루스란 '소형의 사람'을 의미하는 라틴어에서 유래). 인간의 뇌 중심고랑 뒤쪽에는 발, 손, 얼굴 같은 신체의 각 부위에 대응하는 감각을 담당하는 영역이 세로로 나란히 있다. 이 영역을 체성 감각 영역(본성 감각 영역)이라고 하며, 체성 감각 영역 안의 특정 영역에 전기 자극을 가하면 신체 특정 부위의 감각이 생긴다. 뇌신경외과 의사인 와일더 펜필드(Wilder Penfield)는 뇌외과 수술 시에 환자의 뇌를 전극으로 자극해 어떤 느낌이 있는지를 물었다(뇌 자체는 통각 수용체를 갖고 있지 않으므로 자극해

도 통증을 느끼는 일은 없다. 뇌외과 수술은 두피에 대한 국소마취만 하기 때문에 환자가 깨어 있는 상태에서 의사가 묻는 말에 대답할 수가 있었다). 뇌의 중심 부근을 자극하면 다리의 감각이 살아나고, 좀 내려간 곳부터는 머리를 만지는 듯한 감각이 생겼다. 이렇게 여러 군데를 반복해 자극한 결과, 뇌의 중심 후방 양쪽 위아래에 각 신체 부위의 정보를 받아들이는 영역이 다리, 체간, 손, 얼굴, 입술, 구강, 인두 순으로 나란히 있다는 것을 알아냈다.

와일더 펜필드에 의해 체성 감각 영역 내에 신체 여러 부위의 국소적인 감각이 생기는 영역이 질서 있게 놓여 있다는 것이 밝혀졌다. 이 뇌 구조와 신체 감각과의 대응을 신체 부위 국재(局在), 소마토피라고 한다. 신체 부위 국재에는 두 가지 특징이 있다. 신체 부위는 완전히 연결돼 있지 않고 분리되어 있는 경우도 있다. 눈, 코나 입은 목 옆이 아니라 손이나 손가락에 가깝고, 혀는 입술보다도 턱에 가깝다. 또 하나의 특징은 호문쿨루

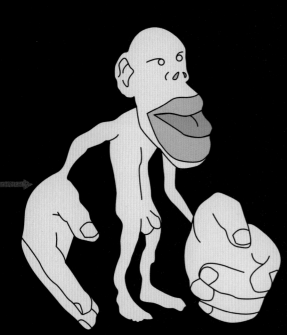

와일더 펜필드의 호문쿨루스. 신체 각 부위의 크기는
각 감각의 예민한 정도를 나타낸다.

잃어버린 손의 지도

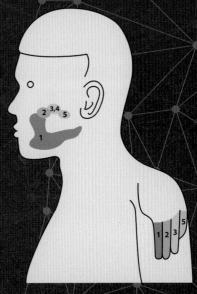

환상지 환자의 잃어버린 손 지도는 얼굴의 왼쪽 위아래와,
위팔의 1에서 5 부분(5개의 손가락을 나타낸다)에 있다.
이것을 건드리면 환자에게는 잃어버린 손의 감각이 생긴다.

스가 색다른 모습인 것처럼 각 체성 감각에 할당된 피질의 크기는 신체 부위에 따라 상대적으로 다르다. 이것은 각 신체 부위에 대한 감각 입력의 중요성과 관계가 있다. 예를 들면 입술이나 손가락에 대응하는 부위는 체간 전체에 대응하는 부위와 같은 영역을 차지한다. 입술이나 손가락으로 입력하는 정보는 매우 빈번해서 인간의 생활이나 생존에 불가결하지만, 체간이 자극을 받는 일은 적다. 또한 입술이나 손가락은 매우 날카로운 촉각이나 식별력을 갖지만, 체간은 그다지 민감하지 않다. 그렇기 때문에 피질의 넓은 영역을 필요로 하지 않는다고 생각할 수 있다. 체성 감각 이외에도 빛을 감지하는 망막에는 망막 부위 국재. 속귀의 주파수를 감지하는 달팽이관에는 주파수 국재가 있고, 뇌속의 특정 영역에 감각 기능이 있는 것으로 밝혀졌다.

◆ 잃어버린 손은 얼굴에 있다?

교통사고나 외과 수술로 신체의 일부를 절제한 후에도 잃어버린 신체 부위가 아직 있는 것 같은 감각이 선명하게 생기기도

한다. 이런 감각을 환상지(환각지)라고 하는데, 환상지는 바로 신체 부위 국재 지도에서 그 부위와 가까운 영역이 자극을 받아 일어난다. 환상지와 체성 감각 영역과의 관계를 발견한 것은 신경과학자 빌라야누르 라만찬드란이다. 그는 왼손 절단 후에 환상지가 일어난 환자의 몸과 얼굴의 여러 부위를 면봉으로 건드려보았다. 그랬더니 얼굴 왼쪽 위아래와 위팔 부위에 잃어버린 손의 지도가 존재하는 것을 발견했다. 이들 신체 부위는 펜필드의 뇌 지도에서 잃어버린 손에 대응하는 영역의 양옆이다. 그러니까 절단된 손에서 입력하는 정보가 끊긴 후 그 양옆에 있는 감각 신경이 비어 있는 손의 영역에 침투했기 때문에 얼굴과 팔 위쪽을 자극하면 손의 영역이 활성화해 환상지 감각이 생겼다고 볼 수 있다. 반대로 특정 신체 부위에서 정보 입력이 증가하면 대응하는 뇌 영역은 확대한다는 연구 결과도 나왔다. 이들 연구로부터 신체 부위 국재 지도는 입력 정보의 변화에 따라 재편성할 가소성을 갖는다는 것을 알 수 있다. (미쓰도 다카코)

뇌내 현상과 심리 현상의 친밀한 관계

뉴런의 구조와 시냅스의 연락 사람의 뇌에는 전체적으로 수백억 개나 되는 뉴런이 있는 것으로 알려져 있다. 이 뉴런끼리 주고받는 전기 신호가 마음을 포함한 활동의 기반이 된다.

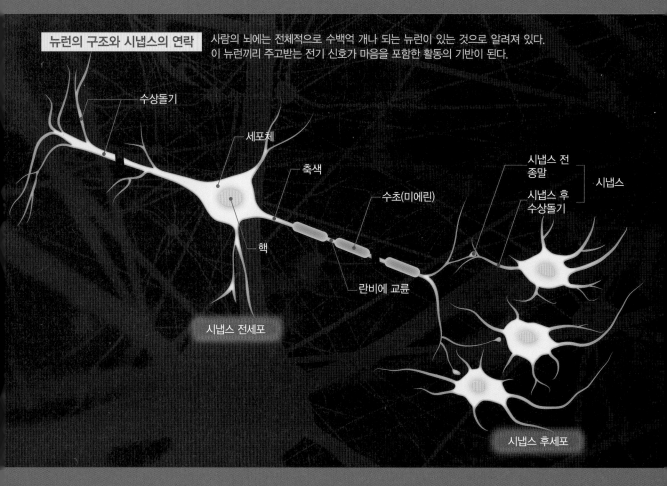

수상돌기
세포체
축색
수초(미에린)
시냅스 전 종말
시냅스 후 수상돌기
시냅스
핵
란비에 교륜
시냅스 전세포
시냅스 후세포

일상생활에서 사람은 다양한 감정과 사고, 지각을 경험한다. 그 기반이 되는 것이 뇌의 활동이다. 우리 마음의 구조를 알기 위해서는 뇌내의 신경 메커니즘을 밝힐 필요가 있다. 여기서는 뇌내 현상과 심리 현상의 관계에 대해 살펴보자.

◆ 뇌내의 정보 전달 구조

사람의 뇌는 무수한 뉴런과 그리아 세포로 구성되어 있다. 뉴런(신경세포, 신경 단위)은 세포체, 수상돌기, 축색으로 구성되어 있다. 세포체는 DNA 정보가 기록되어 있는 핵과 그것을 덮는 미토콘드리아로 구성되어 있다. 수상돌기는 세포체에서 나뭇가지처럼 뻗어 있으며, 다른 뉴런에서 오는 신호를 받는 역할을 한다. 축색은 뉴런에서 출력되는 전기 신호 전달을 담당한다. 축색은 수초(미에린)라 불리는 그리아 세포의 일종으로 덮여 있는데, 이것이 절연체의 역할을 하기 때문에 다른 전기 신

호와 혼선을 빚는 일 없이 정보 전달을 할 수 있다. 또한 수초에는 란비에 교륜이라 불리는 간극이 조금씩 있는데, 그 간극을 타고 전기 신호가 흐르기(도약 전도) 때문에 보통보다도 신호 전달을 신속하게 할 수 있게 된다. 축색의 끝에 있는 시냅스는 다른 뉴런의 수상돌기 선단에 있는 시냅스에 결합되어 있으며, 시냅스 간극에서 신경전달물질이 방출됨으로써 신호가 전달된다(→ 083). 이때 정보를 전하는 측의 세포를 시냅스 전세포라 하고, 정보를 받는 측의 세포를 시냅스 후세포라고 한다.

◆ 인지나 행동에 영향을 미치는 물질

신경전달물질에는 주로 시냅스 후세포에 활동 전위를 발생시키는 흥분성 물질과 시냅스 후세포의 활동 전위를 떨어뜨리는 억제성 물질이 있다. 흥분성 신경전달물질에는 아세틸콜린, 도파민, 노르아드레날린, 아드레날린, 세로토닌, 글루타민산 등이 있

주요 신경전달물질과 그 분류

신경전달물질	계	분류	관계하는 정신 질환
아세틸콜린	콜린	흥분성	파킨슨병 알츠하이머병
도파민	아민	흥분성	우울증 파킨슨병 물질 의존
세로토닌	아민	흥분성	우울증
노르아드레날린	아민	흥분성	PTSD
GABA (감마 아미노낙산)	아미노산	억제성	불안증

클로닌저의 퍼스낼러티 이론

기질	자동차에 비유하면	특징	클로닌저가 상정하는 신경전달물질
신기성 추구	엑셀	〈높다〉 새로운 것을 좋아한다, 수다쟁이, 불규칙한 행동 〈낮다〉 완고, 금욕적, 규칙적이다	도파민
손해 회피	브레이크	〈높다〉 걱정이 많다 내향적, 비관적 〈낮다〉 모험을 즐긴다, 외향적, 낙관적	세로토닌
보상 의존	클러치	〈높다〉 공감적, 정서적, 감상적 〈낮다〉 고립, 냉정, 감상적이 아니다	노르아드레날린
고착	트랙션 컨트롤	〈높다〉 완전주의, 열심 〈낮다〉 적당, 싫증을 잘 낸다	?

다. 아세틸콜린은 그물체*(망양체) 부활계의 주요 신경전달물질이며, 정동*(情動) 환기나 수면, 각성 등의 의식에 관여한다. 도파민은 긍정적인 감정의 증대, 운동 조절 기능, 인지 기능에 관여하는 것으로 알려져 있다. 진전(振戰, 떨림, tremor) 등의 운동 기능 장애를 볼 수 있는 파킨슨병에서는 도파민 양의 저하를 그 원인으로 생각할 수 있다. 또한 통합 실조증에서는 도파민의 과잉 분비가, 우울에는 도파민 부족이 원인이라는 견해도 있다 (→083). 노르아드레날린은 각성 상태에 관여하는 것으로 알려져 있으며, 주의 기능에도 관여한다고 지적되고 있다. 노르아드레날린은 PTSD(외상 후 스트레스 장애) 환자에게 만성적으로 증가하는 것으로 알려져 있으며, 그들이 각성 항진 증상을 보이는 내분비적 기반이라고 생각할 수 있다. 세로토닌이 부족하면 우울증의 원인이 된다는 설이 있는데, 이것은 추측에 지나지 않는다. 억제성 신경전달물질에는 GABA(감마 아미노낙산)가 있다.

GABA를 촉진하는 약리 작용에는 침정(沈靜) 효과와 항불안 등을 생각할 수 있다.

정신의학자 로버트 클로닌저의 퍼스낼러티 이론에서는 한 발 더 나아가 신경전달물질의 분비와 기질에 관련이 있다고 상정하고 있다. '신기성 추구'는 새로운 것을 찾아 즉시 행동으로 옮기는 경향을 말하며, 여기에는 도파민이 관여하는 것으로 생각된다. '손해 회피'는 위험이나 손실을 회피하는 경향으로, 이에는 세로토닌이 관여한다고 생각된다. 보상 의존은 사회성과 가까운 개념이다. 타인과 함께 있는 것을 좋아하거나 공감적인 행동을 하는 경향에는 노르아드레날린이 관여하는 것으로 알려져 있다. (마쓰모토 노보루)

분리 뇌 환자로부터 뇌의 구조를 탐구한다

Keywords | 뇌량 | 반구 우위성 | 대뇌 기능 국재 |

대뇌 반구와 뇌량

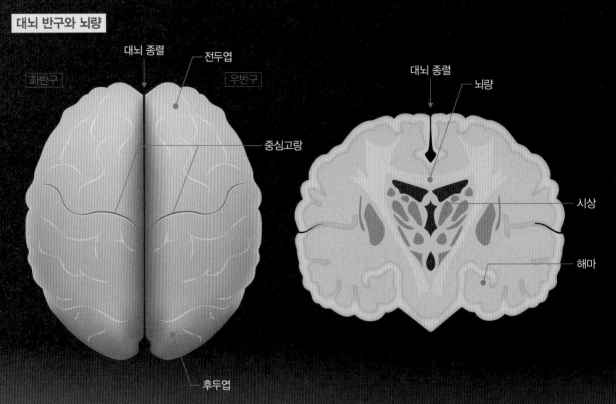

대뇌를 위에서 본 그림(왼쪽)과 정면에서 본 단면도(오른쪽). 대뇌는 대뇌 종렬에 의해 좌반구와 우반구로 분리되어 있다. 대뇌 종렬의 밑바닥에 뇌량이 있어 좌우 대뇌 반구를 연결하고 있다.

사람의 대뇌는 좌반구와 우반구로 구성되어 있다. 좌반구와 우반구는 뇌량이라는 신경섬유 집합체에 의해 결합되어 있다. 좌반구와 우반구는 뇌량을 통해 정보 교환을 꾀하며, 그 때문에 사람은 고차 기능을 유지할 수 있다. 만약 뇌량이 절단되면 사람은 어떻게 될까?

◆ 건드리면 알 수 있지만 이름을 말할 수 없다

신경과학자 로저 스페리와 마이클 가자니가는 뇌량이 단절된 환자(분리 뇌 환자)를 집중적으로 연구했다. 대상은 난치성 간질 치료를 위해 뇌량을 외과 수술로 절단한 환자였다. 먼저 분리 뇌 환자는 일상생활을 하는 데는 큰 문제가 없었다. 그러나 한쪽 대뇌 반구만으로 정보 처리를 하는 과제를 내주면 현저한 장애를 볼 수 있는 동시에 흥미 있는 현상이 일어났다.

스페리와 가자니가의 실험에서는 시각 자극으로써 그림을 순간 제시해 한쪽 반구만 자극 입력이 행해지도록 하는 절차를 취했다. 시각 자극은 교차적으로 대뇌에 입력되기 때문에 왼쪽 시야에서 받아들인 자극은 우반구에서 처리되고, 오른쪽 시야에서 받아들인 자극은 좌반구에서 처리된다. 또한 자극을 제시하는 영상보다도 안쪽에, 영상에 숨듯이 몇 개의 물체가 맺혔다. 이때 분리 뇌 환자에게 그림을 오른쪽 시야, 즉 좌반구에 순간 제시하면 분리 뇌 환자는 제시된 물체의 이름을 대답했다. 그러나 그림을 왼쪽 시야, 즉 우반구에 순간 제시하면 그 그림이 무엇인지 말로 설명하지 못했다. 더 흥미로운 것은 왼쪽 시야에 순간 제시한 경우, 왼손을 사용해 그 그림에 그려진 물체를 더듬어 골라냈다. 그런데 자신이 선택한 그 물체의 이름을 말하지는 못했다.

그 결과는 두 가지 중요한 사실을 시사한다. 첫째는 언어의 반구 우위성을 나타낸다. 좌반구에 제시할 때만 자극에 대한 언어 보고가 가능했던 점으로 보아 언어 기능은 좌반구가 담당하

분리 뇌 실험

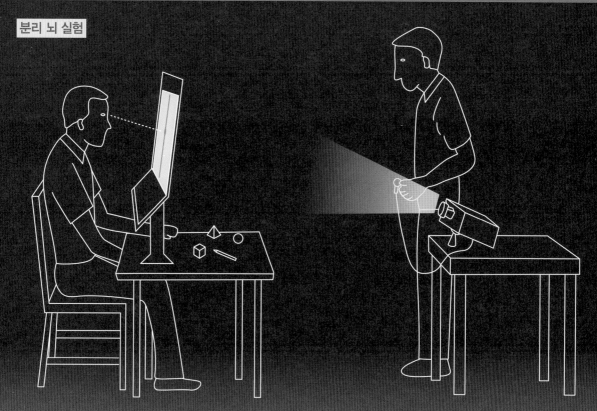

피험자 뇌의 한쪽 반구에만 시각 자극이 입력되도록 영상을 제시하고, 그 영상 속 그림이 무엇인지 구두로 대답
할 수 있는지 조사했다. 또한 그 물체가 보이지 않는 상태에서 손으로 더듬어 골라낼 수 있는지도 알아보았다.

는 부분이 크다고 말할 수 있다. 오늘날에는 언어 기능의 좌반구 우위가 신경심리학적 소견에서도 공통적인 견해가 되었다.

둘째는 언어 기능이 끼어들지 않는 인지 기능의 존재를 나타냄과 동시에 당사자의 의식이 미치지 않는 잠재적인 인지 과정의 존재를 나타낸다. 분리 뇌 환자는 자극이 왼쪽 시야에 순간 제시되었을 경우, 그것이 무엇인지 언어적인 설명은 불가능해도 손으로 더듬어 그 물체를 골라낼 수 있기 때문이다. 언어적인 설명은 오히려 무의식적으로 생긴 행동을 뒷받침하는 설명이라고 생각할 수 있다. 이 잠재적인 인지 과정의 존재는 그 후의 연구에서도 밝혀졌다.

◆ 역할을 분담하는 뇌

언어의 좌반구 우위성으로 좌우 대뇌 반구의 기능 분화설이 널리 알려지게 되었다. 또한 다른 조류의 연구에 의해 좌우 대

뇌 반구의 차이뿐만 아니라 반구 내의 기능 국재의 존재도 밝혀졌다. 기능 국재란 대뇌에서 모든 영역이 감각, 지각, 언어, 기억 등 인지 과정에 똑같이 공헌하는 것이 아니라 각 영역이 특이적인 역할을 담당하고 있다고 하는 생각이다. 예를 들면 후두엽에 있는 시각 영역은 시각 자극 처리를 담당하며, 전두엽에 있는 운동 영역은 운동신경계를 담당한다. 만약 대뇌 일부가 손상된다면 예외는 있지만 그 손상 부위를 담당하는 기능이 장애를 입게 된다. (마쓰모토 노보루)

뇌 손상 환자로부터 뇌의 구조를 탐구한다

Keywords │ 고차 뇌 기능 장애 │ 해마 │ 공간적 주의 네크워크 │

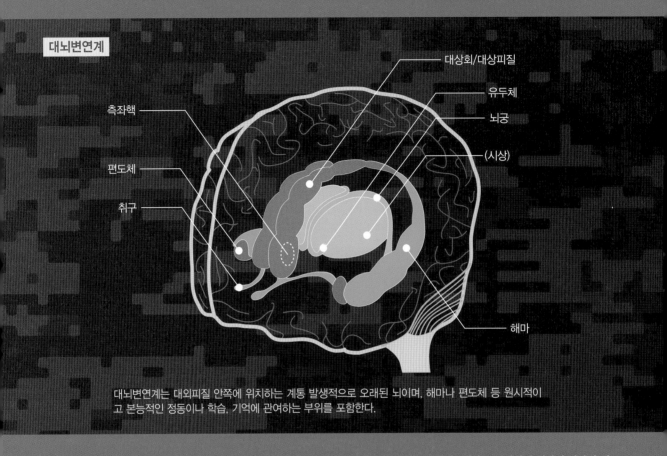

대뇌변연계

측좌핵

편도체

취구

대상회/대상피질

유두체

뇌궁

(시상)

해마

대뇌변연계는 대외피질 안쪽에 위치하는 계통 발생적으로 오래된 뇌이며, 해마나 편도체 등 원시적이고 본능적인 정동이나 학습, 기억에 관여하는 부위를 포함한다.

우리의 뇌는 감각이나 운동에 관여할 뿐 아니라 언어나 행위, 주의 기억 같은 다양한 고차 기능을 담당한다. 뇌 영역에 부분적 혹은 전반적으로 손상을 입으면 고차 기능이 장애를 받는 것으로 알려져 있다. 이처럼 뇌 손상에 의해 생긴 인지적인 장애를 '고차 뇌 기능 장애'라고 한다. 여기서는 몇 가지 대표적인 증상을 살펴본다.

◆ 새로운 사건을 기억하지 못한다

기억을 손상한 예에서는 에피소드 기억의 손상, 단기 기억의 손상, 의미 기억의 손상이 일어나는 것을 종종 볼 수 있다. 에피소드 기억이란 '언제' '어디서' 등 정보가 명확한 사건에 대한 기억이다. 단기 기억이란 소량의 정보를 일시적으로 축적해두는 기억을 가리킨다. 의미 기억은 예컨대 물체의 명칭이나 용도 등 사실이나 개념 같은 지식에 관한 기억이다. 에피소드 기억이 손상됐을 경우에는 상기 불능이 된 기억을 사고 이전과 이후로 나누고, 사고 이전일 경우에는 역향성 건망, 사고 이후일 경우에

는 전향성 건망이라고 한다. 에피소드 기억에 전향성 건망이 생긴 사례로서 유명한 것이 H.M.이라는 이니셜을 가진 환자다.

H.M.은 중도의 간질 발작을 하며, 그 치료를 위해 해마의 전반분과 편도체를 포함한 주변 영역을 제거했다. 현재는 해마를 기억에 없어서는 안 되는 뇌 영역으로서 인정하지만 이 수술이 시행된 1953년 당시에는 이 사실이 밝혀지지 않은 상태였다. 해마 제거 수술 후 H.M.의 기억에는 분명한 이상이 나타났다. 몇 초에서 몇십 초 정보를 유지하는 데는 문제가 없었으나 한 번 그 정보에서 주의가 빗나가면 H.M.은 두 번 다시 그 정보를 생각해내지 못했다. 즉 수술 후에 경험한 기억을 거의 생각해내지 못했다. 그러나 수술 전에 경험한 사건에 대해서는 생각해낼 수 있었다. 그러니까 H.M.은 단기 기억이나 역향성 에피소드 기억에는 장애가 없지만, 전향성 에피소드 기억 형성에 현저한 장애가 생겼다. 이와 같은 전향성 건망은 기억 장애 중에서도 가장 사례가 많다.

반측 공간 무시 환자가 그린 그림

견본

모사

반측 공간 무시 환자에게 견본 그림을 보고 그리게 했더니 그림의 오른쪽 부분밖에 그리지 못했다.

고차 뇌 기능 장애 사례와 증상

사례		증상
기억 장애	전향성 건망	발증 이후 에피소드 기억 장애
	역향성 건망	발증 이전 에피소드 기억 장애
	단기 기억 장애	정보의 일시적 유지 곤란
	의미 인지증	의미 기억의 장애
실행		행위(동작)를 수행하는 능력 장애
실인	시각성 실인	시각적으로 제시된 물체의 인지 장애, 상모실인
	청각성 실인	시각의 저하, 청각적인 의미 이해와 음원정위 장애
	촉각성 실인	촉각으로 제시된 물체의 인지 장애
반측 공간 무시		시각의 반측(보통은 좌측) 인식 장애
실어		언어적 발화, 이해 등의 장애
실독		음독 장애, 읽고 이해하는 능력 장애
실서		쓰기 능력의 장애

◆ 꽃의 오른쪽 부분밖에 그리지 못한다

반측 공간 무시라 불리는 사례로는 시야의 왼쪽을 인식하지 못하고 무시를 해버리는 현상이 일어난다(드물게 오른쪽에서 생기는 일도 있다). 반측 공간 무시 환자에게 꽃을 그리게 하면 꽃의 오른쪽밖에 그리지 못하는 것이 전형적인 반응이다. 보통 우리가 본 것, 즉 시각적인 정보는 시신경에서 시교차를 통해 후두엽에 있는 시각을 처리하는 영역으로 보내진다. 이때 양쪽 눈의 오른쪽 시야에서 입력된 정보는 대뇌 좌반구에, 왼쪽 시야에서 입력된 정보는 대뇌 우반구에 도달한다. 따라서 좌측 반측 공간 무시가 생긴다면 우반구에서 장애가 나타난다. 반측 공간 무시는 우반구의 특정 병소에 의해 생기는 것이 아니라 우반구의 다양한 영역 손상에 의해 생긴다는 것을 알 수 있다. 공간에 주의를 기울이는 활동이 대부분 뇌 영역의 네트워크를 통해 행해지기 때문이다. 두정엽, 전두엽, 대상회 등 공간적 주의 네트워크 중 일부가 손상을 입으면 반측 공간 무시가 나타난다.

언어 장애가 나타나는 사례를 실어라 하는데, 브로커 실어와 월닛케 실어가 대표적이다. 실어를 유형화하려면 발화(發話)의 유창성과 의미 이해 정도를 주목해야 한다. 발화의 유창성이 손상되고, 중도의 이해 장애가 동반되는 것은 전실어라 하며, 이해 장애가 중정도 이하인 것은 브로커 실어라고 한다. 한편 발화의 유창성은 유지되지만 중도의 이해 장애를 보이는 경우를 월닛케 실어라고 하는데, 이해 장애가 적은 경우에는 건망 실어라고 한다. 브로커 실어는 하전두회에서 중전두회를 중심으로 한 커다란 병소에 의해, 월닛케 실어는 측두회 후상부를 중심으로 한 병소에 의해 생기는 것으로 알려져 있다. 또한 언어 영역은 좌반구에 존재한다는 점에서 이들 실어는 주로 좌반구 손상에 의해 생기는 것으로 보고 있다. (마쓰모토 노보루)

뇌가 바뀌면 사람도 바뀐다?

Keywords | 전두 전 영역 | 워킹 메모리 | 실행 기능 | 인간다움 |

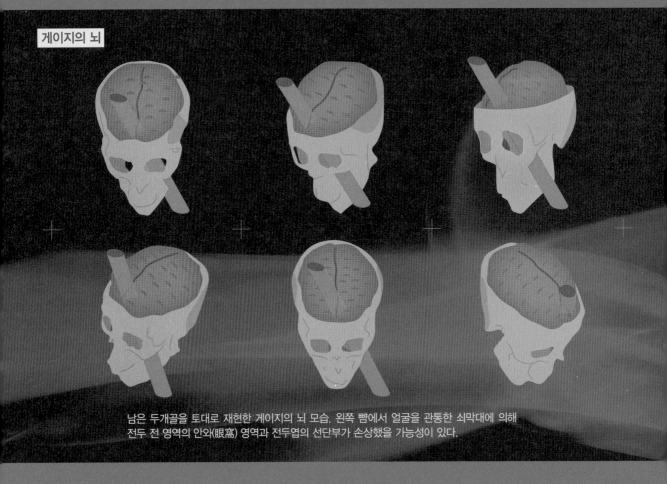

게이지의 뇌

남은 두개골을 토대로 재현한 게이지의 뇌 모습. 왼쪽 뺨에서 얼굴을 관통한 쇠막대에 의해 전두 전 영역의 안와(眼窩) 영역과 전두엽의 선단부가 손상했을 가능성이 있다.

마음은 뇌에 있는가, 없는가? 이 문제는 심리학자뿐 아니라 인지신경학자나 철학자도 결론을 내기 어려운 심리학 과제의 하나이다. 그런데 마음을 '사람이 사람에게 기대하는 인간다움'이라는 의미로 바꾸면 적어도 그 일부는 뇌에 있을지도 모른다고 생각되는 사례가 있다. 인망이 두터웠던 어떤 청년이 사고로 뇌의 일부를 잃었다. 그는 목숨은 건졌지만 모든 사람이 싫어하는 난폭한 남자로 변해버렸다.

◆ 그는 예전의 그가 아니다

사례의 청년은 미국의 피네아스 게이지(Phineas Gage)다. 기록에 의하면 1848년 9월 13일, 철도 건설 현장 감독이었던 게이지(당시 25세)는 산에서 돌을 깨는 발파 작업 중에 불행한 사고를 당했다. 폭발 사고로 그가 손에 들고 있던 길이 109센티미터, 두께 3센티미터, 무게 6킬로그램이나 되는 쇠막대가 그의

왼쪽 뺨에서부터 머리를 관통한 것이다. 다행히 다른 부위에는 손상이 없어 쇠막대를 제거하고 몇 개월 요양 후 게이지는 회사에 복귀했다.

사고 이전의 게이지는 심리적으로 안정된 유능한 현장감독으로서 존경을 받고 있었다. 같이 일하던 사람들은 게이지의 복귀를 기대하고 있었다. 하지만 그들 곁에 돌아온 게이지는 감정의 기복이 심하고 사람에 대한 예의를 잃고 계획대로 일을 진행하지 못하는 난폭한 남자로 변해 있었다. 너무나 충동적이고 일에 대해 변덕이 심했으며 자신이 좋아하는 일만 하려고 했다. 당연히 감독으로서도 일을 하는 데 무리였다. 여자에게는 외설적인 말을 하고 동료에게는 싸움을 거는 듯한 태도를 보였다. 자신이 지금 흥미를 갖고 있는 일을 방해한다며 심하게 화를 내기도 했다. 언동에는 일관성이 없어지고 장래에 대한 일에는 우유부단해서 자신의 일조차도 스스로 결정하지 못하는 상황이었다. 이

게이지의 변화

사고 이전의 게이지 | 사고 후의 게이지

· 건전한 경향
· 계획대로 일을 진행한다
· 민감하고 기민하다
· 에너지가 있고 끈기 있다

· 무례하고 품위 없는 말을 내뱉는다
· 계획은 하지만 즉시 그만둔다
· 감정의 기복이 심하다
· 우유부단하고 마음이 잘 변한다

게이지는 사고로 왼쪽 눈의 시력을 잃었으나 오른쪽 눈은 잘 보였고, 손을 사용하거나 걷는 등의 신체 능력 면에서도 특별한 문제가 없었다. 그러나 그의 인격은 사고 후 완전히 변해버렸다. 이 사실은 파괴돼버린 '사람이 뇌'가 어떤 기능을 담당하는지를 보여주는 것이라 할 수 있다.

미 그는 사람들이 기대하던 게이지가 아니었다.

결국 현장감독으로 일할 수 없었던 그는 직장을 그만두고 이곳저곳을 전전하다 1860년에 세상을 떠났다. 게이지가 죽은 후 그의 두개골은 보관되었다. 최근 세계적인 신경과학자인 안토니오 다마시오 팀이 게이지의 두개골을 토대로 어느 부분이 손상되었는지 검토했다. 그 결과 게이지의 뇌는 왼쪽 전두 전 영역의 안와 영역(전두 안와 영역)과 전두엽의 선단부가 파괴되었을 가능성이 시사되었다. 즉 왼쪽 눈 바로 위의 뇌에서 두정에 걸친 뇌가 파괴되어 있었다는 것이다.

◆ 인간다움을 담당하는 뇌의 영역

현대에는 이마의 안쪽에 해당하는 뇌, 즉 전두 전 영역에 우리에게 목적의식을 갖게 하는 워킹 메모리(작업 기억)를 실행하는 기능의 뇌내 기반이 모여 있는 것으로 알려져 있다. 비유하자면 '사람의 뇌'이다(→002). 워킹 메모리의 실행 기능 역할로 우리는 충동적인 행동을 자제하고 사람으로서 목적이나 사교성 있는 행동을 취할 수가 있다. 즉 인간답게 살 수 있다. 특히 게이지의 뇌에서 손상했다고 생각되는 안와 영역은 장기적인 이해득실에 대한 판단에 관여하는 것으로 알려져 있다. 게이지는 사회생활에서 자신의 행위가 후에 어떤 보상과 벌이 되어 돌아올지 몰랐을 것이다. 다시 말하면 게이지는 '사람의 뇌'의 일부 기능을 잃고 '동물의 뇌'에 지배된 상태가 되어 있었던 것이다.

후에 게이지가 사회성을 회복했다는 일화도 있긴 하다. 손상된 뇌의 회복에 대해서는 앞으로도 연구해야겠지만 우리가 인간답게 행동할 수 있는 것은 인류가 된 후 진화한 뇌, 전두 전 영역의 역할 덕이라는 것은 분명하다. 뇌가 변하면 사람이 바뀔지도 모른다. (스기야마 다카시)

사회가 뇌를 진화시킨다!

Keywords | 뇌화 지수 | 마키아벨리적 지능 가설 | 소셜 브레인(사회 뇌) |

뇌화 지수

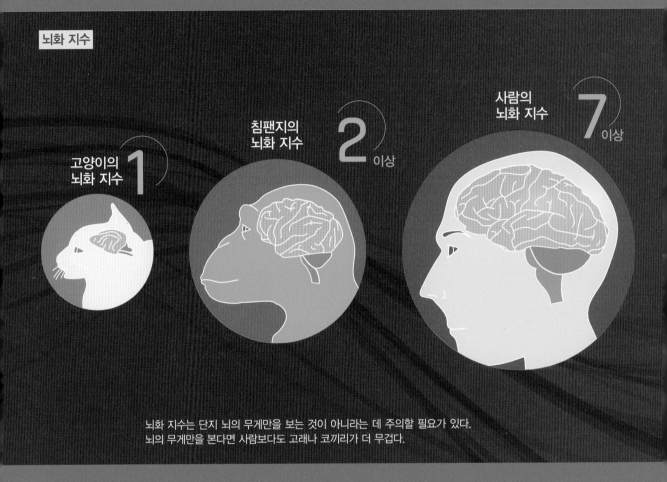

고양이의
뇌화 지수
1

침팬지의
뇌화 지수
2 이상

사람의
뇌화 지수
7 이상

뇌화 지수는 단지 뇌의 무게만을 보는 것이 아니라는 데 주의할 필요가 있다.
뇌의 무게만을 본다면 사람보다도 고래나 코끼리가 더 무겁다.

인간은 진화 과정에서 동물적인 본능이나 충동을 조절하는 '사람의 뇌'를 획득했다. 새로운 뇌가 오래된 뇌에 부가되는 형태로 진화를 거듭했기 때문에 인류는 상당히 큰 뇌를 갖기에 이른다. 체중에서 뇌의 무게가 차지하는 비중을 산출하는 뇌화 지수가 고양이의 경우 '1'이고, 사람의 경우는 '7'을 넘는다. 비교적 뇌가 큰 돌고래도 '5'가 좀 넘고 인간과 유전적으로 가까운 침팬지도 '2'이므로 인류의 뇌가 유달리 크다는 것을 알 수 있다.

그런데 사실 뇌는 막대한 에너지를 필요로 한다. 예를 들어 체중의 2% 정도밖에 안 되는 사람의 뇌는 많을 때는 에너지의 40% 가까이를 소비한다. 100년 정도 전까지 인류를 압박했던 사망 원인의 하나는 굶주림이었다. 지금도 기아로 고통받고 있는 지역이 있다. 포유류 중에서는 개미핥기나 나무늘보처럼 먹이가 부족한 환경에서 살기 위해 뇌를 가능한 한 작게 진화시킨 종도 있다. 그 가운데서 인류가 막대한 에너지를 필요로 하는

뇌를 진화시킨다는 것은 기아 위험을 상회하는 메리트가 없다면 일어날 수 없다. 인류의 뇌는 왜 이렇게 진화한 것일까?

◆ 얼마나 잘 행동하는가

이 수수께끼에 하나의 답을 주는 것이 있다. 바로 '마키아벨리적 지능 가설'이다. 이는 사회적인 흥정의 지능, 특히 자신을 사회적으로 보다 유리하게 만들기 위한 지능을 말한다. 이 이름은 저서 ≪군주론≫에서 다양한 권모술수 사례를 들어 군주의 진정한 모습을 주장한 이탈리아 르네상스 시기의 사상가 니콜로 마키아벨리(Niccolò Machiavelli)에서 유래한다.

이 가설은 집단생활에 수반되는 사회관계의 복잡함을 이해하기 위해 뇌의 진화가 촉진되었다는 생각에서 출발한다. 예컨대 영장류의 대뇌 신피질 크기와 집단 크기에 상관이 있는 것으로 알려져 있다. 크게 무리 지어 생활하는 영장류에게는 무리 속의

마키아벨리적 지능 가설

무리 지어 살면서 사회적으로 흥정하고 경쟁한 결과로 뇌가 진화했다고 생각하는 것이 마키아벨리적 지능 가설이다. 영장류의 대뇌 신피질 크기와 집단 크기에는 상관이 있다.

순위 관계나 우호적인 관계를 이해하고, 타인에게 적당히 행동하는 일이 생존과 생식에 가장 중요하다. 왜냐하면 무리에서 추방당하면 살아남을 기회도, 자손을 남길 기회도 극감하기 때문이다. 또한 무리에 머물 수 있다고 해도 최하층 취급을 받아서는 좋은 먹이나 안전한 잠자리를 확보할 수 있는 확률이 급격히 떨어진다. 생식의 기회도 줄게 된다. 그래서 필연적으로 무리 안에서는 생존과 생식에 보다 유리한 위치를 확보하기 위한 경쟁이 생긴다.

이와 같은 경쟁 속에서는 체력보다도 오히려 지력, 특히 자신의 입장을 이해할 필요가 있다. 지력의 원천은 뇌다. 사회적인 경쟁을 해야 하는 적자생존의 법칙 속에서 우리 뇌는 진화했다. 바꿔 말하면 뇌를 진화시킨 사람이 사회를 만든 것이 아니라 사회에 의해 뇌가 진화된 원숭이가 바로 사람인 것이다.

◆ 타인을 이해하려고 하는 뇌

그리고 사회에서 진화된 뇌를 통틀어 소셜 브레인(사회 뇌)이라고 부른다. 예컨대 타인이 뭔가 목적을 갖고 행한 행동을 자신이 관찰했을 때, 그 행동에 대해 자기 뇌의 신경세포가 활동한다. 특히 목적에 대한 반응이 강하다. 이것을 거울 뉴런(→009)이라 부르는데, 우리 뇌는 우리 자신의 활동을 컨트롤하는 데 완결되어 있지 않다. 자기와 타인을 구별하지 않고 적어도 뇌 수준에서는 타인의 행동이나 목적을 자기 자신도 체감하려고 한다. 바꿔 말하면 함께 있는 사람과 같은 기분이 되려고 하는 것이다. '사람과 사람 사이를 살고 있기 때문에 사람이다'는 말을 우리는 곧잘 한다. 하지만 이것은 단지 의식이나 마음의 문제가 아니라 애초에 사람의 뇌에 새겨진 인간성의 하나라 할 수 있을 것이다. (스기야마 다카시)

거울 뉴런의 실상

실제 행위와 관찰, 양쪽의 경우에 활성화하는 신경세포의 예

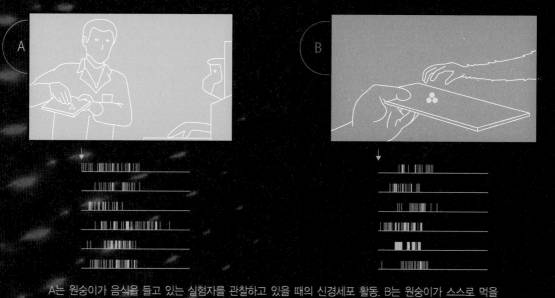

A는 원숭이가 음식을 들고 있는 실험자를 관찰하고 있을 때의 신경세포 활동. B는 원숭이가 스스로 먹을 것을 들고 있을 때의 신경세포 활동. 화살표는 들고 있는 운동의 대략적인 개시 시간을 나타낸다.

거울 뉴런(Mirror neuron)이란 컵을 드는 등 특정 행위를 실행하는 경우와 그 행위를 관찰할 경우 양쪽에 활동하는 신경세포를 말한다. 거울 뉴런은 공감이나 모방에 의한 학습으로부터 자폐증 장애와의 관계에 이르기까지 많은 행동이나 능력과 관련이 있는 것으로 알려져 있다. 거울 뉴런은 현대 신경과학이 발견한 가장 중요한 것 중 하나로 보고 있다. 그렇다면 이들 신경세포는 어떤 작용을 하는 것이고 어떤 인지 기능과 관련이 있는 것일까?

◆ 밝혀져 있는 것

거울 뉴런은 이탈리아 파르마대학 신경생리학 연구실에서 신경심리학자인 자코모 리촐라티(Giacomo Rizzolatti)를 리더로 하는 연구팀이 1990년대에 발견했다. 이들은 검정짧은꼬리 원숭이의 F5라는 뇌 영역에 전극을 끼워 원숭이가 먹이에 손을 뻗어 그것을 입에 가져갈 때 뇌가 어떻게 손과 입의 움직임을 제어하는지 조사했다. 원숭이가 어떤 행위를 실행하면 F5 신경세포가 활성화했다. F5는 움직임의 계획과 실행에 관여하는 운동 전 영역에 해당하기 때문에 이 활성화는 놀랄 일은 아니다.

하지만 우연하게도, 실험자가 음식을 입에 가져가는 것을 원숭이가 단순히 보고 있는 것만으로도 같은 영역의 신경세포가 활성화한다는 것을 알게 되었다. 원숭이의 F5 신경세포는 자신의 손의 움직임뿐 아니라 인간(혹은 다른 원숭이)이 비슷한 손의 움직임을 하는 것을 보기만 해도 활성화했다. 타인이 행하고 있는 동작을 그냥 보기만 했을 뿐인데 마치 거울로 비춘 것처럼 자신의 신체를 움직이기 위한 신경세포가 활성화하는 것이다. 연구팀은 이 신경세포에 거울 뉴런이라는 이름을 붙였다.

거울 뉴런의 활동은 무엇을 의미하는 것일까? 거울 뉴런을 발견한 연구자들은 이 신경세포에 두 가지 기능이 있다고 믿었다. 하나는 타인의 행위 이해와 관련한 기능이다. 거울 뉴런 시스템은 시각 정보를 타인의 행위 의도에 대한 지식으로 변환한다. 이것은 거울 뉴런의 활성화 자체가 행위를 낳는다는 것을 가리킨다. 또 하나는 모방―타인을 관찰함으로써 그 행위를 학습―하는 기능이다.

연구자들은 거울 뉴런을 원숭이의 뇌에서 발견했으나 사람의 뇌에도 같은 신경세포가 존재할 것으로 추측했다. 사람에 대한 연구에서는 경두개(뇌머리뼈) 자기 자극법(TMS), 뇌파(EEG),

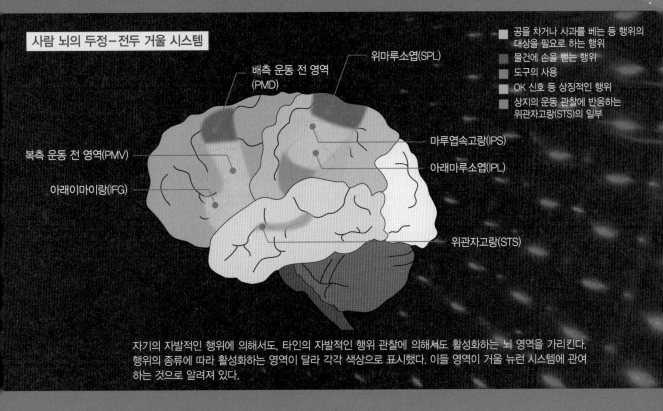

사람 뇌의 두정-전두 거울 시스템

배측 운동 전 영역 (PMD)

위마루소엽(SPL)

복측 운동 전 영역(PMV)

아래이마이랑(IFG)

마루엽속고랑(IPS)

아래마루소엽(IPL)

위관자고랑(STS)

■ 공을 차거나 사과를 베는 등 행위의 대상을 필요로 하는 행위
■ 물건에 손을 뻗는 행위
■ 도구의 사용
■ OK 신호 등 상징적인 행위
■ 상지의 운동 관찰에 반응하는 위관자고랑(STS)의 일부

자기의 자발적인 행위에 의해서도, 타인의 자발적인 행위 관찰에 의해서도 활성화하는 뇌 영역을 가리킨다. 행위의 종류에 따라 활성화하는 영역이 달라 각각 색상으로 표시했다. 이들 영역이 거울 뉴런 시스템에 관여하는 것으로 알려져 있다.

뇌자도(MEG), 기능적 자기 공명 영상(fMRI) 등으로 뇌 기능을 연구(→010)했다. 그 결과, 원숭이와 마찬가지로 사람에게도 2개의 주요 뇌 영역(중심앞고랑 하부 및 아래이마이랑 후부와 마루엽속고랑 내측부를 포함하는 하두 정피질)이 행위 관찰과 실행을 맡는 거울 시스템을 형성하는 것으로 나타났다. 그 때문에 사람에게도 거울 뉴런은 모방이나 타인의 행위 이해에 중요한 역할을 하는 것으로 가정하고 있다. 거울 뉴런은 타인의 의도 이해, 타인의 행동으로부터 마음의 상태를 추측하는 능력(마음의 이론 →024), 공감성, 자기에 대한 깨달음, 언어 획득 등과 같은 사회적 상호 작용의 다양한 측면에서 불가결하다고 생각하는 연구자도 있다.

◆ 존재를 의문시하는 연구 결과

그렇기는 하지만 사람의 뇌에는 거울 뉴런 시스템의 증거가 되는 활동을 얻지 못했다고 하는 연구도 많아 그 존재가 의문시되는 것도 사실이다. 무엇보다 기본적으로 사람의 뇌에 전극을 끼울 수는 없기 때문에 사람의 거울 뉴런이 실제로 활동하는 모습을 직접 관찰하기는 어렵다. 2010년에 미국 캘리포니아

대학 로이 무카메르 연구팀이 간질 환자의 뇌 외과 수술 시 뇌에 전극을 삽입해 처음으로 사람의 거울 뉴런 활동을 직접 검증할 기회를 얻었다. 이들의 보고에 의하면 환자가 행위를 할 때와 그것을 관찰할 때 양쪽에 활동하는 신경세포는 존재했으나 그 대부분은 행위의 실행과 관찰에 따른 활동이 낮다는 결과를 보였다고 한다. 그리고 그 신경세포는 거울 뉴런 시스템이 있다고 생각되는 뇌 영역이 아니라 기억에 관련하는 해마에서 관찰되었다.

원숭이의 거울 뉴런을 발견한 리촐라티도 최근에는 그 주장을 수정했다. 거울 뉴런의 역할에 대해 타인의 행위 이해에 관여한다는 말 대신 어떻게 행동해야 하는지 행위를 선택하고 컨트롤하는 데 관여한다고 말한다. (미쓰도 다카코)

뇌를 읽는 법

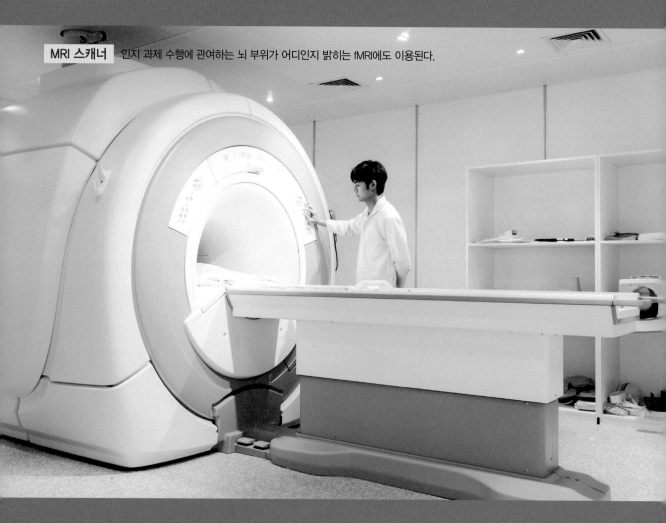

MRI 스캐너 인지 과제 수행에 관여하는 뇌 부위가 어디인지 밝히는 fMRI에도 이용된다.

뇌는 몸 구석구석에 뻗어 있는 말초신경과 같이 신경계의 일부이다. 신경계는 신경세포(뉴런)로 구성되어 있으며, 다른 세포와 마찬가지로 혈액을 통해 에너지를 공급받는다. 그러나 신경세포는 다른 세포와는 다르다. 눈과 귀, 피부의 신경세포는 외부의 자극을 전기 신호로 전환하는 구조를 갖는 동시에 그 신호가 다른 신경세포를 통해 뇌에 전해진다. 뇌에 전달된 전기 신호는 다른 신경세포를 통해 근육을 수축시키고 신체를 움직인다. 신경은 직접 움직인다기보다 전기 신호를 전하는 특수한 세포인 것이다.

뇌 속에 있는 방대한 수의 신경세포는 무슨 일을 할까? 역사적으로는 뇌의 부위에 따른 언어, 사고, 기억, 성격, 감정 같은 기능과의 관계를 뇌 손상 환자의 행동을 조사해 밝히려고 했다. 이러한 연구에서 밝혀진 것은 우리의 복잡한 행동을 뒷받침하는 내적 과정인 마음은 뇌가 만들어낸다는 것이다. 뇌에는 기능과 부위의 대응이 거의 정해져 있다고 알려져 있다. 시각의 자세한 분석은 후두엽의 시각 영역, 촉각은 두정엽의 체성 감각 영역, 기억은 측두 연합 영역과 대뇌변연계의 해마, 사고나 의사 결정은 전두엽이다. 이와 같은 대응 관계를 알아낸 것은 뇌의 일부를 손상하거나 병으로 인해 절단된 뇌 손상 환자를 분석할 수 있었기 때문이다(→006).

◆ 활동 영역을 조사하는 방법

현재는 과학기술이 진보함에 따라 신체를 손상하는 일 없이 비침습적인 방법을 이용해 뇌의 기능을 조사할 수 있다. 양전자 단층 촬영법(PET)은 양자를 방출하는 원자를 함유한 방사성 물질을 혈액에 주사해 그것이 뇌를 순환했을 때에 어디에서 대사

필자의 MRI 화상 MRI는 뇌를 손상하는 일 없이 뇌의 구조를 가시화할 수 있다.

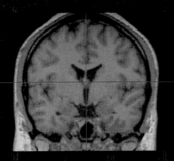
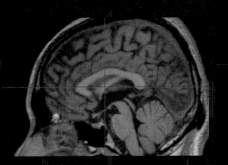
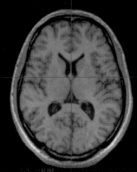

뇌파(EEG) 뇌파는 두피에 붙인 전극으로 측정한다. 아래 그림은 국제 10-20법에 따라 전극을 배치한 모습.

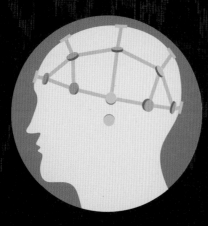

가 일어나는지를 광자 검출기로 측정하는 방법이다. 이 측정을 통해 어떤 인지 과제를 행할 때와 행하지 않을 때를 비교하고 차이를 구함으로써 과제 수행에 관여하는 뇌 부위를 밝힐 수가 있다.

기능적 자기 공명 영상(fMRI)은 뇌 속의 어디에서 혈액 속의 산소가 소비되었는지를 측정함으로써 신경 활동이 생긴 부위를 조사하는 방법이다. 이 방법은 공간적 정도(精度)가 높고 PET 와 달리 실험에 참가한 사람이 피폭되는 일도 없다. 그 때문에 현재에는 인지 기능과 뇌 부위의 관계를 조사할 때 주로 이 방법을 사용한다.

◆ 신속한 변화를 조사하는 방법

PET나 fMRI는 혈액의 순환에 주목해 뇌 기능을 측정하는

방법이기 때문에 빠른 신경 활동의 변화를 파악하기는 어렵다. 신경 활동의 변화를 조사하기 위해 이용되는 것은 뇌파(EEG) 와 뇌자도(MEG)이다.

뇌파는 실험 참가자의 두피에 전극을 붙여 신경 활동에 의해 생긴 미약한 전기 활동의 변화를 파악하는 방법이다. 실험 참가자에게 뭔가를 보여주거나 들려주거나 할 때의 뇌파를 사상(事象) 관련 전위라 한다. 뇌자도는 두부 주변에 배치한 고감도 자기 센서를 이용해 신경세포에 의해 생긴 전류의 자장 변화를 파악하는 방법이다. 뇌파도 뇌자도도 어떤 영역의 신경 활동을 측정하고 있는가 하는 공간적 정도(精度)는 높지 않지만 측정의 시간적 정도는 밀리초 단위로 높다. 신체에 악영향을 주지 않으면서 뇌 기능을 찾는 이 방법은 심리학의 연구 발전에 매우 큰 역할을 하고 있다. (미쓰도 히로유키)

II
진화하는 마음

생물 진화의 기본 원칙

자연도태 과정

개체차가 있다　　　　개체차의 일부는 부모로부터　　　환경에 적응한, 경쟁에 유리한 성질을 갖는 개체가 집단
　　　　　　　　　　자식에게 전해진다　　　　　　　내에서 증가한다

사람은 아기를 보면 '귀엽다'고 느끼고, 소중한 사람이 죽으면 '슬프다'고 느낀다. 그 이유를 물으면 대부분의 사람은 '마음이 있으니까'라고 말할 것이다. 그렇다면 '마음'은 대체 어떤 것일까? 그 힌트를 찾기 위해서는 생물의 진화를 더듬어볼 필요가 있다.

◆ 환경에 적응한 개체가 살아남는다

예전에는 생물을 '신의 창조물'로 보았다. 신의 창조물인 생물은 신이 설계한 모습대로 이 세상을 살아가기 때문에 결코 변하지 않는다고 굳게 믿었다. 그러나 이 사상은 19세기 영국 박물학자 찰스 다윈(Charles Darwin)에 의해 바뀌었다.

다윈은 19세기 초, 영국의 해군 측량선 비글호를 타고 갈라파고스 군도에 도착한다. 이 섬에서 다윈은 핀치라는 새를 관찰하던 중 핀치의 부리 모양이 먹이의 종류에 따라 다르다는 것을 발견한다. 그리고 인접한 섬의 핀치끼리는 비슷하면서도 새로운 섬의 핀치는 이웃하는 섬이 아닌 예전 섬에 있는 핀치와 비슷하다는 것도 알게 된다. 그로부터 다윈은 '생물이 같은

조상에서 파생하지만 개체는 환경에 맞게 변화해가며, 그것이 세대 간에 전해짐으로써 생물의 현재 모습이 있다'고 하는 독자적인 진화론을 주장했다.

다윈은 또한 진화 구조를 보다 자세히 설명하기 위해 자연도태를 제창했다. 구체적으로는 ①생물의 성질에는 개체차가 있다, ②개체차의 일부는 부모에서 자식으로 전해진다, ③생물은 생존과 번식 관련 경쟁, 환경과의 경쟁에서 최종적으로 생존하는 수 이상의 자식을 낳는다(개체차에 따라 생존율에 차이가 생긴다), ④경쟁에 유리한 성질을 갖는 개체가 살아남은 결과, 그 성질을 갖는 개체가 집단 내에서 증가해간다고 하는 과정을 가리킨다. 일반적으로 진화론은 생물의 '발전'이나 '진보'를 주장한 것이라고 오해하는 경우도 있다. 그러나 생물학에서 말하는 진화란 방향성이나 목적이 없는 무작위 변이 속에서 그 환경에 가장 잘 적응한 개체와 그 자손이 살아남는다는 과정을 가리킨다.

생물 개체가 환경에 어느 정도 적응했는지를 나타내는 지표로서 적응도라는 것이 있다. 이것은 어떤 성질을 갖는 개체가

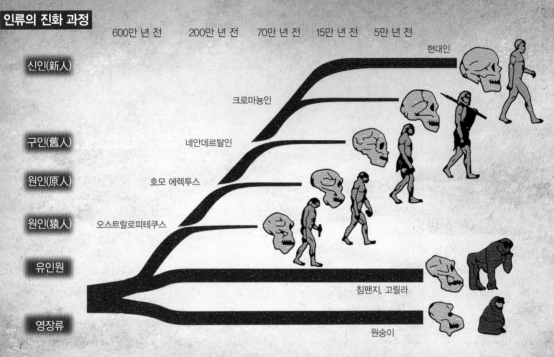

인류의 진화 과정

600만 년 전   200만 년 전   70만 년 전   15만 년 전   5만 년 전

신인(新人)

구인(舊人)

원인(原人)

원인(猿人)

유인원

영장류

현대인

크로마뇽인

네안데르탈인

호모 에렉투스

오스트랄로피테쿠스

침팬지, 고릴라

원숭이

사람도 환경의 도태압 속에서 진화를 해왔다. 그 '마음'도 진화의 산물이다.

다른 개체와 비교해 자식을 얼마나 남길 수 있는지를 나타낸 것으로 생존율×번식률을 전체와 상대화해서 구한다. 개체차가 유전자(DNA)의 돌연변이에 의해 생기는 것으로 밝혀진 현대에는 유전자의 유리함을 나타낼 때 이용하는 일이 많다.

◆ 진화가 낳은 사람의 마음

이와 같은 생물의 진화에 대해 정리한 다윈의 저서 ≪종의 기원(The Origin of Species)≫은 그리스도교를 중심으로 비판의 대상이 되었으나 서서히 세상의 지지를 얻었으며, 현대에는 진화생물학의 기반이 되었다. 신의 창조론에 이의를 제기한 것은 사실 다윈이 처음이 아니다. 프랑스 생물학자 장 바티스트 라마르크(Jean-Baptiste Lamarck)는 생물이 환경에 따라 변화하는 데 주목했고, 박물학자로서 유명한 영국의 앨프리드 러셀 월리스(Alfred Russel Wallace)는 자연도태 이론에 유사한 내용을 이미 기술했다. 그러나 그들은 진화를 단순한 것에서 복잡한 것으로 발전(고등화·복잡화)한다든가 집단 단위로 생기는 것이라고 생각한 점에서 진화론과는 크게 다르

다고 할 수 있다.

그러면 사람은 어떻게 진화해왔을까? 다윈이 말한 것처럼 사람 역시 생물인 이상 자연도태의 압력 아래 진화해온 것은 말할 것도 없다. 사람의 조상이 침팬지와 다른 길을 걷기 시작한 것은 약 600만 년 전이라고 한다. 그 후 20만 년 전에 호모 사피엔스가 출현하기까지 그들은 환경이라는 도태압 속에서 이족보행을 획득하고 뇌 용적을 크게 진화시켜왔다. 현대에는 뇌와 마음의 밀접한 관련에 대해 많은 사람이 인정한다. 사람의 마음에도 공통된 패턴이 있는 것은 아닐까? (사야마 나나오)

이타적인 행동은 정말 이타적인가

Keywords | 포괄 적응도 | 혈연 도태 | 이기적 유전자 |

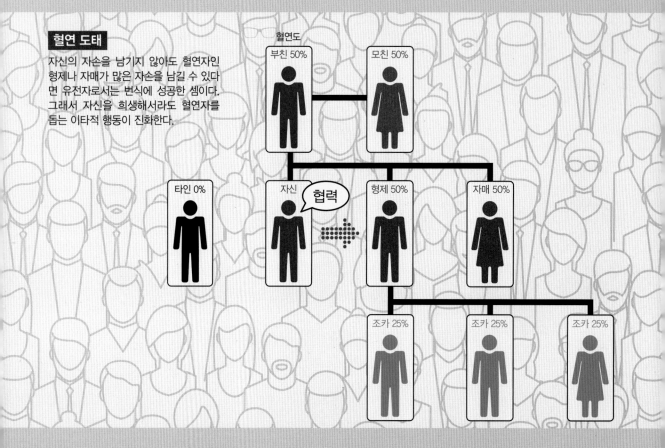

혈연 도태

자신의 자손을 남기지 않아도 혈연자인 형제나 자매가 많은 자손을 남길 수 있다면 유전자로서는 번식에 성공한 셈이다. 그래서 자신을 희생해서라도 혈연자를 돕는 이타적 행동이 진화한다.

혈연도

부친 50%　모친 50%

타인 0%　자신　협력 →　형제 50%　자매 50%

조카 25%　조카 25%　조카 25%

진화의 원동력은 개체의 생존과 번식에 있다. 그러나 자연계에는 개체에게 불이익으로밖에 보이지 않는 행동이 존재하는 것 또한 사실이다. 예를 들면 일개미는 새끼를 낳지 않고 여왕개미와 그 새끼를 돌보며 일생을 보내며, 레밍이라는 툰드라 지대에 서식하는 소형 설치류는 주기적으로 둔덕에서 강이나 바다 속으로 뛰어들어 대량사하는 것으로 알려져 있다.

◆ 생물은 집단 유지를 우선할까

이 같은 행동에 대해 처음 설명한 사람이 영국의 베로 코프너 윈 에드워즈(Vero Copner Wynne-Edwards)다. 윈 에드워즈는 생물은 집단 유지를 우선하는 존재이며, 자연도태는 집단을 단위로 도태한다고 하는 집단 도태를 주장했다. 그에 따르면 생물에는 개체보다도 집단을 우선하는 프로그램이 내장되어 있다는 것이다. 경우에 따라서는 자기를 희생해서 다른 개체를 돕거나 개체의 증가에 의해 자원이 부족하게 되면 집단이 절멸하지 않도록 스스로 죽음을 선택함으로써 개체 수

를 조절하는 것으로 설명할 수 있다. 일종의 종의 보존론이다. 이것은 생물의 이타적 행동을 설명하는 데도 중심 이론으로서 많은 전문가의 지지를 받았다.

그러나 생물계에는 집단 도태로는 이해하기 어려운 행동도 존재한다. 그 경향이 가장 두드러진 것이 새끼를 죽이는 행위다. 사자는 여러 암사자와 1~2마리의 수사자로 무리를 형성하지만, 때로 무리 이외의 떠돌이 수사자의 습격을 받을 수가 있다. 이 싸움에서 우두머리의 교대극이 일어나면 새롭게 무리의 우두머리가 된 수사자는 자신의 종자를 퍼뜨리기 위해 무리의 암컷들과 짝짓기를 하려고 한다. 그러나 수유 중인 암사자는 3년 정도 교미를 하지 않기 때문에 새로운 우두머리는 전 우두머리 수사자의 새끼를 모두 죽임으로써 강제적으로 암사자를 발정시켜 교미를 한다. 이것이 사자의 새끼를 죽이는 행위이다. 애초 이런 행위는 일부 생물에서 볼 수 있는 특이적인 현상으로 받아들였으나 차츰 이들의 대부분에게서 보편적으로 볼 수 있는 행동으로 밝혀져 집단 도태의 모순이 지적되었다.

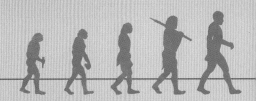

이기적 유전자

이기적 유전자는 개체가 유전자를 받아 전하는 것이 아니라 유전자가 스스로를 받아 전하기 위해 개체를 매개로 이용한다는 이미지로 설명할 수 있다.

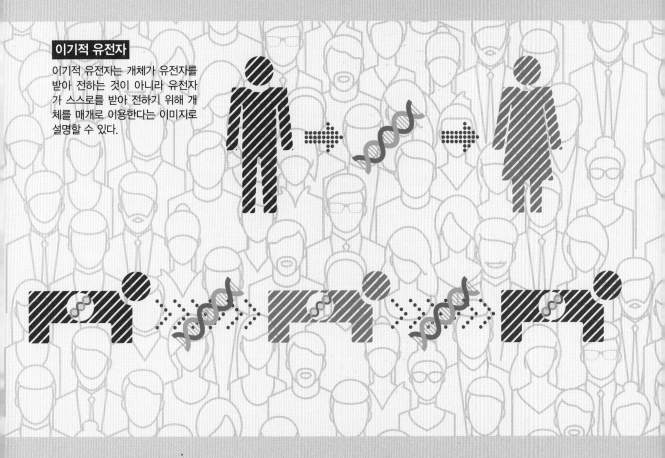

◆ 유전자 단위로 보면…

이런 가운데 영국의 진화생물학자 윌리엄 해밀턴은 유전자 단위로 진화가 일어난다고 주장한 미국 조지 크리스토퍼 윌리엄의 학설을 토대로 어떤 개체뿐만 아니라 그 혈연자의 적응도 포함된다는 포괄 적응도를 제시했다. 즉 유전자 단위의 성공도에 의해 생물의 이기적 행동과 이타적 행동, 양쪽을 설명할 수 있다는 것이다. 이 개념은 혈연자 간 적응을 의미하는 것으로, 후에 존 메이너드 스미스(John Maynard Smith)가 혈연 도태라고 새롭게 이름을 붙여 설명했다. 이것을 앞의 예에 적용하면 일개미가 혈연자의 번식을 돕는 것은 개체 단위로 보면 확실히 불이익이다. 하지만 유전자 단위로 보면 자신이 새끼를 남기는 것보다도 많은 자손에게 유전자를 전할 수 있는 수단이다. 그러니까 결국은 개체의 존속과 이익을 우선한 이기적 행동이라는 것을 알 수 있다. 레밍의 경우도 마찬가지다. 실제는 번식 경쟁에 진 수컷의 극히 일부가 자신의 자손을 남긴다고 하는 이기적 목적 아래 새로운 번식지를 노리는

중에 목숨을 잃은 것에 지나지 않는다.

생물의 행동에 얽힌 이런 일련의 논쟁은 1960년대부터 1970년대경에 걸쳐 최고조에 이르렀지만 최종적으로는 포괄 적응도의 개념이 지지를 받게 되었다. 그 후 미국 곤충학자 에드워드 윌슨은 이들 이론을 토대로 진화 이론을 행동이나 사회 구조를 설명하는 데 적용했다. 바로 사회생물학의 개막이다.

사회생물학을 대표하는 인물에 영국의 리처드 도킨스가 있는데, 그는 저서 《이기적 유전자》에서 유전자는 자신을 늘리기 위한 프로그램에 따라 발생하는 것이며, 생물 본체는 유전자에 의해 이용되는 매개에 지나지 않는다고 표현했다. 이것은 유전자가 자기 복제를 하는 특이적인 화학물질임을 보이는 동시에 그를 위해서는 유전자가 바이러스처럼 매개인 생물의 신체조차 희생물로 삼을 가능성이 있음을 시사한 것이다. (사야마 나나오)

사람의 마음을 진화로 설명한다

우생사상

우생사상은 특정 인종이나 장애자, 범죄자를 부적응자로 보고 인위적으로 도태시킴으로써 인류의 진보를 촉진하려고 하는 개념이다. 이것이 정말로 진보라고 할 수 있을까?

19 세기 후반부터 진화론으로 사람이 사는 사회를 파악하려는 움직임이 시작된다. 이른바 사회 다위니즘(Darwinism)이 대두되었다. 다위니즘은 그 이름에서 마치 찰스 다윈의 진화론을 그대로 도입한 것처럼 들리지만 사실 전혀 다르다. 예컨대 영국 철학자 하버드 스펜서는 진화를 고등화라고 생각했고, 다윈의 사촌이며 인류학자인 프랜시스 골턴은 자연이 아니라 인간에 의한 인위적인 도태를 권장했다. 그의 사상은 국가가 적응자와 부적응자를 조정하지 않으면 민족은 퇴화할 우려가 있다고 하는 말과 함께 우생학으로서 정리됐다. 이것은 다윈의 자연도태와는 언뜻 보아 비슷하나 다르다는 것을 알 수 있다.

◆ 진화론을 둘러싼 우여곡절

이러한 사회 다위니즘 사상은 강자 생존, 우수자 생존이라는 잘못된 뉘앙스를 동반해 지지자를 늘렸으며, 후에 우생사상이라는 형태로 나치 독일의 인종주의 정책에 한 역할을 하게 된다. 우생사상이란 사회에서 불필요한 인간을 인위적으로 배제함으로써 우수한 인재만을 남겨 인류의 진보를 촉진하려는 생각으로, 인종주의를 바탕으로 한 나치 독일의 홀로코스트(나치에 의한 유대인 학살)를 정당화하는 것이었다.

이 사실은 사람에 대한 진화론의 적용에 경종을 울렸으며, 아돌프 히틀러의 죽음으로 나치 독일이 붕괴한 이후 진화론은 동물에만 초점을 두어야 한다는 움직임으로 회귀해간다. 그 후는 윌리엄 해밀턴에 의해 동물의 이타적 행동을 자연도태로 설명할 수 있게 되면서 사회생물학이 보급되어갔다.

그리고 이 사회생물학의 학술적 성공의 순풍을 타고 다시 사람의 행동을 진화론으로 해명하려는 움직임이 일어나면서 창시된 것이 진화심리학이다. 캘리포니아대학에서 사회생물학자로부터 지도를 받은 심리학자, 인류학자, 인지과학자가 중심이 되어 창시했는데, 20세기 후반부터 시작되어 역사가 길지는 않다. 진화심리학이 대중에게 알려진 것은 존 투비가 1992년에 편집한 논문집에서부터다.

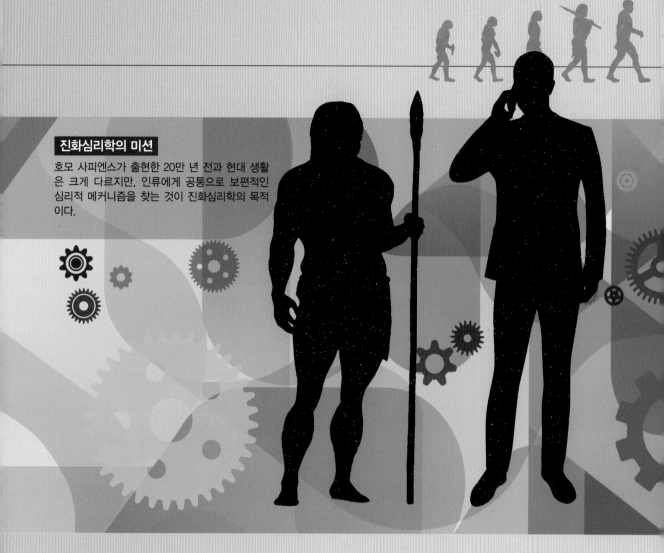

진화심리학의 미션

호모 사피엔스가 출현한 20만 년 전과 현대 생활은 크게 다르지만, 인류에게 공통으로 보편적인 심리적 메커니즘을 찾는 것이 진화심리학의 목적이다.

◆ 진화심리학이라는 접근

사회생물학이 진화론을 도입해 동물의 사회 행동을 설명하는 접근이라 한다면, 진화심리학은 진화론을 도입해 사람의 행동을 설명하는 접근이라 할 수 있다. 진화심리학에서는 자연도태에 의해 형성되는 것은 사람의 감정이나 사고라는 심리적 메커니즘이며, 행동은 어디까지나 그 표현형이라 본다는 점에 특징이 있다. 따라서 본래라면 연구의 기본 단위는 심리적 메커니즘이지만, 실제 연구에서는 편의적으로 행동을 지표로 하는 일이 많다.

진화심리학의 목적은 사람이 보편적으로 획득한 심리적 메커니즘을 행동을 통해 다루는 것이다. 여기에는 두 개의 이론적 전제가 있다. 요컨대 ①사람의 심리적 메커니즘이 형성되어온 20만 년 전의 환경과 현대 사회는 크게 다르고, ②모든 문제에 대해 만능으로 대응할 수 있는 심리적 메커니즘은 형성되기 어렵다고 하는 점이다. 바꿔 말하면 현대에는 부적응 행동이라고 볼 수 있는 행동도 그것을 낳은 심리적 메커니

즘이 형성된 당시에는 적응 행동이었을 가능성이 있다고 보는 것이다. 최근에는 연애나 범죄에 이런 개념을 응용해 사람의 부적응 행동 메커니즘을 검증하려는 시도가 많으며, 성과를 올리고 있다(→017).

한편 진화심리학은 문화나 사회적 규칙과 분리하기가 어렵다는 문제가 있다. 사실 사람은 문화나 사회 속에서 살고 있어 마음이나 행동이 이들의 영향을 받는 일도 많다. 그러나 문화나 사회도 근원을 찾아가면 뇌가 만들어낸 것이며, 생물학적 기반과 무관치 않다고 할 수 있다. 사람이 보편적으로 갖고 있는 '마음'의 메커니즘을 사람의 진화라는 장대한 스케일로 취급하는 진화심리학적 접근은 앞으로의 심리 연구 발전에 크게 기여할 것으로 보인다. (사야마 나나오)

배신행위는 손해인가, 이익인가

Keywords | 수감자의 딜레마 | 배신자 색출 | 신뢰 |

수감자의 딜레마

	수감자 B			
	침묵(협력)		자백(배신)	
침묵(협력)	A 2년	B 2년	A 15년	B 1년
자백(배신)	A 1년	B 15년	A 10년	B 10년

(수감자 A)

여 성 노동력의 효과적 활용이 일본 경제 활성화에 필수라
는 말이 나온 지 수십 년이 지났다. 다시 말하면 지식인
이라 불리는 사람들이 '충분히 활용하고 있다'고 생각할 만큼
진전되지 않았다는 것이다.

사회에서 평가받고 싶어 하는 여성 입장이나, 성실하고 우
수한 노동력의 부족을 겪고 있는 기업 입장에서도 여성 노동
력 활용은 솔깃한 이야기다. 하지만 기업 경영자의 마인드로
는 '통계적으로 여성은 오래가지 못하고 그만두니까…'라며 여
성 노동력을 활용하기 꺼린다. 여성의 입장에서는 '그런 대우
를 받는다면 오래 일하기는 좀…' 하며 싫으면 즉시 그만둘지
도 모른다. 아무래도 기업과 여성은 서로 상대가 배신할 것을
전제로 행동하고 있는 듯하다.

◆ 수감자의 꿍꿍이셈

이와 같은 상태를 사회생물학에서는 '죄수의 딜레마(pri
soner's dilemma)'라고 하며, 흔히 체포된 2인조 강도에 비유
해 설명한다. 예컨대 이 두 사람이 서로 묵비권을 행사하면 두

사람 다 악행의 전모가 드러나지 않아 징역 2년에 그친다. 하
지만 상대가 배반해서 자백하면 상대만 징역 1년으로 감형을
받고 자신은 징역 15년 형을 받게 된다. 자신이 배신한 경우는
이와 반대가 된다. 그리고 서로 배신하면 두 사람 다 징역 10
년 형을 받게 된다. 서로 배신하는 쪽이 가장 무거운 벌을 피할
수 있는 상황이다. 상대를 믿어야 할지 말아야 할지 망설이는
중에는 결과적으로 서로 배신하는 방향으로 기울어지기 쉽다.
기업과 여성의 관계는 바로 서로를 배신하는 것이 서로의 최대
피해를 회피하는 전략이 되기 때문에 여성 노동력의 유효 활용
이 어려운 것은 어쩔 수 없는지도 모른다.

하지만 서로를 끝까지 믿으면 유리한 것이 확실한데도 왜
배신하는 걸까? 사람의 마음에는 배신자 탐색 모듈과 사회적
교환 모듈이라고 하는 기능이 있는 듯하다. 모듈은 마음이라
는 시스템을 구성하는 요소가 되는 것으로 진화심리학에서 자
주 사용하는 말이다.

모듈의 작용은 다음과 같은 사회적 딜레마 실험에서 현저히
나타난다.

배신자 탐색 모듈

사회를 유지하기 위해서는 협력 행동이 진화해감에
따라 배신자 색출 기능이 강화될지도 모른다.

실험 상황	(1) 서로 협력하지 않으면 둘 다 500원 (2) 서로 협력하면 둘 다 1000원 (3) 상대가 협력하고 자신만 배신하면 자신은 1500원이고 상대는 0원 *협력하면 자신은 불리해지지만 상대를 포함 한 전체적인 이익은 많아진다.
실험 결과	상대가 협력해줄 거라는 기대를 할 수 없을 때는 대부분의 사람이 협조적인 태도를 취하지 않는 다. 하지만 상대가 협력할 것을 알면 많은 사람이 (2)를 선택한다.

이 결과에서 '상대가 배신하지 않는다' 즉 '신뢰의 사회적 교환이 성립된다'고 확신하면 사람은 자신에게 다소의 부담이나 불이익이 생겨도 협력하려고 한다는 것을 알 수 있다. 이것이 사회적 교환 모듈의 작용이다. 하지만 '배신하지 않는다는 보증이 없다, 배신할 수도 있다'고 하는 상황에서는 배신자 탐색 모듈이 작동해서 배신당할 것을 전제로 행동하게 된다.

◆ 벌에 대한 공감의 진화

배신자에 대해 뇌가 특별한 움직임을 보이는 것처럼, 벌에 대한 공감에서도 나타난다. 사람은 누군가가 고통을 당하는 것을 보면 공감 뇌가 작동하면서 자신도 아픔을 느낀다. 하지만 그것이 배신자였을 경우에는 공감 뇌의 작동이 둔해진다. 남성은 오히려 기쁨을 느끼는 보상계라 불리는 부위가 활동한다. 배신자에 대한 벌은 고소한 느낌인 것이다.

사람은 집단생활을 하는 사회적 동물이지만, 집단을 유지하려면 서로 협력해야 한다. 바꿔 말하면 배신자를 신속하게 색출해 배제하지 않으면 집단이 붕괴할 수 있다. 사람은 혈연관계가 아닌 상대에 대해서도 협조적으로 행동할 수 있는 한편 배신자의 배신행위에는 아주 민감하다. 아마 이와 같은 행동을 진화시키지 않았다면 사회가 유지되지 못하고 벌써 절멸했을지도 모른다. 배신자를 색출하는 기능 역시 진화의 과정에서 획득한 심리적 메커니즘인 것이다.

배신자란 반기를 들고 대적하거나 동료를 절박한 상태에 빠지게 하는 사람만이 아니다. 무임승차 정규직 사원이나 프리라이더라 불리는, 일하지 않는 종업원도 일종의 배신자다. 프리라이더를 찾아낼 방법이 없는 직장에서는 모든 사람이 의욕을 잃고 부패한다. 기업은 채찍과 당근을 잘 사용해 프리라이더라는 배신자를 찾아내야 하고 동시에 종업원의 사회적 교환 모듈을 자극하는 방법도 갖고 있어야 한다. (스기야마 다카시)

생존경쟁을 이겨낼 최강의 전략

| Keywords | 내시 균형 | 반복적 죄수의 딜레마 | 보복 전략 |

반복적 죄수의 딜레마 게임

상대

바위

보

자신

바위

보

쌍방에게
2
포인트
합계 이익 최대

상대에게
3
포인트
상대의 이익 최대, 자신의 이익 최소

자신에게
3
포인트
자신의 이익 최대, 상대의 이익 최소

쌍방에게
1
포인트

죄수의 딜레마(→014)에서는 '배신자 탐색 모듈'이 작동해 상대가 배신했을 때 자신만 크게 피해를 보는 것을 피하기 위해 서로가 배신하는 전개를 보이기 쉽다. 전체로서는 이익이 최소화하지만 먼저 자신의 큰 타격만은 피하고 싶은 심리가 작동한다. 이 논리라면 우리는 서로를 배신할 가능성을 갖고 있는 사회에서 사는 셈이다. 정말 그럴까? 우리는 서로 협력하고 서로 이익을 최대화하는 관계를 구축하기 어려운 것일까?

◆ 진화 시뮬레이션 결과

여기서 죄수의 딜레마가 가진 전제 조건을 정리해보자. 이 게임의 포인트는 '서로에게 상대가 어떻게 나올지 모른다', '게임은 1회뿐인 단기전'이라는 설정이다. 서로 이익과 손해의 밸런스가 유지되는 교착상태를 내시 균형이라 하는데, 이 설정에서는 '서로 배신'하는 것이 유일한 내시 균형이 되어버린다.

하지만 실제 사회에서는 장기전도 많고 상대가 어떻게 나올지 아는 경우도 있다. 이런 조건을 '반복적 죄수의 딜레마 게임'이라고 한다. 이 조건에서는 서로 배신하는 것 이외의 합리적인 내시 균형이 없을 수도 있다.

이 같은 문제를 연구한 사람은 정치학자 로버트 엑셀로드

이다. 그는 반복적 죄수의 딜레마 게임에서 최강 전략을 찾기 위해 경기를 고안했다. 경기는 2회 개최되며, 총 70가지 이상의 전략을 컴퓨터 시뮬레이션으로 겨뤘다. 첫 경기에서는 나중에 보복 전략(tit-for-tat strategy)이라 불리는 프로그램이 우승했다. 그 결과를 발표한 후에 다시 모집을 해서 두 번째 경기를 개최했지만 이번에도 보복 전략이 우승했다. 이 전략을 능가하는 게임을 아무도 생각해내지 못했다.

엑셀로드는 다시 각 전략끼리 생존경쟁을 한다고 하는 진화 시뮬레이션도 시행했다. 생존경쟁을 이겨낸 전략 중에는 보복 전략이 최다였다. 이 결과를 토대로 그는 '보복 전략은 선량·보복·관용·명쾌를 겸하고 있어 인간의 협력 전반에 적절한 패러다임'이라고 주장했다.

◆ 자신부터 배신하지 않으며 상대를 용서한다

그렇다면 보복 전략이란 어떤 전략일까? 여기서는 우리에게 친근한 가위바위보를 이용한 반복적 죄수의 딜레마 게임을 예로 소개한다.

게임의 규칙은 바위와 보만 사용하는 것이다. 이기면 3포인트, 바위와 바위로 비긴다면 쌍방에 2포인트, 보와 보로 비

보복 전략의 규칙

	1	2	3
전략	상대가 협조하는 한(바위를 낸다) 이쪽도 협조한다.	상대가 배신하면(보를 내면) 이쪽도 보복한다.	상대가 협조하면 즉시 협조로 돌아선다.
대응 방침	자신부터 배신하지는 않는다.	상대의 배신에는 엄한 태도로 대한다.	상대의 사죄에는 관용적인 태도를 보인다.

긴다면 쌍방에 1포인트, 지면 0포인트라는 규칙으로 포인트가 누적된다. 몇 번 반복할지는 플레이어에게는 가르쳐주지 않는다. 플레이어는 끝없이 계속된다는 전제로 게임을 전개하게 된다.

게임은 서로 바위를 내서 2포인트씩 획득하는 시점에서 시작된다. 이렇게 함으로써 협력의 메리트를 느끼게 하는 것이다.

이 게임에서는 서로 바위를 계속 내면 한 게임마다 각각 2포인트를 얻는다. 이렇게 계속되면 각 게임 평균 2포인트를 획득할 수 있다. 하지만 상대를 배신하고 보를 내면 개인으로서는 3포인트를 얻을 수 있으므로 배신의 유혹을 느끼게 된다. 다만 자신이 배신하면 상대가 즉시 알게 된다. 게임은 계속된다. 다음 게임 이후에는 상대도 당연히 배반에 대한 보복으로 보를 낸다. 보와 보로 비길 경우 쌍방에게 1포인트이다. 이렇게 계속되면 각 게임에서 평균 1점밖에 얻을 수 없다. 보와 보(서로 배신)의 균형이 오래 계속되면 결과적으로 큰 손해를 보게 된다. 이 규칙 속에서는 배신의 메리트가 단기적으로 끝난다. 장기적으로는 배신하면 손해다.

여기서 배신하면 손해라는 것을 상대에게 이해시킴으로써 각 게임에 2포인트를 얻을 가능성을 가장 높일 수 있는 것

이 보복 전략이다. 이 전략에서는 상대가 바위로 바꾸면 이쪽도 바위로 바꾼다. 상대를 용서하는 것이다. 사람은 배신한 상대가 손해를 보면 뇌에 쾌감 물질이 방출되도록 설계되어 있다(→014). 감정 레벨에서는 배로 갚아주고 싶은 마음을 품기 쉽다. 왕왕 복수가 점점 커지기 쉬운 이유이다.

그러나 상대를 즉석에서 용서하지 않으면 결과적으로 자신도 큰 손해를 본다는 것은 보복 전략 연구에서 밝혀졌다. 상대에 대한 관용적인 태도는 장기적으로 보면 자신에게 이득이 되는 것이다. (스기야마 다카시)

II 진화하는 마음

사람이 이성에게 요구하는 것

016

Keywords   성도태 | 성적 매력 | 성적 대립 | 부모의 투자 이론 |

성도태

성도태에 의해 동성 간의 경쟁에 유리하게 작용하는 특징이 진화하거나(예를 들면 사슴의 뿔), 이성을 끄는 데 유리한 특징이 진화한다(예를 들면 공작의 날개).

번식 기회에 기인하는 도태를 성도태라고 하는데, 자연도태로는 이해할 수 없는 각종 개체 간의 형태나 행동의 차이(한쪽 성에만 나타나는 특징)를 설명하기 위해 찰스 다윈이 제창했다.

유성생식 생물은 정자를 갖는 수컷과 난자를 갖는 암컷이 만남으로써 번식한다. 하지만 난자는 정자에 비해 생성에 걸리는 투자량이 많고 생성 수에 제한이 있다. 반면 정자는 투자량이 적고 수도 많이 생산할 수 있기 때문에 암컷은 보다 생존과 번식에 뛰어난 수컷을 선택함으로써 자신의 적응도를 높이려고 하고, 수컷은 가능하면 많은 암컷과 만남으로써 자신의 적응도를 높이려고 한다. 이와 같은 투자량에 기인하는 번식 전략의 차이에서 일반적으로 성도태는 수컷에 생기기 쉽다.

◆ 수컷끼리의 경쟁, 수컷과 암컷의 대립

성도태에는 크게 나눠 두 종류가 있다. 동성 간의 경쟁에 유리한 특징이 진화하는 동성 간 도태(예를 들면 번식기의 말

코손바다사슴에서 볼 수 있는 커다란 뿔)와 이성이 좋아할 만한 특징이 진화하는 이성 간 도태(예를 들면 공작의 선명한 날개와 구애 춤)가 있다. 이와 같은 특징은 성적 매력이라 불리며 개체의 번식 기회에 커다란 영향을 주는 것으로 알려져 있다. 이들의 작용 메커니즘으로는 외견적인 성적 매력이 유전자의 우량 지표가 된다고 가정하는 우량 유전자설(핸디캡 원리, 패러사이트 모델)과, 그것이 이성의 선호 상승효과에 의해 극단화되었다고 가정하는 러너웨이설이 대표적이다. 성적 매력을 단서로 보다 배우자로서의 자질을 가진 이성을 선택할 수 있다는 것이다.

번식 전략의 차이는 수컷과 암컷 사이에도 대립을 불러일으킬 수 있다. 이것을 성적 대립이라고 한다. 예컨대 콩바구미의 경우, 수컷의 성기에는 가시가 있다. 이것은 교미 중에 수컷이 정자를 암컷의 태내에 안정적으로 보내는 데 적합하지만, 당연히 암컷의 몸에는 커다란 손상을 주기 때문에 적응도 떨어진다. 이 때문에 암컷은 교미 중에 수컷을 흔들어 떨어뜨려

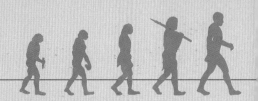

상대의 어떤 점이 매력적인가

여성은 남성에게 양육 자원의 제공 능력을, 남성은
여성에게 젊음과 건강 같은 생식 능력을 원한다.
이와 같은 경향도 진화심리학으로 설명할 수 있다.

교미 시간을 단축함으로써 손상을 줄이려는 저항 행동을 진화
시켜간다.

　이와 같이 서로가 자신의 적응도를 확보하기 위해 진화하
는 것을 잠수함과 그것을 잡는 전투기의 관계에 비유해 '진화
적 군비 확장 경쟁(Evolutionary Arms Race)'이라고도 부
른다. 급격한 진화나 종 분화를 일으키는 원동력의 하나라 할
수 있다.

◆ 남자와 여자의 라이프스타일

　그렇다면 사람에게는 어떤 성도태가 작동하는 것일까? 사
람도 난자와 정자에 의한 유성생식을 하기 때문에 배우자에
대한 투자량은 여성 쪽이 많고, 이와 더불어 임신과 출산, 수
유 등 자녀 양육에 투자하는 양도 압도적으로 여성 쪽이 많다.
하지만 다른 포유류와 다른 점이 한 가지 있다. 사람은 20만
년 이상 전부터 공동체를 이루어 분업 생활을 영위하고 있다
는 점이다. 여성이 목숨을 걸고 출산하지만, 남성도 위험한 땅

에서 수렵이라는 형태로 양육 자원을 투자한다. 인간이 이족
보행을 하게 되면서 출산의 고통이 심해지고, 사실상 혼자서
자녀를 낳아 양육하기가 불가능한 여성에게 남성의 투자는 필
요 불가결했을 것이다.

　이와 같은 생활양식은 사람의 진화 역사상 크게 변하는 일
없이 여성은 남성의 경제력과 협력 같은 양육 자원의 제공 능
력을, 남성은 여성의 젊음이나 건강성이라는 생식 능력을 배
우자에게 원하도록 진화해왔다. 즉 사람은 서로가 서로를 선
택하고 동시에 이를 둘러싼 경쟁을 하는 생물이다. 진화심리
학자 데이비드 버스는 세계 37개 문화권을 통해 이 경향이 있
음을 밝혔다.

　이와 같이 사람이 진화해온 과정을 더듬어보면 누군가를
매력적이라고 느끼는 우리의 마음도 진화에 기인하는 생물학
적 기반에 의해 형성되었음을 쉽게 상상할 수 있다. (사야마
나나오)

매력적인 얼굴과 신체의 비밀

Keywords │ 평균 얼굴 가설 │ 건강 │ 생식 │ 유전자 │

평균 얼굴 가설

왼쪽부터 2명, 4명, 8명, 16명의 얼굴을 조합한
평균 얼굴을 일러스트로 그린 것. 차츰 매력도가
상승한다고 느껴지는가?

미인이나 잘생겼다고 하는 얼굴은 대체 어떤 얼굴일까?
뭔가 특별한 점이 있는 얼굴일까? 이 문제에 대해 세
계에서 처음으로 연구를 한 사람이 프랜시스 골턴(Frencis
Galton)이다.

◆ 평균적인 얼굴이 아름답다

19세기 말, 골턴은 당시 최첨단이었던 사진 기술을 사용해
많은 사람의 얼굴을 합성해보는 연구를 했다. 물론 당시 사진
은 지금처럼 디지털 사진이 아니라 인화지에 광학적으로 인화
한 아날로그 사진이다. 이렇게 겹쳐서 인화하면 개인의 특징
(예를 들면 남보다 큰 코나 작은 눈, 점이나 주름 등)은 서로
지워 없어지고 점점 평균적인 얼굴이 되어간다. 골턴이 애초
에 목적으로 한 것은 많은 범죄자의 얼굴을 겹쳐 인화함으로
써 '궁극의 범죄자' 얼굴을 찾으려는 것이었다(→013). 그런데

예상과 다른 결과가 나왔다. 많은 범죄자의 얼굴을 겹칠수록
남성의 얼굴은 점점 핸섬하게, 여성의 얼굴은 미인이 되어갔
다. 골턴은 이 결과에서 우리가 미인이나 미남이라고 생각하
는 얼굴은 뭔가 두드러진 특징을 갖고 있는 것이 아니라 단지
평균적인 얼굴이 아닐까 생각했다. 이것이 바로 '평균 얼굴 가
설'이라 불리는 것이다.

그 후 여러 연구가 행해지면서 최근에는 디지털 사진 기술
을 이용한 연구가 진행되고 있는데, 일반적으로 많은 사진을 합
성할수록 얼굴의 매력도가 올라간다는 것이 거듭 검증되었다.

◆ 남성이 좋아하는 'WHR 0.7'

그렇다면 매력적인 몸매란 어떤 체형일까? 이 문제에 대해
서는 남성보다도 오히려 여성의 매력적인 몸매에 대한 연구가
행해졌다. 미국 텍사스대학의 데벤드라 싱(Devendra Singh)

① 날씬한 체형

허리와 엉덩이의 비율

데벤드라 싱 교수는 실험 자극을 남성에게 보이고 매력도를 평가하게 했다. 당신이 남성이라면 어느 여성을 가장 매력적이라고 느낄까? (허리와 엉덩이의 비율은 왼쪽부터 0.7, 0.8, 0.9, 1.0이다)

② 표준적인 체형

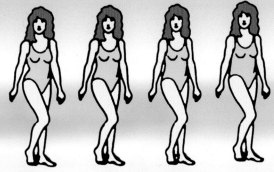

③ 뚱뚱한 체형

교수는 다양한 비율의 여성 실루엣을 남성에게 보여주고 그 매력을 평가하는 실험을 전개했다. 그 결과, 흥미롭게도 허리와 엉덩이의 비율(WHR：Waist-to-Hip Ratio)이 몸매의 매력을 크게 좌우한다는 것을 알게 되었다.

남성은 왜 여성의 허리와 엉덩이의 비율에 매력을 느끼는 것일까? 데벤드라 싱 교수는 여기에는 진화 과정이 크게 관련되어 있다고 생각했다. 남성에게 중요한 것은 자신과의 사이에 건강한 아이를 많이 만들어주는 것, 그리고 태어난 아이가 남의 아이가 아니라 자신의 아이일 것이다(자신의 유전자를 후세에 남기기 위해서). 즉 건강하고 임신 가능하며, 현재 다른 남자의 아이를 임신하지 않은 여성을 원하는데, 이 세 가지 요소를 판단할 수 있게 하는 부위가 잘록한 허리라는 것이다. 실제로 그는 허리가 잘록한 여성이 건강하고 임신을 잘한다는 것을 밝혀냈다. 사람은 생식 가능 연령일 때에는 허리가 잘록하고 생식 가능기가 지나면 허리둘레가 늘어난다는 것을 알 수 있다. 흥미 있게도 매릴린 먼로 등 왕년의 인기 배우를 비롯해 현재 인기가 많은 아이돌의 허리와 엉덩이의 비율도 0.7이다. (오치 케이타)

유전자가 만들어내는 마음의 개성

| Keywords | 신경전달물질 | 유전자 다형 | 행동유전학 |

일본인의 특징에 영향을 주는 유전자

대부분의 일본인이 가진 5-HTTLPR 유전자는 과민하고 걱정이 많은 SS형이고, 느긋한 성격인 LL형은 극히 적다. 이와 같은 인구 구성이 된 것은 일본인이 경험해온 다양한 환경 변화에 대해 SS형이 상대적으로 잘 적응했기 때문일 것이다.

저래도 괜찮을까 이래도 괜찮을까……

What's the problem? Come and join us!

SS형

LL형

"**일**본인은 소극적이고 낯가림이 심해 친해지기 쉽지 않다." "일본의 산업사회는 예정 조화적*이고 폐쇄적이어서 신규 참여가 어렵다." 일본인은 외국인으로부터 이런 말을 많이 듣는다. 필자는 특히 서양인에게 이런 말을 자주 듣는 것 같다. 사실 이 배경은 일본인의 마인드와 일본 문화라는 말로는 정리할 수 없다. 왜냐하면 일본인의 유전자 레벨에 따른 특징과 관련이 있기 때문이다.

◆ 일본인의 유전적 특징

우리의 심적 활동은 뇌의 신경전달물질이 행하는 대사(생성과 소비)의 균형과 깊이 관련되어 있다. 예컨대 쾌락 물질이 생성되기 쉬운데 잘 소비하지 않는 사람은 쾌락이 오래 지속된다. 이와 같은 신경전달물질의 대사 패턴(→083)은 유전에 유래하는 생리적인 개인차가 영향을 주는 것으로 알려져 있다.

그중에서도 위와 같은 일본인의 특징에 영향을 주는 유전자는 '5-HTTLPR 유전자'라 불린다. 이 유전자는 세로토닌 조절에 관여하고 있는데, 뇌 속의 세로토닌 양을 늘려 사람을 둔

감하지만 적극적으로 이끄는 L형과 민감하고 신중하게 이끄는 S형, 두 종류가 있다. 부모로부터 하나씩 물려받는 것이므로 상당히 적극적인 LL형, 과민한 SS형, 그 중간형인 SL형, 이 세 가지가 있다(보다 전문적으로는 L형은 다시 몇 종류로 나누어지므로 20가지가 넘는다). 이와 같이 인류의 유전자 중에서 몇 가지 유형으로 나누는 것을 유전자 다형이라고 한다.

일본인의 66%는 SS형이다. SS형이 많은 문화나 사회에서는 그 역사 속에서 인구가 감소하는 커다란 어려움을 경험하는 일이 많다고 한다. 일본의 경우, 열대기후가 아닌 풍토 속에서 열대식물인 쌀을 주식으로 재배해왔다. 그 때문에 만성적으로 심각한 식량난을 겪었다. 논밭 손질이나 관리에 과민하게 반응하는 SS형이 상대적으로 살아남기 쉽고 인구 구성 속에서 늘어났는지도 모른다.

일본인에게는 유전자 수준의 특징으로서 낯을 가리지 않는 사람에게도 기회에 신중한 사람이 많아 이 사람들이 사회 분위기를 만들었다. 둔감하지만 적극적인 LL형은 3%밖에 되지 않기 때문에(이것은 세계에서도 최소 부류에 들어가는 비율이

유전과 환경의 영향

종래의 소박한 발달관에서는 사람의 행동은 나이를 먹을수록 환경과 경험의 영향이 강하게 나타난다고 생각했다. 그런데 행동유전학이 밝힌 실태에서는 나이를 먹을수록 유전의 영향을 강하게 반영하는 것으로 나타났다.

유전의 영향대

환경·경험의 영향대

연령

소박한 발달관

연령

발달의 실태

다) 다수파가 만드는 사회 분위기에 묻혀버린 것이다. 세계에서 LL형이 많은 것으로 알려진 북유럽 사람들에게는 일본인이 낯을 가리고 폐쇄적으로 보이는 것은 유전적으로 어쩔 수 없는 일인지도 모른다.

◆ 나이와 함께 높아지는 유전의 영향

이와 같이 유전과 마음, 행동의 관계를 연구하는 영역이 행동유전학이다. 최근에는 평생에 걸친 마음의 변화를 다루는 평생 발달 심리학도 행동유전학을 시야에 넣고 있다. 그 성과에 의하면 적어도 현대 사회에서는 나이를 먹으면서 환경이나 경험보다도 유전의 영향으로 설명할 수 있는 행동이 늘어난다. 이것은 '나이를 먹을수록 축적된 경험의 영향을 받지 않을까' 생각하는 소박한 발달관과는 정반대의 발견이다.

예컨대 우리 대부분은 학교생활의 제약 속에서 10대 후반까지를 보낸다. 생활이나 행동 대부분은 학교에 관련된 것이라서 크게 바꾸기 어렵다. 고등학교를 졸업하면 40~50퍼센트는 취직을 하고 직업에 맞춰 생활한다. 진학한 사람도 전공에

따라 사회를 보는 견해나 관여 방법이 달라진다. 옷차림도 고등학생 때보다는 자유로워지고 개성이 나온다. 직업이나 전공도 자신에게 맞지 않으면 노력과 운에 따라서는 변경 가능하다. 거주지는 물론이고 사귀는 사람도 현실적인 제약 속에 있기는 하지만 바꿀 수 있다. 사람은 나이를 먹으면서 무의식적으로 자신을 좋아해, 유전의 영향이 강한 감정적인 지향성에 맞춰 생활환경을 만들어간다. 이렇게 해서 유전으로 설명할 수 있는 행동이 늘어가는 것이다.

가까운 장래에 자신의 유전 경향을 간단히 조사할 수 있는 시대가 올지도 모른다. 현재에도 정도는 있지만 간단한 체크 시트로 측정하는 시도가 있다. 자신의 유전 경향을 알고 타고난 취향에 무리가 없는 생활을 할 것인가, 아니면 자신의 유전 경향과는 반대 생활에 도전할 것인가. 선택은 당신에게 달렸다. (스기야마 다카시)

학습하지 않으면 미래는 없다

Keywords | 고전적 조건 부여 | 반화 | 소거 | 각인

파블로프의 실험

심리학의 역사에서도 가장 유명한 실험이 있다. 먹이와 종소리 관계를 학습한 개는 종소리를 듣기만 해도 먹이를 떠올리며 침을 분비한다.

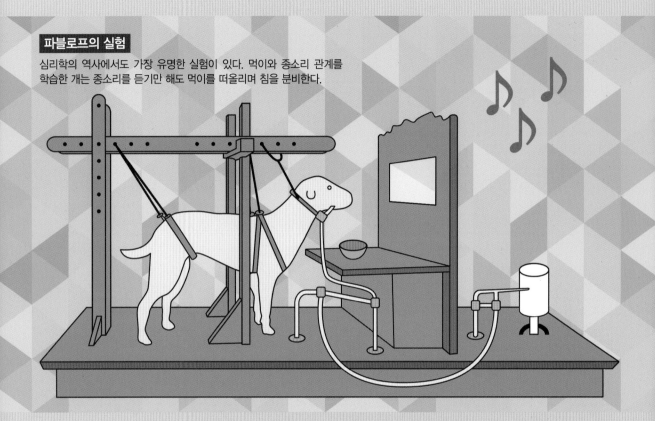

당신이 살고 있는 환경은 몇 번 바뀌었는가? 이사나 전직으로 주거 환경이 바뀌는 일이 있는가 하면, 진학이나 진급, 전직이나 직장의 이동, 라이프 이벤트에 의한 가족 구성의 변화 등 우리는 다양한 환경 변화를 반복한다. 여기에 나이를 먹으면서 심신의 변화나 사회적 입장의 변화를 포함하면 우리 인생이나 생활은 변화의 연속이다. 그렇기 때문에 이겨내기 위해서는 다양한 변화 속에서 자신의 모습을 유연하게 바꾸는 힘이 필요하다. 사실 사람을 비롯한 동물은 태어나면서부터 이런 힘을 갖고 있다. 그리고 심리학에서는 환경에 따라 자신을 바꾸는 것을 학습이라고 부른다.

◆ 학습의 가장 중요한 기능＝예측

학습의 가장 중요한 기능 중 하나가 자신 주변에서 무슨 일이 일어날지 예측하는 기능이다. 예컨대 제정 러시아 시대의 생리학자 이반 파블로프는 개에게 침을 측정할 수 있는 수술을 한 후 먹이를 주기 전에 종을 울리는 실험을 반복적으로 진행했다. 개는 처음에는 종소리를 듣고 침을 흘리지 않았으나

되풀이하는 사이에 종소리를 듣기만 해도 침을 분비하게 되었다. 이 개는 자신에게 준비된 먹이 환경에서는 종소리와 먹이가 연동하는 것을 배웠다. 종소리라는 자극에 의해 먹이가 주어진다는 것을 예측하고 생리적으로 그 준비를 하는 것이다. 심리학에서는 이 학습을 고전적 조건 부여라고 부른다.

학습된 자극에 대한 반응은 유사한 자극으로도 확대된다. 파블로프의 실험에 영향을 받은 심리학자 존 왓슨은 한 살 된 아기를 대상으로 실험을 진행했다. 이 아기는 앨버트라는 가명으로 불리는데 당초에는 흰쥐와 개, 토끼 같은 동물을 무서워하지 않고 오히려 흥미를 보였다. 하지만 앨버트가 흰쥐에게 흥미를 보이는 동안에 왓슨은 금속으로 커다란 소리를 내서 앨버트를 두렵게 했다. 그러자 그 후 앨버트는 흰쥐를 무서워하고 흰쥐로부터 피하려는 행동을 보이기 시작했다. 그리고 앨버트가 피하려는 대상은 흰쥐에 그치지 않고 다른 동물, 모피 코트, 나중에는 산타클로스의 멋진 흰 수염조차 무서워하게 되었다고 한다.

왓슨의 실험을 통해 앨버트의 심리적 세계에서는 흰쥐가 공

왓슨의 실험
흰쥐를 무서워하게 된 앨버트는 이윽고 흰쥐를 연상시키는 모피 코트나 흰 수염까지 무서워하게 되었다.

각인
새끼 오리는 처음 본 움직이는 대상을 자신의 어미라고 착각하고 따라간다. 이 학습을 각인이라고 하는데, 한 번 성립되면 수정하기 어렵다.

포를 예측하는 것이었으나 흰쥐를 연상시키는 다른 것도 공포를 예측하는 것이 되어버렸다. 이와 같이 직접적인 학습 대상이 아닌 것으로까지 반응이 확대되는 것을 심리학에서는 반화(般化)라고 한다.

◆ 학습의 해제와 임계기
그런데 학습이 한번 성립된 후에는 평생에 걸쳐 종소리가 나면 침을 분비하고, 흰쥐를 무서워할까? 답은 절반은 No, 절반은 Yes다.

학습의 대부분은 소거라는 절차로 해제된다. 예를 들어 종소리를 듣고도 먹이를 받지 못하거나 흰쥐가 나타나도 무서운 커다란 소리가 나지 않는 등 예측한 현상이 일어나지 않는 경험을 반복하면 잠시 동안은 예측 기능이 작동해 반응이 계속된다. 하지만 되풀이되는 사이에 예측 기능이 해제된 듯 반응이 일어나지 않게 된다. 소거 덕에 우리는 환경이 변해도 불필요한 반응을 하지 않아도 되는 것이다.

그러나 예를 들어 이제 막 부화한 새끼 오리의 눈에 오리

완구를 움직여 보이면 대개는 오리 완구를 따라 돌며 부모에게 보이는 반응을 하게 된다. 그리고 오리 완구가 어느 정도 부모로서 역할을 하지 않아도 새끼 오리는 그 반응을 그만두지 않는다. 일부 학습에는 임계기가 있어 한번 성립하면 수정되지 않는 것도 있는 모양이다. 이런 현상을 '각인'이라고 하는데, 동물행동학자인 콘라트 로렌츠(Konrad Lorenz)의 연구에 의해 널리 알려졌다. 사람에게도 각인이 있는지에 대해서는 여러 설이 있어 확실하지는 않지만 어쩌면 당신이 당연시하는 행동이나 반응이 유아기에 각인된 것인지도 모른다. (스기야마 다카시)

침팬지에게도 '자기'가 있을까

Keywords | 자기의식 | 경영 인지 | 마크 테스트 | 립스틱 테스트 |

마크 테스트를 한 동물들

이들 동물이 자기 몸을 인식하고 있는지 몰라도, 자기의식을
갖고 있는지에 대해서는 다양한 견해가 있다.

우리는 자신이 누구이며, 어떤 외모를 하고 있으며, 어떤
생각을 갖고 있는지 알고 있다. 자기를 갖고 있기 때문
에 타인과의 관계를 구축하고 앞으로 인생의 방향을 결정해갈
수 있다. 여기서 의문스러운 것은 다른 동물, 특히 사람과 같은
포유류에도 '자기'가 있는가 하는 것이다.

◆ 거울에 비친 건 누구?

동물의 자기의식 존재를 확인하기 위해 경영 인지(鏡映認
知) 실험을 실시했다. 경영 인지란 거울 속에 비친 자신의 모
습을 보고 그것이 자신이라고 인식할 수 있는지 측정하는 과
제이다. 만약 거울 속에 비친 자신의 모습을 자신이라고 인식
하지 못한다면 마치 타인을 발견했을 때처럼 거울 속의 자신
에게 반응할 것이라고 예측할 수 있다. 한편 자신이라고 인식
할 수 있다면 오히려 그 거울을 이용한 행동을 볼 수 있을 것

이라고 예측할 수 있다. 이 경우 그 동물에게는 자기의식이 있
다고 추측할 수 있다. 심리학자인 고든 갤럽(Gordon Gallup)
은 1970년에 침팬지를 대상으로 이 과제를 실험한 결과를 보
고했다. 침팬지에게 거울을 제시한 당초에는 위협을 하는 등
거울 속의 자신을 타인으로 여기는 행동을 보였으나, 차츰 그
모습이 자신임을 이해했고 과제 개시 3일 후에는 거울을 이용
해 몸단장을 하는 모습을 볼 수 있었다.

◆ 테스트를 통과한 건 누구?

이 실험을 응용한 마크 테스트가 개발되었다. 마크 테스트
에서는 미리 동물에게 마취를 시켜 눈치채지 못하게 눈썹 위
등 눈에 띄지 않는 곳에 염료를 발라둔다. 그 후 거울을 봤을
때 그것을 알아차리고 만지거나 살펴보는 행동을 보이는지 관
찰하는 것으로 자기 인지를 검토했다. 이 테스트를 침팬지에

아기의 립스틱 테스트

아기는 평균 1년 6개월에서 2세 정도에 립스틱 테스트를 통과한다.

게 행하자 거울이 없을 때는 아무런 반응도 일어나지 않았으나 거울을 보여주자 그 염료를 칠하려는 듯한 행위를 했다. 역시 자기의식을 하고 있다는 것을 시사하는 행동이라 볼 수 있다. 또한 침팬지에 한하지 않고 오랑우탄이나 보노보 등 유인원이 테스트를 통과했으며 코끼리나 돌고래도 이 테스트를 통과했다는 보고가 있다. 한편 원숭이는 이 테스트를 통과하지 못했다. 이들 결과는 자기의식을 하는 동물과 자기의식을 하지 못하는 동물의 차이를 보임과 동시에 특히 유인원의 진화적인 과정을 시사한다.

아기가 이 테스트를 통과하는 시기는 평균 1년 6개월에서 2세 정도라고 한다. 사람을 대상으로 경영 인지 실험을 할 때는 염료 대신 립스틱을 사용하는 일이 많아 립스틱 테스트라고도 한다. 자폐 스펙트럼증이나 인지증 환자의 경우는 마크 테스트나 립스틱 테스트에서 이상이 보고되었다.

처음 질문에 대답한다면 침팬지도 자기의식을 할 수 있다. 다만 경영 인지 과제가 정말로 자기의식을 측정한다고 할 수 있을지에 대해서는 회의적인 견해도 있다. 예컨대 마크 테스트에서 밝힐 수 있는 것은 어디까지 자기 몸을 인식할 수 있느냐 하는 것으로 자기 존재나 사상 같은 고차적인 인지(고차적인 의식)에 대해서는 분명하지 않다는 지적이 있다. (마쓰모토 노보루)

의식이란 무엇인가

Keywords | 의식의 신경 상관(NCC)설 | 글로벌 워크스페이스 이론 | 정보 통합 이론 | 리베트 실험 |

글로벌 워크스페이스 모델 의식의 스포트라이트가 비춤으로써 자기나 의도 같은 문맥, 기억이나 언어 같은 무의식적 자원과의 상호 액세스가 가능해진다.

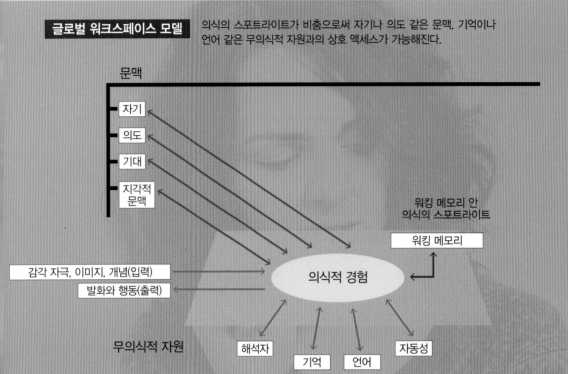

우리는 어떤 대상에 대한 이미지를 갖고 있다. 또한 자기가 지각이나 사고를 하고 있다는 감각을 의식할 수 있다. 우리는 어떻게 의식을 느낄 수가 있을까? 애초에 의식이란 무엇일까? 여기서는 의식에 관한 이론을 개관해보기로 한다.

◆ 의식에 관한 이론

의식의 신경 상관(NCC)설이란 뇌의 특정 부위가 의식을 담당하는 것이 아니라 어떤 영역의 뉴런이 최소한의 역치*를 넘는 활동을 함으로써 의식이 생긴다고 하는 사고방식이다. 예를 들어 시각의 의식은 고차 시각 영역과 전두 전 영역의 상호작용에 의해 생긴다는 것이 실험으로 밝혀졌다. 프랜시스 크릭(Francis Crick)과 크리스토프 코흐(Cristof Koch)는 의식이 생기려면 역치를 넘는 신경 활동뿐 아니라 전두엽과의 상호작용(피드백)이 있고, 활동 고리가 있어야 한다고 말한다. 또한 이들 의식이 생기는 필요조건으로 그물체(망양체) 부활계와 신경판*(수판) 내핵을 들 수 있다. 이들 영역이 파괴되면 신경 상관에 상관없이 영구히 의식을 잃어버린다. 이상을 정리하면 의식은 국소적인 신경 상관에 의해 생기는 것이지만,

그 전제로서 그물체 부활계 등 특정 부위 활동이 유지되어야 한다.

동종 가설로서 버나드 배스(Bernad Bass)가 제창한 글로벌 워크스페이스 이론이 있다. 이 이론은 종종 극장 무대에 비유해 의식의 역할을 설명한다. 극히 일부 의식의 스포트라이트가 비춰진 정보, 즉 워크스페이스에 올라간 정보만이 모든 뇌내 시스템에서 액세스가 가능하게 되고 자기나 의도와 같은 문맥이나, 기억 및 언어와 같은 정보원과의 액세스가 증가한다. 한편 스포트라이트가 비춰지지 않은 정보는 다른 정보원에서는 액세스할 수 없다.

신경 상관설이나 글로벌 워크스페이스 이론에 입각하면 의식이란 뉴런 간의 루프에 의한 정보의 통합이며, 널리 정보를 액세스할 수 있는 워크스페이스에 올라간 정보를 말하지만, 왜 그런 정보 통합이 의식을 낳은 것인지는 불명확하다. 이것을 정리할 수 있는 것이 줄리오 토노니(Giulio Tononi)의 정보 통합 이론이다.

정보 통합 이론에서는 시스템 전체가 만들어낸 정보량에서 부분이 만들어낸 정보량의 총합을 뺀 것을 의식의 레벨이라고

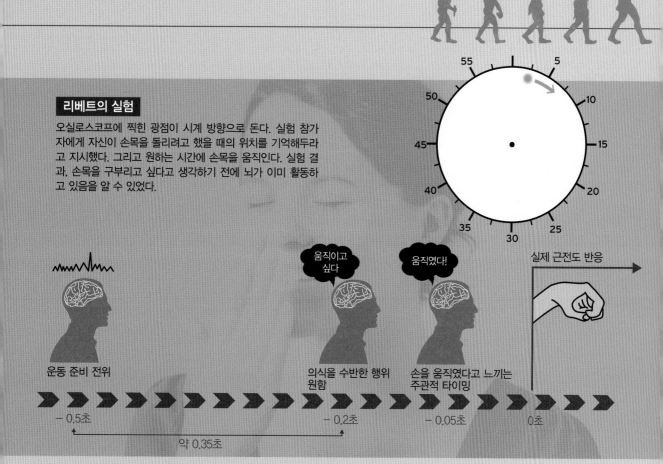

리베트의 실험

오실로스코프에 찍힌 광점이 시계 방향으로 돈다. 실험 참가자에게 자신이 손목을 돌리려고 했을 때의 위치를 기억해두라고 지시했다. 그리고 원하는 시간에 손목을 움직인다. 실험 결과, 손목을 구부리고 싶다고 생각하기 전에 뇌가 이미 활동하고 있음을 알 수 있었다.

운동 준비 전위

움직이고 싶다 / 의식을 수반한 행위 원함

움직였다! / 손을 움직였다고 느끼는 주관적 타이밍

실제 근전도 반응

− 0.5초   − 0.2초   − 0.05초   0초

약 0.35초

정의한다. 개개인의 정보가 통합되어야 의식이 생기는 것이어서 개개인의 정보가 링크되지 않고 단지 존재만 한다면 그것을 의식이라고는 부를 수 없다는 것을 의미한다. 바꿔 말하면 통합이 생기면 거기에는 뭔가 의식이 생긴다고 할 수 있다. 이와 같이 정보 통합 이론은 의식을 통합 정보량으로 정의한다.

◆ 자유의지라고 하는 환상

자유의지에 대해서도 검토가 이루어지고 있다. 우리는 자유의지로 결정하고 행동을 선택한다고 생각하기 쉽지만 사실은 그렇지 않다. 무의식 과정에 지배를 받고 있다는 것이 대부분이라는 사실이 밝혀졌다. 벤저민 리베트(Benjamin Libet)의 시험은 주관적인 의식보다도 먼저 뇌 활동이 생긴다는 사실을 보인 유명한 실험이다.

이 실험에서는 시계 바깥 둘레를 오실로스코프(진동 현상을 눈으로 볼 수 있도록 표시하는 장치)로 제시하고, 보통 시계보다 25배 빠른 속도로 광점을 돌렸다. 실험 참가자에게는 만약 손목을 움직이고 싶으면 언제든 움직여도 좋지만, 손목을 움직이고 싶다고 생각한 순간에 오실로스코프의 빛의 위치를 기억해두라고 설명했다. 이 실험은 실제로 손목을 구부린 순간을 객관적인 판단 지표로 하고, 시계 광점 위치 보고를 주관적인 판단의 지표로 한 것이다. 그리고 동시에 참가자의 뇌파와 근육 에너지(筋電位)를 측정했다.

실험 결과, 참가자는 실제로 손목을 구부리기 0.05초 전에 주관적으로 손목을 구부렸다고 느끼는 것으로 나타났다. 그리고 구부리고 싶다고 하는 바람이 의식에 올라오는 것은 이보다도 0.15초 앞섰다. 그 바람보다도 약 0.35초 빨리 운동 준비 전위라 불리는 사상[*] 관련 전위가 생긴다는 것이다. 요컨대 의식이 행동을 결정하기도 전에 뇌는 행동 준비를 한다는 것을 알 수 있다. 이 실험은 추가 실험에서도 재확인되었다. (마쓰모토 노보루)

III
발달하는 마음

사람은 나이와 함께 변한다

Keywords | 인지 발달 | 자기중심성 | 정체성 |

피아제와 에릭슨의 발달 이론

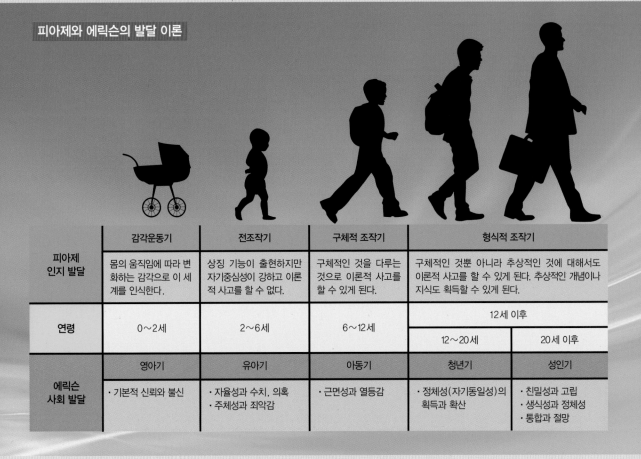

	감각운동기	전조작기	구체적 조작기	형식적 조작기	
피아제 인지 발달	몸의 움직임에 따라 변화하는 감각으로 이 세계를 인식한다.	상징 기능이 출현하지만 자기중심성이 강하고 이론적 사고를 할 수 없다.	구체적인 것을 다루는 것으로 이론적 사고를 할 수 있게 된다.	구체적인 것뿐 아니라 추상적인 것에 대해서도 이론적 사고를 할 수 있게 된다. 추상적인 개념이나 지식도 획득할 수 있게 된다.	
연령	0~2세	2~6세	6~12세	12세 이후	
				12~20세	20세 이후
에릭슨 사회 발달	영아기	유아기	아동기	청년기	성인기
	· 기본적 신뢰와 불신	· 자율성과 수치, 의혹 · 주체성과 죄악감	· 근면성과 열등감	· 정체성(자기동일성)의 획득과 확산	· 친밀성과 고립 · 생식성과 정체성 · 통합과 절망

심리학은 마음과 행동의 요인을 찾는 학문이다. 그 하나의 답을 연령의 변화에서 찾으려고 하는 것이 발달심리학이다. 여기서는 자신이 놓인 세계를 어떻게 인식하는지, 인지 발달 이론을 통해 알아보기로 한다.

◆ 피아제의 발달 이론

먼저 인지 발달에서는 장 피아제의 이론이 대표적이다. 이 이론은 아이가 불완전한 어른으로서 세상을 보고 있는 것이 아니라 아이의 독자적인 해석으로 세상을 본다는 것을 제시한다.

피아제에 의하면, 2세 정도까지의 감각운동기는 울면 누군가가 와준다. 본 것을 만지거나 입에 물면 거기에 뭔가가 있다는 것을 알 수 있는 체험을 반복하면서 이 세상을 배우는 시기이다. 이 시기에는 눈앞에서 사라진 것은 정말로 소멸한 것처럼 느낀다.

1년 6개월에서 2세 정도에 시작되는 전(前)조작기에서는 이미지나 언어적 상징화를 할 수 있게 된다. 눈앞에서 없어진 것도 단지 보이지 않을 뿐 이미 소멸한 것이라고는 생각하지 않는다. 그러나 타인의 시점에 설 수 없으므로 자신이 알고 있는 것은 상대도 알고 있을 거라는 자기중심성이 있다. 또한 저장의 개념이 없어 옆으로 긴 비커에서 세로로 긴 비커에 물을 옮기면 물이 많아졌다고 착각한다(사람은 세로 방향을 과대시한다). 이것은 6~7세까지 계속된다.

구체적 조작기가 되면 우선 질량이나 수, 길이 같은 구체적으로 재거나 셀 수 있는 숫자를 조작할 수 있게 되고, 9~10세를 지나면 면적이나 무게 같은 개념도 조작할 수 있게 된다. 형식적 조작기에서는 구체적인 사물이 눈앞에 없어도 '만약 ○○라면 △△는……' 같은 가정에 근거하는 어른의 사고도 할 수 있게 된다.

아이의 독자적인 사고

전조작기 아이들은 아직 보존의 개념이 없기 때문에 대상물의
외관이 변하면 질량이나 수 등의 특성도 변한다고 생각한다.

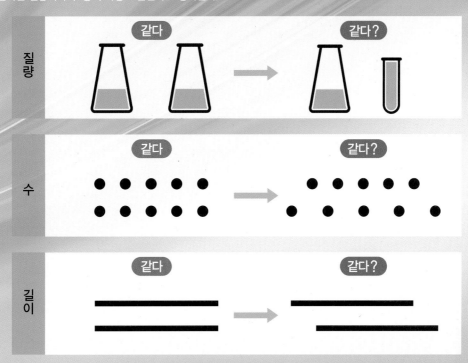

◆ 에릭슨의 발달 이론

에릭 에릭슨(Erik H. Erikson)은 인간 형성을 문화·사회와
관련지어 설명했다. 에릭슨은 나이에 따라 느끼는 마음의 빛
과 그림자를 논했다. 영아기에는 이 세상, 즉 주위 사람이 안
전하고 신뢰할 수 있는지 없는지(기본적 신뢰와 불신) 의식한
다. 운동 능력이 올라가는 유아기에는 자신이 할 수 있는 일
이 무엇인가(자율성과 수치, 의혹), 자기 마음대로 해도 되는
가 그렇지 않은가(주체성과 죄책감)를 의식하며, 아동기에는
자신이 칭찬받는 존재인지 그렇지 않은지(근면성과 열등감)를
의식하게 된다.

'나는 무엇을 위해 사는가'를 의식하는 사춘기에서 청년기에
걸쳐서는 정체성(자기동일성)의 획득과 확산이 과제가 된다.
정체성을 획득하고 자신의 존재를 발견하면 자신에게 집중한
나머지 고립하게 되므로 친밀한 인간관계에 굶주리게 된다(친
밀성과 고립).

중년기가 되면 생물적으로나 사회적으로나 발전에 한계를
깨닫고 정체감을 느끼게 되지만, 다음 세대를 키운다는 '사회
적 생식성'에 보람을 발견할 수도 있다(생식성과 침체성). 그
리고 인생의 황혼기에는 자신이 살아온 의미를 찾으면 좋지만
후회만 쌓이게 되면 인생을 절망하게 된다(통합과 절망).

이와 같이 우리의 마음은 나이와 더불어 변해간다. (스기야
마 다카시)

신체적 접촉이나 말을 거는 것보다 중요한 것

Keywords | 공동주의 | 가리킴 추종 | 시선 추종 | 사회적 참조

공동주의

상대가 무엇에 주의를 기울이고 있는지를 이해하는 것은 상대의 흥미 대상, 즉 상대의 마음을 이해하는 것과 연결된다.

람은 태어나면서부터 타인과의 관계 속에서 살아가며 그 관계를 추구한다. 5억 년 전의 조상이 획득한 감정은 지극히 자기 본위였다. 그러나 사람의 경우는 자타 감정을 공명하는 구조를 갖고 있으며, 감정의 공유를 추구하도록 진화해 왔다고 생각할 수 있는 현상이 몇 가지 발견되었다. 그 대표적인 것의 하나가 공동주의(joint attention)다.

◆ 추종에서 조작으로

공동주의란 어느 대상에 대해 두 사람이 주의를 기울이는 상태에서, 상대가 자신과 같은 것에 주의를 기울이고 있다는 것을 알게 된다고 하는 '본인-타인-사물'의 관계가 성립된 상태를 말한다.

발달적으로는 먼저 누군가가 주목하는 방향을 본다고 하는 응답적 공동주의가 빠르면 생후 8개월 정도부터 나타난다. 유

아는 누구에게 배우는 것이 아니라 타인이 가리키는 곳에 흥미 대상이 있다는 것을 이해하고 "뭐가 뭐가?" 하는 식으로 그 대상에 함께 주의를 기울인다(가리킴 추종). 자기 쪽을 보고 있던 상대가 자기 뒤쪽을 가리키거나 하면 뒤돌아 흥미 대상을 찾는다(뒤쪽 가리킴의 추종). 흥미 대상과 상대를 교대로 바라보는 행동도 나타난다(번갈아 응시).

생후 15개월이 지나면 응답적 공동주의는 타인의 시선만으로도 생기게 되고(시선 추종), 표정이나 태도의 의미를 이해하고 대상에 대한 어른의 평가를 배우는 사회적 참조를 향해 발달해간다.

생후 12개월경에는 마치 "이것 봐!"라고 말하는 듯이 자신이 흥미 있는 것을 가리키거나(흥미의 가리킴), "이것 떼 줘!"라는 느낌으로 자신의 요구를 가리킴으로써 전하게 된다(요구의 가리킴). 이것을 시발적 공동주의라고 부른다. 유아가 스스

가리킴 추종

영아는 누구에게 배우는 것이 아니라 타인이 가리키는 곳에 주의를 기울인다.

흥미의 가리킴

이윽고 자신의 흥미 대상에 타인의 주의를 기울이게 만든다.

로 타인의 주의를 자신의 흥미 대상으로 불러오기 위해 취하는 행동이다. 가리킴 이외에도 흥미가 있는 것을 손으로 들고 보여주거나(제시), 상대에게 건네는(건넴) 등의 행동으로도 나타난다.

이와 같이 공동주의는 응답적 공동주의에서 시발적 공동주의로 발달한다. 다시 말하면 타인의 주의나 관심을 이해하고 따르려는 추종 행동으로부터 타인의 주의를 조작하는 행동으로 발달한다. 신경 기반으로서는 뇌의 전두 전 영역이라 불리는, 인류에게 특히 발달되어 있는 영역 중에서도 타인에 대한 관심이나 자기평가, 벌에 관여하는 내측부(mPFC)의 일부와, 타인의 감정이 어디를 향하고 있는가를 판단하는 위관자고랑(상측두구, STS)의 일부가 활성화한다고 한다.

◆ 타인의 마음을 읽는 마음으로

그런데 공동주의에는 어떤 발달적 의미가 있는 것일까? 하나는 타인의 마음을 이해하는 데에 있다. 응답적 공동주의는 타인의 마음 일부를 자기 자신도 느끼는 것이다. 이렇게 함으로써 타인을 이해하는 체험적 기반이 형성되고 타인의 마음을 읽는 시스템(마음의 이론→024)의 발달 단계로 자리를 잡는다. 또한 시발적 공동주의에 대해 어른의 응답성이 좋으면 어휘의 획득이 원활해지는 것으로 알려져 있다. 이와 같이 사람이 사람으로서 사회적·문화적으로 성장하기 위해서는 신체적인 접촉이나 말을 걸어주는 것보다도 같은 것을 보고 같은 기분을 나누는 간주관적* 체험을 쌓는 일이 중요하다. (스기야마 다카시)

타인의 마음을 읽는 마음

Keywords | 마음의 이론 | 의사소통 | 지향 의식 수준 |

샐리와 앤의 과제

잘못된 신념 과제라고도 한다. 정답은 '샐리의 바구니'. 4~7세에 걸쳐 정답률이 올라간다.

1 나는 샐리예요. / 난 앤이에요.
샐리의 바구니예요. 앤의 상자예요.

2 샐리는 유리구슬을 들고 있어요.
샐리는 유리구슬을 자기 바구니에 넣었어요.

3 샐리는 산책을 나갔어요.

4 앤은 유리구슬을 바구니에서 꺼내 자기 상자에 넣었어요.

5 샐리가 돌아와 유리구슬을 갖고 놀고 싶었어요.
유리구슬을 꺼내고 싶은 샐리는 어디를 찾을까요?

뜬금없는 질문이긴 하지만, 다음 질문에 답해주기 바란다. 같은 방에 두 여자아이가 있다. 한 아이는 샐리이고, 또 한 아이는 앤이다. 샐리는 유리구슬을 갖고 있다. 샐리는 그 유리구슬을 자기 바구니에 넣은 뒤 방에서 나갔다. 그 사이에 앤은 샐리의 유리구슬을 꺼내 자기 상자에 넣어두었다. 이윽고 샐리가 방으로 돌아왔다. 유리구슬을 꺼내고 싶은 샐리는 자기 바구니를 찾을까? 앤의 상자를 찾을까?

이것은 발달심리학자 사이먼 바론 코헨이 고안한 유명한 과제이다. 여기서 '앤의 상자!'라고 생각한 사람은 어쩌면 사람의 마음을 읽는 능력이 떨어지거나 아니면 피곤한 상태인지도 모른다. 왜냐하면 샐리는 자신이 방에 없었을 때 앤이 한 일을 알 리가 없기 때문이다. 어느 정도 연령에 달한 사람은 샐리가 알고 있는 범위를 헤아려서 '샐리의 바구니를 찾는다'고 대답할 것이다.

◆ 상대는 무엇을 알고 있을까

그렇다면 몇 살 정도가 되어야 샐리가 알고 있는 범위를 이해하고 대답할 수 있을까? 지금까지 한 연구에서는 3~4세에서는 대부분 바르게 대답할 수가 없었다. 하지만 4~7세에 정답률이 대폭으로 올라간다.

우리는 남과 소통을 하면서 일상생활을 하지만 상대가 무엇을 알고 있고, 무엇을 모르는지를 이해해야 원활하게 의사소통을 할 수 있다. 이와 같이 이해를 가능하게 하는 능력을 '마음의 이론(theory of mind)'이라 부른다. 이 능력 덕에 사람은 타인에게도 마음이 있음을 이해할 수 있다. 이것을 '타인에 대한 마음의 귀속'이라 한다. 그리고 타인의 마음을 이해하는 '심적 상태의 이해'를 할 수 있고, 그 이해를 바탕으로 타인의 '행동을 예측'할 수도 있다.

지향 의식 수준의 차원

지향 의식 수준은 논리적으로는 무한히 차원을 올릴 수 있을 듯하지만, 실제로 인간에게 활용 가능한 것은 5차원까지라고 한다.

3차 지향 의식 수준

= 나는 생각한다,
내가 ○○를 생각하고 있다고
당신이 생각하고 있다는 것을.

1차 지향 의식 수준(타인의 의식에 대한 지향성 없음)

= 나는 ○○를 생각한다.

이 이후부터 타인의 의식에 대한 지향성

4차 지향 의식 수준

= 나는 생각한다,
당신이 ○○를 생각하고 있다고
내가 생각하고 있는 것을
당신이 생각하고 있다고.

2차 지향 의식 수준

= 나는 생각한다,
당신이 ○○를 생각하고 있다는 것을.

5차 지향 의식 수준

= 나는 생각한다,
내가 ○○를 생각하고 있다고
당신이 생각하고 있는 것을
내가 생각하고 있다고
당신이 생각하고 있다는 것을.

◆ 보다 고차원의 마음 이론

의사소통은 상호적인 것이어서 상대도 내가 생각하는 것을 이해하고 나의 행동을 예측한다. 그러니까 우리는 '나의 마음에 대한 상대의 마음을 이해한다'고 하는 보다 고차원의 마음 이론도 써서 일상적인 의사소통을 하는 것이다. 일반적으로 5차원 수준(지향 의식 수준 차원)까지 활용 가능한 것으로 보고 있다.

1차원 수준에서는 타인의 마음에 대한 지향성이 없고, 2차원 수준은 샐리와 앤의 과제처럼 '상대가 무엇을 알고 있는가'라고 하는 장면에 해당한다. 3차원 수준은 예를 들어 '나는 그가 내 생일을 축하해주길 원하고 있다고 생각한다'고 하는 장면이다. 4차원 수준에서는 '나는 그가 그의 깜짝 파티 기획을 내가 모른다고 생각하고 있다고 생각한다'고 하는 장면이다. 5차원 수준은 '나는 그가 내가 깜짝 파티를 기뻐하고 있다는 것

이 그에게 전해진 것으로 내가 알고 있는 줄로 생각한다'는 장면에 해당한다.

사이먼 바론 코헨은 마음 이론이 의도의 검출, 시선의 검출, 주의 공유의 메커니즘과 관련이 있다고 보고 있다. 우리가 보통 아무 생각 없이 다른 사람의 마음을 이해하지만, 사실 마음 이론이라는 고도의 심리적 시스템에 의해 일어난다는 것이다. (스기야마 다카시)

025

표정을 따라 하면 기분을 알 수 있다

Keywords | 신생아 모방 | 공감 | 동조 |

표정모방 아기도 표정을 모방하고, 원숭이 새끼도 표정을 모방한다. 타인에게 공감하는 기능이 진화하는 과정에서 사람에게 생득적으로 갖추어졌다는 것을 엿볼 수 있다.

사람은 어떻게 타인의 마음을 이해할 수 있을까? 그 메커니즘은 어떻게 되어 있을까? 마음 이론을 연구한 사이먼 바론 코헨은 뭔가 생물적인 기반을 가진 '타인의 마음 검출기'와 같은 장치가 존재할 것으로 생각했다. 바론 코헨이 생각한 장치 일부를 담당할지도 모르는 것이 뉴런이다(→009). 그리고 신생아 모방(공명 동작)이라고 불리는 현상은 이것이 신생아기에서 시작될 가능성을 보여준다.

◆ 누구에게 배우는 것이 아니다

신생아 모방을 알 수 있는 예로는 표정 모방이 있다. 아기는 자신과 마주치는 어른의 표정을 주목한다. 어른이 혀를 내밀면 자신도 혀를 내밀고, 어른이 입을 벌리면 자신도 입을 벌린다. 찌푸린 얼굴을 하면 자신도 찌푸린 얼굴을 보여준다.

이런 현상은 생후 1개월 정도부터 나타나는데, 이윽고 의도적인 모방을 하게 되면서 없어진다. 누구에게 배우는 것이 아니라 생득적으로 타인에게 공감하는 장치를 마음에 갖추고 있

음을 알 수 있다. 그리고 이 장치는 인류뿐 아니라 원숭이에게서도 볼 수 있다. 검정짧은꼬리원숭이의 새끼를 어른이 안고 마주 보며 어른 혀를 내밀면 새끼 원숭이도 마찬가지로 혀를 내민다. 이와 같은 현상은 침팬지에게서도 확인되고 있다. 어쩌면 이 장치가 유인원이 사회성을 갖추는 과정 중 비교적 빠른 단계에서 획득된 것인지도 모른다.

아기는 기쁨과 슬픔, 놀람의 표정을 재현하는 경향이 있다는 것도 알려져 있다. 이것은 단순히 표정을 흉내 낼 뿐 아니라 타인이 경험하려고 하는, 혹은 경험하고 있을 내용을 선취적으로 자기 자신의 경험처럼 느끼는 것, 즉 공감이 행해지고 있을 가능성도 시사한다.

◆ 아기의 공감

아기의 공감에 대해 일본에서는 야스다 마사토(保田正人)라는 발달심리학자가 소개한 레몬을 이용한 실험이 잘 알려져 있다. 여기서는 야스다 마사토의 에피소드에서 아이디어를 얻

새콤한 게 분명해……

레몬을 입에 물고 포커페이스(개인의 심정이 드러나 있지 않은 얼굴)를 짓고 있는 어른을 봤을 때, 레몬을 입에 물어본 경험이 있는 아기는 새콤하다는 표정을 지었다. 포커페이스여서 표정을 모방할 가능성은 없다. 상대의 '새콤하다'고 하는 감정을 연상하고 있는지도 모른다.

은 홋카이도대학 가와다 마나부(川田学) 교수가 행한 실험을 소개한다. 가와다 교수는 14명의 아기(생후 5~7개월)를 대상으로 실험을 시행했다. 먼저 어른이 아기의 주의를 끌면서 레몬을 입에 무는 장면을 보여주었다. 어른은 실제로 레몬을 입에 물고 있지만 표정은 포커페이스로 일관했다. 즉 표정의 모방을 할 수 없다.

아기의 반응은 어땠을까? 아기 7명은 사전에 레몬을 입에 물고 새콤한 표정을 지은 경험을 갖고 있었다. 이 아기 중 3명은 얼굴을 찌푸리는 반응을 보였다. 한편 레몬을 입에 문 경험을 하지 않은 7명의 아기에게는 이와 같은 반응이 전혀 나타나지 않았다. 레몬이 새콤하다는 경험을 하지 않으면 눈앞의 어른의 표정과 상관없이 찡그린 표정을 하지 않는다. 따라서 얼굴을 찌푸린 3명의 아기는 레몬은 새콤하니까 입에 물고 있는 어른은 새콤한 게 틀림없다는 연상을 이미 했을 가능성이 있다.

이 가능성을 과학적으로 실증하려면 더 많은 실험을 해야 하지만 이 가능성 자체는 부자연스러운 것이 아니다. 생후 얼마 되지 않은 유아가 어른이 말을 거는 리듬에 맞춰 사지를 동기시켜 움직이는 동조(entrainment)라고 부르는 현상이 확인되고 있어, 뭔가 공감으로 이어지는 생득적인 장치가 존재한다는 것은 분명해지고 있다. 이와 같은 공감 체험에 감정적인 충족감이 수반된다는 것도 시사하고 있다.

신생아 모방은 사람이 사회 속에서 진화한 사회적 존재라는 것, 즉 사람이 사회를 만든 것이 아니라 사회에 의해 사회를 만들 수 있게 진화된 존재라는 것을 시사하는 현상이라 할 수 있을 것이다. (스기야마 다카시)

026

세 살 이전 기억의 행방

Keywords | 유아기 건망 | 치상회 | 신경 신생 | 기명 | 검색 |

치상회의 신경 신생

해마의 단면도. 치상회(齒狀回)에서는 평생에 걸쳐 새로운 신경세포가 생기며 신경세포의 교체가 활발히 일어난다.

모빌 과제

아기 발목에 묶은 리본이 머리 위의 모빌에 연결되어 있어 발을 움직이면 모빌이 움직이게 되어 있다. 일단 자신의 발목이 움직이면 모빌도 움직이는 것을 본 아기는 리본을 모빌이 아닌 다른 곳에 이어 놓아도 자꾸 발을 움직였다.

우리는 일반적으로 3세 이전에 일어난 일을 떠올리지 못한다. 이를 유아기 건망이라 부르는데, 이러한 현상에는 '생각해내는 것'과 '잊어버리는 것'에 대한 뇌의 발달 구조와 관련되어 있다.

◆ 해마의 발달

우리의 기억에 관여하는 뇌 부위는 해마이다. 해마는 외부의 새로운 정보를 일정 기간 저장해두었다가 필요한 정보만을 증강해서 뇌의 다른 부위에 보내 장기 기억으로 바꾸는 역할을 하고 있다. 이 해마 중에서도 신호의 입구 부분에 해당하는 치상회(dentate gyrus)란 부위는 태어났을 때에는 미완성 상태이나 태어난 후부터 2~3세경까지 완전한 형태를 갖추는 것으로 알려져 있다. 그 때문에 2~3세까지는 해마의 미발달

로 기억 시스템이 완전하게 기능을 하지 못한다. 치상회에서는 해마 중에서 유일하게 평생에 걸쳐 새로운 신경세포가 생기는데(신경 신생), 이것이 새로운 기억 형성에 중요한 역할을 하는 것으로 알려져 있다. 한편 신경 신생에 의해 신경세포가 죽는 속도가 아주 빠르고 세포의 교체도 잦다. 그 때문에 신경 신생이 일어나면 기존의 신경 회로에 재편이 일어나고, 그때까지 해마의 신경 회로에 축적되어 있던 기억은 회로의 재편에 따라 망각되어버린다.

런던대학의 폴 프랭크랜드와 후지타보건위생대학 미야가와 쓰요시(宮川剛) 연구팀이 쥐를 대상으로 실험을 했다. 그 결과, 새끼 쥐에서는 치상회에 활발히 생기는 신경 신생에 의해 어른 쥐와 비교해도 기억의 망각이 촉진되는 것으로 밝혀졌다. 치상회에서 활발하게 생산된 새로운 미성숙 신경세포가

2~3개월 된 아기	0~2주일	12개월 된 아기	8주일
	기억의 유지 기간		
6개월 된 아기	2주일	15개월 된 아기	10주일
9개월 된 아기	6주일	18개월 된 아기	12~14주일

유아기 건망을 일으키는 메커니즘으로서 중요하다고 생각할 수 있다.

◆ 언어의 역할

그런데 정말 3세 이전의 기억이 존재하지 않는 것일까? 지금까지의 연구 결과, 아기라도 비언어적 단서를 정기적으로 제공하면 그 단서에 대해 어느 정도의 기간 동안 기억을 계속할 수 있는 것으로 나타났다. 모빌 과제 등을 이용해 검토를 거듭한 발달심리학자 캐롤린 로비 콜리어에 의하면 1세에서 8주일, 2세에서 12주일 정도 기억을 유지할 수 있다(한 번 보거나 경험한 것을 생각해낼 수 있다)고 한다.

오랜 시간이 지난 후의 검색에는 기명*(記銘, 기억한다)과 검색(생각해낸다) 사이의 관련이 중요하다. 그런데 유아기 건망이라는 현상이 나타나는 것은, 비언어적 단서나 기타 문맥 변화를 언어화할 수 없는 아기에게는 한 번 기억한 사건을 그 후의 생활 속에서 떠올리기 어렵다는 것을 이유로 들 수 있다. 기억에서 문맥 정보가 빠져버리면 실제로는 여러 일을 기억한다 해도 후에 그것이 정확하게 언제 어디서 일어난 일인지 연결 지어 특정할 수 없게 된다. 요컨대 후에 적절한 검색이 제시되어도 기억을 분류할 수 없게 된다(기억하고는 있지만 떠올리지 못한다)고 하는 것도 이유로서 거론되고 있다. (미쓰도 다카코)

참을성 있는 아이가 장래에 성공한다?

Keywords | 마시멜로 테스트 | 보상계 | 셀프컨트롤 |

마시멜로 테스트
실험자는 그림과 같은 말을 남기고 방을 나간다. 아이는 눈앞에 있는 마시멜로를 먹지 않고
실험자가 돌아오기를 기다린다면 상으로 마시멜로를 한 개 더 받을 수 있다.

마시멜로를 먹지 않고
기다리면 하나 더 줄게.

당신은 눈앞에 있는 마시멜로를 먹지 않고 참을 수 있을까? 이 방법을 이용한 실험에서 놀랄 만한 결과가 나왔다.

◆ 10년 후의 놀랄 만한 결과

사회심리학자인 월터 미셸은 마시멜로 테스트라 불리는 실험에서 4~5세 아이를 대상으로 마시멜로 같은 보상을 즉시 받을지, 잠시 기다려 보다 많은 보상을 받을지 딜레마 상황을 만들었다. 예를 들어 보육원의 아이를 의자에 앉혀두고 실험자는 방에서 나간다. 아이의 눈앞에 놓인 접시에는 마시멜로 1개가 놓여 있는데, 이것을 즉시 먹을 수가 있다. 그러나 실험자가 방에 돌아올 때까지 그곳에 움직이지 않고 기다린다면 아이는 마시멜로 2개를 받을 수 있다. 이 실험으로 즉시 마시멜로를 먹어버린 아이와 먹지 않고 참을 수 있는 아이를 변별할 수 있다.

월터 미셸은 마시멜로 테스트에 참가한 아이들을 수십 년에 걸쳐 추적 조사해 놀라운 사실을 발견했다. 마시멜로를 먹지 않고 참은 아이는 마시멜로를 먹어버린 아이보다도 어른이 된 후 여러 면에서 성과가 뛰어났다는 것이다. 보다 구체적으로 말하면 10년 후 청소년기에서는 앞의 것을 생각해 계획하고 행동할 수가 있고 유혹에 넘어가지 않는 특성이 발견되었다. 대학 진학 적성 검사(SAT)에서는 마시멜로를 먹지 않고 참은 아이 쪽이 참지 못하고 마시멜로를 먹어버린 아이보다 훨씬 높은 점수를 얻었다. 또한 성인기에 접어들자 마시멜로를 먹지 않고 참은 아이는 비만 지수가 낮고 대인관계 기술이 뛰어났다.

마시멜로를 먹지 않고 참은 아이의 뇌내 신경 기반은 참지 못하고 마시멜로를 먹은 아이와 어떤 점이 다를까? fMRI라 불리는, 뇌내의 혈액 대사를 측정하는 방법으로 검토한 결과에 따르면 마시멜로를 먹지 않고 참은 아이는 전두 전 영역과 선조체의 기능적 결합이 강한 것으로 밝혀졌다. 전두 전 영역은 뇌내에서 이른바 브레이크 역할을 하며, 행동이나 사고의 제어, 억제에 관여한다. 이에 반해 선조체는 보상계라 불리며

마시멜로 테스트에 참가한 아이의 그 후

마시멜로를 먹지 않고 참은 아이

앞일을 생각해 계획하고 행동할 수 있다

대학 진학 적성 검사에서 좋은 성적

비만 지수가 낮다

대인관계 기술이 뛰어나다

참지 못하고 마시멜로를 먹은 아이

눈앞의 유혹에 넘어가기 쉽다

대학 진학 적성 검사에서 나쁜 성적

비만 지수가 높다

대인관계 기술에 어려움을 느낀다

뇌내 신경 기반의 차이

전두 전 영역이 선조체의 활동을 적절하게 제어

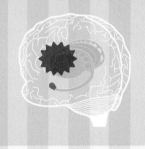

전두 전 영역

선조체

전두 전 영역의 제어 없이 선조체가 반응

선조체는 대뇌 중심부에 있으며, 대뇌 기반 핵의 일부를 구성한다.

쾌락에 대해 강하게 반응하는 영역이다. 그러니까 마시멜로를 먹지 않고 참은 아이는 전두 전 영역에 의해 선조체의 활동을 적절하게 제어할 수 있었던 반면, 참지 못하고 마시멜로를 먹은 아이는 전두 전 영역의 제어 없이 선조체가 반응해버렸다고 생각할 수 있다.

◆ 참지 못하는 아이는 어떻게 해야 되는가

이와 같이 마시멜로를 먹지 않고 참을 수 있었느냐 없었느냐에 따라 그 후 인생이 크게 좌우되는 것으로 밝혀졌다. 그러면 참지 못하고 마시멜로를 먹은 아이는 어떻게 하면 좋을까?

가령 당신의 자녀가 참지 못하고 마시멜로를 먹었다고 해도 걱정할 필요는 없다. 이와 같은 자제 능력(셀프컨트롤)은 후천적으로도 기를 수 있기 때문이다. 특히 중요한 것은 자제 방법을 알아두는 일이다. 마시멜로 테스트라면 자신의 눈앞에 마시멜로를 두는 것보다는 마시멜로를 숨겨두는 것이 참을 수

있는 시간이 길어진다. 마시멜로 테스트만이 아니라 행동이나 사고 제어에 적절한 방법을 학습하는 것이 후천적으로 인생을 잘 극복하는 비결일 것이다. 또한 부모가 아이를 과잉보호하며 컨트롤하는 것보다도 아이의 자주성에 맡겨 키워야 자제력이 높아진다. 아이가 생활하는 환경은 유전적인 요소와 함께 자제력 발달에 중요하다. (마쓰모토 노보루)

028
천의 어머니는 철의 어머니보다 강하다

Keywords | 애착 | 안심 | 호기심 |

철제 대리모와 포제 대리모

철제는 닿는 느낌은 나쁘지만 젖병이 붙어 있다. 천으로 만든 포제는 히터가 붙어 있어 따뜻하고 닿는 느낌도 좋다.

19 60년경, 해리 할로(Harry Harlow)와 그의 동료들은 히말라야원숭이 새끼를 대상으로 실험을 진행했다.

할로 팀은 새끼 원숭이를 어미 원숭이로부터 떼어놓고 인형 대리모와 함께 우리에 넣었다. 대리모는 두 종류로 만들었다. 하나는 쇠망을 소재로 한 철제로 닿는 느낌이 나쁘다. 하지만 가슴에 상당하는 부분에 젖병을 붙여놓았다. 이 젖병으로 새끼 원숭이에게 수유한다. 또 하나는 부드러운 천으로 대리모를 만들었다. 히터가 들어 있어 체온을 따뜻하게 할 수 있고 닿는 느낌도 좋다. 그러나 가슴 부분에는 아무것도 없어 새끼 원숭이는 우유를 먹을 수 없다.

◆ 애착 형성에 중요한 것

할로 팀은 무슨 목적으로 이런 실험을 했을까? 사람이든 원숭이든 아기는 모친과의 신체적 접촉, 정서적인 접근을 원한다. 특히 정서적인 끈을 심리학에서는 애착이라고 한다. 원숭

이류는 사람보다도 운동 능력이 좋게 태어나므로 스스로 어미에게 달라붙을 수가 있다. 따라서 새끼 원숭이는 애착 행동을 취할 수가 있으므로 관찰에 의해 애착을 확인할 수 있다. 할로 팀은 새끼 원숭이를 이용해 무엇이 애착 형성에 중요한지 연구하려고 했다.

전통적인 학습 이론에서는 수유라는 욕구 충족에 의한 만족감이 보상이 되어 애착을 형성한다고 생각할 수 있다. 수유를 함으로써 공복이 채워지는 만족감에 의해 수유와 결부된 대상에게 애착을 보일 것이라는 생각이다. 이 생각에 따르면 새끼 원숭이는 수유와 결부되어 있는 철제 대리모에게 애착을 보이게 될 것이다. 그러나 할로 팀은 신체 접촉의 좋은 느낌에도 주목해 따뜻한 촉감과 수유 중 어느 쪽이 애착 형성에 보다 중요한지를 확인하려고 했다.

실험 결과는 압도적으로 포제 대리모가 앞섰다. 새끼 원숭이는 우유를 먹지 못하는데도 대부분의 시간을 포제 대리모에

어미 원숭이와 떨어져 대리모에게서 자란 원숭이는 성장 후 동료 원숭이에게 공격적이었다. 따뜻한 감촉은 확실히 필요하지만 그것만으로는 아기의 정서가 안정되지 않는 것이다.

달라붙어 보냈다. 여기서 애착은 수유라는 욕구 충족이 아니라 따뜻한 감촉으로 형성된다는 것을 보여준다.

◆ 애착이 가져다주는 것

새끼 원숭이가 무서워하는 자극(장난감 뱀)을 우리에 넣으면 새끼 원숭이는 으레 포제 대리모에게 달라붙었다. 그러면 안심이 되는지 새끼 원숭이는 자극에 흥미를 보이며 관찰하기도 하고 가까이 가기도 했다. 철제 대리모만 넣어둔 우리에서도 같은 실험을 했으나 새끼 원숭이는 무서워하며 우리 구석에 웅크리고 앉았다. 자극에 거의 흥미도 보이지 않았다. 여기서 포제 대리모의 따뜻한 감촉이 새끼 원숭이에게 안정감과 호기심을 주었다는 것을 알 수 있다.

한편 대리모에 의해 키워진 새끼 원숭이가 다 자란 후에 보통 원숭이와 비교하는 연구도 했다. 이 연구에 의하면 대리모에게서 자란 새끼 원숭이는 무리에 섞이지 못하는 행동을 보

이며, 다른 원숭이에게 공격적인 모습을 보이기도 했다고 한다. 포제 대리모의 감촉은 확실히 따뜻하고 기분 좋지만, 그곳에서 어미의 애정을 느낄 수는 없다. 이후 연구에서 어미 원숭이와 떨어뜨려 키운 새끼 원숭이는 뇌의 일부가 발달하지 않는다는 것도 보고되었다.

한 개체가 마음이 건전하게 자라기 위해서는 영양가 높은 우유뿐만 아니라 따뜻한 감촉, 그리고 애정으로 이어진 모자의 깊은 유대, 즉 애착 관계가 중요하다. (스기야마 다카시)

발달 장애가 밝히는 마음의 다양성

Keywords | 자폐 스펙트럼 장애 | 주의력 결핍 및 과잉 행동 장애 | 학습 장애 |

자폐 스펙트럼 장애의 이미지

자폐 스펙트럼 장애에서는 중증에서 경증까지 다양한 상태가 연속적으로 이어진다고 생각된다.

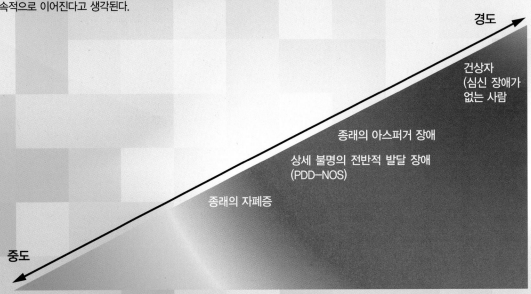

경도

건상자
(심신 장애가
없는 사람)

종래의 아스퍼거 장애

상세 불명의 전반적 발달 장애
(PDD-NOS)

종래의 자폐증

중도

발달 장애(신경발달증)는 초중학생 때나 그 이전의 발달기에 증상이 나타나며 개인적, 사회적, 학업에 필요한 기능의 장애를 초래한다. 발달 장애는 매우 광범위한 개념이며 자폐 스펙트럼 장애, 주의력 결핍 및 과잉 행동 장애, 학습 장애 등이 포함된다. 특히 자폐 스펙트럼 장애에서 볼 수 있는 '마음 이론' 장애는 우리 마음의 움직임에 대해 생각하는 데 시사하는 바가 많다. 여기서는 각 장애에 대해 살펴보자.

◆ 자폐 스펙트럼 장애

자폐 스펙트럼 장애(ASD, Autism Spectrum Disorder)는 가장 많이 알려져 있는 발달 장애로, 아스퍼거 장애나 자폐증을 포함하는 연속체(스펙트럼)의 개념이다. 자폐 스펙트럼 장애는 대인적 의사소통이나 대인적 상호 반응의 장애, 정형적 또는 반복적인 행동 양식을 보이는 증상이다. 대부분의 경우에 자폐 스펙트럼 장애에는 지능 장애가 동반된다. 예전에는 지능 장애가 동반되지 않는 경우에는 아스퍼거 장애라고 불렀

다. 대인적 의사소통 장애 증상은 상당히 다양하지만, 많이 볼 수 있는 것은 언어 장애다. 예를 들어 언어 발달이 늦거나 이해 부족, 또는 과도하게 틀에 박힌 방식으로 말하는 경우도 종종 볼 수 있다. 비언어적인 측면에서도 타인과 시선을 맞추기 어렵고 몸짓·손짓을 사용하지 않거나 억양이 없는 등의 특징이 있다. 또한 대인적 상호 반응에서는 타인의 생각이나 감정을 읽거나 공감하는 능력이 부족함을 볼 수 있다.

이와 같이 타인의 마음 상태나 의도를 추측하는 기능을 '마음 이론'이라고 한다. 마음 이론을 측정하는 대표적인 과제로는 사이먼 바론 코헨이 개발한 '샐리와 앤의 과제'가 있다(→024). 이 과제는 샐리와 앤이 함께 놀고 있는 모습에서 시작되는데, 그 후에 샐리가 유리구슬을 바구니에 넣고 방을 나간다. 이어 샐리가 없는 사이에 앤은 그 유리구슬을 다른 상자에 옮긴다. 그 후 샐리가 방에 돌아왔을 때 샐리는 유리구슬을 꺼내기 위해 어디를 찾는가를 묻는 과제이다. 이 과제의 정답은 '바구니 속'이다. 왜냐하면 샐리는 앤이 유리구슬을 다른 상

주요 발달 장애와 그 특징

학습 장애

▶ 문장 독해나 의미 이해 곤란
▶ 글자를 쓰기 곤란
▶ 숫자의 이해나 계산 곤란

자폐 스펙트럼 장애

▶ 대인적 의사소통 장애: 언어 장애 (언어가 늦거나 이해 부족), 비언어적인 측면의 장애(시선을 맞추기 어렵고 몸짓과 손짓을 사용하지 않음)
▶ 대인적 상호 반응 장애: 타인의 생각이나 감정을 읽거나 공감하는 능력(마음 이론) 부족
▶ 정형적 또는 반복적인 행동양식: 사물에 대한 집착이 강함

주의력 결핍 및 과잉 행동 장애

▶ 부주의 우위형: 집중해야 할 활동에 대한 주의 곤란, 주의 지속 곤란, 지시를 지키기 어려움, 스케줄 관리 곤란 등
▶ 다동·충동 우위형: 가만히 있어야 할 곳에서도 움직이는 다동 증상, 자신이나 타인에게 해가 되는 성급한 행동의 컨트롤 부족 같은 충동 증상
▶ 혼합형

자에 옮겼다는 것을 모르기 때문이다. 보통은 4~5세경부터 이 과제에 정답을 말할 수 있지만, 자폐 스펙트럼 장애를 가진 아이 대부분은 '상자 속'이라고 오답을 말하는 것으로 밝혀졌다.

정형적이고 반복적인 행동 양식은 사물에 대한 집착의 강도를 나타낸다. 자폐 스펙트럼 장애에서는 흥미나 활동이 매우 한정적이 되기 쉽다. 또한 항상 손뼉을 치는 등 반복적인 행동도 종종 볼 수 있다.

◆ 주의력 결핍 및 과잉 행동 장애, 학습 장애

주의력 결핍 및 과잉 행동 장애는 부주의 우위형과 다동[*](多動;주의가 산만하여 가만히 있지 못하고 과잉 행동을 보이는 증상)·충동 우위형, 그리고 그 양쪽을 포함하는 혼합형으로 분류된다. 부주의 우위형에서는 학업 등 집중해야 할 활동에 대한 주의 곤란, 주의 연속 곤란과 주의 지속을 요하는 과제 회피, 지시를 지키기 어려움, 물건을 잘 잃어버림, 스케줄 관리 곤란 등을 볼 수 있다. 다동·충동 우위형에서는 가만히

있어야 할 곳에서도 움직이는(예를 들어 자리에서 일어서거나 돌아다니거나 팔다리를 흔든다) 다동 증상, 자신이나 타인에게 해가 되는 성급한 행동 같은 충동 증상을 볼 수 있다(예를 들어 타인의 방해).

학습 장애는 지적 능력이 유지됨에도 불구하고 학습의 특정 영역에 현저하게 어려움을 느끼는 것이다. 문장 독해 속도가 느리거나 의미를 이해하기 어려운 경우도 있고, 글자나 문법을 틀리거나 숫자 이해(덧셈과 같은 개념을 이해하지 못함)와 계산이 곤란한 경우도 있다.

이와 같이 발달 장애에는 다양한 기능 장애가 존재한다. 발달 장애에 대해 자세히 알면 우리가 얼마나 복잡한 정보 처리를 일상적으로 하고 있는지 알게 된다. 발달 장애에서 볼 수 있는 기능 장애는 우리 마음의 다양성을 알 수 있는 단서이기도 하다. (마쓰모토 노보루)

IV
인식하는 마음

선천성 시각 장애자는 사물을 구별할 수 있을까

Keywords | 몰리뉴 문제 | 시각 | 촉각 |

몰리뉴 문제에 몰두한 철학자들

윌리엄 몰리뉴
(1656~1698)

존 로크
(1632~1704)

고트프리트 라이프니츠
(1646~1716)

조지 버클리
(1685~1753)

드니 디드로
(1713~1784)

로크를 비롯해 라이프니츠, 버클리, 디드로 등 17~18세기를 대표하는 철학자들이 몰리뉴 문제에 도전했다. 사람은 정육면체나 둥근 물체와 같은 기하학적인 개념을 경험에 의해 획득하는가, 그렇지 않으면 선천적으로 갖추고 있는가 하는 것이 주요 논점이었다.

시각을 회복해가는 시각 장애자가 정육면체와 둥근 물체를 보았을 때 이들 이름을 정확하게 말할 수 있을까? 이것은 17세기 영국 철학자 존 로크의 저서 속에서 로크의 친구인 변호사 윌리엄 몰리뉴(William Molyneux)가 말한 문제이다.

◆ 수백 년의 탐구

몰리뉴와 로크는 사색 끝에 '할 수 없다'는 대답을 이끌어냈다. 왜냐하면 시각 장애자는 정육면체나 둥근 물체가 촉각에 어떤 영향을 주는지에 대한 경험은 갖고 있지만, 촉각에 영향을 주는 것이 시각에도 영향을 주어야 한다는 것에 대한 경험이 없기 때문이다. 철학은 사색을 통해 대답을 이끌어내는 데 반해 심리학이나 다른 과학은 실제 그것이 일어나는지 실험을 통해 답을 얻으려고 한다. 철학에서 제기한 몰리뉴 문제(Molyneux's Problem)는 철학자만이 아니라 의학이나 심

학의 진보와 함께 과학적인 탐구 대상이 되었다.

몰리뉴 문제를 과학적인 방법으로 확인한다고 말로 하기는 간단하지만 실제로 실험을 하기는 아주 어렵다. 우선 시각을 회복해가는 선천성 시각 장애자를 찾아 실험에 대한 협조를 얻어야 한다. 실명의 원인 중 하나로, 각막이나 수정체가 태어나면서부터 혼탁한 선천성 백내장이 있다. 백내장 수술은 18세기에 시작되었다. 지금은 선천성 백내장이 발견되면 주로 유아기에 수술을 한다. 유아기에서는 3차원 형상을 언어로 적절하게 표현하기가 어렵고, 보이는 것을 적절하게 표현하려면 어느 정도의 언어적 능력도 발달되어야 한다.

◆ 현대 심리학자의 대답

선천성 시각 장애자에 대해 말하자면 개발도상국에서는 선진국과 달리 이른 시기에 적절한 처치를 받지 못하는 경우가

몰리뉴 문제의 검사

실험 자극

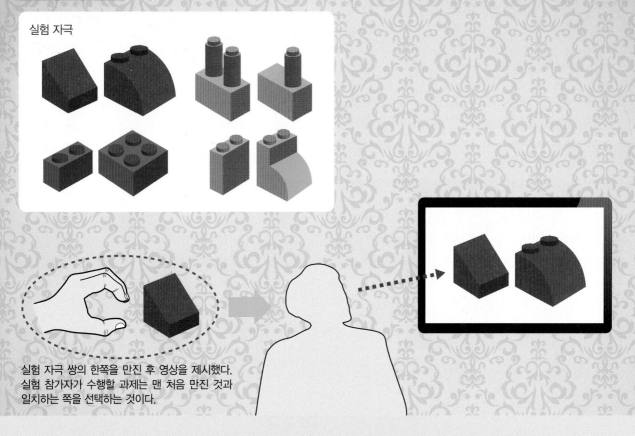

실험 자극 쌍의 한쪽을 만진 후 영상을 제시했다.
실험 참가자가 수행할 과제는 맨 처음 만진 것과
일치하는 쪽을 선택하는 것이다.

있다. 매사추세츠공대 리처드 헤드가 2011년에 발표한 연구에서는 실명에 대한 처치를 하는 프로젝트 프라카시(산스크리트어로 '빛'을 의미)의 협조를 받아 연구 참가자를 모집했다. 참가자의 조건은 선천성 시각 장애자이지만 처치 가능하고 신뢰할 수 있는 변별 검사를 할 수 있을 정도로 성숙하며, 독립적인 시각과 촉각 기능을 갖추어야 했다. 그리고 수소문 끝에 양눈에 심한 백내장 또는 불투명한 각막을 갖고 있는 5명(8~17세)의 협조를 얻을 수 있었다. 5명은 수정체 제거와 눈 속에 렌즈를 삽입하는 백내장 수술, 또는 각막 이식 수술을 받아 시력을 0.2~0.5도 정도로 회복했다. 몰리뉴 문제 검사에서는 레고 블록 같은 3차원 물체를 20쌍 준비하고 쌍의 한쪽을 만져보게 한 후 그 대상을 보고 선택할 수 있는지 조사했다. 수술 후 이틀 이내에 검사한 결과, 정답률은 약 50~60%였다. 만져본 대상을 보고 선택하기가 아주 어렵다는 것을 짐작할

수 있었다. 그런데 3명을 대상으로 5일에서 5개월 후에 한쪽을 만져보게 한 후 그 대상을 보고 선택하는 추가 검사에서는 정답률이 약 80%로 올라갔다. 본 것을 보고 선택하는 경우와 만져본 것을 만져서 선택하는 경우에는 정답률이 약 90%였다.

따라서 몰리뉴 문제에 대한 현대 심리학자의 대답은 'No'인 셈이다. 다만 경험을 통해 급속하게 발달한다는 점에서는 'Yes'이다. (미쓰도 히로유키)

착각이 일어나는 구조

Keywords | 트릭 아트 | 감각 양상 | 맥거크 효과 |

길 위에 그려진 트릭 아트

길 위에 갑자기 거대한 용이 나타났다! 위험해!?
그림과 모형, 실물을 조합한 트릭 아트는 테마파크나 미술관에서 인기가 있다. 이 트릭 아트의 원리는 지면에 있다. 용처럼 보이는 것은 평평한 지면 위에 그려진 일러스트다. 이와 같은 트릭 아트는 어떤 시점에서 보았을 때만 원근법이나 음영에 따라 깊이를 갖게 보이도록 계산해 그린 것이다. 따라서 지면에 그려진 일러스트를 다른 지점에서 촬영하면 크게 일그러져 보인다. 일러스트 부분과 실제 도로나 집, 사람들이 단일 풍경으로 해석되는 것으로 현실에는 일어날 것 같지 않은 지면이 만들어져 사람을 놀라게 한다.

이와 같은 감각은 어떻게 생기는 것일까? 트릭 아트에는 복잡한 수식 계산을 필요로 하는 원근법이나 매우 리얼하게 보이는 음영 기법이 사용되기 때문에 뇌와 마음이 혼란을 일으키는 걸까? 그렇지 않다. 트릭 아트의 본질에는 이들을 보고 해석하는 쪽, 그러니까 우리가 정보를 받아들이는 정보 통합의 기본적인 구조와 깊이 관련되어 있다.

◆ 감각계의 통합 원리

우리의 감각계는 다양한 입력 정보를 정리해 단일 사건으로서 통합해 해석하려고 한다. 착시의 예로 생각해보자.

착시란 물리적으로는 동일 부분이 달라 보이는 지각 현상이다. 착시 중 단순한 도형적 요소를 조합해 생기는 것을 기하학적 착시라고 하는데, 대부분 19세기에 발견되었다. 예를 들어 같은 길이의 선이 달라 보이는 뮐러-라이어 착시, 평행하는 선이 기울어 보이는 죌러 착시, 같은 직경의 원이 다른 크기로 느껴지는 에빙하우스 착시 등이 유명하다. 비슷한 예로는 같

주요 기하학적 착각

①두 선분의 길이는 같지만 양 끝 화살표의 영향으로 위쪽이 짧아 보인다. ②4개의 선은 모두 평행이나 사선의 영향으로 기울어져 보인다. ③사선을 그리고 그 사이를 직사각형으로 숨기면 그 직선의 시작과 끝이 어긋나 보인다. ④삼각형 안에 같은 길이의 선을 수평으로 놓으면 위쪽의 선이 더 길어 보인다. ⑤두 개의 도형은 완전히 같지만 아래쪽이 더 커 보인다. ⑥똑같은 크기인데도 큰 원에 둘러싸인 원이 작게 보인다.

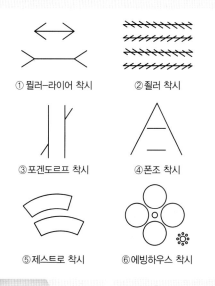

① 뮐러-라이어 착시
② 죌러 착시
③ 포겐도르프 착시
④ 폰조 착시
⑤ 제스트로 착시
⑥ 에빙하우스 착시

맥거크 효과

화자의 시각 영상과 음성이 일치하지 않을 경우, 이들이 섞인 소리로 들린다. '가'의 영상과 '바'의 소리에서는 실제로 '다'로 들린다.

다
가
바

① '가'라고 반복해 소리내는 사람의 영상

② 스피커에서는 '바' 소리가 흘러나오고 있다.

③ 실험 참가자에게는 '다'로 들린다.

은 색이 주위 요소의 배치에 따라 다르게 보이는 색의 대비나 동화 등이 있다.

우리가 어느 한 요소를 끄집어내 그것만을 분석하고 판단하기는 아주 어렵다. 그러니까 다양한 요소는 부근 정보의 영향을 받아 통합된 모양으로 보인다. 이와 같은 착시는 도형을 구성하는 선분이나 원 등의 개별 요소를 통합하려고 하는 감각계의 통합 원리에 따라 생긴다(→035).

◆ 다른 감각 정보도 통합

이와 같은 통합 원리는 감각 정보뿐 아니라 청각이나 촉각 같은 다른 감각 형식의 정보가 주어진 경우에도 생긴다. 예를 들어 음성을 해석할 때 음성 내용과 일치하지 않는 얼굴 영상이 제시된 경우를 생각해보자. 그러면 들리는 내용은 얼굴 영상의 영향을 받아 음성만이 제시된 경우와는 다르게 들린다. 이것은 심리학자 해리 맥거크와 존 맥도널드가 1976년에 발표한 지각 현상으로 맥거크 효과로 알려져 있다. 이와 같은 통합 원리가 적용되는 예로는 복화술(腹話術)이 있다. 이것은 마치 사람이 조작하는 인형의 입에서 소리가 나오는 것처럼 지각하는 현상이다. 실제 음원은 인형을 조작하는 사람이지만 소리를 내는 듯한 인상을 주는 시각 정보가 있으면 감각계는 그와 같은 헷갈리는 정보의 영향을 받아 정보를 통합하는데, 결과적으로 음원이 실제 음원과 다른 것처럼 느낀다.

이와 같이 트릭 아트나 착시, 복화술 등은 다른 감각 정보를 통합하려는 감각계의 통합 원리에 따라 생긴다. (미쓰도 히로유키)

'검은 A, 흰 E, 붉은 I, 푸른 U, 파란 O……'

Keywords | 공감각 | 방추상회 | 각회 | 부바키키 효과 |

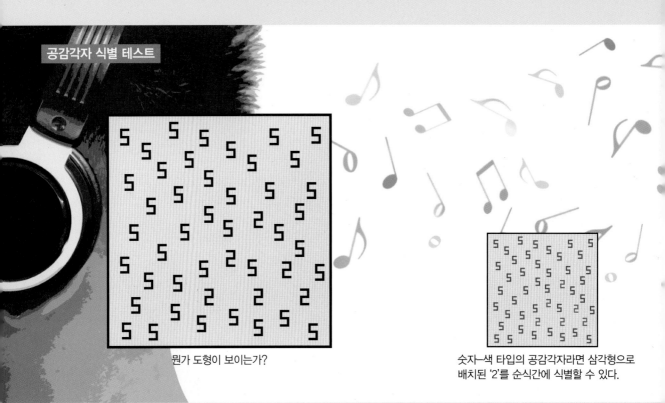

공감각자 식별 테스트

뭔가 도형이 보이는가?

숫자-색 타입의 공감각자라면 삼각형으로
배치된 '2'를 순식간에 식별할 수 있다.

숫자 '5'가 배치된 위의 왼쪽 그림을 보기 바란다. 뭔가 도형이 돌출되어 보이는가? 오른쪽 그림처럼 숫자 '2'로 구성된 삼각형이 순식간에 보인다면 당신은 다른 많은 사람과는 다른 양식으로 세계를 느끼는 공감각의 소유자일 가능성이 크다. 뇌과학 권위자 빌라야누르 라만찬드란이 이 도형을 이용해 조사했더니 200명 중 1명이 공감각자였다고 한다.

◆ 숫자에서 색을 느낀다

공감각이란 소리를 듣고 색깔을 느끼거나 거칠거칠한 것을 만지면서 쓴맛을 느끼는 등 한 종류의 감각 자극에 대해 여러 감각을 느끼는 현상을 말한다. 우리는 눈과 귀 등 감각기관에 들어온 자극 정보를 뇌에서 처리함으로써 시각이나 청각 같은 감각 체험을 한다. 보통은 독립되어 있는 이들 감각 형식 사이에 혼선이 빚어지는 것을 공감각이라고 보고 있다.

가장 많은 것이 단순한 숫자의 배열에서 색을 느끼는 공감각이다. 예를 들어 흑백으로 인쇄된 책을 읽으면서도 숫자 부분은 컬러로 보이는 경우다. 소리를 듣고 특정한 색채 감각을 느끼는 공감각도 있는데, 이것을 색청이라고 한다. 이러한 공감각을 지니고 있는 사람은 색의 배열이나 조합으로 전화번호나 악보를 외울 수 있다고 한다. 이 외에도 여러 타입의 공감각이 보고되고 있는데, 그중에는 맛에서 형태를 느끼는 등 아주 신기한 공감각도 있다. 이 때문에 예전에는 공감각자를 색다른 사람으로 보거나 약에 의한 환각이라고 생각하기도 했다.

그런데 최근 뇌 기능 영상 기술이 발전하면서 공감각자의 뇌 활동을 객관적으로 관찰할 수 있게 되었다. fMRI를 이용한 실험에서 숫자-색 타입의 공감각자에게 흑백 숫자를 제시하면 색상 정보를 처리하는 V4라 불리는 영역이 활성화하는 것으로 나타났다. 이 V4라는 색채 영역은 숫자의 형태 정보를 처리하는 영역인 방추상회와 인접해 있다. 따라서 숫자-색 타입의 공감각은 이 두 영역에서 빚어지는 혼선이 원인일 것으로 보고 있다. 한편 로마자 'V'를 공감각자('V'가 '5'라는 것은 알고 있다)에게 보여도 V4의 활성화는 볼 수 없었다. 이것은 숫자 개념이나 기억이 아니라 숫자의 시각적인 형태가 색채 감각을 일으킨다는 것을 보여준다. 공감각자가 어렸을 때 놀던 숫자 퍼즐에서 2는 파란색, 5는 노란색이었기 때문에 그것을 떠올려 숫자 색을 볼 것이라는 설명은 성립되지 않는다.

감각 정보의 혼선

숫자가 제시되면 망막에서 보내오는 정보는 먼저 후두엽의 V1(1차 감각 영역)에서 분석되어, 색채 정보를 처리하는 V4와, 숫자의 형태 정보를 처리하는 영역에 보내진다. 거기서 정보의 혼선이 빚어짐으로써 숫자–색 타입의 공감각이 생긴다고 볼 수 있다.

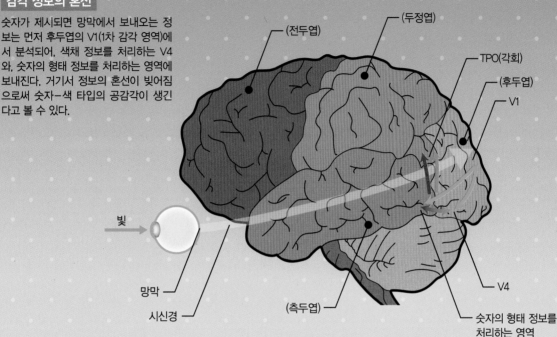

(전두엽)

(두정엽)

TPO(각회)

(후두엽)

V1

빛

망막

시신경

(측두엽)

V4

숫자의 형태 정보를 처리하는 영역

◆ 다른 감각 정보가 만나는 영역

아래 그림처럼 곡선으로 된 둥글둥글한 도형과 직선으로 된 뾰족한 도형이 있다. 이 도형의 한쪽에는 '부바', 다른 한쪽에는 '키키'라는 이름을 붙이라고 하면 여러분은 어떻게 할까? 대부분 왼쪽에는 '부바', 오른쪽에는 '키키'라는 이름을 붙였을 것이다. 실제로 90% 이상이 이렇게 한다. 우리 대부분은 모양과 소리를 연결지어 생각하는 크로스 모덜 능력을 갖고 있다. 이 감각 형식(감각 양상)에 뇌의 각회*라는 영역이 관여하고 있어, 우리가 보기에 관계없을 듯한 것끼리 연결해 은유적인 표현을 하기도 하고(예를 들어 '열렬한 성원'과 '차가운 표정' 등), 추상적인 사고를 하기도 한다. 그 증거로 각회에 손상이 있는 사람에게는 부바 키키 효과가 나타나지 않는 점을 들 수 있다.

어느 쪽이 '부바'이고, 어느 쪽이 '키키'인가?

각회는 시각이나 청각, 촉각 정보를 통합하는 TPO라는 영역의 일부로, 방추상회에서 색상이나 모양이 처리된 정보는 여기서 보다 고차적으로 처리된다. 그러니까 요일에 색상을 느끼는 등의 복잡한 타입의 공감각은 여러 감각 정보가 만나는 각회에서 혼선이 일어난 것이라고 설명할 수 있다.

예술가나 시인, 소설가 중에는 공감각자가 많다고 한다. 이 절의 타이틀 '검은 A, 흰 E, 붉은 I, 푸른 U, 파란 O……'는 프랑스 시인 아르튀르 랭보의 '모음'이라는 시의 일부이다. 작곡가 아마데우스 모차르트도 소리에서 빛을 보았다고 한다. 예술에 재능이 있는 사람들의 경우, 감각 영역의 혼선이 뇌 전체에서 일어나는지도 모른다. 그러니까 연관이 없어 보이는 것끼리도 연결시키고 그것을 작품에 활용하는 것이라고 생각할 수 있다. (우치노 야시오)

뒤에서 밀어서 움직였다?

Keywords | 인과관계의 지각 | 의도 | 자기 주체감 |

축구의 시뮬레이션

축구 경기에서 밀지 않았는데 상대가 민 것처럼 행동하면 시뮬레이션이라는 반칙에 해당된다. 그런데 쓰러진
선수 가까이에 다른 선수가 있으면 그 가까이에 있는 선수가 밀었기 때문에 쓰러진 것처럼 보인다.

20 14년 월드컵 개막전에서 한 장면이 화제가 되었다.
크로아티아 선수가 브라질 선수를 밀어 넘어뜨렸다
는 판정이 내려졌고, 브라질은 페널티킥을 얻어 경기에서 승리
했다. 이 장면이 화제가 된 이유는 영상을 잘 살펴보면 브라질
선수가 넘어질 정도로 미는 힘이 있었다고는 볼 수 없기 때문
이었다. 이 장면에는 몇 가지 심리학 문제가 포함되어 있었다.

◆ 겉으로 보이는 주관적인 인과관계

축구에서 상대 팀 선수를 밀어 넘어뜨리는 것은 반칙 행위
이다. 상대 팀이 반칙 판정을 받으면 유리한 상황에서 시합을
재개할 수 있기 때문에 상대에 의해 넘어지면 자기 팀에게 좋
은 기회를 만들 수 있다. 따라서 어떻게 해서든 이기고 싶은 경
우에는 상대에 의해 넘어진 것처럼 연기할 수도 있다. 그러나
이것은 심판을 속이는 행위이며 시뮬레이션이라는 반칙이다.

시뮬레이션 반칙이 일어날 수 있는 이유는, 밀려는 의도나
원인이 존재하지 않아도 밀어 넘어진 것처럼 보이게 만들 수
있어서이다. 즉, 원인과 결과라는 물리적인 의미의 인과관계
가 아니라 보이기 위한 주관적 인과관계도 있을 수 있다. 20

세기 전반에 활약한 심리학자 아르벨 미쇼트는 단순한 애니메
이션을 만들어 이 주관적 인과관계가 생기는 장면에 대해 연
구했다. 그가 만든 대표적인 애니메이션은 어떤 방향으로 움
직이는 정사각형이 정지해 있는 다른 정사각형에 닿아 멈춤
과 동시에 다른 정사각형이 움직이는 지극히 단순한 것이었
다. 이와 같은 추상적인 도형도 밀렸기 때문에 움직인다고 하
는 분명한 인과관계가 지각된다. 미는 쪽이 멈추고 나서 밀리
는 쪽이 움직이기까지 걸리는 시간이 0.2초 이하라면 강한 인
과관계가 지각된다고 할 수 있다.

◆ 움직이게 한 의도와 자기 주체감

그렇다면 크로아티아 선수는 상대의 위치와 움직임을 정확
하게 인식한 다음 넘어뜨릴 의도가 있었던 것일까? '의도'와
행동, 지각의 관계를 심리학적인 관점에서 생각해보자.

축구에서는 주로 심판이 상대를 넘어뜨릴 의도가 있었는지
판단한다. 여기에서의 의도는 축구 같은 스포츠뿐 아니라 일
상생활을 하다 누군가를 넘어뜨리는 상해 사건이 일어났을 때
도 문제가 된다. 이때 피의자가 의도적이었는지 아닌지가 유

겉으로 보이는 인과관계

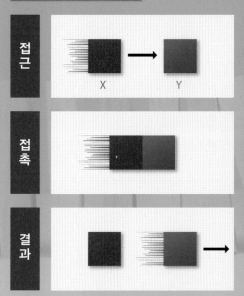

접근

접촉

결과

X Y

정사각형 X가 오른쪽으로 진행하다 접촉해 X가 멈추면 동시에 정사각형 Y가 움직이기 시작한다. 이때 X가 Y를 민 것 같은 인상을 준다.

손의 움직임과 물체의 운동 지각

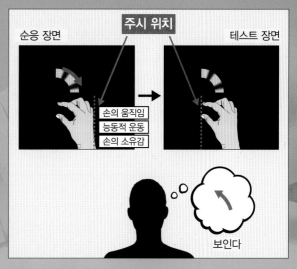

주시 위치

순응 장면 테스트 장면

손의 움직임
능동적 운동
손의 소유감

보인다

부채꼴 영역은 조금씩 움직이는 손의 움직임에 의해 돌고 있는 것처럼 보인다. 이 시각적 운동을 본 후, 시선의 위치를 바꿔 테스트 영상을 보면 망막상에서는 겹치지 않았는데도 보이는 손의 위치에 운동 잔효가 생긴다.

죄 판단에 영향을 주는 경우가 많다. 이와 같은 자기 의도에 관한 심리학적 토픽이 자기 주체감이다. 자기 주체감이란 자기 자신이 의도를 갖고 스스로의 행위를 제어하고 그에 의해 외부 사건을 제어하는 감각을 말한다. 몸이 멋대로 움직인 경우에는 자기 주체감이 낮다고 하는데, 통합 실조증 같은 정신 질환자에게서 자기 주체감이 낮은 경우를 볼 수 있다.

자기 주체감은 범죄가 의심되는 상황이나 정신 질환처럼 일반적이 아닌 경우에만 관계되는 것은 아니다. 자기 주체감은 건상자(健常者)의 외부 인식과도 관련이 있는 것으로 최근 연구 결과 밝혀졌다. '용의 착시'로 알려진, 일정 방향으로 움직이는 모양을 몇십 초 본 후에 정지한 모양을 보면 반대 방향으로 움직이는 것처럼 보이는 시각적 운동 잔효*라는 지각 현상이 있다. 이 현상은 누구에게나 일어나며 보통은 시야 내의(망막상의) 같은 위치에서 강하게 일어나는 것으로 알려져 있다.

도호쿠대학 마쓰미야 가즈미치(松宮一道) 교수와 시오이리 사토시(塩入諭) 교수가 2014년에 발표한 연구에서는 한 방향으로 회전운동하는 손 모양을 일정 시간 본 후, 손의 위치와 모양의 위치는 그대로 둔 채 시선의 위치를 바꿔 운동 잔효가

생기는지 조사했다. 시선을 움직이면 시야 내의 위치가 바뀌므로 운동 잔효가 생기지 않을 것으로 예측된다. 그러나 예측과는 달리 두 교수의 실험에서는 시각적 운동이 자기 주체감을 동반하는 경우(즉 손의 자발적 움직임이 물체의 운동을 일으킨다고 해석할 수 있을 때), 손의 위치에 의한 운동 잔효를 볼 수 있다고 한다. 이것은 자기 주체감이라는 내적인 체험도 외부 세계의 인지와 연결되어 있다는 것을 보여준다.

이와 같이 '의도'와 행동과의 관계는 그리 단순한 문제가 아니다. (미쓰도 히로유키)

034

동물에 대한 것은 동물에게 물어라!

바이오로지컬 모티베이션

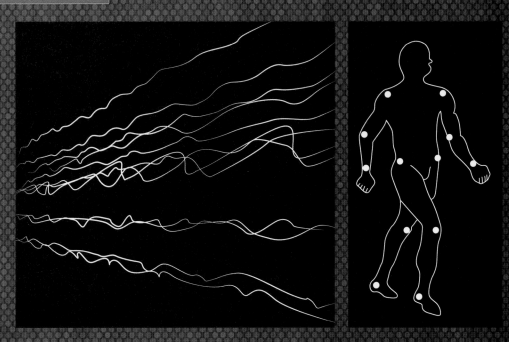

인간의 손과 발의 관절에 붙인 광점을 어둠 속에서 촬영한 다음 장시간 노출한 상태에서 그 궤적만 보면 인간이라는 것을 알 수 없다(왼쪽). 그러나 움직임을 갖는 영상으로 재생하면 걷는 인간의 선명한 인상을 얻을 수 있다(오른쪽).

거실이나 주방에 있다가 한쪽 구석에서 굼실굼실 움직이는 벌레를 알아차리고 놀랄 때가 있다. 산을 올라가다 거미나 곰이 시야에 들어왔을 때도 불시에 알게 되는 경우가 있다. 우리는 어떤 정보를 토대로 동물을 인식하는 걸까? 그리고 동물에 대한 놀라움을 나타내는 데 걸리는 시간은 얼마나 될까? 주관적 체험으로서는 모두 순간이지만, 어느 정도의 시간일까? 동물의 영상을 사람에게 보여주는 행동 실험이나 뇌파 계측을 통해 이와 같은 문제를 객관적으로 검토할 수 있다.

◆ 특징적인 움직임을 구별한다

벌레를 싫어하는 사람에게는 벌레에 대한 느낌이 6번째 감각, 즉 육감*처럼 생각되는 경우도 있을 수 있다. 이 느낌의 배경에는 어떤 구조가 있는 걸까? 육감 같은 특수 능력이 아니라 우리의 시각이 동물을 재빨리 효율적으로 발견하는 구조라

는 것이 연구에 의해 밝혀졌다.

동물을 발견하는 단서 중 하나는 독특하게 움직이는 동물의 패턴에 있다. 인간이나 포유류 등의 동물이 이동할 때에는 동물의 종류나 행동의 종류에 따라 특징적인 움직임의 패턴이 생긴다. 우리는 어느 정도 움직임의 패턴을 효율적으로 분석할 수 있을까? 움직임에 주목할 경우, 동물의 모양 자체가 종류를 식별하는 단서가 될 수 있다. 웁살라대학 군나르 요한슨이 1973년에 보고한 연구에서는 형태의 단서를 배제하기 위해 교묘한 절차로 실험했다. 인간의 손과 발의 관절에 붙인 광점을 어둠 속에서 촬영한 후 그 영상을 실험 참가자에게 보여 움직임의 종류를 식별할 수 있는지 조사한 것이다. 수십 명의 성인을 대상으로 한 이 실험을 통해 10개에서 12개 정도의 광점을 이용하기만 해도 걷고 있는지, 달리고 있는지, 춤을 추고 있는지를 식별할 수 있었다.

동물이 포함된 영상과 동물이 포함되어 있지 않은 영상의 예. 이런 영상을 0.02초 보여준다면 당신은 거기에 동물이 포함되어 있는지 즉시 판단할 수 있을까?

이와 같은 시각 영상에 바이오로지컬 모션이라는 이름이 붙여졌고, 많은 후속 연구가 진행되었다. 이 연구로 바이오로지컬 모션을 토대로 한 인식은 4~6개월의 영아도 가능하며, 송사리도 동료의 바이오로지컬 모션을 인식한다는 결과를 얻었다. 바이오로지컬 모션을 식별하는 데 필요한 시간은 1초 이하였다.

◆ 형태도 고속으로 식별한다

바이오로지컬 모션은 인간이나 동물의 영상에서 움직이는 모습만을 추출 가공한 영상이다. 바이오로지컬 모션과는 반대로 움직임이 없는 정지 그림일 경우, 즉 형태만을 단서로 이용할 수 있는 경우에는 어느 정도의 속도로 동물을 발견할 수가 있을까? 인지신경과학자 사이먼 소프가 1996년에 발표한 연구에서는 동물을 포함한 장면과 포함하지 않은 장면의 정지 영상을 0.02초 제시하고 동물이 있는 경우에는 즉시 반응하도록 하는 실험을 진행했다. 이 연구에서는 뇌파도 측정해 어느 정도 시간 내에 신경 활동이 생기는지 조사했다. 그리고 영상이 제시되고 나서 0.15초 이내에 동물이 있는지 없는지 시각적 처리가 완료된다는 것을 시사하는 결과를 얻을 수 있었다. 이것은 놀랄 만한 결과이다. 왜냐하면 실험 참가자에게는 영상 속 어디에서 어떤 종류의 동물이 나오는지 알리지 않았기 때문이다.

이와 같은 연구 결과를 종합해보면 우리가 사용할 수 있는 시각 정보는 뭐든 이용해서 아주 빠른 속도로 동물인지 아닌지를 식별한다는 결론을 내릴 수 있다. (미쓰도 히로유키)

035

외모는 자동으로 결정된다

Keywords | 게슈탈트 심리학 | 군화 요인 | 주관적 윤곽 도형 | 도지 반전 도형 |

군화 요인 점과 선 등의 요소는 다음과 같은 요인으로 정리된다.

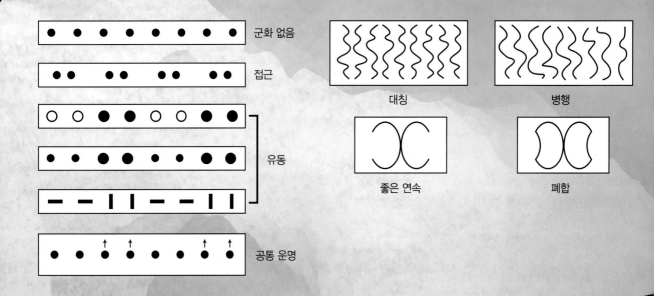

군화 없음

접근

유동

공통 운명

대칭

병행

좋은 연속

폐합

정리되어 보이는 이유

자동차의 프론트 그릴, 벽의 얼룩, 지면의 모양 등이 얼굴로 보일 수가 있다. 1976년 화성을 탐사한 인공위성 사진 속에 사람의 얼굴로 보이는 바위가 있다고 해서 화제가 된 적이 있다. 이와 같이 실제 찍혀 있는 것과는 다르게 보이는 경우가 있는가 하면, 맨 처음 봤을 때에는 뭔지 알 수 없는 것도 있다. 오른쪽 그림과 같이 흰색과 검은색의 톤다운 그림을 보기 바란다. 이 그림에 무엇이 그려져 있는지 즉시 알 수 있는가? 아마 의미 없는 모양으로 보일 것이다. 그러나 잠시 관찰을 하면 위에서 강한 빛이 비쳐 그림자가 생긴 물체로 보이지 않는가? 이와 같이 처음에 봤을 때 바로 알 수는 없지만 그것이 무엇인지 알게 되면 그것 이외에는 보이지 않는 모양도 있다.

◆ 정리되어 보이는 이유

이 같은 현상이 일어나는 근본적인 이유를 분석하고 관찰한 사람이 있다. 20세기 전반에 활약한 게슈탈트 심리학자이

다. 게슈탈트란 형태를 의미하는 독일어다. 요소가 뭉뚱그려 보일 때는 게슈탈트 원리라고 하는 군화* 요인(群化要因)이 작동한다. 게슈탈트 심리학자에 의하면 요소의 위치나 형태, 색 등에 따라 어떻게 뭉뚱그려 보일지는 거의 자동적으로 정해진

희고 검은 모양?
무엇이 그려져 있는 걸까?

다. 눈이나 입과 비슷한 요소가 서로 가까운 위치에 있으면 군화 요인이 작동해 그것이 자동적으로 얼굴로 보인다. 또한 요소의 형태나 위치에 따라 본래 모습과는 다르게 보이는 경우도 있다. 군화 요소가 교묘하게 겹친 것처럼 작성된 도형으로는 주관적 윤곽 도형이 있다. 이 도형의 요소는 색이 칠해진 원과 밑변이 없는 삼각형의 선이 세 쌍이다. 그러나 요소 배치

그림이 되기 쉬운 요인 색상이 다른 영역은 아래의 다양한 요인에 의해 그림으로 보일 수가 있다.

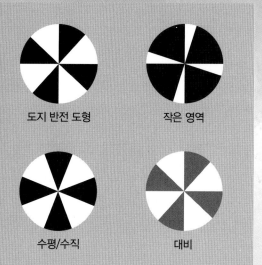

도지 반전 도형   작은 영역

수평/수직   대비

대칭

볼록 영역

병행

주관적 윤곽 도형

에 의해 본래는 요소 안에 없는 정삼각형이 보인다.

주관적 윤곽과는 반대로 배경에 가려 찾기 어려운 그림은 피사체의 실제 도형과는 다르게 정리되기 쉽다. 동물이 자신의 모양, 색 등을 주위 물체와 비슷하게 변화시키는 경우가 그렇다. 그래서 그림자 영역이 모양으로 보이기도 한다. 그러나 그림의 윤곽이 사라져 있는 경우, 본래 피사체 모양이 처음부터 보이기는 어렵다.

◆ 배경의 중요한 역할

형태의 지각을 결정하는 또 하나의 요인은 '그림이 되기 쉬운 요인'이다. 속임수 그림을 교묘하게 이용해 많은 작품을 남긴 20세기 화가 에셔(Maurits Cornelis Escher)의 그림을 떠올려보면 이해하기 쉽다. 《낮과 밤 Day and Night》이라는 작품에서는 화면의 왼쪽 방향으로 나는 검은 새가 서서히 변화해 오른쪽 방향으로 나는 흰 새가 되어 있다.

영상의 일부가 두드러져 '그림'으로 보이고, 형태가 있는 것으로 보일 때는 그 주위가 '지면'이 되어 형태가 없는 것처럼 보인다. 어떻게 배치하면 그림이 되기 쉬운지 그 요인 또한 게슈탈트 심리학자에 의해 정리되었다. 그림이 되기 쉬운 요인을 포괄해 작성한 모양을 도지 반전 도형[*]이라고 한다. 지면으로 보이기 쉬운 배치를 생각함으로써 무슨 그림인지 즉시는 알 수 없는 대상을 그려 넣을 수도 있다. (미쓰도 히로유키)

희고 검은 모양의 답

036

감각 차단 실험의 공포

Keywords | 의식 수준 | 환각 | 선전(프로파간다) | 마인드 컨트롤

감각 차단 실험

실험은 자극 정보가 현저하게 감소해 단조로워진 환경에서 행해졌다. 실험 참가자는 2~3일밖에 견디지 못했다.

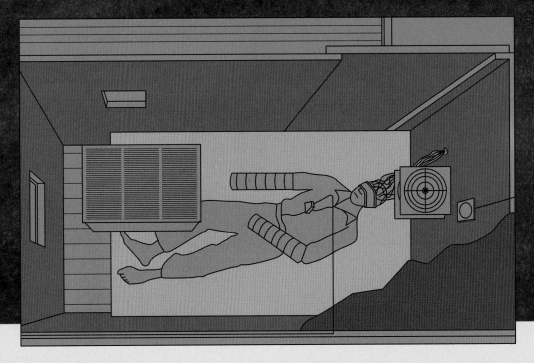

우리는 주위에 존재하는 다양한 자극 정보를 적당하게 처리함으로써 뇌의 정상적인 기능을 유지시키고 적응 행동을 취한다. 바꿔 말하면 극단적으로 자극이 부족한 환경이나 자극의 변화가 적은 단조로운 상태, 또는 사회적으로 격리된 환경(예를 들어 교도소의 독방이나 입원 생활 등)에서는 심적 기능이 현저하게 떨어질 수 있다. 1960년대에 캐나다의 대학에서 행한 일련의 실험은 감각 차단이라는 상태가 우리 마음이나 신체 기능에 미치는 영향을 밝혔다.

◆ 편한 아르바이트?

이 실험에서는 문자 그대로 감각을 일절 차단하기는 현실적으로 어렵기 때문에 자극 정보를 줄이거나 단순화했다. 실험 참가자는 건강한 남자 대학생으로 일반적인 아르바이트 보수의 2배를 약속했다. 어느 정도 방음 처리된 방의 침대에 드러누워 있기만 하면 되는, 편해 보이는 실험이었으나 다음과 같은 제한이 있었다. 반투명 보호 안경을 끼고 있어 명암 지각은 가능하지만 사물의 형태 등은 보이지 않고, 들리는 것이라고

는 공기 정화기 소리뿐이다. 거기다 장갑을 끼고 마분지 통으로 팔꿈치까지 감쌌기 때문에 뭔가를 만지거나 손으로 만지작거리지도 못한다. 식사를 하고 화장실을 갈 수는 있으나 시간 확인이나 실험자와의 잡담은 금지했다. 이런 상황에서 장시간 지내는 것이 어떨지 상상해보기 바란다.

실제로 실험 참가자는 2~3일밖에 이 상황을 견디지 못했다. 보고에 의하면 처음에는 영화나 여행을 생각했으나 차츰 집중할 수 없어 불안해졌다고 한다. 그러다가 노래를 하거나 혼잣말을 하거나 팔에 끼고 있는 통을 치는 등 뭔가 자극을 원하는 행동을 보이기 시작했다.

실험 중과 실험 후에 실시한 계산 문제, 단어를 완성시키는 과제 등의 성적은 지적인 마음의 움직임이 방해를 받고 있는 것으로 나타났다. 참가자의 절반 정도가 몽롱한 상태였음을 보이는 등 뇌파 등 생리적 지표 또한 의식 수준 저하로 나타났다.

실험 참가자가 체험한 환각 스케치

환각은 빛의 점이나 선처럼 단조로운 것부터 추상적인 패턴,
유체 이탈을 떠올리게 하는 감각까지 다종다양했다.

◆ 실험에서 진짜 노린 것

흥미로운 점은 많은 참가자가 환각을 체험했다는 것이다.
환각은 빛의 점이나 선, 기하학적인 무늬처럼 단조로운 것에
서 벽지 디자인처럼 추상적인 패턴으로 복잡하게 변화하다 결
국에는 자루를 짊어진 다람쥐가 행진하는 것과 같은 동화적
인 것으로 발전했다. 환각은 시각적인 것만이 아니었다. 환각
의 문손잡이를 만지다가 정전기를 느꼈다고 하는 보고가 있는
가 하면, 일부가 겹친 두 신체가 있는 듯한 느낌도 있었고, 마
음이 솜방망이가 되어 몸 위에 떠 있는 듯한, 마치 유체 이탈
을 떠올리게 했다는 보고까지 있었다. 객관적으로는 확인할
수 없는 너무나 특이한 보고이지만, 실험자들 자신도 같은 조
건으로 실험을 받았고, 같은 환각 체험을 확인하기도 했다.

감각 차단 실험에서는 피암시성이 높고 선전(프로파간다)에
의한 메시지를 받아들이기 쉽다는 것도 알게 되었다. 일련의
연구는 당시 CIA(미국중앙정보국)가 관심을 보이던 마인드 컨
트롤이 계기가 되었다. 한국전쟁 시 포로가 된 미군 중에는 완
전히 마음이 변해서 모국에 적대적인 감정을 갖고 있는 사람
도 있었다. 적국의 세뇌 기술에 대항하기 위해 아무도 모르게

연구 자금을 지원했다. 실험에서는 감각 차단 상태에서 텔레
파시나 투시 등 초상 현상*(超常現象) 관련 테이프를 참가자에
게 들려주었다. 그러자 실험 전보다도 그것을 더 믿는 등 태도
가 변해갔다. 감각 차단 상태는 마인드 컨트롤의 제1단계이다.
현저하게 자극에 굶주려 판단력이 둔해진 상태에서는 주어진
정보를 비판 없이 흡수한다. 이와 같은 심리는 파괴적인 이단
종교 신자나 테러리스트를 양성하는 데 교묘하게 이용되기도
한다.

감각 차단 실험은 실험 참가자의 심신에 현저한 고통을 준
다. 한편 일본의 우주항공개발기구(JAXA)의 우주 공간을 상
정한 폐쇄 환경 실험에 일반 응모자가 쇄도했다고 한다. 특수
한 환경에서 정신 상태가 어떤 식으로 바뀌는지 알고 싶어 하는
탐구심이 우리에게 있다는 것을 엿볼 수 있다. (우치노 야시오)

037

잃어버린 손에 가려움을 느낄 때

Keywords | 체성 감각 영역 | 뇌의 가소성 | 신체 이미지 | 고무손 착각 |

거울 상자

거울에 비친 손을 보면 환상지가 원래 그 자리에 있었던 것처럼 느껴지고 환상지가 움직이는 듯한 착각을 하게 된다. 환상지를 움직이는 연습을 하는 사이에 이윽고 환상지가 느끼던 통증이나 환상지 그 자체를 잃어버린 환자도 있었다.

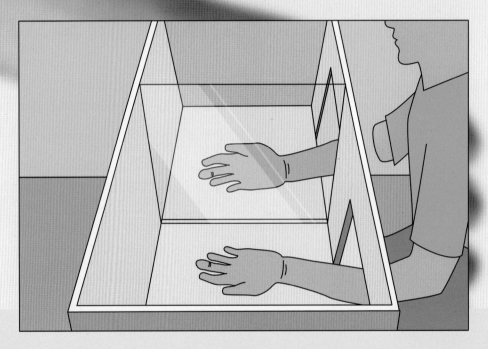

환상지(phantom limb)가 가려울 때는 얼굴을 긁으면 된다고 가르쳐준 사람은 세계 최고의 뇌과학자인 빌라야누르 라마찬드란이다. 환상지란 수술이나 사고로 팔이나 다리를 절단한 후에도 그 손이나 발이 마치 존재하는 것처럼 느껴지는 현상으로 환각지라고도 한다. 환상지로 전화기를 집으려고 한 적이 있다는 환자가 있는가 하면, 기묘한 위치에서 움직이지 않은 채 환상지가 아프다고 하는 환자도 있다. 손이 가렵다고 느끼는데도 그 손이 없어 어찌할 수 없다면 정말 답답할 것이다.

◆ 환상지는 착각으로 치료한다

빌라야누르 라마찬드란은 환자의 얼굴을 만지면 없어진 손의 감각이 생긴다는 것을 발견했다. 손이나 발 등의 감각 정보는 뇌의 체성 감각 영역에 처리되는 부위가 세밀하게 정해져 있다. 이것을 표현한 펜필드의 뇌 지도(→003)를 보면 손과 얼굴 영역이 인접해 있다. 이 점에서 라마찬드란은 손의 감각 정보 입력이 끊어져 비어 있는 손의 영역에 얼굴의 감각 정보

가 침투하기 때문에 손의 감각이 생긴다고 생각했다. 즉, 웃거나 소리를 내거나 할 때 이들의 감각 정보가 얼굴과 마찬가지로 손의 영역에도 보내져 그 가짜 정보가 환상지를 만든다는 것이다. 이것은 뇌의 기능을 영상으로 분석한 연구에서도 확인되어, 성인이라도 뇌에 새로운 신경 회로를 구성할 수 있다는 뇌의 가소성을 보여준다.

그 후 라마찬드란은 거울 상자라는 유니크한 장치를 사용해 환상지를 전혀 움직일 수 없어 그 아픔이나 경련에 괴로워하는 환자의 치료에 도전했다. 상자 속에는 칸막이처럼 거울이 세워져 있고 그 상자에 정상적인 손을 넣고 환상지의 위치를 그 거울 영상과 겹쳐 보이도록 조절하면 환자는 환상지가 다시 살아난 것 같은 착각을 일으킨다. 그리고 양손을 좌우대칭으로 움직이면(손뼉을 치거나 지휘 동작을 하는 등) 환상지가 움직이는 듯이 보여 그 감각이 선명하게 되살아났다. 10년 동안 꿈쩍도 않던 환상지를 움직일 수 있게 된 환자는 아이처럼 뛰며 좋아했다. 이 환자는 3주일 정도 집에서 거울 상자를 이용해 손을 움직이는 연습을 했다. 그랬더니 환상지 그 자체가 아픔과

고무손 착각

고무손을 보면서 고무손과 진짜 손을 동시에 자극하면 고무손이 자신의 손처럼 느껴지는 착각이 생긴다.
신체 이미지의 재구성이 일어난 것이다.

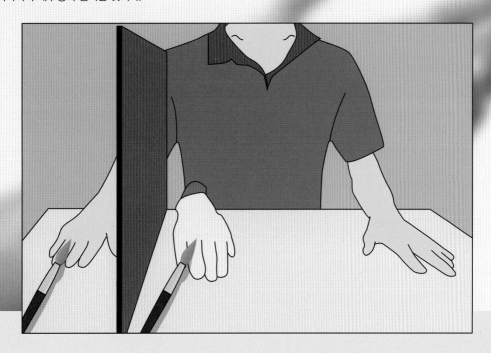

함께 없어졌다. 또한 환상의 손으로 인한 경련에 고통스러워하던 환자들은 거울 상자를 사용해 쥐었던 손을 펼 수가 있었고 아픔에서 해방되었다. 그러나 아무리 노력해도 환상지를 움직일 수 없는 환자도 있어 모든 환자에게 유효하다고는 말할 수 없다.

◆ 신체 이미지의 재구성

거울 상자에 의한 치료 효과에는 우리 뇌가 구성하는 신체 이미지가 관여한 것이라고 라마찬드란은 생각했다. 우리는 눈으로 보지 않아도 자신의 자세나 사지의 위치, 움직임 등을 신체 이미지로 인식할 수 있다. 이 인식은 뇌의 두정엽이라는 부분이 운동 지령이나 근육과 관절의 감각 정보, 시각 정보 등을 통합함으로써 생긴다. 환상지를 움직일 수 없는 환자 대부분은 팔을 없애기 전에 일정 기간 팔이 마비되어 있었다. 이 때문에 운동의 지령에 대해 아무런 피드백이 없다는 것을 학습한 것이다. 그런데 거울 상자에 의해 시각적인 피드백이 생기면 두정엽은 '손을 움직인다'고 신체 이미지를 재구성하고 그

결과로 운동 감각이 생긴다고 할 수 있다.

이와 같이 신체 이미지는 여러 정보를 상황에 따라 재구성하는 성질을 갖고 있다. 고무손 착각은 이것을 잘 이해할 수 있는 재미있는 실험이다. 마분지와 고무로 만든 손 장난감을 준비한다. 그리고 테이블 위에 자신의 양손을 올린 다음 오른손은 보이지 않게 마분지로 벽을 설치하고 고무손을 눈앞에 놓는다. 다른 사람에게 오른손과 고무손의 같은 부위를 자극해달라고 한 뒤 당신은 고무손을 관찰한다. 고무손을 보면서 고무손과 진짜 손을 동시에 자극하면 고무손이 자신의 손처럼 느껴지는 착각이 생긴다. 신체 이미지의 재구성이 일어난 것이다.

이처럼 신체 이미지는 조작되기 쉽다. 우리가 보통 아무런 의문도 없이 현실을 느끼고 있는 이 세상이 사실은 상당히 불확실한 것인지도 모른다. (우치노 야시오)

038

좋아하니까 보는 것인가, 보기 때문에 좋아진 것인가

Keywords | 단순 접촉 효과 | 주시 | 선호 | 시선의 연쇄 현상 |

보기 때문에 좋아진다

두 얼굴 중 좋아하는 쪽을 선택할 때는 실제로 판단을 하는 1초 정도 전부터 그 얼굴을 주시하는 비율이 높아진다. 이와 같은 시선의 캐스케이드 현상(information cascade)은 둥근 얼굴이나 싫어하는 얼굴을 선택할 때는 일어나지 않는다.

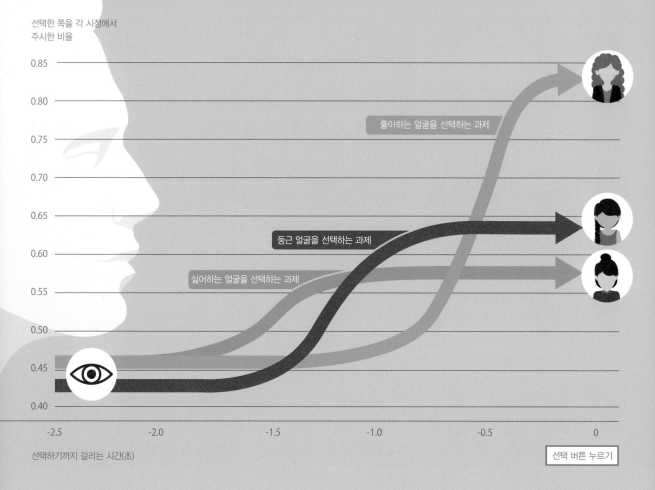

선택한 쪽을 각 시점에서
주시한 비율

좋아하는 얼굴을 선택하는 과제

둥근 얼굴을 선택하는 과제

싫어하는 얼굴을 선택하는 과제

선택하기까지 걸리는 시간(초)

선택 버튼 누르기

아 이돌 그룹의 콘서트에는 많은 팬이 모여 열광한다. 이들은 자기 마음에 드는 특정 멤버를 보기 위해 콘서트장으로 몰린다. 여기에는 좋아하니까 본다는 인과관계가 적용된다고 생각할 수 있다. 그러나 보기 때문에 좋아진다고 하는, 인과관계 방향이 반대가 되는 현상도 가능할까? 상식에 근거한다면 좋아하니까 보는 것이지, 보기 때문에 좋아진다는 것은 불합리한 생각처럼 들린다.

◆ 보면 볼수록……

이 의문을 심리학에서 연구할 경우, '좋아하니까 본다'고 하는 요인을 빼고 검토해야 한다. 사람에 대한 호감은 외견적인 매력에 영향을 받는다는 것이 많은 연구에서 밝혀졌기 때문이다.

사회심리학자 로버트 자이언스가 1968년에 발표한 연구에서는 낯선 문자나 얼굴 영상을 평가 대상으로 해서 실험 참가자에게 보이고 취향을 판단하게 하는 과제를 주었다. 대상 중 몇몇은 여러 번 제시했는데, 어느 것이 몇 번 제시되었는지는

타인이 보는 것도 좋아진다

자신이 주시하지 않는다 해도 타인이 웃는 얼굴로 자신을 주시해주면 그 대상에게 호감이 간다.

*How much
do you like that object?*

참가자마다 달랐다. 그 결과, 제시 횟수가 많을수록 보다 호감이 간다고 판단되는 비율이 높아졌다. 이것은 단순 접촉 효과라 불리는 현상이며, '보기 때문에 좋아진다'고 하는 인과관계가 성립된다는 것을 보인 연구다(→071). 많은 후속 연구도 발표되었다.

◆ 시선이 호감을 예측한다

캘리포니아공과대학 시모조 신스케(下條信輔) 교수가 2003년에 발표한 연구에서는 실험 참가자에 대한 얼굴 영상을 2개 나란히 제시하고, 어느 쪽이 보다 더 호감이 가는지 판단할 때 주시 위치를 측정했다. 성인을 대상으로 실험을 했는데, 더 호감이 간다고 판단되는 얼굴을 주시하는 비율이 판단으로부터 거슬러 올라가 약 1초 전부터 서서히 올라가는 현상을 발견했다. 이것은 얼굴뿐만 아니라 추상적인 차원 분열 도형을 판단할 때도 마찬가지였다. 시모조 교수는 이를 '시선의 캐스케이드(연쇄) 현상'이라고 이름을 붙였다. 시선의 캐스케이드 현상은 더 호감이 가지 않는 쪽을 판단할 경우나 둥근 얼굴을 판단할 때는 일어나지 않고 호감을 판단할 때만 생기는 것으로 밝혀졌다. 이들 결과에 기반을 두고 시모조 연구팀은 호감 판단은 얼굴의 외견적인 특징뿐 아니라 주시했는가 주시하지 않았는가 하는 행동 자체에도 영향을 받는다고 주장했다.

웨일스대학 앤드류 베일리스 연구팀이 2007년에 발표한 연구에서는 실험 참가자(평가자) 자신이 주시하는 것이 아니라 타인에 의해 주시를 받는 대상의 호감도를 조사했다. 그 결과, 타인의 얼굴 영상이 행복한 표정인 경우에만 보다 호의적으로 판단되는 것으로 나타났다.

이와 같은 일련의 심리학 실험에서 밝혀낸 사실은 '좋으니까 본다'고 하는 인과관계가 있을 뿐 아니라 '보기 때문에 좋아진다'고 하는 인과관계도 존재한다는 것이다. (미쓰도 히로유키)

039

숫자와 동작의 이상한 관계

Keywords | 신체 | 언어 | 심적 수치선 | 감각 운동 과정 |

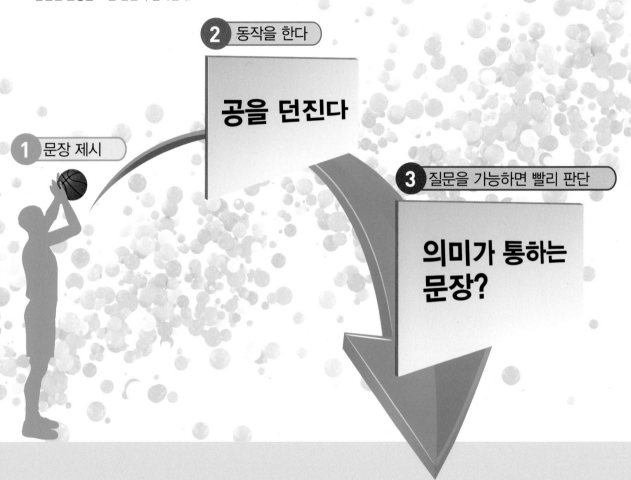

동작이 언어에 영향을 미친다

실험 참가자가 실제로 동작을 한 후 동작과
관련된 문장을 보면 판단이 빨라진다.

2 동작을 한다

공을 던진다

1 문장 제시

3 질문을 가능하면 빨리 판단

의미가 통하는
문장?

우리는 심각한 문제가 있을 때 자신도 모르게 눈을 감고 생각에 잠기기도 하고, 무슨 말을 떠올리려다가 동작을 먼저 하기도 한다. 이와 같은 사고나 기억, 인지는 마음속으로 하는 것보다는 신체를 움직이는 쪽이 보다 쉽게 느껴진다. 이것을 실험으로 확인할 수 있을까?

◆ 왼쪽이나 아래를 보면 작은 수

캘리포니아대학 샌타바버라 캠퍼스 로베르타 크라트키 연구팀이 1989년에 보고한 연구에서는 언어와 동작의 관계를 실험적으로 조사했다. 실험 참가자에게 '공을 던진다' 같은 동작에

관한 문장을 가능하면 빨리 판단하는 과제를 수행하게 했다. 문장을 제시하기 직전에 '쥔다' 등의 문장과 관련된 손동작을 하면 판단하는 데 필요한 시간이 단축되는 것으로 보고되었다. 이것은 말을 이해하는 데 동작이 역할을 다하고 있음을 시사한다.

언어와 동작의 경우는 의미로 연결된다. 그러면 숫자처럼 추상적인 개념이어서, 직접적으로 대응하는 동작이 없는 경우에도 동작과 관련되는 것일까? 멜버른대학 토비아스 로샤 연구팀이 2010년에 발표한 연구가 있다. 어두운 방에서 1에서 30 사이의 무작위 숫자를 떠올리게 한 후 1초마다 1개씩 구두로 보고하게 하는 실험을 했다. 실험에는 오른손잡이 남성 12

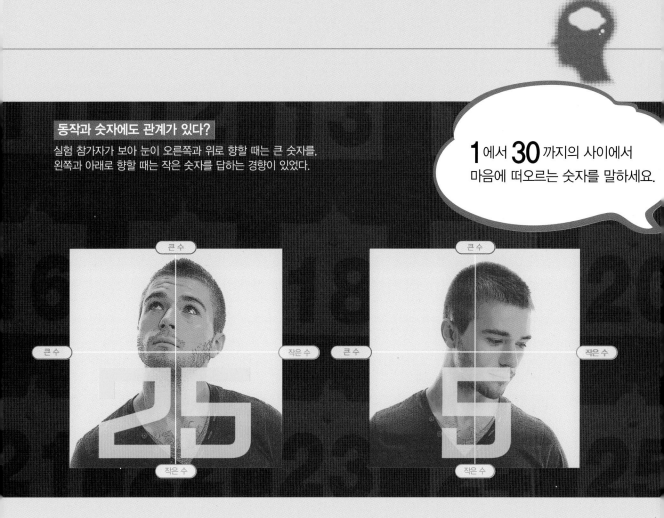

동작과 숫자에도 관계가 있다?

실험 참가자가 보아 눈이 오른쪽과 위로 향할 때는 큰 숫자를,
왼쪽과 아래로 향할 때는 작은 숫자를 답하는 경향이 있었다.

1에서 30까지의 사이에서
마음에 떠오르는 숫자를 말하세요.

큰 수
큰 수   작은 수
작은 수

큰 수
큰 수   작은 수
작은 수

명이 참가했는데, 안구 운동 측정 장치를 이용해 무작위 숫자를 보고할 때 눈이 어디를 향하는지 측정했다. 그 결과, 눈이 어디를 향하는지에 따라 보고된 숫자가 변화하는 것을 알 수 있었다. 왼쪽이나 아래를 보면 작은 수, 오른쪽이나 위를 보면 큰 수를 보고하는 경향이 있었던 것이다.

이 결과는 특정 위치에 대한 동작과 숫자 사이에는 관계가 있음을 시사한다. 수학에서는 숫자와 위치의 대응을 그림으로 보일 때 수직선이 이용되는 경우가 있다. 예를 들어 2차원 그래프를 그릴 경우, x축의 우측에 큰 숫자를 할당하고, y축의 위쪽에 큰 숫자를 할당하는 식으로 설명하는 일이 많다. 여기서 소개한 실험 결과는 참가자가 이 같은 수직선을 마음속에 갖고 있다고 생각하면 이해하기 쉽다.

베를린대학 마타이아스 하트만 연구팀이 2012년에 발표한 연구에서는 신체 전체를 이동하게 하는 장치를 사용해 움직이는 방향과 숫자의 인지가 관여하는지 조사했다. 참가자는 눈이 가려진 채 장치에 앉아 좌우로 움직일 때 무작위 숫자의 생성과 숫자의 크기, 또는 이동 방향을 판단했다. 그 결과, 전신

의 이동과 숫자의 판단은 마음의 수직선과 일치하는 형태로 나타났다. 로샤와 하트만의 실험 결과는 추상적인 인지 기능도 우리의 기본적인 감각 운동 과정에 기인한다고 하는 생각과 일치한다.

◆ 선천성 시각 장애자나 병아리의 경우

심적인 수직선은 시각 경험에 기반해 형성되는 것일까? 선천성 시각 장애자의 심적 수직선 방향은 반드시 오른쪽에 큰 숫자가 할당되지 않는다는 연구 결과가 있다. 막 부화된 병아리에게도 심적 수직선이 있음을 시사하는 실험 결과도 보고되어 있다. 이와 같이 일관된 견해를 얻지 못한 심적 수직성에 대한 논쟁은 현재에도 계속되고 있다. (미쓰도 히로유키)

040

사상 최초의 과학적 기억 연구

Keywords | 정신물리학 | 무의미 음절 | 망각 |

기억의 보유량과 경과 시간의 관계

기억 보유량

기억 직후

20분 후

31일 후

1시간 후

6일 후

9시간 후

2일 후

1일 후

에빙하우스의 무의미 음절 기억 실험 결과, 망각의 성질이 밝혀졌다. 외우고 나서 1시간이 지나는 사이에 외운 내용의 60% 가까이를 잊어버리고, 1일이 지나면 70% 가까이를 잊어버린다. 불과 하루 만에 기억량이 현저하게 떨어진다. 2일 이후에는 망각의 정도가 완만해진다.

역 사상 처음으로 과학적 기억 연구를 한 사람은 독일의 헤르만 에빙하우스이다. 그는 1879년부터 1880년까지, 그리고 1883년에서 1884년까지 두 차례에 걸쳐 기억 실험을 했다.

본대학에서 철학 학위를 받은 헤르만 에빙하우스는 구스타프 페히너의 《정신물리학 원론》을 읽고 과학적 방식을 이용해 감각 같은 정신적 현상을 연구한다는 데 자극을 받았다. 그리고 감각보다도 고등한 정신적 현상인 기억을, 페히너가 했던 과학적 방식으로 연구하는 데 관심을 보였다. 당시 기억에 대한 연구는 '빨리 기억하는 사람은 잊는 것도 빠르다' 식의 잡학적인 기술에 그쳐 도저히 과학적인 이론이라 할 수가 없었다.

그러나 감각이나 기억에 한하지 않고 고등한 정신적 현상을 과학적으로 탐구하려면 극복해야 할 문제가 두 가지 있었다.

① 정신적 현상에 대한 인과관계 조건이 매우 많고 또한 끊임없이 변하기 때문에 조건을 일정하게 갖춰 실험하기가 곤란하다.
② 아주 빨리 일어나는 정신적 현상을 수량적으로 파악하기 곤란하다.

헤르만 에빙하우스는 이 문제를 다음과 같은 아이디어로 극복했다.

◆ 단 한 사람의 실험 참가자

먼저 ①의 문제에 대해서는 자기 자신을 단 한 사람의 실험 참가자로 하고, 또한 엄밀한 조건 아래에서 실험을 함으로써 다양한 요인의 통제를 시도했다. 그가 한 궁리 중 가장 잘 알

무의미 음절의 예

모음과 자음은 독일어(자음 일부에 프랑스어)에서 골라, 독일인이 비교적 발음하기 쉽게 배려했다. 기억재료로 무의미 음절을 이용한 것은 의미나 연상을 통제하기 위해서다. 하지만, 프레드릭 바틀렛은 무의미 음절을 이용한 실험 결과가 일반적인 기억 메커니즘을 이해하는 데 도움이 될지 어떨지 회의적이라고 비판했다.

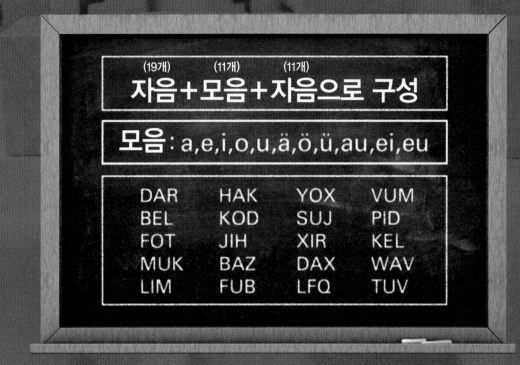

려진 것으로는 2,300어나 되는 무의미 음절을 작성했다는 것이다. 무의미 음절은 자음–모음–자음으로 된 발음 가능한 음절로 독일어(일부 프랑스어)의 음을 이용해 작성했다(예를 들어 hak, kel 등). 그 조합에는 아무런 의미가 없어 외울 때 그때까지의 지식이나 경험의 영향을 받지 않도록 하기 위한 것이었다.

헤르만 에빙하우스는 무의미 음절을 무작위로 추출해 학습 목록을 작성했다. 그리고 학습 목록 속의 무의미 음절을 메트로놈(박절기)과 스톱워치를 이용해 매분 150박이라는 정해진 페이스로 소리 내어 읽고 이 모두를 완전히 외울 때까지 반복한 횟수와 소요 시간을 기록했다. 이 암기 실험을 매일 같은 시간에 했으며, 정신적으로 혹은 생활상 큰 변화가 있을 때는 실험 실시를 연기했다. 즉 항상 같은 조건 아래서 실험을 전개한 것이다.

◆ 새로운 지표 고안

②의 문제에 대해서는 절약법이라 불리는 수단을 써서 수량적으로 기억을 파악하는 방법을 시험했다. 어떤 무의미 음절을 완전히 외울 때까지 학습한 후, 잠시 기간을 두었다(예를 들어 1시간, 9시간, 1일, 2일, 6일 등). 그 후 같은 내용을 재학습하고 반복 횟수와 소요된 학습 시간을 기록했다. 이미 한 번 학습

한 무의미 음절은 기억이 형성되어 있기 때문에 최초 학습 시에 비해 보다 적은 횟수(혹은 보다 짧은 시간)로 재차 외울 수 있게 된다. 에빙하우스는 최초의 학습에 소요한 반복 횟수(소요 시간)와 재학습에 소요한 반복 횟수(소요 시간)와의 차이를 구한 다음, 최초 학습에 소요된 반복 횟수(소요 시간)를 뺀 것을 절약률로 해서 기억의 망각 지표로 삼았다. 기억의 평가 방법으로서 재생법이나 재인식법이 주류가 된 최초 연구에서 절약법은 그다지 이용할 가치가 없었다. 그러나 절약법에는 확실히 학습이 되어 있어도 재생·재인식이라는 평가 방법에서는 골라낼 수 없는 타입의 기억을 측정할 수 있는 장점이 있다.

어디까지나 무의미 음절의 학습 효과에 한한다는 점에는 주의할 필요가 있다. 하지만 에빙하우스는 이런 실험을 반복한 끝에 인간은 학습한 내용을 1시간이 지나면 절반 이상 잊어버리고, 하루가 지나면 3분의 2 이상 잊어버린다는 기억의 망각에 관한 연구 결과를 남겼으며, 오늘날 기억 연구에도 큰 영향을 미쳤다. (오우에 와타루)

041

매직 넘버 7±2

청킹의 예

일본 이바라키 현 가시마 시에 있는 가시마 임해철도 역명 '長者ヶ浜潮騒はまなす公園前駅'은 표기하는 데 14자가 필요한 일본에서 가장 긴 역명이다(2016년 1월 현재). 1자를 1청크라고 하면 14청크가 필요하지만, 묶음이 있는 단어로 분절하면 5청크면 된다.

長者ヶ浜潮騒はまなす公園前駅

14청크

| 長 | 者 | ヶ | 浜 | 潮 | 騒 | は | ま | な | す | 公 | 園 | 前 | 駅 |

↓

| 長者ヶ浜 | 潮騒 | はまなす | 公園 | 前駅 |

5청크

미국의 인지심리학자 조지 밀러는 1956년 《사이코로지컬 리뷰》지에 게재한 논문 〈매직 넘버 7±2〉(이상한 수 7, 플러스·마이너스 2)에서 7이라는 숫자에 대해 언급한다. 우연의 일치인지도 모르지만, 음계의 7음과 1주일의 7일, 세계 7대 불가사의, 7대 죄악처럼 그 배후에 뭔가 심오한 뜻이 있는지도 모른다는 것이다.

◆ 정보 처리 능력의 한계

밀러는 이 이상한 숫자 7에 끌려 다양한 감각 양상에 관한 변별 실험을 실시했다. 한 실험에서는 소리의 가락을 들려주고 음의 수를 변별하게 했더니 7개를 넘으면 정확하게 변별하지 못하는 결과를 보였다. 이 외에도 식염수를 사용한 미각(짠맛)의 강도 변별 연구에서도, 영상에 제시된 여러 점을 순간적으로(→0.2초) 세는 능력에 대한 연구에서도 7음계와 7항목이 한계임을 나타냈다. J. R. M. 헤이즈가 진행한 5종류의 기명 재료(2진수의 숫자, 10진수의 숫자, 알파벳, 문자와 10진수의 숫자, 단음절 단어)를 이용한 기억 용량 실험에서도 기명 재료가 7항목까지는 단시간 유지되는(즉 단기 기억의 용량은 7항목) 것으로 나타났다. 이와 같이 다양한 감각의 변별 연구는 모두 일치해서 대략 7항목이 한계라는 것을 보인다. 이 점에서 밀러는 인간의 정보 처리 능력은 7항목이 한계라고 생각했다.

한편 밀러는 기억 용량에 대해서는 7항목의 벽을 뛰어넘을 수 있다고 말한다. 그는 기억 용량의 각 항목을 청크*(chunk, 덩어리)라고 부르는데, 그의 식대로라면 인간의 단기 기억 용량은 7청크라고 할 수 있다. 하지만 여러 문자 나열 등을 하나의 단어로 바꾸면(재부호화하면) 사용하는 청크 수가 절약되어 보다 많은 항목을 기억할 수 있다. 예를 들어 가타카나로 'シ' 'ン' 'リ' 'ガ' 'ク'라고 표기하면 그 기억에는 5청크를 필요로 하지만 이들을 각각 한자로 바꿔 '心' '理' '学'이라고 표기하

러닝 메모리 스판 과제

5개 이상의 숫자를 재생할 경우, 50% 이상의 재생률을 유지하기 힘들다.
이 결과에서 정확하게 유지할 수 있는 것은 기껏해야 3항목 혹은 4항목
정도이며, 7항목을 유지하기 어렵다는 것을 알 수 있다.

실험 절차

자극수열의 청각 제시

1에서 9까지의 숫자 중 무작위로 골라 12개, 14개, 16개,
18개 혹은 20개를 청각에 제시한다. 제시 속도는 숫자 1
개당 0.25초 정도.

수열의 재생

수열 제시 직후 컴퓨터 화면에 숫자(1~7)가 나타나므로
그 숫자만 거슬러 올라가 자극 수열을 재생한다(화면상
에 나타난 수열의 공란 부분에 떠오른 숫자를 입력한다).
예 : 자극 수열이 4, 8, 3, 9, 5, 2, 1, 7, 6, 3, 8, 5이고 마
지막 숫자에서 4개 전까지의 숫자를 재생하는 것이라면
화면에는 4, 8, 3, 9, 5, 2, 1, 7, −, −, − 이 표시된다.

실험 결과

거슬러 올라가 재생을 요구할 수 있는 숫자의 개수

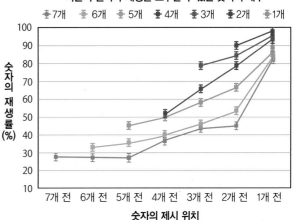

면 3청크면 된다. 결과적으로 기억 가능한 정보량이 늘어나는
셈이다.

◆ 실제 매직 넘버는 4?

최근에는 기억 용량이 7항목도 되지 않는 것 아니냐는 지적
도 있다. 청킹*(chunking)이나 리허설을 하기 곤란한 과제를
이용해 기억 용량을 확인한 경우가 바로 그렇다. 예를 들어 언
제 종료할지 예측할 수 없게 순간적으로 자극이 제시되어 항
상 기억을 갱신해야 하는 과제(러닝 메모리 스판 과제)에서는
제시 직후 올바르게 상기*할 수 있는 자극은 3~4항목에 지나
지 않는다는 보고가 있다. 또한 젊은 사람과 고령자에게 복수
의 단문을 청각 제시하고 직후에 재생을 요구한 연구에서도
젊은 사람은 3~4항목 정도의 언어적 청크밖에 유지하지 못한
다는 보고도 있다. 이를 토대로 기억 용량은 4±1항목이며 매
직 넘버 4라는 주장도 있다.

기억 용량에는 개인차가 있어 개인의 이해력이나 학습 능력,
유동성 지능 등과도 관계된다는 지적이 있다. 확실히 기억 용
량이 클수록 여유를 갖고 사람의 말이나 문장을 이해하며, 과
제에도 집중할 수 있고 충동적인 행동으로 인한 실패도 적다.

밀러의 논문은 큰 반향을 불러일으켰고 그 생각은 널리 알
려졌다. 하지만 기억 용량 7이라는 숫자에 대해서는 밀러 자신
도 사실은 그리 진지하게 생각하지 않았으며, 다양한 실험에
서 특별한 결론을 전개하기 위해 이용한 트릭에 지나지 않는
다고 후에 술회했다. (오우에 와타루)

042

기억은 환경 속에 있다

Keywords | 환경적 문맥 의존 효과 | 부호화 특수성 원리 | 기분 상태 의존 효과 |

환경적 문맥 의존 효과

이 실험에서는 단어 목록을 외운 장소와 기억 테스트 장소가 일치된 조건일 때에 일치하지 않은 조건보다도 재생 성적이 좋았다. 익숙한 육상과는 완전히 다른 환경인 수중이라도 외운 문맥과 떠오르는 문맥이 일치하면 재생 성적이 좋았다.

육상에서 학습 13.5

수중에서 학습 8.4

육상에서의 평균 재생 수

육상에서 학습 8.6

수중에서 학습 11.4

수중에서의 평균 재생 수

도 서관의 자료처럼 우리의 기억에 태그를 붙여 정리한 후 필요한 키워드로 찾을 수만 있다면 느닷없이 마주친 사람의 이름이 떠오르지 않아 난처한 일은 없을 것이다. 실제로 노력해도 생각이 나지 않는 일이 있는가 하면, 왠지 모르지만 예전 기억이 문득 떠오르는 일도 있다. 예를 들어 자동차를 몰고 가다 어느 교차점에 다다랐을 때 친구를 태우고 그곳을 지나면서 대화한 내용이 불쑥 떠오르기도 한다. 이것은 자동차로 교차로를 지난다고 하는 문맥이 떠올랐기 때문에 그 속에 존재하는 다양한 정보(눈에 보이는 신호기나 간판, 운전의 긴장감, 핸들을 쥔 자세 등)가 단서가 되어 당시 기억이 상기된 것으로 볼 수 있다.

◆ **문맥의 일치로 떠올린다**

정보를 기억하는 문맥과 생각나는 문맥이 일치한 경우에는 그렇지 않은 경우보다 정보를 상기하는 양이 증가한다. 이런 현상을 환경적 문맥 의존 효과라고 한다. 장소뿐 아니라 음악이나 기온, 동석자나 냄새 등도 문맥이 될 수 있다. 물푸레나무의 향이나 개구리 울음소리, 엘리베이터에서 마주친 사람이나 소낙비도 문맥이 될 수 있는 것이다.

왜 정보의 상기량이 증가하는지에 대해서는 앞의 예로 말하자면 친구와 대화한 내용이 그때의 문맥과 함께 부호화되었기 때문이라 할 수 있다. 따라서 부호화 시와 상기 시의 문맥이 일치할수록 문맥에 포함되는 다양한 정보가 단서로 이용될 가

이미지로 생각한다

집 열쇠를 어디에 두었는지 모를 때 당신이라면 어떻게 할까? 현관문을 열고 가방을 놓고 손을 씻고…… 등등 무슨 일을 했는지를 순서대로 떠올리며 열쇠 둔 곳을 짐작할 것이다. 문맥을 이미지화하는 것만으로도 환경적 문맥 의존 효과를 얻을 수 있다.

능성이 높아지며, 그 결과로서 상기량이 늘어난다. 이런 현상을 부호화 특수성 원리라고 한다.

기억 연구 분야에서 세계적으로 알려져 있는 앨런 배들리와 던컨 고든은 잠수부들을 두 집단으로 나눈 뒤 한 집단은 물속에서, 다른 한 집단은 땅 위에서 단어를 외우게 했다. 그런 다음 두 집단 모두 물속과 땅 위에서 시험을 치르게 했다. 그 결과, 학습과 시험을 치른 장소가 같은 조건인 경우가 그렇지 않은 경우보다도 외운 단어 개수가 많았다. 장소(실외/실내, 교실/휴게실 등)나 조명, 온도, 냄새, BGM 등 물리적 환경을 바꿔본 다른 연구에서도 환경적 문맥 의존 효과를 확인할 수 있었다.

◆ 기분의 일치로도 떠올릴 수 있다

기분 상태 의존 효과로 알려진 현상도 환경적 문맥 의존 효과의 하나이다. 다만 물리적으로 조작 가능한 문맥과 달리 학습자의 기분이라는 내적이고 주관적인 문맥이 관여하기 때문에 실험 결과가 일정하지 않은 것으로 알려져 있다. 스탠퍼드 대학교의 심리학자 고든 바우어는 기분이 기억에 미치는 영향을 실험을 통해 증명하였다. 실험 참가자에게 단어를 암기하게 할 때 최면을 걸어 즐거운 기분과 슬픈 기분을 유도했다. 이후의 기억 시험에서도 같은 기분 유도를 하였더니 단어를

외울 때의 기분과 시험을 치를 때를 기분이 일치한 경우가 다른 경우보다도 좋은 결과를 보였다.

물리적인 환경을 실제로 조작하지 않고 부호화 시 문맥을 떠올리는 것만으로도 환경적 문맥 의존 효과를 얻을 수 있는 것으로 보고되고 있다. 예를 들어 외출하려는데 현관문 열쇠를 어디에 뒀는지 생각나지 않는다면 어제 집에 들어왔을 때 무엇을 했는지 순서대로 생각해 열쇠 둔 곳을 떠올릴 것이다. 이와 같이 문맥을 심적으로 복원함으로써 상기량이 증가하는 것을 기대하는 것이 인지 면접(→048)이다. 인지 면접은 사건이나 사고 목격자에게 "당시 상황을 떠올리면서 사건에 대해 말해달라"고 함으로써 목격 당시의 문맥에 존재하는 단서의 이용 가능성을 높여 많은 정보를 얻기 위한 목적에서 이용한다.

일상적으로는 지금 생각하는 것이나 생각난 것이 무엇과 결부되어 상기한 것인지를 의식하는 일은 별로 없다. 친한 사람과 시간을 보내다 상대와 완전히 같은 생각을 하거나 같은 말을 하려고 하는 경우가 있을 것이다. '지난해에 불꽃놀이 갔던 그곳에 또 가고 싶다'고 생각하고 있을 때 연인이 "그 불꽃놀이 좋았지"라고 말하면 서로 마음이 통했다고 생각하고 싶을 것이다. 하지만 실제는 그냥 눈에 들어온 에코 백의 불꽃놀이 프린트가 단서가 되어 같은 장면을 떠올렸는지도 모른다. (우치노 야시오)

043

길 잃은 쥐, 길을 잃지 않는 택시 기사

| Keywords | 인지 지도 | 물속 길 찾기 실험 | 라이프로그 | 해마 |

물속 길 찾기 실험 실제로는 물이 혼탁하고, 쥐는 얕은 여울(목표)이 보이지 않는다. 학습하기 전에는 헤매지만 학습한 후에는 신속하게 얕은 여울을 찾는다. 쥐는 수조 밖의 벽면에 보이는 물체를 표시로 해서 그것과 자신의 위치 관계에서 얕은 여울이 있는 곳을 학습했다고 볼 수 있다. 해마를 제거한 쥐는 학습하기 전과 마찬가지로 계속 헤맨다.

얕은 여울

학습 전　　　　　　　　　　　　　　　　　　　학습 후

모르는 곳을 여행하다 길을 잃으면 당황하게 된다. 눈앞에 보이는 광경이 낯설기 때문이다. 여기가 어디인지, 자신이 어디로 가면 되는지 모를 때에는 독특한 불안감이 생긴다. GPS 기능이 있는 스마트폰을 갖고 있으면 안심이 되지만 이와 같은 기기가 없을 때는 한참 고생을 하기도 한다.

◆ 장소 기억

길을 잃지 않고 산다는 것은 다시 말해 눈앞에 보이는 세계와 기억하고 있는 장소나 지명을 특별한 고생 없이 대응할 수 있다는 뜻이다. 보통 우리의 생활 범위는 기껏해야 몇십 킬로미터 이내이며 우리는 그와 같은 범위의 지도를 심적으로 갖고 있다. 이와 같은 지도를 인지 지도라고 한다. 이 인지 지도 덕에 우리는 평상시 길을 헤매지 않고 지도의 도움 없이도 이동할 수 있다.

인지 지도는 방문한 곳의 풍경 같은 시각 정보를 토대로 구성된다. 인지 지도의 신경 기반으로서는 대뇌변연계의 일부인 해마가 중요한 역할을 하는 것으로 보인다. 이에 관한 실험으로는 쥐를 대상으로 한 물속 길 찾기 실험이 유명하다. 혼탁한 물이 들어 있는 수조 속 일부를 얕은 여울로 만들어두고 그곳에 도착하는 시간을 지표로 해서 여러 번 측정을 반복한다. 해마를 갖고 있는 보통 쥐는 이 과제를 반복하다 보면 얕은 여울에 도착하는 시간이 단축되지만 해마를 제거한 쥐는 이 과제를 반복해도 시간이 단축되지 않는다.

◆ 해마의 역할

장소 기억에 대한 해마의 역할은 오하이오주립대학 딜런 닐슨 연구팀이 2015년 발표한 연구에서도 검토되었다. 9명의 여성 실험 참가자에게 GPS 기능이 있는 스마트폰을 목에 걸어주고 1개월간의 라이프로그* 데이터를 사진과 함께 기록했다. 그 후 MRI 스캐너에 넣어 120매의 사진을 보면서 일어난 일을 생각하게 하고, 경험을 심적으로 추적 체험하게 했다. 각 영상을 8초 동안 제시한 뒤 뇌 활동을 분석했더니 일어난 일을 체험한 장소의 차이(100미터에서 30미터의 범위)에 따라 좌전방 해마의 신경 활동 패턴의 비슷한 정도가 변화되어 있었다고 한다. 그리고 상기한 일의 시간차에 따라 신경 활동과의 상관을 볼 수 있다. 따라서 인지 지도는 해마에 만들어져 있다고 생각해도 좋을 듯하다.

유니버시티 칼리지 런던의 엘레노어 맥과이어가 2000년 발표한 유명한 연구에서는 1년 6개월 이상 택시 운전을 한 경력이 있는 택시기사 16명을 대상으로 해마의 부피를 MRI로 측정했다. 그 결과, 택시 기사 경험 연수에 따라 후방 해마가 커지고 전방 해마는 축소되었다.

이들 다양한 견해를 종합해보면 지도 없이 이동할 수 있는 우리의 능력은 해마에 의존한 것이라고 할 수 있다. (미쓰도 히로유키)

런던의 택시 기사

런던의 도로는 매우 복잡한 것으로 알려져 있지만, 택시는 아무런 어려움 없이 잘 달린다.
길이라는 길을 다 기억하고 있는 운전기사의 해마는 경험에 의해 변형되어갔을 것이다.

044

특별한 비법·감의 정체

체스 말 배치의 재생 수

체스의 명인, 중급자, 초보자에게 중반 국면의 판세를 5초간 보여주고 말의 위치를 완전히 재현할 수 있을 때까지 판세 제시와 말의 배치 재현을 반복시키는 실험을 했다. 그 결과, 명인은 1회째 시행부터 대부분의 말 배치를 재현할 수 있었고, 적은 시행 수로 완전히 재현했다.

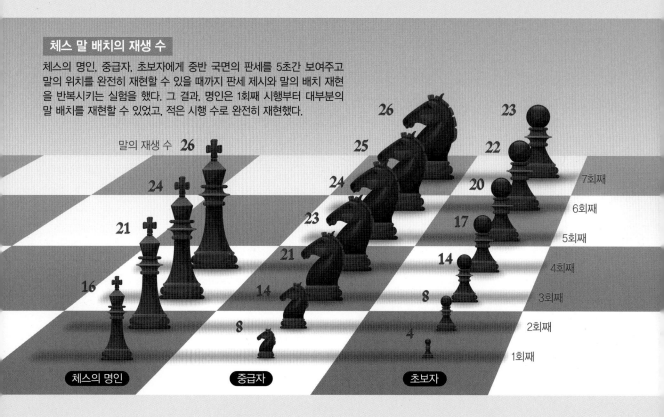

말의 재생 수

체스의 명인 — 16, 21, 24, 26
중급자 — 8, 14, 21, 23
초보자 — 4, 8, 14, 17, 20, 22, 23, 26, 24, 25

1회째, 2회째, 3회째, 4회째, 5회째, 6회째, 7회째

가락 끝으로 표면을 쓰다듬기만 해도 미크론 단위의 올록볼록한 느낌을 감지할 수 있는 기술자, 유적에서 집어 올린 토기 조각에서 정확한 토기의 양식을 변별할 수 있는 고고학자, 속도를 떨어뜨리지 않고 드리블을 계속해 순식간에 골대 앞에 서는 축구 선수. 그들은 보통 사람이 흉내 낼 수 없는 탁월한 기능을 지니고 있다.

이러한 숙련자의 기능은 오랜 기간에 걸친 경험에 의해 신체에 스며든 절차적 기억이며 말로 전하기는 어렵다. 그렇기 때문에 그들도 요령이나 감이라는 말밖에는 달리 설명할 말이 없을지도 모른다. 이 점에서 숙련자의 기능은 암묵지*(暗默知)라 할 수 있다. 이 암묵지를 언어화할 수 있다면 선인의 기능을 우리도 누릴 가능성이 높아진다. 숙련자의 인지와 판단 등 심리적 과정에 어떤 변화가 생긴 것인지를 밝히는 것이 하나의 방법이다. 심리학자이며 인지고고학자이기도 한 도키쓰 유코(時津裕子)는 숙련자의 뛰어난 기능을 해명하는 열쇠는 인식을 체계화하기 위한 심리적 틀인 스키마*에 있다고 말한다.

◆ 체스 명인의 기억력

숙련자의 심적 과정에 관한 연구는 체스의 명인 연구가 가장 앞선다. 이 연구에서는 체스의 명인과 초보자에게 아주 짧은 시간 동안 체스판을 보여주고 말의 위치를 완전히 재현시키는 과제를 주었다. 말의 재생 수와 배치 정확도를 비교해보았더니 명인은 초보자에 비해 많은 말을 체스판 위에 정확히 재현했다. 장기의 명인을 조사한 연구에서는 판세를 3초밖에 보여주지 않았는데도 명인은 판세 전체에 걸쳐 말의 배치를 정확히 기억해냈다. 또한 말의 배치를 대국의 초반, 중반, 종반별로 제시해도 명인은 일관되게 높은 기억 성적을 보였다. 반면 중급자는 초반까지는 명인과 같은 기억을 보였으나 중반 이후에는 기억력이 떨어졌다.

체스 명인이나 장기 명인이 놀랄 만한 기억력을 보였다고 해도 그들이 보통 사람에 비해 뛰어난 기억 능력을 갖고 있는 것은 아닌 듯하다. 왜냐하면 무작위로 말이 배치되면 체스든 장기든 명인의 기억력이 초보자와 다름없었기 때문이다. 그러니까 말의 배치에서 맥락을 들여다보는 경우에만 명인은 높은

토기의 주시 패턴

아이 카메라로 토기 관찰 시의 주시 패턴을 측정했더니 고고학의 상급자일수록 토기의 윤곽 부분을 잘 주시하고 한 번의 주시 시간도 그리 길지 않았다. 한편 초보자는 윤곽 부분에는 거의 눈길을 주지 않고 토기의 개구부에서 중앙부에 걸쳐 산만한 주시를 반복했다.

상급자

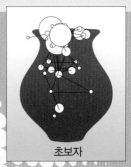

초보자

프리스로 시의 주시 위치

농구를 10년 이상 계속한 숙련자와 경험이 없는 비숙련자에게 아이 카메라를 장착해 베테랑 선수의 프리스로를 비디오로 제시했다. 숙련자는 하반신에서 상반신으로 움직이는 운동 동작을 잘 보는 데 반해 비숙련자는 신체 운동에서 예측 단서를 얻을 수 없기 때문에 공을 중심으로 시선을 움직인다.

숙련자

비숙련자

기억력을 보인다. 게임의 맥락은 명인의 체스 혹은 장기에 관한 스키마를 활성화시키는 자극이 된다. 그때 명인은 스키마에 의해 보통 사람에게는 처리할 수 없는 방대한 정보를 아주 간단히 체계화해 뛰어난 기억력을 발휘한다.

◆ 숙련자의 시선

숙련자의 스키마는 특정 영역에 전문화한 경험과 지식이 축적되고, 활용하기 쉽게 구조화되어 있다. 이 전문적인 스키마는 톱다운적으로 작용해 숙련자의 인지와 행동을 주도해간다. 그 결과, 보통 사람은 식별 곤란한 미세한 차이를 알아내고 또한 행동을 예측해 앞을 읽을 수가 있다. 이것은 안구 운동을 측정하는 아이 카메라[*]를 이용해 고고학 전문가나 농구, 야구 숙련자의 시선을 따라가는 연구로 실증되었다.

예를 들어 숙련된 고고학자는 토기를 볼 때 형식을 결정하는 형태적 포인트(예를 들면 전체의 윤곽, 경사의 변환점, 테두리 등)에 시선을 옮겨 간다. 이 포인트를 확실히 파악함으로써 숙련자는 언어화가 어렵다는 토기의 미묘한 비례를 정확하게 묘사할 수 있다.

또한 농구의 프리스로(free throw, 자유투)를 관찰해서 슛의 성공이나 실패를 판단할 때 초보자는 공에 시선이 향하지만, 숙련자는 슈터의 무릎이 구부러진 정도나 하반신과 상반신의 연동 등을 자세히 본다. 이 차이가 슛의 성공 예측 성적에 반영된다. 숙련자는 프리스로 스타일을 잠깐 보기만 해도 그 슛의 골인 여부를 정확하게 예측할 수 있다.

그리고 숙달한 야구 타자는 투수의 투구 동작을 잘 관찰하고, 공을 던지기 직전 위치에 미리 시선을 보내 확실하게 볼의 흐름을 좇는다.

이와 같이 숙련자는 보통 사람이라면 놓칠 포인트에 확실하게 시선을 맞춘다는 것을 알 수 있다. 숙련자의 요령이나 감의 정체는 연습이나 실천의 반복에 의해 형성된 전문적인 스키마이며, 그에 의해 정보 처리에서 차이가 나타난다. (오우에 와타루)

연상의 메커니즘

Keywords | 프라이밍 효과 | 개념 | 활성화 확산 이론 |

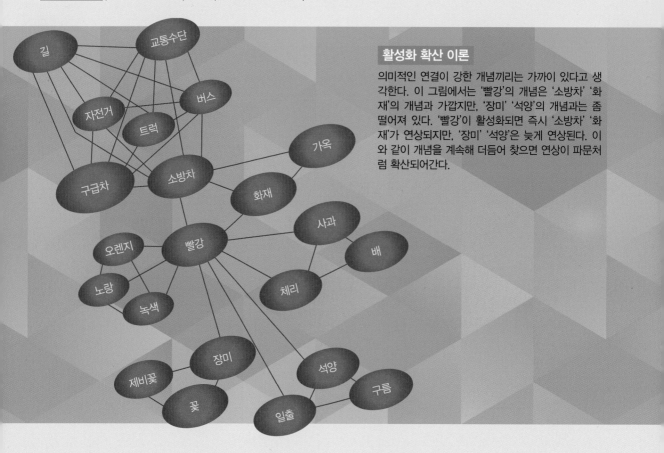

활성화 확산 이론

의미적인 연결이 강한 개념끼리는 가까이 있다고 생각한다. 이 그림에서는 '빨강'의 개념은 '소방차' '화재'의 개념과 가깝지만, '장미' '석양'의 개념과는 좀 떨어져 있다. '빨강'이 활성화되면 즉시 '소방차' '화재'가 연상되지만, '장미' '석양'은 늦게 연상된다. 이와 같이 개념을 계속해 더듬어 찾으면 연상이 파문처럼 확산되어간다.

멀리서 들려오는 전철 지나가는 소리, 피부에 스며드는 겨울의 한기, 거리에 떠도는 냄새, 친구와 대화하는 소리, TV 광고 영상이나 멜로디……. 우리 주변에는 다양한 자극이 넘쳐나고 있다. 이들은 단지 오감뿐만 아니라 뇌내 기억이나 감정을 연쇄적으로 자극해 이미지네이션이나 아이디어 자원이 되기도 하고, 어떤 행동으로 몰고가는 계기가 되기도 한다. 이런 반응의 연쇄는 자동적으로 시작되고 자신도 모르는 사이에 영향을 받는다.

◆ 개념의 네트워크 구조

심리학자이자 행동경제학자인 대니얼 카너먼(Daniel Kahneman)에 의하면, 음식 관련 단어와 영상을 본 후 'SO□P'의 □ 부분에 알파벳을 넣어 단어를 완성하게 하면 대부분의 사람이 'U'를 채워 'SOUP'라고 대답한다. 반면 목욕탕이나 세면대 관련 단어나 영상을 본 후에는 'A'를 넣어 'SOAP'라고 대답할 확률이 높다. 이와 같이 앞서 제시되는 자극이 후에 제시되

는 자극의 정보 처리에 영향을 미치는 현상을 프라이밍 효과(점화 효과)라고 한다.

프라이밍 효과가 생기는 이유는 뇌내에서 개념(지식이나 기억 등)이 표현되는 방식에 유래한다. 우리가 획득한 다양한 개념은 링크에 의해 연결되어 전체로 보면 네트워크 구조가 되어 있다. 링크는 개념 간의 의미적 연상성의 정도에 따라, 연상성이 높으면 가까이에 배치되지만 낮으면 멀리 배치된다. 하나의 개념이 액세스를 받아 활성화되면 그 개념은 물론이고 링크처의 개념에 활성화가 전파되어 활성화 연쇄가 네트워크 전체에 퍼져 나간다. 링크에 의해 활성화가 연쇄되는 성질을 활성화 확산 이론이라 하는데, 프라이밍 효과는 그 성질을 반영한 현상이다.

◆ 도덕적 감정도 지배한다

프라이밍 효과는 자동적이며 강력한 현상으로 알려져 있다. 단어의 정보 처리에 그치지 않고 우리의 행동이나 감정, 도덕

고령자를 연상시키면······

고령자를 연상시키는 단어로 단문을 완성시킨 조건군은, 그렇지 않은 단어로 단문을 완성시킨 통제 조건군에 비해 걷는 속도가 늦었다.

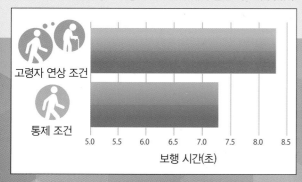

보행 시간(초)

고령자 연상 조건

통제 조건

손을 씻으면 죄의식이 가벼워진다?

과거의 비도덕적 행위를 써서 제출한 후(상기한 후) 손을 씻은 조건군은 손을 씻지 않은 조건군에 비해 봉사활동 참가에 소극적인 자세를 보였다.

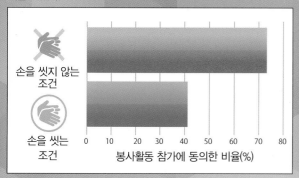

봉사활동 참가에 동의한 비율(%)

손을 씻지 않는 조건

손을 씻는 조건

과자 광고의 효과

7세에서 11세 아이가 참여한 실험에서 아이들에게 애니메이션을 보면서 주어진 과자를 마음대로 먹어도 된다고 알려주었다. 애니메이션을 보는 도중에 포테이토칩이나 단맛이 나는 시리얼 등 광고가 제시된 조건과 게임 광고가 제시된 조건을 놓고 과자 소비량을 비교했다. 과자 광고를 본 아이들 쪽이 다른 광고를 본 아이들에 비해 과자를 많이 먹었다.

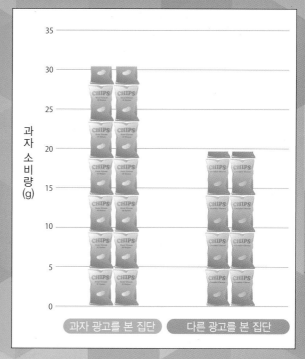

과자 소비량(g)

과자 광고를 본 집단   다른 광고를 본 집단

에도 영향을 미치며, 때로는 지배하는 일도 있다.

사회심리학자 존 바그가 한 연구에서는, 5개의 단어 카드에서 4개를 골라 나란히 놓고 단문을 완성시키는 과제를 주었다. 고령자를 연상시키는 조건(백발, 주름, 완고, 건망증 등의 단어가 주어진다)과 통제 조건(건조한, 개인적, 청결한 등)이 있는데, 과제 완성 후에 실험 참가자가 복도를 걷는 속도를 몰래 측정했다. 그 결과, 고령자를 연상시키는 과제가 주어진 참가자 쪽이 통제 조건의 참가자보다도 복도를 천천히 걷는 것으로 나타났다. 이것은 단문 완성 과제로 인해 고령자의 이미지가 활성화되어 참가자의 행동에 영향을 미친 것으로 볼 수 있다.

또한 실험 참가자에게 과거의 비도덕적 행위를 상세하게 상기시킨 후 봉사활동으로 조사 연구를 거들 것인지 물은 연구가 있다. 봉사활동에 대한 참가는 스스로 비도덕적 행위에 대한 속죄 행위라고 생각할 수 있으므로 비도덕적 행위를 한 사람 쪽이 보다 많이 봉사활동에 참가할 것으로 예측할 수 있다.

그러나 이 연구에서는 사전에 제균 효과가 있는 물티슈로 손을 닦은 집단과 닦지 않은 집단을 설정했다. 실험 결과, 손을 닦지 않은 집단에서는 74%의 사람이 봉사활동에 동의했으나 손을 닦은 집단에서는 41%밖에 동의하지 않았다. 동시에 참가자의 감정 상태도 조사했는데, 손을 닦은 집단에서는 도덕적 감정(후회나 죄의식, 수치 등)이 낮은 것으로 나타났다. 즉 손을 씻는(닦는) 행위는 더러움을 씻어내는 신체적 세정만이 아니라 자신의 죄나 더러움을 씻어내는 윤리적 세정과도 강하게 연결되어 있다는 것을 보여준다.

이 외에도 방송 프로그램 사이사이에 과자나 패스트푸드 광고가 많이 나올 경우 어른이든 아이든, 체중이나 인종 등에 관계없이 시청 중에 간식을 많이 먹는다는 보고도 있다. 우리들은 스스로의 자유의지로 판단하고 행동해 인생을 개척한다. 그러나 실제로는 상상 이상으로 프라이밍 효과의 영향을 받고 있는지도 모른다. (오우에 와타루)

유령들의 전쟁

Keywords | 기억의 재구성 | 스키마 | 실험실 연구 | 생태학적 타당성 |

전언 게임 형식의 실험

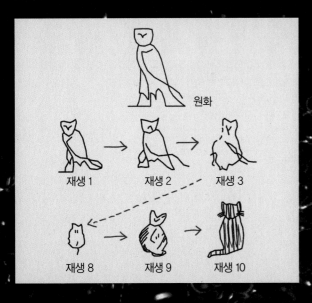

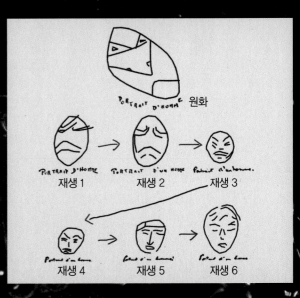

프레드릭 바틀렛은 실험 참가자가 원화를 기억해서 그림으로 재생하고, 그것을 또 다음 사람이 기억해 재생하기를 반복하는 전언 게임 형식의 실험에서도 단순화나 합리화가 인정된다는 것을 보여주었다. 올빼미의 상형문자 원화는 영국 실험 참가자에게는 익숙하지 않은 것이었기 때문에 차례로 고양이로 변해갔다. 또한 추상적인 도형의 원화에는 '사람의 얼굴'이라는 제목이 첨부되어 있기 때문에 재생을 반복하는 사이에 보다 사람의 얼굴답게 변해갔다.

전언 게임이란 게 있다. 직접 이 게임을 해본 사람도 많을 것이다. 간단한 이야기를 다음 사람에게 전해 가다 보면 원래 이야기는 전혀 남지 않을 정도로 내용이 변해가는 것을 즐기는 게임이다. 이것은 우리가 이야기를 그대로 기억해 정확하게 재현하지 못한다는 것을 보여준다. 기록된 데이터를 언제든 재현할 수 있는 디지털카메라나 MP3 플레이어와는 다르다. 우리는 이야기 속에 익숙하지 않은 것이 있으면 그것을 생략하거나 다른 것으로 바꾸거나 한다. 그리고 복잡한 것은 단순하게 만들고, 이야기 줄거리는 보다 조리 있게 바꾼다. 기억한 이야기를 다음 사람에게 전할 때는 이와 같은 무의식적인 수정이 더해지면서 기억이 재구성된다.

◆ 의미를 구하는 노력

인지심리학의 선구자로 알려진, 케임브리지대학의 프레드릭 바틀렛 교수는 이와 같은 기억의 성질을 '유령들의 전쟁'이라는 북아메리카 민화를 이용한 실험에서 밝혔다. 실험 참가자는 영국의 대학생이었기 때문에 이야기에는 그들에게는 친숙하지 않은 고유명사나 언어가 등장하고 줄거리도 예측할 수 없는 내용이었다. 기억 테스트는 기간을 두고 몇 번이나 기억 내용을 보고하게 하는 반복 재생법을 이용함으로써 바틀렛은 기억이 어떻게 변해가는지 파악하려고 했다. 그 결과, 고유명사와 숫자는 탈락하고(단순화), 이야기는 전체적으로 짧고 잘 이어지는 것으로 바뀌어간다(합리화)는 것을 보여주었다. 그리고 전언 게임 형식에 의한 실험(계열 재생법이라고 한다)에서도 같은 현상을 볼 수 있었다.

바틀렛은 이들 결과를 실험 참가자가 기억 재료에 대해 '의미를 구하는 노력'을 하기 때문이라고 해석했다. 우리는 언뜻 보기에 무의미하게 생각되는 것이라도 거기에서 뭔가 의미를 찾으려고 한다. 이때 자신의 지식이나 기대, 태도 등의 인지적인 틀, 즉 스키마가 영향을 주며, 그 후의 상기 내용이 방향을 잡아간다. 바틀렛은 특별한 의미가 없는 다양한 형태의 잉크 얼룩을 실험 참가자에게 보여주고 다양한 반응을 얻었다.

잉크 얼룩을 이용한 실험

바틀렛이 다양한 형태의 잉크 얼룩을 실험 참가자에게 보여주었다. 2번을 본 참가자들은 '낙타' '거북' '테이블보를 물고 휘휘 돌리고 있는 개' '한 마리의 낙지'라는 식의 반응을 보였다. 이와 같이 무의미한 실험 자극에 대해서도 우리들은 어떠한 모양을 만들어내려고 한다.

◆ 기억이 생생한 모습

바틀렛은 느긋하게 실험을 진행했다. 맨 처음에는 15분 후에 '유령들의 전쟁'을 반복 재생했다. 그러나 그 후에는 특별한 시간 간격을 설정하지 않고 기회가 있을 때마다 실시했다. 10년 후에 상기를 행한 실험 참가자도 있었다. 이것은 헤르만 에빙하우스로 시작되는 실험실 연구와는 대조적이다(→040). 그 유명한 에빙하우스의 망각 곡선은 시간이 지나면 어느 정도 정보가 기억에서 망각되는지를 보인 것이다. 예를 들면 우리의 기억 용량, 보유 가능한 기간, 기억 재료의 게시 순이나 시간 효과 등을 순수하게 조사하고 싶다면 기억 재료는 어떤 사람에게도 등질인 것이 바람직하다. 사람에 따라 기억 재료가 달라서는 실험 결과에서 신뢰성이 높은 법칙을 끌어내기가 어렵다. 이 때문에 에빙하우스는 기억 재료로서 무의미 음절을 고안했고, 다른 실험 조건도 엄밀하게 통제했다.

그런데 바틀렛은 그와 같이 통제된 상황이 아니라 가능하면 자연스런 상황에서 기억의 진짜 모습을 알 수 있다고 주장했

다. 그 후 인지심리학의 전성기에 생태학적 타당성으로서 중요시하게 된 생각을 선취했다고 할 수 있을 듯하다. '유령들의 전쟁'처럼 의미가 있는 기억 재료를 이용하는 것을 에빙하우스는 피하고 싶었던 것이다. 그러나 바틀렛은 우리의 일상에서 기억의 작용에 관여할 만한 요인을 제외시키지 않고 기억의 생생한 모습을 제대로 파악했다. 생태학적 타당성이 높은 연구는 일반화가 어렵다고 비판한다. 하지만 그의 연구는 널리 적용할 수 있는 결과를 도출해 기억을 이해하는 데 크게 공헌했다. (우치노 야시오)

사진으로 찍은 듯한 기억

Keywords | 섬광 기억 | 리허설 | 생태학적 타당성 |

카메라 플래시

플래시벌브 기억이란 이름은 이 카메라 플래시에서 유래되었다.

세계를 놀라게 한 뉴스

미국 9.11테러 사건(왼쪽), 케네디 대통령 암살 사건(중앙), 챌린저호의 폭발 사고(오른쪽). 여러분은 이 사건을 어떻게 기억하고 있을까? 섬광 기억 연구에서는 이처럼 부정적인 사건이나 사고를 다루는 일이 많다. 그러나 반대로 말하면 긍정적인 사건을 화제로 한 연구는 적기 때문에 회상해보면 흥미가 있을 것이다.

미국 9.11테러 사건(2001년), 동일본대지진(2011년), 이 충격적인 뉴스를 여러분은 어떻게 받아들였는가? 아마도 집에서 TV를 보다가 뉴스 속보로 알게 된 사람도 있고, 친구가 보내준 문자 메시지를 보고 알게 된 사람도 있을 것이다. 어디서 무엇을 하고 있을 때 누가 그것을 알려주었는지, 그때의 상황을 확실히 기억하고 있지는 않은가?

◆ 중대 사건과 기억

이와 같은 기억을 섬광 기억(FBM: Flashbulb Memory)이라고 한다. 이 현상을 처음 보고한 미국의 심리학자 로저 브라운(Roger Brown)과 제임스 클리크(James Kulik)에 의하면 예기치 않았던 사건이나 중대한 사건이 일어났다고 하는 뉴스를 접했을 때 특수한 신경생리학적인 메커니즘이 작동해 자동적으로 선명한 기억이 뇌리에 새겨진다고 한다. 1963년에 일어난 미국 존 F. 케네디 대통령의 암살 사건에 대해 그들이 행한 조사에서는, 이 사건이 일어난 지 수십 년이 지났는데도 실험 참가자는 뉴스를 접했을 때의 상황을 상세하게 보고했다고

한다. 플래시벌브(섬광 전구)란 사진 촬영에 사용하는 전구를 말한다. 플래시벌브 기억, 즉 섬광 기억은 사진으로 찍은 것처럼 정확하고 완전하며, 영구적으로 저장된다는 주장이다.

그러나 실험 참가자의 주관적인 보고만을 바탕으로 정확한 기억을 하고 있다고 결론짓는 점은 문제가 있다. 사건 목격자의 증언에서도 확신을 갖고 보고되는 기억이 그다지 정확하지 않은 경우가 흔하다(→091). 이 때문에 후에 실시한 연구의 대부분은 동일 실험 참가자에 대해 여러 번 조사를 하는 종단적인 방법을 썼다. 예컨대 미국의 심리학자 율릭 구스타프 나이서와 니콜 허시는 챌린저호의 폭발 사고(1986년)가 발생한 후 24시간 이내와 2년 6개월 후에 같은 참가자를 조사했다. 두 번에 걸친 응답 간에 일치도가 높으면 정확한 기억을 유지한다는 것을 의미한다. 그런데 섬광 기억을 형성했다고 인정되는 참가자는 소수에 지나지 않았다.

◆ 섬광 기억은 특수한 기억인가

중대한 사건은 화제에 오르는 일이 많고 자기 스스로 떠올리는 일도 많다. 나이서와 허시는 이와 같은 리허설을 하는 사이에 일정한 형식(언제, 어디서, 무엇을 하고 있을 때, 왜)을 갖춘 이야기로 재구성되기 때문에 마치 자세한 기억을 유지하고 있는 것처럼 보인다고 말한다. 개인이 확신을 갖고 일관된 이야기를 할 때 그것이 정확하다고 볼 것인가 하는 것은 자전적 기억이나 목격자 증언의 연구에 있어서도 리허설이나 재구성의 관점에서 논한다. 요컨대 섬광 기억은 특수한 기억이 아니라 기타 다른 기억과 같은 메커니즘으로 설명할 수 있다는 것을 시사한다.

나이서와 허시 이후에도 비극적인 사고나 재해, 정치가의 사임 등에 대한 섬광 기억 연구가 계속되고 있다. 데이비드 필머는 로널드 레이건 대통령 암살 미수 사건(1981년)이 일어난 지 1개월 후와 6개월 후 조사에서 높은 일치성이 있었다는 것, 리허설 횟수와 정확한 기억과는 관계가 없었다는 것을 보여주었다. 올리비에 루미네는 9.11테러 사건에 대한 연구에서 6개국 실험 참가자에게 약 1년 6개월의 기간을 두고 2번의 조사를 했다. 그리고 가장 높은 섬광 기억을 보인 것은 미국 국민이며, 사건의 의외성이 섬광 기억 형성에 영향을 주었다고 보고했다. 그러나 이들 연구에서 망각이 전혀 인정되지 않은 것이 아니다. 섬광 기억은 사진에 찍힌 것처럼 정확한 기억이라고까지는 말할 수 없을 듯하다.

섬광 기억 연구는 실제로 일어난 사건을 연구 대상으로 하기 때문에 이른바 생태학적 타당성이 높은 연구라고 할 수 있다. 그러니까 실험실에서 사건을 정리한 연구와 달리 우리의 일상 경험에 따른 기억의 메커니즘을 알 수 있다는 데 의의가 있다. 그러나 사건의 성질(사고나 재해의 규모, 희생자 수 등)이나 받아들이는 요인(감정의 종류나 정도, 관심도, 의외성, 중요도, 리허설 횟수, 문화 차이 등)이 다양하기 때문에 결론의 일반화가 어려워 섬광 기억의 특수성이나 결정 요인에 대한 논쟁은 쉽게 결말이 나지 않을 듯하다. (우치노 야시오)

눈을 감으면 생각난다

Keywords | 목격 증언 | 인지 면접 | 폐안 효과 |

목격 증언과 기억 과정

사건을 목격하고 나서 진술하기까지의 경과는 사물을
지각하고 떠올릴 때까지의 기억 과정과 대응한다.

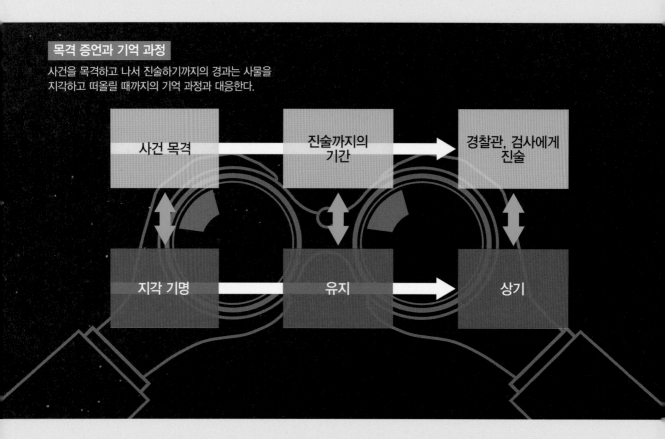

사고의 원인을 조사하거나 사건의 범인을 체포하는 일이 임무인 경찰관에게는 목격자의 증언이 진실을 파악하는 데 중요한 정보원이다. 피의자의 지문이나 CCTV 영상 등 물적 증거가 부족한 경우는 더욱 그럴 것이다. 그렇다면 그 목격 증언은 신뢰할 수 있을까?

◆ 상기를 촉진하는 테크닉

사건을 목격하고 나서 진술하기까지의 과정이 기억의 기명*, 유지, 상기와 대응되는 일도 있어 많은 심리학자가 1970년대 경부터 이 문제에 몰두해왔다. 그러나 지금까지의 연구에서 반복 보고된 것은 목격자의 증언은 그리 신뢰할 수 없는 것이라는 안타까운 사실뿐이다. 사실 실제 형사 사건에서 잘못된 목격 증언으로 인해 억울하게 누명을 뒤집어쓰게 만든 사례도 여러 차례 발생했다.

목격 증언의 정확성에 영향을 미치는 요인은 목격 현장의 밝기, 목격한 시간, 대상까지의 거리, 사건의 폭력성, 목격자의 시력·성별·연령·직업 등 현재 알려져 있는 것만도 다양하게 존재한다. 이것은 몇몇 연구에서 반복 실증되었다. 이들 요인은 목격 당시에 영향을 미치는 것으로, 조사나 재판 단계에서는 통제할 수가 없다.

한편 지금까지의 목격 증언 연구로 사정 청취 방법을 궁리하면 목격자가 떠올리고 싶어 하는 특정 기억에 대한 접근이 촉진되고, 목격자의 생각이나 바이어스(예를 들어 조사 측에 유익한 증언을 해서 유능한 인물로 보이고 싶다)를 억제할 수 있는 것으로 나타났다. 이런 연구를 이론화하고 누구나 실천하기 쉽게 구조화한 사정 청취 방법이 인지 면접이다.

인지 면접에서는 다음 네 가지의 사정 청취 기술을 이용하도록 권장한다.

①문맥의 심적 재현(마음속에서 당시 목격 상황을 상상하게 한다)

②모든 것을 보고하도록 한다(아무리 소소한 사항이라도 보고하도록 목격자에게 거듭 확인한다).

③다른 순서로 상기시킨다(목격한 사건의 순서를 바꿔 상기시킨다).

야간의 목격 증언

야간의 목격 증언은 주간 시간대에 비해 사건에 관한 정보량이 크게 감소한다. 야간에는 빛의 양이 적어 목격자의 지각과 인지도 현저하게 떨어지기 때문이다. 목격 당시의 시간대 이외에도 거리나 목격 시간, 목격자의 심신 상태 등 다양한 요인이 목격 증언의 신뢰성에 영향을 미친다.

폐안 효과

눈을 감기만 해도 상기가 촉진된다. 그러나 자세한 메커니즘에 대해서는 아직 밝혀지지 않았다.

④시점을 바꾼 사건의 묘사(목격자로서의 시점만 아니라 범인의 시점 등에서 다시 말하게 한다)

이러한 인지 면접 테크닉의 주요 기초 이론은 부호화 특수성 원리와 네트워크 이론에 있다. 부호화 특수성 원리에 바탕을 두면 사정 청취 때 목격자의 심신 상태를 목격 시와 가능한 한 일치시킴으로써 상기하고 싶은 정보에 접근하기 쉽다(→042). 또한 기억은 뇌내에서 연상성이 높은 기존의 개념과 링크되어 유지되고 있다는 네트워크 이론에 바탕을 두면 범인의 시점이나 피해자의 시점에서 목격한 사건을 진술하게 할 수 있다. 이것은 필연적으로 여러 검색 경로가 이용되기 때문에 목격 기억의 상기가 촉진된다(→045).

◆ 보다 간편하고 이용하기 쉬운 방법

수사에 인지 면접을 이용하면 오류가 적은 상세한 정보를 풍부하게 얻을 수 있다. 그러나 한편으로 인지 면접은 절차가 복잡해서 청취에 시간이 걸린다는 실무적 문제도 지적되고 있다. 최근에는 인지 면접보다 간편한 방법으로 상기를 촉진하

는 연구도 진행되고 있다. 그 하나가 폐안(閉眼 ; 눈을 감음) 효과다. 폐안 효과란 상기 시에 눈을 감기만 해도 기억의 상기가 촉진되는 현상을 말하며 복잡한 교육도 필요 없어 실무에서 이용하기 쉽다.

폐안 효과에 대한 설명 이론으로는 두 가지 설이 있다. 하나는 폐안함으로써 기각 정보를 처리할 필요가 없어지고 남은 인지 자료가 상기 과정에 할당된다는 인지부하설이다. 또 하나는 폐안에 의해 시각 정보의 입력이 차단되어 목격 장면의 시각적 상기가 촉진된다고 하는 모댈리티(modality: 양상)의 특이적 간섭설이다. 현재 이 방법들에 대한 타당성 연구가 계속되고 있다. (오우에 와타루)

049

"휴지통 속에서 엿보고 있는 것 같았다"

주의 집중 효과

주의 집중 효과가 생기면 그 장면에서 가장 먼저 처리해야 할 정보에 시각적 주의가 집중적으로 향해진다. 특히 범인의 흉기에 주의가 미치는 경우를 흉기 주목 효과라 한다. 다만 주의 집중 효과와 흉기 주목 효과의 메커니즘이 같은지에 대해서는 논쟁의 여지가 있다.

사건 사고는 예상할 수 없는 돌발적인 일이며 우리에게 놀람과 공포 등 강력한 정서를 환기시킨다. 이와 같은 심리적 상황 아래서는 목격한 사건의 극히 일부 사항밖에 기억하지 못한다. 그 원인은 강한 정서에 의해 시각적 주의가 수축되어 가장 중요한 정보에 주의를 기울이지 못하기 때문이다. 이 현상을 주의 집중 효과(터널 시야°로도 알려져 있다)라고 하며 법심리학 분야에서는 널리 알려져 있는 현상이다.

◆ 정동(情動)과 주의

주의 집중 효과의 실증적 연구로는 하버드대학 알라페어 버크 연구팀의 실험이 있다. 버크는 정동°을 환기시키는 영상을 관찰한 사람은 중성적인 영상을 관찰한 사람에 비해 영상 속의 특별한 정보나 등장인물의 행동은 잘 기억하지만 배경 정보(예를 들면 등장인물의 뒤에 있는 자동차)는 그리 잘 기억하지 못한다고 보고했다.

버크가 기억 과제를 이용한 데 반해, 이 책의 필자들은 기억 과제가 아니라 숫자 검출 과제를 이용해 검증했다. 주의 집중 효과를 지각 단계 과정으로 받아들이고 시각적 주의를 유

효 시야로 정의했다. 실험에서는 동영상 제시 중에 화면 한쪽에 한순간 숫자를 제시했다. 그 숫자 검출 성적은 정동 영상을 관찰하는 집단과 중성 영상을 관찰하는 집단으로 나눠 비교했다. 그 결과는 정동에 의해 유효 시야가 축소하므로 화면의 한 변화를 지각하기 어려운 것으로 나타났다.

필자 팀의 연구를 더욱 발전시킨 규슈대학 노부타 도모에(野畑 友惠) 연구팀의 실험이 있다. 화면 중심부의 문자 식별 과제를 행하면서 그 배경에 제시되는 정동 영상을 관찰한 후, 화면의 네 구석에 나타나는 숫자 검출과 동일한 것인지 확인하는 실험을 한 것이다. 그 결과, 긍정적인 정동 영상이나 중성 영상에 비해 부정적인 정동 영상이 제시되었을 때 숫자의 재확인 성적이 떨어지는 것으로 보고되었다. 정동 영상이 유효 시야 축소에 영향을 미친다는 것을 보여준 셈이다.

사건의 목격 장면에서 범인이 흉기를 갖고 있는 경우에는 흉기가 현저한 정보가 되기 때문에 흉기 주목 효과라고 한다. 흉기 주목 효과가 생기면 목격자가 흉기를 보고 얼어버려 범인의 인상착의 등을 기억하기 어렵게 된다. 흉기 주목 효과의 실증적 연구로서 널리 알려진 것으로는 인지심리학자 엘리자베

숫자 검출 과제로 주의 집중 효과를 검증

화면에 정동 영상(남자가 소녀를 살해한다)이나 중성 영상(남자가 소녀에게 길을 묻는다) 중 어느 하나를 재생시키고, × 표시 어딘가에 제시되는 숫자를 답하는 실험. 정동 영상과 중성 영상을 제시한 두 국면에서 정동 집단은 중성 집단보다도 숫자 검출 성적이 떨어졌다. 국면 1과 국면 3은 비교 대조를 위해 양 집단 모두 같은 동영상이 이용되었다.

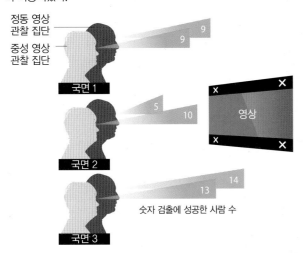

정동 영상 관찰 집단
중성 영상 관찰 집단

국면 1

9
9

국면 2

5
10

영상

국면 3

13
14

숫자 검출에 성공한 사람 수

총격전 중의 지각 변화

총격전을 경험한 미국의 경찰관에게 1994년에서 1999년에 걸쳐 실시한 질문지 조사 결과를 그래프로 나타냈다. 많은 경찰관이 지각이나 인지의 왜곡을 경험하고 있다는 것으로 나타났다.

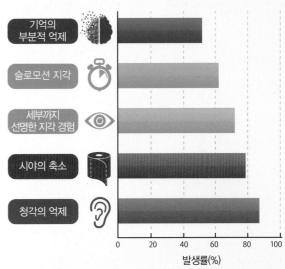

기억의 부분적 억제

슬로모션 지각

세부까지 선명한 지각 경험

시야의 축소

청각의 억제

0   20   40   60   80   100
발생률(%)

스 로프터스가 한 연구가 있다. 이 연구에서 참가자는 2종류의 슬라이드 중 어느 한쪽을 보았다. 통제 슬라이드에서는 멕시코 요리점에서 손님이 주문한 상품의 대금을 지불하기 위해 점원에게 수표를 건네고 거스름돈을 받는 장면을 제시했다. 한편 흉기 슬라이드에서는 수표 대신 권총을 들고 현금을 빼앗으려는 장면을 제시했다. 이 실험에서 두 슬라이드에 대한 기억 성적과 안구 운동을 비교했다. 결과는 통제 집단에 비해 흉기 집단에서는 범인의 얼굴을 정확히 재인식하지 못하는 것으로 나타났다. 또한 흉기 집단에서는 범인의 흉기를 몇 번이나 주시하며, 1회의 주시 시간도 길어진다는 것을 알 수 있었다.

◆ 총격전이 가져다주는 인지의 변화

주의 집중 효과나 흉기 주목 효과는 사건이나 사고의 목격자만이 아니라 총격전에 대응하는 경찰관(SWAT 대원)에게도 생기는 것으로 보고되었다. 강렬한 정동적 스트레스 탓에 경찰관의 주의·인지 기능에도 현저한 변화가 생긴다. 미국 경찰관 157명에게 총격전 시의 지각 변화에 대해 조사한 연구가 있다. 이 연구에 따르면 응답자의 80%가 마치 휴지통 속에서 엿

보는 듯한 시각적 주의의 협착 경험을 했으며, 72%가 보통은 보이지 않는 세부(예를 들면 권총을 당기는 범인의 손가락)까지 확실히 보이는 선명시를 경험했다고 한다.

총격전 시에 일어나는 주의 집중 효과나 흉기 주목 효과에 대한 대응은 경찰관에게는 생사를 가르는 중요한 문제이다. 시야 협착에 의해 범인의 모습을 재빨리 파악하지 못하면 범인의 표적이 되기 때문이다. 시야 협착에 유효하게 대처하는 방법으로는 전술적 호흡법이라 불리는 복식 호흡이 권장된다. 이에 의해 교감신경계의 활동이 억제되고 주의 집중 효과와 흉기 주목 효과가 완화되고 해소된다고 한다. 이것은 주의 집중 효과와 흉기 주목 효과가 생기는 메커니즘에는 정동이나 그에 수반하는 생리적 각성이 크게 관여한다는 것을 시사한다. (오우에 와타루)

050

모든 것은 주의에서 시작된다

Keywords | 변화 맹시 | 선택적 주의 | 보텀업형 주의 | 톱다운형 주의 |

로널드 렌싱크가 고안한 변화 검출 과제
아주 비슷한 영상 A와 A'를 회색 화면을 끼우면서 깜박거림으로 제시한다.

약 0.1초

약 0.25초

잡지 맨 끝에 주로 붙어 있는 틀린 그림 찾기에는 아주 비슷한 2장의 그림에 다른 부분이 7군데 정도 있다. 그런데 다른 부분을 줄여 한 곳으로 하면 우리는 즉시 찾을 수가 있을까?

◆ **주의를 기울이는 법**

익숙하지 않은 풍경 영상 1장과 그 그림의 일부(위치나 색 등)를 바꾼 다른 영상을 교체시켜 제시하면 제시 상황에 따라서는 변화를 찾기가 아주 어렵다. 이것은 심리학자 로널드 렌싱크와 대니얼 사이먼이 보고한 변화 맹시*(change blind ness)라고 불리는 인지심리학적인 현상이다. 2장의 영상을 깜박거리면서 제시하는 경우에는 못 보고 지나치기 쉽다. 예를 들어 각 영상을 같은 위치에 회색 화면을 약 0.1초 끼워넣으면서 0.25초씩 반복해 제시한다. 또는 2장의 영상이 약 12초 동안 완전히 교체되도록 변화 속도를 아주 늦추는 경우에도 변화 맹시는 높은 확률로 생긴다.

변화 맹시가 생기는 것은 주의라는 마음의 역할과 밀접한 관계가 있다. 주의의 기본적인 역할은 많은 감각 정보 중에서 특정 감각 정보를 선택하는 일이다. 이와 같은 역할을 선택적 주의라고 한다. 이 역할 덕에 우리는 중요도가 높은 정보에 의식을 집중하거나 눈을 돌릴 수가 있다.

정보를 어떤 식으로 선택하는가에 대해서는 보텀업*(bottom –up)형 주의와 톱다운*(top-down)형 주의가 알려져 있다. 예컨대 정지해 있는 군중 속에서 한 사람만 자신을 향해 손을 흔드는 사람이 있으면 자연히 그 사람에게 주의를 기울일 것이다. 이와 같이 개인의 지식과 관계없이 마음을 끌어당기는 것을 보텀업형 주의라고 한다. 이에 반해 잡지를 읽다 자신의 이름이 갑자기 나타나면 아무 생각 없이 그것에 주목하는 경우가 있다. 이것은 개인이 갖고 있는 지식에 의해 주의를 끈 예이며, 톱다운형 주의라고 한다.

사이먼이 고안한 변화 검출 과제

처음 화면에서 천천히 12초에 걸쳐 마지막 화면으로 변화한다.

시각 탐색의 데먼스트레이션

중앙의 별표를 보면서 'L' 속의 'X'와 'T'를 찾아보자.
X는 즉시 찾을 수 있으나 T는 찾기가 어렵다.

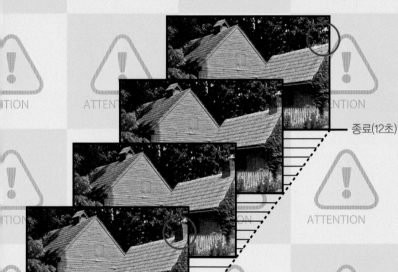

종료(12초)

개시(0초)

변화 맹시는 이와 같이 주의력에 의해 생긴다. 한 번에 주의를 기울일 수 있는 곳은 넓지 않으며, 주목하는 위치를 바꾸는 데는 시간이 걸린다. 앞에서 소개한 것처럼 화면 전체가 깜박거리거나 변화 속도가 아주 느린 경우에는 보텀업형 주의를 이용해 변화를 찾을 수는 없다. 더구나 모르는 장면의 영상이기 때문에 톱다운형 주의도 이용할 수 없어 잘못된 곳을 찾는 데는 긴 시간이 걸린다.

◆ 주의나 의식의 과학적 연구

주의나 의식을 어딘가에 집중하고 있을 때 반드시 눈을 움직일 필요는 없다. 그러니까 주의 체험은 내적이고 주관적인 것이다. 이와 같은 주의나 의식을 과학적으로 조사하려면 어떻게 해야 할까?

심리학에서는 반응 시간이나 오답률을 지표로 해서 검토한다. 흔히 이용되는 것이 시각 탐색 과제나 검출 과제다. 두 과제 모두 실험 참가자에게 특정 대상(타깃)을 찾게 한다. 시각 탐색 과제에서는 타깃과 동시에 방해 자극도 제시한다. 검출 과제에서는 타깃이 출현하기 전에 단서 자극이 제시되는 경우도 있다. 어떤 방해 자극이 이용되는가, 또는 어떤 종류의 단서가 제시되는가에 따라 탐색이나 검출에 걸리는 시간은 다르다. 과제를 소화하는 데 걸리는 시간이나 정답률을 분석하면 주의 작용에 대해 명확하게 밝힐 수 있다. 최근에는 다양한 뇌 기능 이미징(→010)에 의해서도 주의 작용을 검토하고 있다.

(미쓰도 히로유키)

051

목사는 확률을 좋아하는가

토머스 베이즈(Thomas Bayes, 1702~1761)
영국 그리스도교 장로파 목사이자 수학자로 스코틀랜드 에든버러대학에서 신학과 논리학을 공부하고, 부친의 뒤를 따라 목사가 되었다. 생전에도 뛰어난 수학자로 일부에 알려져 있었으나 확률 이론에 관한 가장 유명한 논문은 사후에 발견되었다. 베이즈 정리를 비롯한 그의 이론은 20세기 후반 들어 급속도로 보급되어 심리학을 비롯한 다양한 영역에서 활용되고 있다.

토머스 베이즈는 18세기 영국의 목사이며 아마추어 수학자였다. 베이즈는 조건부 확률에 관한 수학적 정리를 발견한 것으로 유명하다. 조건부 확률에 관한 베이즈 정리에 기초해 추론한 것을 베이즈 추정이라고 한다. 베이즈 추정은 선택과 같은 의사결정을 포함, 합리적인 추론을 하는 틀로서 심리학뿐 아니라 다양한 분야에서 응용되고 있다. 다음 문제를 생각해보자.

◆ 택시 문제

어느 날 밤에 택시가 사고를 내고 달아났다. 이 거리의 택시 중 85%가 그린 회사의 택시이고 15%는 블루 회사의 택시이다. 목격자는 사고를 내고 뺑소니를 친 택시가 블루 회사의 택시라고 증언했다. 사고가 난 날과 비슷한 상황에서 목격자가 택시를 얼마나 정확하게 구별

할 수 있을지 조사했다. 그 결과, 택시 회사를 정확하게 구별할 수 있는 비율은 80%로 나왔다. 이와 같은 상황에서 사고를 일으킨 택시가 블루 회사일 확률은 얼마나 될까?

심리학자 대니얼 카너먼과 아모스 트버스키가 수백 명을 대상으로 이 문제에 대한 답을 예상하게 했더니 사고를 일으킨 것이 블루 회사의 택시일 확률은 평균 약 80%였다. 그러면 베이즈 정리를 사용해 수학적인 답을 도출해보자.

이 문제는 목격자가 블루 회사의 택시라고 증언했다고 하는 가정 아래 블루 회사의 택시가 사고를 일으킬 확률을 구하는 문제이다. 증언한 시점을 기준으로 계산했으므로 이와 같은 확률을 사후 확률이라고 한다. 사후 확률은 베이즈 정리에 근거해 사전 확률과 그 일이 일어날 수 있는 확실성의 정도,

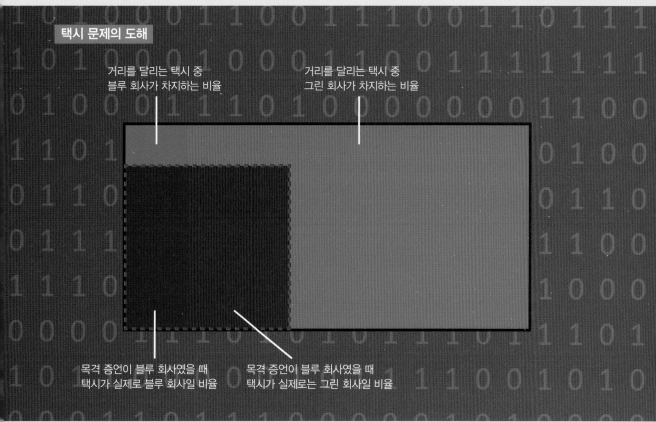

택시 문제의 도해

거리를 달리는 택시 중
블루 회사가 차지하는 비율

거리를 달리는 택시 중
그린 회사가 차지하는 비율

목격 증언이 블루 회사였을 때
택시가 실제로 블루 회사일 비율

목격 증언이 블루 회사였을 때
택시가 실제로는 그린 회사일 비율

즉 공산(公算)을 곱한 뒤 증언이 얻을 수 있는 확률로 나누어 구한다. 사전 확률이란 사고를 일으킨 택시가 블루 회사 택시일 확률이다. 거리의 택시 대수 비율을 토대로 생각하면 15%가 된다. 공산은 블루 회사의 택시가 사고를 냈다고 하는 가정 아래 목격자가 블루 회사의 택시라고 증언할 확률이며 80%가 된다. 분모는 목격자가 발견한 택시가 블루 회사의 것이라고 증언할 확률이다. 이것은 그린 회사의 택시도 20%의 비율로 블루 회사 택시라고 보고되는 경우도 생각할 필요가 있으므로 29%가 된다. 따라서 구하는 사후 확률은 15%×80%÷29%=약 41%가 된다. 그러므로 그린 회사의 택시가 사건을 일으켰을 확률이 높다.

이것은 목격자의 증언과는 다른 추론이며, 우리의 감각으로서는 받아들이기 쉽지 않게 느껴진다. 그 인지적인 요인으로는 사람은 사전 확률을 과소평가해버리기 때문이라고 지적할 수 있다.

◆ 베이즈 정리

베이즈 정리는 우리의 직감적인 판단이 반드시 합리적인 것은 아니라는 것을 보여주기 때문에 심리학에 유용하다. 베이즈 정리를 적극적으로 응용해 인간의 정보 처리 모델로서 이용하기도 한다. 사고나 추론 같은 고차의 인지 과정이 아닌 감각이나 지각은 주어진 정보를 효율적으로 이용하는 베이즈 추정의 틀이 잘 적용된다고 보고 있다. 게다가 베이즈 추정은 알 수 있는 모든 정보 데이터로부터 합리적인 추론을 하는 알고리즘의 틀로서도 이용된다. 그런 의미에서 인공지능과 친화성이 있다. 스팸 메일의 필터에는 베이즈 추정이 이용되기도 한다. (미쓰도 히로유키)

인간은 컴퓨터다

Keywords | 튜링 머신 | 주의의 필터 모델 | 정보 처리적 접근 |

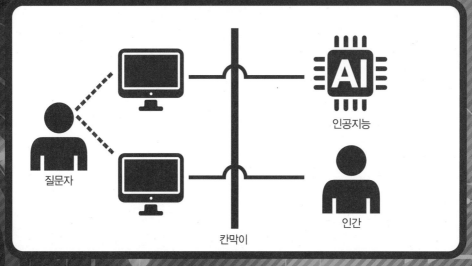

이미테이션 게임

질문자

인공지능

인간

칸막이

튜링 테스트라고도 불린다. 칸막이 저편에 있는 인간과 컴퓨터(인공지능)에 똑같은 질문을 해서 어느 쪽의 대답이 컴퓨터에 의한 것인지를 판단한다. 구별을 하지 못하면 컴퓨터는 보다 인간에게 가까운 지적인 존재라고 생각할 수 있다.

20세기 중반에 인지심리학이 탄생하면서 심리학의 추세는 크게 변했다. 왜냐하면 블랙박스로 여겨왔던 심적 과정을 직접적으로 연구하게 되었기 때문이다. 그때까지 주류였던 행동주의에서는 외부에서 관찰 가능한 행동만 연구 대상으로 했으며, 그 백그라운드에서 작용하는 심적 과정에 대해서는 행동의 관찰 결과에 근거해 추측한다고 하는 소극적인 검토밖에 하지 못했다(→100).

그러면 인지심리학에서는 어떻게 심적 과정을 검증하는 것일까? 쉽게 말해서 컴퓨터의 내부에서 행해지는 정보 처리의 개념을 응용한다. 우리의 마음을 외부의 정보 입력, 처리 그리고 출력까지를 갖춘 정보 처리 장치(컴퓨터)로 여기는 것이다. 여기에 이른 심리학자는 2명의 수학자 앨런 튜링과 클로드 섀넌의 이론에서 영향을 받았다.

◆ 인지심리학에 공헌한 두 사람

먼저 앨런 튜링은 튜링 머신이라 불리는 가상의 연산 기계인 현재의 컴퓨터 프로토 타입을 구상한 인물이다. 튜링 머신은 과제의 실행 순서를 나타낸 명령표(프로그램)만 준비되면 어떤 계산도 할 수 있다. 또한 당시 이미 컴퓨터가 인공지능이라 부를 수 있는 수준에 달했는지 판단하는 테스트인 이미테이션 게임을 제안했다.

여담이지만 앨런 튜링은 제2차 세계대전 중의 첩보사에도 등장한다. 암호 해독기 봄브(The Bombe)를 개발해 당시 정교하고 난해한 암호 체계로 꼽히는 독일군의 에니그마(그리스어로 '수수께끼')를 해독하는 데 비밀리에 공헌했다. 그로 인해 수많은 영국 국민을 구하고 전쟁을 조기 종결로 이끌 수 있었다.

또 한 사람의 공헌자인 클로드 섀넌은 정보를 수량화할 수 있다는 것을 보인 인물이다. 모든 정보를 숫자 0과 1의 조합으로 나타낼 수 있다고 보았으며, 이것을 정보량 단위로 해서 비트라는 이름을 붙였다. 더욱이 전기회로에 사용되는 계전기를 이용하면 0이나 1, 두 가지 상태를 나타낼 수 있고 여러 개를 조합함으로써 인간의 사고를 재현할 수 있다는 것도 시사했다.

튜링과 섀넌의 기저에 흐르는 사상은 인간의 사고를 정확하게 기술할 수 있다면 컴퓨터상에서 인간의 사고를 재현 가능하다는 것이다. 요컨대 인간의 사고를 정보 처리하듯 기술할 수 있다고 보았다.

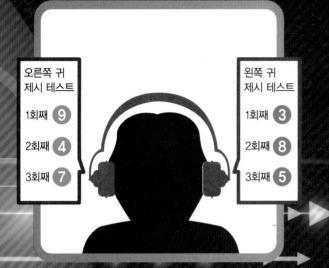

브로드벤트의 양분 청취 실험

오른쪽 귀
제시 테스트

1회째 9

2회째 4

3회째 7

왼쪽 귀
제시 테스트

1회째 3

2회째 8

3회째 5

9 4 7 3 8 5

1회째에는 오른쪽 귀에 '9', 왼쪽 귀에 '3', 2회째에는 오른쪽 귀에 '4', 왼쪽 귀에 '8', 3회째에는 오른쪽 귀에 '7', 왼쪽 귀에 '5'가 제시되었다. 그 직후에 제시된 숫자 모두를 보고하라고 하자 제시된 순서 쌍, 즉 '9, 3, 4, 8, 7, 5'가 아니라 한쪽에 제시된 숫자 '9, 4, 7'을 먼저 보고하고 다음에 다른 한쪽의 숫자 '3, 8, 5'를 보고하는 경향을 보였다.

◆ 심적 과정의 통일적 설명

튜링과 섀넌의 이론에 영향을 받아 심리학에 정보 처리적인 개념을 도입한 사람이 도널드 브로드벤트이다. 브로드벤트는 영국 공군을 제대한 후 케임브리지대학에서 심리학을 공부했다. 브로드벤트가 관심을 보인 것은 파일럿이나 항공관제관의 선택적 주의(→050)이다. 그들은 동시에 복수의 입력 정보를 받아 그 속에서 중요한 정보에 주의를 기울여 정확하게 처리한다. 이 복잡한 정보 처리에 대해 브로드벤트는 양분 청취라는 절차에 따라 검토했다. 실험 참가자의 좌우 귀에 다른 숫자를 동시에 제시하기를 몇 번 반복한 후 제시된 모든 숫자에 대해 보고를 하게 했다. 그 결과, 대부분의 실험 참가자는 한쪽 귀에 제시된 숫자를 모두 보고한 후 다른 한쪽에 제시된 숫자를 보고했다. 이는 우리가 양쪽 귀에 동시적으로 주의를 기울일 수 없다는 것을 보여준다.

이 결과를 토대로 브로드벤트는 주의 필터 모델을 제기했다. 우리의 주의에는 특징을 갖춘 정보나 일정의 감각 경로에서 입력된 정보만을 변별해 통과시키는 필터 역할이 있다는 것이다. 그는 이 필터 모델을 설명하면서 감각기관에서부터 감각 기억, 주의 필터 등을 순서도로 정리했다. 그때까지의 심리학에서는 감각이나 인지, 기억을 개별적으로 검토한 데 반해, 이 모델에서는 입력 정보를 순차 처리되어가는 심적 과정으로서 통일적으로 설명한 점이 획기적이었다. 이런 정보 처리적 접근은 그 후 연구자의 다양한 제안과 검토 끝에 현재 인지심리학의 기초를 이루게 되었다. (오우에 와타루)

053

인공지능은 인류를 뛰어넘을까

Keywords | 뉴럴 네트워크 | 자동 운전 | 강화 학습 | 알고리즘 |

캡차(CAPTCHA)

중앙의 기울거나 비틀린 문자를 사람은 쉽게 인식할 수 있으나 기계는 인식할 수 없다.

뉴럴 네트워크

컴퓨터상의 시뮬레이션에 의해 인간의 신경 회로망(뉴럴 네트워크)의 복잡한 작동을 재현하기 위해 고안된 수학적 모델. 외부의 방대한 입력 정보를 병렬 처리함으로써 다양한 기능을 실현한다.

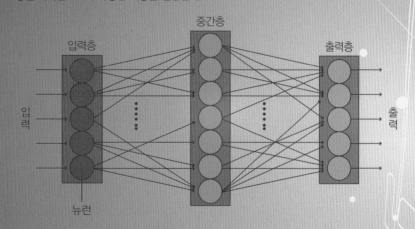

인터넷 웹 브라우저에서 뭔가 신청하려고 텍스트를 입력할 때 비틀리거나 기울어진 문자 인증을 요구하는 경우가 있다. 이 문자가 캡차(CAPTCHA)라는 구조이다. 사람은 구별할 수 있지만 컴퓨터는 구별하기 어려운 문자를 사용해 기계에 의한 신청을 방지하는 역할을 한다. 다만 기계에 의한 인식이 항상 인간보다 떨어지는 것은 아니다. 문자가 비틀리거나 기운 것이 없을 경우에는 기계가 훨씬 구별하는 능력이 뛰어나다. 시각적 노이즈를 사용해 조사한 1999년 연구에 의하면 문자에 비틀리거나 기울어진 곳이 없는 경우에는 기계의 문자 구별 능력이 인간의 10배 이상이었다.

◆ 실용화를 향한 연구 개발

인공지능이란 기계가 인간의 인지 기능을 대신하게 하는 시도이다. 인공지능을 실제로 만들 때는 컴퓨터상에서 생물의 신경 기구 원리를 토대로 한 뉴럴 네트워크라 불리는 모델이 이용되는 경우가 많다. 1950년대부터 본격적인 연구가 시작되어 21세기 현재에도 연구는 계속되고 있다.

최근에는 본격적인 실용화를 향한 자동 운전 연구 개발이 진행되고 있다. 자동 운전에서는 인간의 시각에 의존해 운전하는 것이 아니다. 자동차에 장착된 다양한 기계적 센서의 알고리즘으로 얻은 데이터로 컴퓨터가 주위 환경과 상황을 판단하고 이를 토대로 자동차 액셀러레이터나 핸들을 직접 제어해 안전하게 운전시키는 것을 목표로 하고 있다.

◆ 무인으로 달리고, 게임에 숙달

자동 운전의 일례로 미국 국방총성의 연구기관(DARPA)이 주최하는, 미국 사막 지대를 달리는 '그랜드 DARPA 챌린지'가 있다. 2004년 제1회가 시작되었을 때 결승에 15대가 올라갔으

자동 운전으로 달리는 자동차

'2005 그랜드 DARPA 챌린지'에서 우승을 차지한 스탠퍼드대학 연구팀의
자율 주행 자동차. 사막 지대를 달리는 이 차의 운전석에는 사람이 없다.

나 이 가운데 완주한 차량은 없었다. 2005년에 실시된 제2회 경주는 남서부 사막 약 200킬로미터 코스였다. 이 경주의 결승에서는 5대가 완주했고, 우승한 스탠퍼드대학 연구팀의 소요 시간은 6시간 53분, 평균 시속은 30킬로미터였다(우승 상금은 200만 달러). 경주 코스가 사막이라고는 하지만 평균 시속 30킬로미터는 인간의 운전 능력을 상회한다고는 말할 수 없다.

구글 산하의 딥마인드가 2015년에 보고한 연구에서는 강화 학습을 하는 뉴럴 네트워크가 공개되었다. 이 인공지능 'DQN'이 수행한 것은 블록 무너뜨리기, 복싱, 3D 레이싱카 등 다양한 종류의 컴퓨터 게임이었다. 입력 영상은 60헤르츠로 제시되는 210×160픽셀 크기의 컬러 영상으로 동작과 득점을 토대로 강화 학습이 반복되었다. DQN은 뇌의 시각 영역의 신경세포 처리 과정을 본뜬 처리층을 갖고 있으며, 인간의 해마처럼

재생 기능을 갖춘 것으로, 불필요한 상관을 제거하는 알고리즘을 갖추고 있었다. 컴퓨터 게임 49종류를 대상으로 실험을 한 바에 의하면 DQN은 29개 게임에서 숙달된 게임 플레이어와 동등 이상의 성적을 거두었다.

이처럼 크게 다른 상황에 대해 적절하게 행동할 수 있는 인공지능은 앞으로 더욱 활발하게 개발이 진행될 것으로 보인다.
(미쓰도 히로유키)

V
느끼는 마음

054

왜 얼굴은 특별한 방식으로 인식할까

Keywords | 신생아 모방 | 상모실인 | 방추상회 | 대처 착시 | 전체적 처리 |

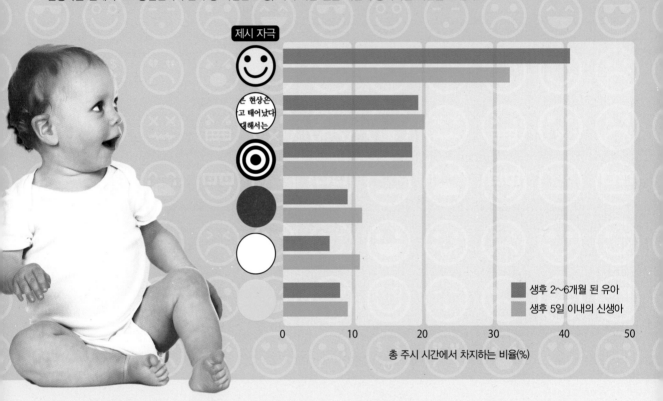

신생아 선호 주시

신생아는 전체적으로 동심원이나 문자 등 복잡한 도형, 특히 사람 얼굴 패턴에 좋아하는 시선을 보낸다.

제시 자극

■ 생후 2~6개월 된 유아
■ 생후 5일 이내의 신생아

총 주시 시간에서 차지하는 비율(%)

우리는 얼굴로 인물을 식별하며 동시에 상대의 얼굴 생김새나 피부 상태 등으로 성별과 연령, 인품 등을 짐작한다. 또한 표정이나 안색으로 상대의 감정이나 의도 등도 파악할 수 있다. 이와 같이 얼굴은 대인적 소통을 하는 중요한 시각적 단서이며 사회적으로 중요한 정보다. 따라서 우리에게 얼굴은 중요한 정보이기 때문에 다른 물체와는 다른 정보 처리를 한다고 생각하는 사람들이 있다.

◆ 선천적으로 갖춰진 성질

이와 같은 생각의 대표적인 근거는 ①신생아나 유아는 얼굴 자극을 좋아한다, ②얼굴 자극에 특이하게 반응하는 신경세포와 신경 활동이 존재한다, ③얼굴의 인지는 전체적인 처리를 우선으로 한다는 것이다. 이에 대해 하나씩 살펴보기로 하자.

먼저 ①에 대해서는 생후 얼마 지나지 않은 신생아(생후 3

주일 정도)에게도 부모가 다양한 표정, 예를 들어 혀를 내밀거나 입을 벌려 보이면 그 표정을 모방해 보이거나(신생아 모방 →025), 여러 여성 중에서 엄마의 얼굴을 식별할 수 있는 것으로 알려져 있다. 또한 생후 2~3개월 된 유아에게 빨간색이나 노란색으로 칠한 원이나 동심원 등 다양한 시각 자극을 제시했더니 사람 얼굴 패턴이 그려진 원을 오랜 시간 주시했다. 이와 같은 현상은 우리가 사람 얼굴이나 패턴에 주목하는 성질을 갖고 태어났다는 것을 시사한다.

②에 대해서는 상모실인(prosopagnosia), 즉 얼굴을 알아보지 못하는 증세가 간접적으로 표현해준다. 상모실인이란 사람의 얼굴 그 자체는 인지할 수 있지만, 그 사람이 가족이나 친한 친구처럼 잘 아는 사람의 얼굴이라 해도 누구의 얼굴인지 알아보지 못하는 장애다. 이 장애는 뇌의 측두엽 밑바닥에 있는 방추상회라는 부위가 손상됨으로써 생긴다고 한다. 얼굴

얼굴에 대한 사상 관련 전위

얼굴을 제시하면 약 170밀리초 후에 후측 두엽부 부근에 N170이라 불리는 사상 관련 전위가 출현하는 것으로 알려져 있다. 얼굴과 일반적인 물체(예를 들어 자동차), 또는 각각 모자이크 처리된 영상 자극을 제시하고 각 파형을 비교하면 얼굴을 제시한 경우가 가장 진폭이 크다는 것을 알 수 있다. N170이 얼굴 인지에 관련해 출현하는 전위라는 견해도 있다.

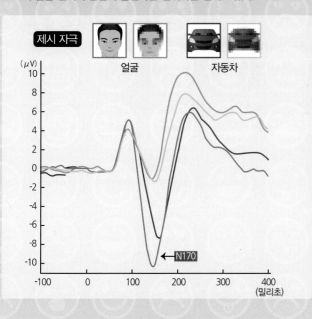

대처 착시

이 착시는 영국 총리 마거릿 대처의 얼굴을 토대로 작성된 것이다(사진 위). 위아래를 반전시킨 얼굴에서 국소적 특징의 변화 검출이 곤란하게 되는 현상이다. 레오나르도 다빈치의 '모나리자'를 이용한 반전 얼굴도 있다(사진 아래).

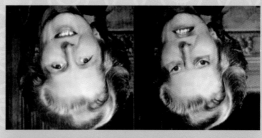

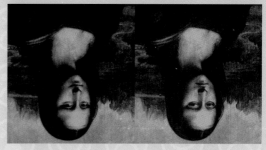

영상을 제시하면 170밀리초(0.17초) 후에 생기는 사상 관련 전위(N170이라 부른다)가 있는데, 이 발생원이 방추상회라는 점에서도 뇌내에는 얼굴 인지에 특화한 처리 기구가 다른 물체 인지 처리 기구와는 다르게 존재하며, 적어도 방추상회가 그 일부를 담당한다고 보고 있다.

◆ 일반적인 물체의 정보 처리와의 차이

③에 대해서는 얼굴을 시각 자극으로 받아들이면 잘 알 수 있다. 얼굴은 시각 자극으로 받아들일 경우 눈과 입, 코 등의 부분으로 구성되는 놀랄 만큼 단순한 것이다. 그러나 우리는 이 단순한 패턴으로 사람과 물체를 식별할 뿐 아니라 개인을 알아보기까지 한다. 그때 중요한 역할을 하는 것이 얼굴 생김새의 개인차를 만들어내는 눈, 코, 입의 배치와 이들의 상호 거리 등 전체적인 정보이다. 바꿔 말하면 얼굴의 지각이나 인

지할 때, 눈, 코, 입의 부분적 처리보다 전체적 처리를 우선한다고 생각할 수 있다.

이에 대해 일반적인 물체(예를 들어 주전자, 회중전등, 전화 등)는 부분적 특징을 알면 지각·인지되므로 국소적 처리가 우선된다고 할 수 있다. 얼굴의 인지에서 전체적 정보가 중요하다는 것은 '대처 착시 효과'에서도 보여준다. 아래위가 거꾸로 된(180도 회전) 얼굴에서는 얼굴의 눈, 코, 입 배치가 보통 상태와는 달리 전체적 처리가 방해를 받는다. 실제로 아래위로 반전된 얼굴을 보면 그 생김새나 표정을 적절하게 파악하기 어렵다는 것을 알 수 있다. 역시 얼굴의 인지에는 전체적 처리가 중요하다는 것을 시사한다.

이와 같이 물체와 얼굴의 인지 처리가 다른 것은 우리가 대인적 의사소통에 의해 집단이나 사회에 대한 적응을 중시해온 현상이라고 생각된다. (오우에 와타루)

055

감정을 읽는 지성

IQ와 연수입·순자산의 관계

제이 자고르스키는 NLYS79라는 패널 데이터(1979년에 14~24세였던 남녀)를 이용해 2004년까지 IQ와 연수입·순자산의 관계를 조사했다. IQ가 가장 높은 층은 가장 낮은 층에 비해 연수입은 3.6배, 순자산은 23배 높았다.

IQ 125 이상
● 연수입 5만 5000달러
● 순자산 13만 3000달러

IQ 75 이하
● 연수입 1만 5000달러
● 순자산 5700달러

사회적으로 성공했는지 평가하려면 그 사람의 경제적 수입에 주목하는 것도 하나의 방법이다. 미국에서 행한 다음의 연구는 수입과 IQ(지능지수)의 관계를 조사한 흥미 있는 것이다. 오하이오주립대학 경제학 교수 제이 자고르스키는 1979년부터 2004년까지 25년간 미국인 7403명을 추적 조사한 패널 데이터를 토대로 IQ(1980년 조사 실시)와 경제적 수입(2004년 시점)의 관계를 조사했다. 그 결과, IQ와 수입에는 상관관계가 있음이 나타났다. IQ가 높을수록 수입도 많다는 것을 시사한 것이다. 한편 또 다른 연구에서는 사회적 성공이나 충실한 생활에는 IQ보다도 더 중요한 능력이 필요하다는 것도 시사한다.

◆ EI의 네 가지 능력

그 중요한 능력이란 EI(감정 지능)라 불리는 것으로, 자신의 마음을 조절하거나 타인을 배려하는 능력을 말한다. 예를 들어 기분을 노골적으로 드러내거나 타인의 기분을 알아차리지 못하면 친밀한 인간관계를 구축할 수 없다. 이런 사람은 회사에서는 상사나 동료와의 인간관계로 고민하고, 개인적으로는 친구와의 트러블로 힘들어하기도 한다. 다시 말해 EI는 대인관계에서 바람직하게 행동하기 위한 능력이라고도 할 수 있다. 이런 능력은 분명 IQ로는 파악할 수 없는 능력이다.

EI 연구로 세계적으로 알려져 있는 존 메이어와 피터 살로베이는 EI를 대개 다음과 같은 4종류의 하위 능력, 즉 ①감정의 지각, ②감정의 이해, ③감정의 제어, ④감정을 이용한 사고로 되어 있다고 보았다. 이들 중 ①감정의 지각은 자기 자신이나 타인(영화나 소설의 등장인물도 포함)의 감정을 적절하게 파악하고 이해하는 능력이다. ②감정의 이해는 감정이 생기는 원인을 추측하고 어떻게 변화하는지를 예측하는 능력이다. ③감정의 제어는 감정적으로 행동하지 않고 자신의 기분이나 감정을 조절하는 능력이다. ④감정을 이용한 사고는 감정을 잘 이용함으로써 문제 해결이나 창조적 사고에 도움을 주는 능력을 말한다. 이들 EI 능력을 측정하는 방법으로는 메이어와 살로베이가 개발한 MEIS와 MSCEIT 등이 알려져 있다.

EI와 연수입의 인과 모델

EI는 연수입에 간접적으로 영향을 미친다. EI가 높은 사람은 '정치적 수완'(일에서 타인이 하는 일을 잘 이해하고 그런 지식을 조직적 또는 개인적 목표를 달성하는 수단으로 이용하는 것) 역시 높고 그것이 '대인 관계의 원활화'(동료를 배려하고 도움으로써 동료의 퍼포먼스를 향상시키는 것)를 촉진해 보다 높은 수입을 얻는 일로 연결된다.

일본의 SEL 실천

이 사진은 사회성이나 대인 관계를 키우는 심리 교육 프로그램 SEL-8S를 초등학교에서 실천하는 모습이다. 아이들이 표정이나 몸짓에서 상대의 마음을 읽는 것에 대해 배우고 있다. 아래 두 사진은 비행소년용 프로그램 SEL-8D를 위한 교재이다. 비행소년은 언어적 지성이 좀 부족한 경향이 있다. 교재는 인지적 부담이 적고 감각과 감성에 호소하는 내용으로 구성해 재범이나 재비행 방지를 위해 이용된다.

◆ EI가 높으면 성공한다?

EI가 높은 사람은 정말로 충실한 생활을 할까? 이 의문에 답을 주는 연구로서 일할 때 EI의 역할에 대해 조사한 캘리포니아주립대학 토머스 교수팀의 연구가 있다. 연구팀은 미국 레스토랑 체인 9곳에 근무하는 187명에게 그들의 EI와 일의 능력, 일에 대한 만족도 등을 조사했다. 그 결과, EI가 높은 종업원일수록 일에 대한 능력 및 만족도가 높은 것으로 나타났다.

그 이유에 대해서는 다음과 같이 생각할 수 있다. 정열이나 흥미 등 일에 대한 긍정적인 태도는 보다 좋은 서비스의 제공, 맡겨진 역할 완수, 일터에 공헌으로 연결되고 그것이 높은 능력으로 평가된다. 또한 감정 조절 능력이 높으면 일에 대한 스트레스나 욕구 불만이 생겨도 그 원인을 이해하고 해소할 수 있다. 더욱이 일에 대한 의욕을 높일 수도 있다. 이것은 일에 대한 만족도로 이어진다.

독일 본대학의 타시로 모무 연구팀은 EI가 높은 사람은 직장에서 높은 수익을 얻을 수 있다는 것을 의미하며, 그 매개과정에는 일을 하면서 발휘하는 정치적 수완과 대인 관계의 원활화가 작용한다고 말한다.

EI에 대해서는 타고난 소질이나 센스와 달리 훈련을 통해 누구나 자신의 능력을 향상시킬 수 있다고 보고 있다. 미국의 일부 학교에서는 1980년대부터 교과 학습 이외에도 SEL(사회성 및 정서 학습)을 편성한다. SEL은 자기 인식과 다른 사람들과 상호작용하는 방식 등 사회성에 관한 기술을 배우는 심리 교육 프로그램이며, 바로 아이들의 EI를 키워주는 교육이다. 일본에서도 히키코모리(은둔형 외톨이)나 등교 거부, 학교 폭력 행위가 문제시되고 있어 사회성 및 대인 관계 능력을 의도적이고 계획적으로 키워줄 필요가 있다. 일부 초등학교와 중학교에서는 SEL을 실천하고 있으며, 일정한 평가를 얻고 있다. (오우에 와타루)

056

희로애락은 만인 공통

6가지 기본 정동

무엇을 기본 정동(affects)으로 할 것인지에는 여러 설이 있지만 기쁨, 두려움, 놀람, 혐오, 분노, 슬픔에 대해서는 연구자 사이에서 비교적 일치를 보인다.

감정이란 외부의 자극이나 내적인 경험에 의해 생기는 쾌-불쾌 현상을 말하나 그중에서도 정동(情動)은 자극에 대해 급속하게 신체가 의식하기 전에 생기며, 보통은 극히 단시간(몇 초 이내)에 종결되는 것을 말한다. 기본적인 정동은 인간이 생존해가는 데 필요하기 때문에 진화 과정을 거쳐 도태되며, 오랜 진화 과정을 거쳐 사람이 생득적으로 얻게 되는 것으로 보고 있다(이와 같은 생각을 기본 정동 이론이라 한다). 어떤 정동을 기본 정동이라 할지는 연구자에 따라 달라 일관성이 없지만 기쁨, 두려움, 놀람, 혐오, 분노, 슬픔의 6가지의 감정은 비교적 일치를 보인다.

기본 정동 이론은 찰스 다윈의 진화론을 토대로 한다. 정동은 진화가 있는 시점에서 우리의 조상이 살아남아서 자손을 남기는 데 도움이 되기 때문에 현재에도 존재한다. 또한 몇몇

기본 정동을 생기게 하는 생득적 프로그램은 뇌신경계에 입력되어 유전된다고 보고 있다.

◆ 서구인의 정동을 읽는 뉴기니아인

심리학자 폴 에크만은 얼굴의 표정 운동과 중추신경 및 말초신경계의 관계를 연구하고 기본 정동에 관한 많은 견해를 내놓았다. 에크만은 정동에는 적어도 6가지 기본 정동이 있는데, 각기 특정 자극 사상에서 일어나며, 개별 표정과 생리적 반응 패턴이 생긴다고 주장했다. 기본 정동에는 그 정동 특유의 표정이 존재한다고 주장하는 입장인 에크만과 그의 공동 연구자들은 각 정동 특유의 표정 움직임을 44개의 액션 유닛으로 코드화하기 위한 시스템인 FACS를 개발했다. 그리고 FACS를 토대로 각 액션 유닛을 움직이게 하는 훈련을 한 사

선천성 시청각 장애자의 표정

선천성 시청각 장애를 가진 9세 소녀를 관찰했더니 정동의 상태에 따라 아래와 같은 표정을 보였다. 당신은 각각 무슨 표정인지 알아볼 수 있는가?(①=평온한 기분일 때, ②=미소 짓는 모습, ③④=울고 있는 모습)

람에게 각 정동을 표출시킨 사진집을 만들었다.

폴 에크만은 공동 연구자인 월러스 프리센과 함께 오랫동안 문명과 단절되어 다른 문화와 교류가 없는 고립된 민족(뉴기니의 포족)을 대상으로 실험을 실시했다. 폴 에크만 연구팀은 그들에게 서구인의 정동 표출 사진을 제시하고 어떤 표정인지 물어 그들이 상당히 정확하게 정동 표출을 식별할 수 있다는 것을 보여주었다. 또한 반대로 포족이 보인 각종 정동 표출 사진을 미국인 대학생에게 보여주고 미국인도 그들의 표출에 대해(놀람과 두려움은 제외하고) 높은 정답률을 보였다는 것을 함께 보고했다. 이 결과에서 폴 에크만은 민족 간 정동 표출 인지에 일치가 있다며 표정 인식에는 사람이라는 종 내에 보편성이 있다고 주장했다.

◆ 일반인과 같은 정동을 보이는 선천성 시청각 장애자

동물행동학자인 이레네우스 아이블 아이베스펠트는 선천성 시청각 장애자의 행동을 관찰하였으며, 그들이 건강한 성인처럼 즐거울 때 미소 짓고 슬플 때 울기도 한다고 보고했다. 선천성 시청각 장애자들은 화가 나면 제자리걸음을 하며 주먹을 쥐는 행동을 취한다고 한다. 아이블 아이베스펠트는 이들의 복잡한 정동 행동이 타인에게서 후천적으로 학습한 것이 아니라 생득적인 것이라고 주장했다. 이 연구 결과는 기본 정동의 생득적 기반 존재를 보여준다. (미쓰도 다카코)

057

정동(情動)이 행동을 지배한다

Keywords | 회피 행동 | 접근 행동 | 소마틱 마커 가설 | 편도체 |

다양한 공포 가설

벨벳원숭이는 외적의 종류에 따라 다른 공포 반응을 보이는 것으로 알려져 있다. 표범 등 지상의 적이 나타나면 나무 위로 도망치고, 독수리 등 하늘의 적이 나타나면 수목 아래에 피하거나 자세를 낮추기도 한다. 또한 뱀 등 지면의 적이 나타나면 뒷발로 서서 자세를 높게 유지한다.

'분노나 조바심 같은 기분을 느끼지 않고 산다면 편하고 좋을 텐데……'라고 생각한 적은 없는가? 이와 같은 기분이 때로 싫게 느껴질 수도 있지만, 우리는 바로 이렇게 주관적으로 체험하는 쾌나 불쾌 같은 정동에 따라 일상의 행동이나 의사결정을 하며 살아간다.

◆ 왜 정동이 존재하는가

위험한 야생 환경에서 사는 동물을 생각해보자. 배가 고픈 동물이 먹이를 찾다 높은 나뭇가지에 열린 과일을 발견하고 그 나무에 오르려고 가까이 갔는데, 나무 그늘에서 호랑이나 곰과 같은 천적이 갑자기 나타났다고 가정해보자. 아무리 배가 고파도 죽음의 위험을 무릅쓰고 그 나무에 다가가 과일을 따 먹으려고 하지는 않을 것이다. 오히려 천적을 만난 놀라움과 두려움에 그 자리를 도망치려고 안간힘을 쓸 게 분명하다.

예기치 않은 위험한 사태가 갑자기 자신에게 닥쳤을 때 우리가 하려던 행동을 변경해 즉석에서 상황의 변화에 대응하지 않으면 위기를 면할 수가 없다. 불쾌 정동(분노, 두려움 등)은 우리를 순식간에 '어찌할 바를 모르는' 상태로 이끌어, 그 상태에서 벗어나도록 강하게 동기부여를 하는 역할을 한다. 한편 유쾌 정동은 식음료를 얻거나 타인과 협력하기 위한 접근 행동을 유발한다.

정동은 우리가 현재 직면한 상황에서 다음에 행할 행동으로 유도하고, 그것을 통해 새로운 정보를 효율적으로 학습, 체계화시키는 역할을 한다. 정동 경험은 그것을 일으킨 사건과 관련된 각종 기억에 대해 우리가 이미 갖고 있는 정보를 의식적, 무의식적으로 떠오르게 한다. 이것을 이용해 우리는 상황에 대응하기 위한 합리적인 계획을 세우고 그에 따라 의사 결정을 한다.

클뤼버–부시 증후군

편도체가 손상되어 불쾌 정동을 잃어버린 원숭이는 평상시라면 접근하지 않는 적에 대해서도 공포 반응을 보이지 않는다. 이와 같이 정동 행동에 지장이 생기면 생물로서 살아남기는 어렵다.

신경과학자인 안토니오 다마시오는 '정동은 신체에 새겨진 기억의 하나'라고 하는 소마틱 마커 가설을 제창하고, 개체의 이익과 손해 또는 적응 관련 정동을 수반하는 경험은 특별한 신체 이미지와 함께 기억에 새겨진다고 주장했다. 우리가 과거에 체험한 것과 유사한 사건이나 자극을 재차 접했을 때 새겨진 기억은 그 신체 이미지와 함께 의식적, 무의식적으로 떠올라 즉석에서 현재 직면한 상황에 대한 판단(의사 결정) 과정에 영향을 준다는 것이다. 이 정동의 움직임에 따라 우리는 한 번 경험한 위기나 해악을 재차 입지 않도록 행동할 수 있다.

◆ **정동에 장애가 생기면 어떻게 될까**

정동(특히 불쾌 감정)의 발생이나 경험과 관계하는 뇌 부위의 하나가 편도체이다. 편도체는 대뇌변연계(→002)에 좌우 2개가 존재하는데, 이 부위에 장애가 생기면 접근, 회피 같은

정동 행동에 문제가 일어난다고 보고되고 있다.

정신과 의사인 하인리히 클뤼버와 폴 부시는 원숭이의 편도체를 포함한 양측 측두엽을 절제한 후 그에 따른 행동 변화를 관찰했다. 그 결과, 보통 때라면 공포를 느껴야 할 외적에 대해서도 공포 반응을 보이지 않게 되었고(정동 반응의 저하), 식물과 비식물을 구별하지 못하는 등 사물의 가치 평가와 의미 인지가 불가능하게 되는 증상(정신맹)이 일어났다. 이런 증상을 '클뤼버–부시 증후군'이라고 한다. (미쓰도 다카코)

상황의 인지가 정동을 결정한다

Keywords | 오귀속 | 인지적 평가 | 정동(情動) 2요인론 |

정동(情動) 2요인론

정동은 생리적 변화와 주위 상황에 대한 인지적 평가가 조합된 결과로서 생긴다. 스탠리 샥터와 제롬 싱어가 에피네프린 실험에서 보인 것처럼 같은 신체의 흥분에서도 상황에 따라 유쾌하게 느껴지기도 하고 불쾌하게 느껴지기도 한다.

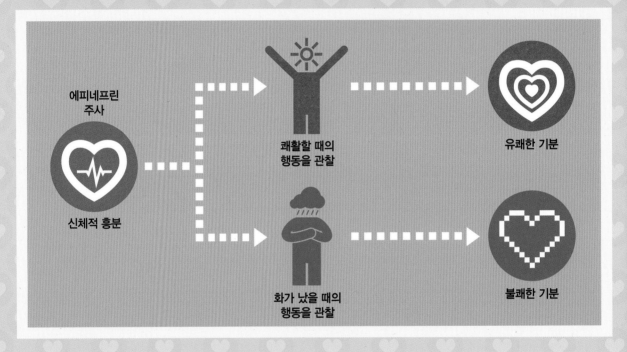

심박, 혈압, 호흡 등 신체의 생리적 변화와 희로애락 같은 주관적 정동 경험과의 사이에는 밀접한 관련이 있다. 부끄러울 때에는 얼굴이 붉어지고 무서울 때는 소름이 돋는 것처럼 어떤 정동에는 반드시 그에 대응한 신체의 생리적 변화가 동반된다.

그런데 신체의 생리적 변화가 동일해도 경험하는 정동의 종류는 다른 경우가 있다. 예를 들어 눈앞에서 무서운 사고를 목격했다고 하면 우리는 심장 박동이 빨라지고 손에 땀이 날 것이다. 한편 좋아하는 사람에게 사랑을 고백하려고 할 때도 긴장되어 심장이 고동치고 손에 땀이 나는 유사한 생리적 변화가 일어날 수 있다. 특정의 생리적 변화를 일으키는 상황이나 자극은 수없이 많기 때문에 비슷한 신체 상태를 경험하는 정동을 잘못 인지하는 경우가 있다. 이와 같이 자신의 생리적 각성 상태를 잘못된 감정에 귀속시키는 과정을 각성의 오귀속

(誤歸屬, misattribution)이라고 한다.

◆ 에피네프린 실험

이 현상에 관한 초기 연구는 1962년에 사회심리학자 스탠리 샥터와 제롬 싱어가 보고했다. 그들은 실험 참가자에게 비타민제라고 말하고 에피네프린(아드레날린)을 주사했다. 에피네프린은 교감신경에 작용해 복용하면 심장 박동 수 증가, 호흡 수 증가, 압박 상승, 손떨림 등의 흥분 증상을 일으키는 신경전달물질이다.

샥터와 싱어는 참가자를 세 그룹으로 나누고 각각 약에 대해 다른 부작용을 설명했다(정확한 정보를 제공한 A그룹, 아무 정보도 제공하지 않은 B그룹, 에피네프린의 효과와는 반대로 진정 작용이 있다고 잘못된 정보를 제공한 C그룹). 효과가 나타나기를 기다리는 동안 그들을 다른 방에서 대기하도록

정동의 인지와 생리적 반응에 관한 두 가지 설

빨간색 화살표는 사람이 외부의 자극(뱀)을 지각하면 먼저 생리적 반응이 일어나고 그 결과로서 정동(공포)을 체험한다는 것을 나타낸다. 이것을 제임스-랑게설(James-Lange theory, 말초설)이라고 한다 이른바 '우니까 슬프다'고 생각하는 것은 이 설이다. 한편 파란색 화살표는 뱀의 지각이 먼저 공포를 일으키고 계속해서 생리적 반응이 일어나는 것을 나타낸다. 이것을 캐넌-바드설(Cannon-Bard theory, 중추설)이라고 한다. 이것은 '슬프니까 운다'고 생각한다.

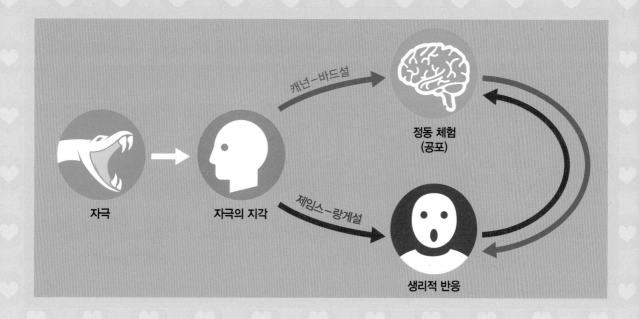

지시했다. 그러자 거기에 실험자로부터 지시를 받은 공모자가 와서 밝은 목소리로 떠들기 시작했다(다른 조건에서는 화를 내기도 하고 고함을 질렀다). 그 모습에 참가자가 어느 정도 영향을 받았는지를 평가한 결과, 밝은 조건이든 화를 내는 조건이든 에피네프린에 대해 바른 정보를 제공받은 A그룹의 참가자는 약한 정동밖에 경험하지 않았다고 보고했다. 반면 아무 정보도 제공받지 않았거나 잘못된 정보를 제공받은 B그룹과 C그룹은 강한 정동을 경험했다고 보고했다.

에피네프린에 의해 생리적 흥분이 일어난다는 것을 알고 있던 A그룹은 흥분의 원인을 에피네프린의 작용으로 귀속할 수 있었으나 B그룹과 C그룹은 그 흥분을 자신이 놓인 상황(공모자와 같은 기분의 정동)으로 인지했던 것이다. 이 실험은 같은 생리적 반응을 보인 상태에서도 놓인 환경이나 상황을 어떻게 인지하느냐에 따라 경험되는 정보가 다르다는 것을 보여준다.

◆ 생리적 감각과 인지의 관계

긴장, 발한, 심장 박동 수 증가, 압박 상승, 손발 떨림 등의 생리적 변화 그 자체가 정동의 종류를 결정하는 것이 아니라 어떤 상황이나 원인에 따라 그 생리적 변화가 가져다준 것인가를 유추하려고 하는 인지적 평가가 정동을 결정한다. 이와 같이 정동이 생기는 데는 생리적 각성과 상황 적합적 인지가 필수라는 생각을 정동 2요인론(→074)이라고 한다. (미쓰도 다카코)

의욕은 어디에서 생기는 것인가

동기부여의 두 가지 원천
동기부여는 외발적인 것과 내발적인 것 두 가지로 나뉜다. 목표나 과제에 몰두하는 방법은 이 동기부여의 성질에 따라 크게 좌우된다.

외발적 동기부여

보상과 벌

경쟁

칭찬과 질책

지적 호기심 유능감 자기 결정 등

내발적 동기부여

일 이나 공부 등 눈앞의 과제에 몰두하는 방법은 의욕에 따라 크게 좌우된다. 심리학에서는 의욕을 모티베이션(동기부여)이라고 하며, 인간이 어떤 목적을 향해 행동하고 그 목표 달성을 위해 행동을 지속하는 과정을 의미한다. 그러면 우리의 모티베이션은 어디서 생기는 것일까? 그것은 모티베이션이 내적인 요인에 의해 환기되었는가, 그렇지 않으면 외적인 요인으로 환기되었느냐에 따라 크게 두 가지 원천으로 정리할 수 있다.

◆ 무엇을 위해 행동하는가

먼저 동기부여를 환기하는 외발적 요인을 생각해보자. 사람은 싫은 일이라도 돈을 벌기 위해 하기도 하고, 부모나 선생님으로부터 질책받는 것을 피하기 위해 마지못해 하기도 한다. 이와 같이 타인의 칭찬이나 질책, 보상이나 벌, 경쟁 상대의 존재 등 외적인 요인에 의해 생기는 의욕을 외발적 동기부여라고 한다.

외발적 동기부여를 더 자세히 정리하면 보상처럼 바람직한 것과 벌처럼 가능하면 피하고 싶은 것으로 나뉜다. 이 보상이나 벌은 타인의 동기부여를 환기시키는 데 얼마나 효과를 발휘하는 것일까? 화를 내거나 벌을 주는 것만으로도 동기부여가 되는 것일까? 발달심리학자인 엘리자베스 하록이 1925년에 보고한 상벌 효과 실험이 이를 알려준다.

하록은 아이들에게 몇 차례 시험을 보게 했는데, 시험 때마다 ①계속 칭찬받는 그룹, ②계속 꾸중을 듣는 그룹, ③아무 말도 해주지 않는 방임 그룹으로 나누었다. 그러자 계속 꾸중을 들은 아이들은 처음 꾸중을 들은 직후에는 뭔가 기대에 부응하려고 노력하기는 하지만 그 후는 동기부여가 낮아졌다. 한편 계속 칭찬을 받은 아이들은 서서히 동기부여가 향상되고 거기에 연동해서 성적도 향상되어갔다. 이것은 벌이 일시적으로는 동기부여 향상 효과를 가져오지만 계속되면 역효과를 가져온다는 것을 의미한다.

외발적 동기부여의 특징으로는 뭔가 외적인 요인에 의해 동기부여가 높아지지만 그 요인이 없어지면 모티베이션이 계속되지는 않는다는 것이다. 또한 기대받은 이상으로 몰두하기는 어렵고 창의성 등에도 결실을 맺지 못한다고 할 수 있다.

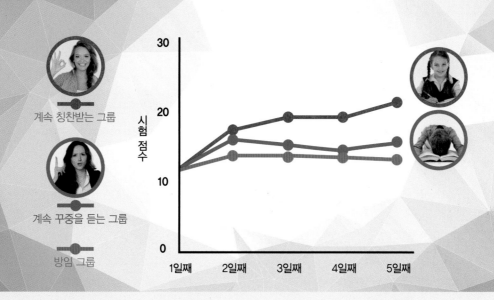

학습 성적에 대한 상벌의 효과

꾸중을 들으면 일시적으로 성적이 오르기는 하지만 오래 지속되지는 않는다. 계속 칭찬을 받으면 성적은 계속 오른다.

계속 칭찬받는 그룹

계속 꾸중을 듣는 그룹

방임 그룹

시험 점수

30

20

10

0

1일째 2일째 3일째 4일째 5일째

◆ 행동을 위해 행동한다

한편 특정 행동을 하는 자체가 그 행동의 목적 혹은 보상이 되기도 한다. 즉, 타인이 제공하는 보상이나 인정을 위해서가 아니라 순수하게 지적인 흥미에서 조사하거나 배우거나 활동하는 내발적 요인에서 환기되는 의욕을 내발적 동기부여라고 한다. 내발적 동기부여는 바람직하고 이상적이라 할 수 있는데, 내발적 동기부여가 생기는 원천은 무엇일까?

하나는 지적 호기심이다. 우리는 흥미를 갖고 조사하기도 하고 책을 읽기도 한다. 공부가 싫은 아이라도 자신이 좋아하는 야구에 대해 자세히 나와 있는 책이라면 읽는다. 이것은 지적 호기심에 의해 동기부여가 높아지기 때문이라 할 수 있다.

내발적 동기부여의 두 번째 원천은 유능감이다. 이것은 남보다도 잘하는 감각이다. 누구나 뭔가를 잘하거나 자신이 있으면 잘한다는 그 자체가 재미있게 느껴진다. 예를 들어 공부가 싫은 아이라도 공부하는 요령이나 방식을 알게 되고, 그에 따라 성적이 향상되면 자발적으로 공부에 몰두하게 된다.

세 번째는 자기 결정이다. 이것은 스스로 생각하고 판단해 결정하는 것을 말한다. 누구나 남에게 지시받아 하는 것보다

는 자기 스스로 정한 일을 할 때 책임감이 싹트고 의욕적으로 몰두하게 된다(→060).

이런 내발적 동기부여는 그 활동이나 행동을 하려는 것 자체가 목적이 되기 때문에 자발적이고 지속성도 높다. 그리고 작업 성적이나 창의성 등의 성과에도 크게 공헌한다. (이케다 히로시)

눈앞의 당근은 의욕을 빼앗는다?

Keywords | 언더마이닝 효과 | 보상의 정보적 측면과 제어적 측면 | 자기 결정 이론 |

소마 퍼즐

7종류의 퍼즐을 조합해 지시받은 모양을 만드는 퍼즐이다.

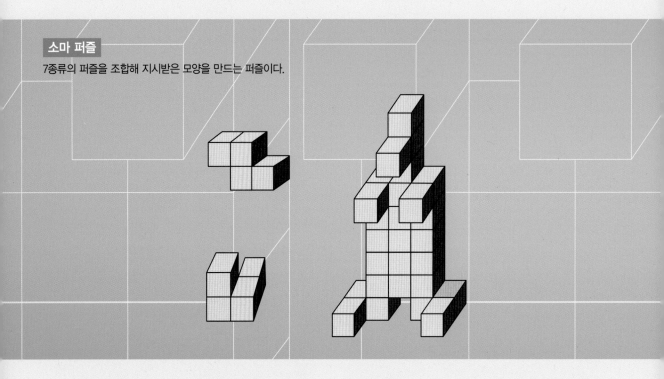

'당근을 매단다'는 말이 있다. 말이 제일 좋아하는 당근을 입에 닿을 듯 말 듯 코끝에 매달아놓고 말의 의욕을 돋우면서 전력질주하게 한다는 의미이다. 의욕이 없는 사람에게 상을 줌으로써 분발하게 하는 비유로 흔히 쓰인다. 이와 같은 의미에서는 의욕이 없는 사람을 분발하게 할 때에 외발적 동기부여가 유효하다고 할 수 있다(→059).

반면 내발적 동기부여가 높은 사람에게 외적인 보상을 주면 어떻게 될까? 예를 들어 공부에 흥미를 갖고 의욕적으로 공부하고 있는 아이에게 부모가 시험 성적이 좋은 데 대한 상으로 장난감을 사주는 장면을 상상해보자. 아이의 모티베이션은 더욱 높아질까? 아니면 낮아질까?

◆ 내발적 동기부여가 낮아질 때

이 문제에 답한 사람이 모티베이션 연구의 일인자인 에드워드 데시(Edward Deci)이다. 데시는 대학생을 대상으로 소마라는 퍼즐 게임을 이용해 실험을 했다. 맨 처음 제1섹션에서는 실험에 참가한 모든 대학생에게 퍼즐에 몰두하게 했다. 다음의 제2섹션에서는 대학생을 2그룹으로 나누고, 한쪽 그룹에는 퍼즐을 풀면 1달러의 보상을 제시하고(실험군), 또 다른 그룹에는 아무것도 주지 않고 계속해서 퍼즐을 풀게 했다(통제군). 마

지막 제3섹션에서는 두 그룹 모두 보상 없이 퍼즐에 몰두하게 했다.

이 연구에서는 섹션 후의 휴식 시간을 어떻게 보내는가에 따라 내발적 동기부여를 측정하려고 했다. 휴식 시간이라도 소마에 몰두하는 시간이 길어질수록 내발적 동기부여가 높다고 보는 것이다. 여기서 두 그룹에게 다른 점이 발견되었다.

실험 결과, 제1섹션 후의 휴식 시간 동안 실험군과 통제군 사이에 퍼즐을 푼 시간은 크게 차이가 없었다. 그러나 보상이 부여된 실험군은 제2섹션 후 휴식 시간에도 퍼즐에 몰두한 시간이 길어졌으나 제3섹션 후에는 몰두한 시간이 극단적으로 감소했다. 한편 보상이 부여되지 않은 통제군은 퍼즐에 몰두한 시간이 유지되었다. 이것은 내발적 동기부여에 근거한 행동에 대해 보상이 주어지면 반대로 내발적 동기부여가 낮아진다는 것을 의미하는데, 언더마이닝(undermining) 효과라고 한다. 실험군은 처음에는 휴식 시간에도 자발적으로 퍼즐에 몰두했으나 보상이 주어진다는 것을 알고 행동의 목적이 보상으로 바뀌었다. 그리고 보상을 받을 수 없다는 것을 안 순간 동기부여가 낮아진 것이라고 생각할 수 있다.

내발적 동기부여에 대한 보상의 효과

실험군은 보상을 약속한 제2섹션 후에는 자발적으로 퍼즐에 몰두하는
시간이 길어졌으나 제3섹션 후에는 제1섹션 후보다 짧아졌다.

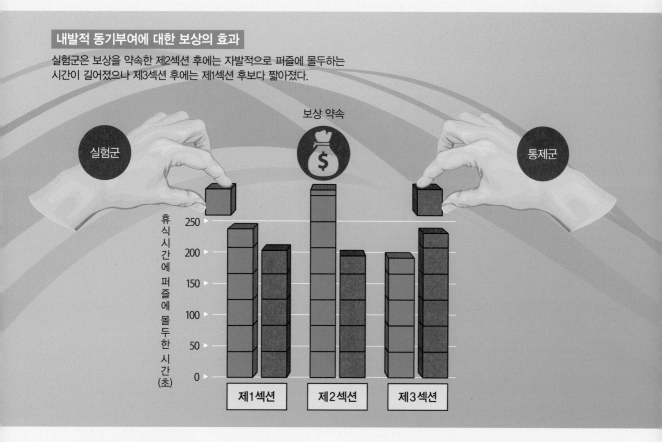

실험군 · 보상 약속 · 통제군

휴식 시간에 퍼즐에 몰두한 시간 (초)

250 · 200 · 150 · 100 · 50 · 0

제1섹션 · 제2섹션 · 제3섹션

◆ 중요한 것은 내면화 과정

그러나 보상이 항상 부정적인 효과를 가져오는 것은 아니
다. 사실 보상은 두 가지 의미를 갖는다. 하나는 보상을 주는
것이 받는 사람에게 자신의 달성도나 성장을 나타내는 메시지
가 되는 정보적 측면의 의미다. 또 하나는 보상을 주거나 주지
않는 것이 받는 사람에게 자신의 행동이 제어받는, 혹은 보상
에 의해 자신이 통제받는다고 받아들이는 제어적 측면의 의미
다. 이 측면이 강하면 억지로 하게 되는 느낌이 생겨 동기부여
가 낮아진다.

현실적으로는 항상 내발적 동기부여만으로 사람의 의욕이
유지되지는 않는다. 특히 외발적 동기부여가 계기가 되어 뭔
가에 몰두하기 시작하는 일도 적지 않다. 처음에는 생활비를
벌기 위해 하기 시작한 일에 재미를 붙이는 경우도 있고, 부모
에게 인정받기 위해 공부를 하다 차츰 공부의 재미를 알게 되
는 경우도 있다. 이를 생각하면 결코 두 모티베이션를 따로 떼
어 생각할 수 없음을 알게 된다.

이와 관련해 최근 에드워드 데시는 내발적 동기부여의 이론
을 더욱 발전시켜 자기 결정 이론을 전개하고 있다. 기존 모티
베이션 연구에서는 내발적 동기부여와 외발적 동기부여를 상
반하는 개념으로 받아들였다. 그러나 자기 결정 이론에서는
외발적으로 동기를 부여하는 행동이라도 내면화 과정을 통해
자율적인 내발적 동기부여로 변화할 수 있다고 보고 있다. (이
케다 히로시)

061
맨 첫걸음은 '할 수 있다'는 신념

Keywords | 자기 효능감 | 효능 기대 | 결과 기대 | 학습성 무력감 |

자기 효능감 앨버트 밴듀라는 '사람이 어떤 행동을 해서 결과에 이르기까지 효능 기대와 결과 기대, 두 가지가 성립한다'고 생각해 효능 기대를 자기 효능감이라 부르며 중요시했다. 우선 '나는 할 수 있다'고 생각하는 것이 중요하다.

사람 / 행동 / 결과

효능 기대 = 자기 효능감 / 결과 기대

매일 2시간씩 공부할 자신이 있다!

매일 2시간 공부하면 시험에 합격할 수 있다!

사람은 때로 커다란 난관에 직면하고 그것을 극복해야 한다. 그때 한 발 내딛을지 말지를 좌우하는 것이 자신감이다. 앨버트 밴듀라는 자신감을 자기 효능감이라는 개념으로 이론화했다.

◆ **행동에 대한 기대의 중요성**

밴듀라는 사람이 결과에 이르기까지 두 기대가 존재한다고 주장한다. 먼저 어떤 결과를 내기 위해 필요한 행동을 어느 정도 잘할 수 있는지 생각하는 기대로 이를 효능 기대, 그리고 어떤 행동이 어떤 결과를 낼 것인지에 대한 기대로 결과 기대라고 불렀다. 그중에서 밴듀라는 전자의 효능 기대를 중요시했으며, 이를 자기 효능감이라 불렀다.

이런 자기 효능감은 어떻게 획득할 수 있을까? 밴듀라는 자기 효능감의 원천으로 4가지를 제시했다. 하나는 달성 체험이다. 단적으로 말하면 자기 자신이 뭔가를 달성하거나 성공한 경험을 말하며 이것이 자기 효능감 형성에 가장 도움이 된다.

두 번째는 대리 체험으로 자기 이외의 타인이 뭔가를 달성하거나 성공한 것을 관찰함으로써 자기 효능감을 얻을 수 있다. '그 사람이 이렇게 해서 성공했다면 나도 할 수 있다'고 학습하는 것이다. 세 번째는 언어적 설득으로, 잘할 수 있다고 타인으로부터 설득을 받는 것이다. 운동 경기를 보면 감독이 선수에게 '너라면 할 수 있어!'라고 격려하는 것은 언어적 설득의 예라 할 수 있다. 네 번째는 생리적 환기로, 기분의 고양에 의한 것이다.

◆ **기대가 없으면 어떻게 될까**

바람직한 결과로 이어지는 행동을 할 수 있다고 하는 감각은 모티베이션의 고양이나 한 발 내딛는 행동의 착수에 도움이 된다. 자신의 행동이나 힘으로는 기대하는 결과를 얻을 수 없다는 경험을 되풀이하면 어떻게 될까? 전혀 의욕이 생기지 않는다거나 무슨 일을 해도 잘되지 않는 등 행동과 결과가 연동되지 않는 인지를 학습(→019)해버리면 무력감이 학습되는

학습성 무력감 개는 전기 충격에 대해 스스로 도망칠 수 없는 상태에 놓이면 자유롭게 도망칠 수 있는 상태가 되어도 도망치지 않는다고 한다. 애초에 '도망칠 수 있다'는 기대가 없어져버렸기 때문이다. 이것이 학습성 무력감이다.

도피 가능 그룹	도피 불가능 그룹

전기 충격을 주어도 도망칠 수 있다.

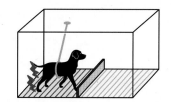

벨트를 장착한 채 전기 충격을 준다.

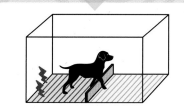

전기 충격 신호가 들리면 즉시 도망친다.

벨트를 풀어주었는데도 전기 충격 신호가 들려도 그 자리에 웅크리고 앉아 있다.

것으로 밝혀졌다. 마틴 셀리그만(Martin Seligman)과 스티븐 마이어는 이런 현상을 학습성 무력감이라고 불렀다.

학습성 무력감이란 강제적이고 불가피한 불쾌 경험을 한 결과, 무슨 일을 해도 환경에 영향을 미칠 수 없다고 하는 부정적인 감각에 지배되어 문제 해결 시도를 포기하는 것을 의미한다. 셀리그만과 마이어는 다음과 같은 방법으로 학습성 무력감에 대한 실험을 했다.

실험에는 개가 이용되었고 두 그룹으로 나누었다. 개에게는 불쾌한 전기 충격을 가했으나 도피 가능 그룹의 개는 전기 충격이 가해지면 거기서 자유로이 도망칠 수가 있었다. 한편 도피 불가능 그룹의 개는 도망칠 수 없도록 벨트를 장착했기에 전기 충격을 받아야만 했다.

그런 다음 양쪽 그룹 모두 개가 도망칠 수 있는 상태로 만들고 재차 전기 충격을 가하자 흥미 있는 반응이 나타났다. 즉, 도피 가능 그룹의 개는 전기 충격 신호가 들리면 즉시 도망쳤다. 이에 반해 도피 불가능 그룹의 개는 도망칠 수 있는 상태

인데도 전기 충격 신호가 들리면 그냥 그것을 받아들이고 웅크리고 있을 뿐이었다.

이 결과는 벨트를 장착한 개는 도망칠 수 없는 상황에 놓여 전기 충격을 계속 받게 되면 차츰 '자신은 무슨 일을 해도 안 된다'고 하는 무력감을 학습한다는 것을 의미한다. 이 점에서 셀리그만은 무력감은 선천적인 것이 아니라 이런 경험의 축적에 의해 학습되는 것이라고 주장했다. (이케다 히로시)

062

도덕적 감정도 본능인가

Keywords │ 광차 문제 │ 육교 문제 │ 정동 │ 워킹 메모리 │

광차 문제와 육교 문제

희생되는 사람은 어떤 문제에서 한 명뿐이다. 다른 점은 그 한 사람에게 당신이 직접 관여할 필요가 있는가 아닌가이다.

광차 문제

육교 문제

교실에서 반 친구가 괴롭힘을 당하고 있다. 괴롭히는 것을 지적하면 그 아이 대신에 자신이 괴롭힘을 당할지도 모른다…… 일상생활에서 선악에 대한 판단으로 갈등하는 일이 종종 있다. 다양한 도덕적 문제에 대해 우리는 어떻게 답을 내고 있을까? 아래 두 문제를 생각해보자.

◆ 광차 문제

공사 현장에서 작업 중 광차에 이상이 생겨 제어 불능 상태가 되었다. 광차가 향하는 앞쪽 선로에는 5명이 작업을 하고 있어 이대로 달리면 5명이 치여 죽게 된다. 당신은 선로 바꿈 장치 바로 옆에 있다. 당신이 광차의 선로를 바꾸면 5명을 살릴 수 있다. 하지만 문제는 다른 쪽 선로에도 1명이 작업하고 있어서 그 사람이 치여 죽고 만다. 어느 쪽도 대피할 시간은 없다. 이때 당신은 선로를 어느 쪽으로 바꾸는 것이 좋을까?

◆ 육교 문제

앞의 문제와 동일하게 작업 중에 광차가 폭주하고 있다. 마찬가지로 그 광차가 향하는 선로에는 5명이 작업하고 있어 이대로 달리면 5명이 치여 죽게 된다. 당신은 선로에 가로놓인 육교 위에서 이 상황을 보고 있다. 마침 당신의 눈앞에 뚱뚱한 남자가 서 있다. 이 남자를 선로에 떨어뜨려 광차를 멈추게 하면 5명을 구할 수가 있다. 당신은 이 뚱뚱한 남자를 밀어 떨어뜨리는 것이 낫다고 생각하는가?

◆ 뇌 활동으로 보는 도덕적 판단

광차의 선로를 바꾸는 일도, 뚱뚱한 남자를 밀어 떨어뜨리는 일도 1명을 죽음으로 몰고 5명을 살린다는 점에서는 같다. 하지만 많은 사람이 광차 문제에서는 'Yes'라고 대답하는 반면

딜레마 문제에 대답할 때 활동하는 뇌의 영역

자기 관여가 높은 딜레마에서는 정동에 관련된 내측 전두 전 영역, 후대상피질, 각회의 활동이 증가했다.
자기 관여가 낮은 딜레마에서는 워킹 메모리에 관련된 배외측 전두 전 영역, 두정엽의 활동이 증가했다.

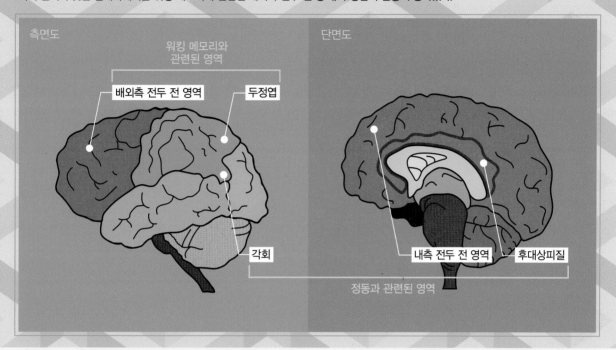

측면도

워킹 메모리와
관련된 영역

배외측 전두 전 영역   두정엽

각회

단면도

내측 전두 전 영역   후대상피질

정동과 관련된 영역

육교 문제에서는 'No'라고 대답한다. 이 두 문제의 차이는 5명의 작업원을 살리기 위해 자신이 직접 손을 쓸 필요가 있는가 없는가이다. 광차 문제에서는 선로 장치를 바꾸기만 하면 되므로 작업원 1명의 죽음은 그 부차적 결과이다(자기 관여가 낮다). 한편 육교 문제에서는 자신의 손으로 남자를 밀어 떨어뜨려야 하므로 직접적인 행동에 의해 한 사람을 죽음으로 내몰게 된다(자기 관여가 높다).

도덕적 판단의 문제에 신경과학 방식으로 접근한 심리학자 조슈아 그린(Joshua Greene)은 광차 딜레마와 육교 딜레마처럼 도덕적 문제 속에서도 자기 관여가 높은 딜레마와 자기 관여가 낮은 딜레마에 대답할 때의 뇌 활동을 fMRI로 살펴보았다. 자기 관여가 높은 딜레마에서는 내측 전두 전 영역, 후대상피질, 각회 등의 정동과 관련된 영역의 활동이 증가했다. 자기 관여가 낮은 딜레마에서는 배외측 전두 전 영역, 두정엽 등의 워킹 메모리와 관련된 영역의 활동이 증가했다. 그리고 반응 시간에서도 자기 관여가 높은 문제에서는 자기 관여가 낮

은 문제보다도 회답에 시간이 소요되는 경향이 있었다. 도덕적 판단과 생기하는 정동이 불일치할 경우에는 실험 참가자가 그 판단을 '적절하다'고 생각할 때까지 갈등이 있기 때문이라고 생각할 수 있다(예를 들어 육교에서 남자를 밀어 떨어뜨리는 행동이 적절하다고 납득할 때까지 시간이 걸린다). 이것은 자기 관여가 높은 딜레마는 정동 과정과 관련이 강하고, 낮은 딜레마는 이성적 사고와 관련한다는 것을 보여준다.

18세기 영국 철학자 데이비드 흄은 "도덕적 판단은 이성적 추론에 의해 이끌리지 않는 감정에 기인한다"고 주장했다. 특히 자신에게 직접 관련하는 도덕적 문제에 관해서는 우리는 이성적 판단의 결과가 아니라 본능적인 감정에 근거해 판단한다고 생각할 수 있다. (미쓰도 다카코)

VI
인간관계 속의 마음

심리학의 역사를 뒤흔든 모의 감옥 실험

Keywords | 정체성 상실 | 몰개성화 | 윤리 문제 |

스탠퍼드 모의 감옥 실험

현실성 있는 실험을 위해 죄수 역할에게는 ID 번호로 부른 데다 불쾌감이나 굴욕감을 느낄 만한 처우를 했다.
간수 역할에게는 카키색 제복을 입고 선글라스를 끼게 했다.

우리의 가치관이나 태도, 행동은 유소년기부터 오랜 세월을 거치며 다양한 경험에 의해 형성되었기에 강고하다. 성격을 바꾸려고 해도 좀처럼 바뀌지 않는 것은 그 때문이다. 하지만 때로 어떤 역할이 주어지면 인간은 완전히 달라져버리기도 한다. 예컨대 경찰관이 되면 규칙이나 룰에 엄한 자세를 취하기도 하고 교사가 되면 애타적인 행동을 하는 사람도 있다.

스탠퍼드대학의 필립 짐바르도는 대학 지하실을 개조해 모의 감옥(교도소)을 만들고 건강한 보통 남자가 주어진 역할에 따라 어떻게 변화해가는지 검증하는 실험을 했다. 이것이 바로 심리학의 역사를 뒤흔든 '스탠퍼드 모의 감옥 실험'이다.

◆ 불과 6일 만에 중지

짐바르도는 1971년 8월 14일부터 2주일에 걸쳐 교도소를 무대로 간수와 죄수의 역할이 주어진 실험 참가자가 어떻게 행동하는지를 검증하려고 했다.

먼저 신문 광고를 내서 하루에 15달러를 받고 실험에 참가할 사람을 모집해 75명의 응모자 중 심신이 건강하고 정신적인 성숙도가 높으며, 반사회적 행위에 관계한 적이 없는 대학생 21명을 선발했다. 그다음 무작위로 선정해 죄수(10명) 또는 간수(11명) 역할을 주었다.

실험은 현실성 있는 장면으로 시작되었다. 당국의 협조를 얻어 실제 경찰이 죄수 역을 맡은 사람을 자택 부근에서 체포해 경찰차로 연행했다. 죄수 역은 간수 앞에서 옷을 벗고 이름이 아닌 ID로 불렸다. 더구나 발에는 금속제 사슬을 채워 불쾌감과 굴욕감을 느끼게 했다. 한편 간수 역에게는 카키색 제복을 입고 표정을 읽을 수 없게 선글라스를 끼도록 했다. 또 죄수 역에게 결코 폭력을 휘둘러서는 안 된다고 주의를 주었으나 그 이상의 지시는 하지 않았다.

실험이 시작되자마자 간수와 죄수에게서 역할의 내면화를 볼 수 있게 되었다. 간수는 죄수에게 명령조의 언동을 하고 벌칙을 주었다. 또한 죄수에게 모욕적인 언행도 많이 썼다. 간수는 죄수가 반항적인 태도를 보일 때뿐 아니라 농담을 하거나

루시퍼 이펙트

건강한 성인이 불과 6일 만에 무작위로 할당된 역할을 내면화해 가치관과 행동을 완전히 바꿔버린 스탠퍼드 모의 감옥 실험은 사회적으로 큰 반향을 일으켰다. 짐바르도는 후에 이 실험을 뒤돌아보며 상황에 따라 지극히 평범하고 선량한 시민이 악마와 같은 존재로 변해버린 현상을 루시퍼 이펙트(악마 효과)라고 불렀다.

웃는 것도 징벌의 대상으로 삼았으며, 죄수에 대한 공격적인 행동이 날로 심해져갔다.

죄수 역을 맡은 사람은 심신 모두 건강한 상태로 실험에 참가했으나 2일째에는 절반 정도가 억울, 분노, 불안 등 정신적으로 불안정한 징후를 보여 그들을 석방시켜야만 하는 상황이 되었다. 2주간 예정되었던 실험은 결국 6일 만에 중지되었다.

◆ 역할에 넘어갈 수 있다

이 모의 감옥 실험 결과의 의미는 건강한 성인에게 무작위로 간수 역과 죄수 역을 맡겼을 뿐인데도 그들의 가치관과 행동이 크게 흔들렸다는 데에 있다. 특히 짐바르도는 예상 이상으로 실험 효과를 볼 수 있었던 원인으로 정체성 상실을 거론한다. 실험에서 죄수는 이름이 아닌 ID 번호로 불리고 간수도 선글라스를 끼어 익명성을 유지했다. 이렇게 몰개성화된 환경에서 사람은 사회적으로 일탈된 행위를 취하기 쉽다는 것도 지적되었다.

스탠퍼드 모의 감옥 실험은 심리학에서 윤리적 문제를 일으키게 된다. 죄수 역할을 맡은 한 사람은 심인성 발진으로 치료가 필요한 상황이 되었다. 이러한 실험은 과학적인 의의가 있다고 할지라도 실험에 참가한 사람들에게 마음의 상처를 남길 가능성이 있다는 것도 유의해야 한다. (이케다 히로시)

064

남의 모습을 보고 자기 모습을 고친다

Keywords | 동조 | 다수성 | 획일성에 대한 압박 |

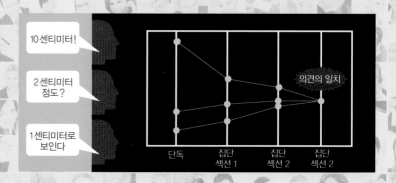

셰리프의 동조 실험

실험 참가자에게 어두운 방에서 깜박이는 빛의 길이를 재도록 했다(실제로는 깜박이는 빛은 정지되어 있으나 어둠 속에서는 움직이는 것처럼 보이기 때문에 길이 측정에는 개인차가 있다). 정확한 답을 알 수 없는 상황에서 각자 추정하게 하면 답이 제각각으로 나오지만 집단으로 추정하기를 반복하면 차츰 답이 한데 모아진다.

10센티미터!

2센티미터 정도?

1센티미터로 보인다

의견의 일치

단독　　집단　　집단　　집단
　　　섹션 1　섹션 2　섹션 2

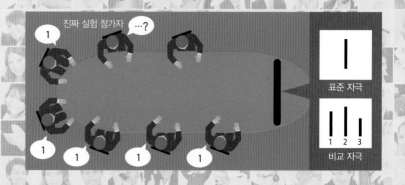

솔로몬 애시의 동조 실험

표준 자극의 선분과 같은 길이의 선분을 비교 자극으로 고른다. 정상 시력을 가진 사람이라면 거의 정답을 말할 수 있는 간단한 문제이다. 실험 참가자는 7명이고 1명씩 순서대로 대답한다. 진짜 실험 참가자는 6번째로 대답하는 사람이고 나머지는 공모자다.

진짜 실험 참가자　…?

표준 자극

1　2　3

비교 자극

인간은 사회적 동물이라고 말하듯이 집단 속에서 살아간다. 한번 집단에 속하면 거기에 소속된 사람들의 사고방식이나 가치관이 유사해진다. 이것은 집단의 멤버끼리 상호작용을 함으로써 집단 내에 다수파가 형성되고 소수파는 그에 맞춰 행동하게 되기 때문이다. 이런 현상을 동조라고 한다.

◆ 7명 중 6명이 일부러 오답을 말한다면?

동조에 관한 고전적인 실험으로는 1935년에 무자퍼 셰리프가 보고한 지각의 자동 운동 현상이 있다. 이는 어두운 방에서 불빛을 가만히 보고 있으면 실제로는 정지해 있는데도 마치 움직이는 것처럼 보이는 현상이다. 이 실험에서는 우선 혼자 암실에 들어가 깜박이는 빛의 길이를 재도록 한다. 그 후 3인 1조로 암실에 들어가 같은 식으로 빛의 길이를 잰 뒤 보고하도록 한다. 그러면 처음에는 제각각이지만 횟수를 거듭함에 따라 같은 길이가 된다. 이것은 다른 멤버에게 영향을 받아서 모두 같은 길이로 맞춰지는 현상이다.

같은 동조를 밝힌 연구로 1955년에 보고된 솔로몬 애시의 실험이 있다. 이 실험은 시각 실험이라는 명칭으로, 7인 1조로 집단을 이뤄 진행했다. 실험 참가자에게는 먼저 표준 자극으로 1개의 선분을 제시하고 후에 비교 자극으로 3개의 선분을 제시했다. 그리고 그 3개 중에서 먼저 보여준 표준 자극과 같은 길이의 선분을 고르는 과제를 주었다. 이는 99.3%가 정답을 맞힐 정도로 아주 쉬운 과제였다.

7명이 순서대로 대답해 가는데, 사실 7명의 참가자 중 6명은 애쉬와 사전에 짠 공모자였다. 그들은 12회의 과제 시행 중 7회째 시행에서 전원 같은 오답을 하도록 지시받은 상태였다. 진짜 실험 참가자는 6번째에 발언하게 되어 있었다. 여러분이 이 실험에 참가하는 중이라면 어떻게 대답할까? 정답을 알고 있으면서도 다른 참가자에게 맞춰 잘못된 답을 할까? 그렇지 않으면 자신의 신념을 관철시키는 대답을 할까? 실험 결과는 진짜 실험 참가자 중 대략 37%의 사람이 한 번은 잘못된 대답을 했다.

다수파의 인원수와 동조율의 관계

동조율은 다수파가 3~4명일 때 40% 가까이까지 높아지고, 다수파가 그 이상 증가해도 그다지 변함은 없다.
이를 역으로 생각하면 60%의 사람은 다수파에 휩쓸리지 않고 자신의 의견을 관철한다는 것을 알 수 있다.

진짜 실험 참가자가 잘못된 대답을 하는 동조 행동은 공모자 전원이 일치된 오답을 했을 때 가장 많이 볼 수 있었다. 공모자 중 한 사람이라도 옳은 대답을 하면 진짜 실험 참가자의 동조 행동은 대폭 줄어드는 것으로 나타났다. 이로부터 집단에 대한 동조는 집단 내에 다수파가 존재하기 때문에 생기는 것이 아니라 다수파가 일치된 행동을 취할 때, 제일성(齊一性)의 압력이 높아져 동조가 일어나기 쉬워진다는 것을 의미한다. 솔로몬 애시는 다수파의 인원수를 조작하면서 다수파가 몇 명 있을 때 가장 동조 행동이 높아지는지를 검토했다. 그 결과, 다수파가 3명 혹은 4명일 때 동조율이 가장 높아지고, 그 이상 인원수가 늘어나도 동조율의 증가에는 그다지 영향이 없는 것으로 나타났다.

◆ 동조가 생기는 두 가지 영향 과정

그렇다면 왜 동조가 생기는 것일까? 사회심리학자 모튼 도이치와 해롤드 제라드는 두 가지 영향 과정을 지적했다. 하나는 집단의 다른 멤버에게 호감을 얻고 싶다거나 미움을 받고 싶지 않다는 이유에서 동조하는 것으로, 집단의 의견에 맞추는 규범적 영향이다. 앞의 애쉬의 실험은 이에 해당한다. 또 하나는 옳은 정보를 얻고 싶다는 마음에서 집단의 다른 멤버의 의견을 받아들이는 정보적 영향이다. 이에는 셰리프의 실험이 해당한다고 할 수 있다. (이케다 히로시)

065

명령만 내려지면 사람은 얼마든지 잔인해질 수 있다

Keywords │ 권력에 대한 복종 │ 아이히만 재판 │ 복종 실험(아이히만 실험) │

복종 실험(아이히만 실험)

교사 역할의 실험 참가자(진짜 실험 참가자)는 학생 역할 참가자(공모자)에게 기억 테스트를 행해서 틀리면 전기 충격에 의한 벌을 준다. 실제로 전기가 흐르지는 않지만 학생 역할은 전기 충격의 강도에 따라 고통스러운 연기를 한다(일정 강도를 넘으면 무반응 연기를 한다). 실험자는 학생 역할이 틀릴 때마다 강한 전기 충격을 주도록 교사 역할에게 명령한다.

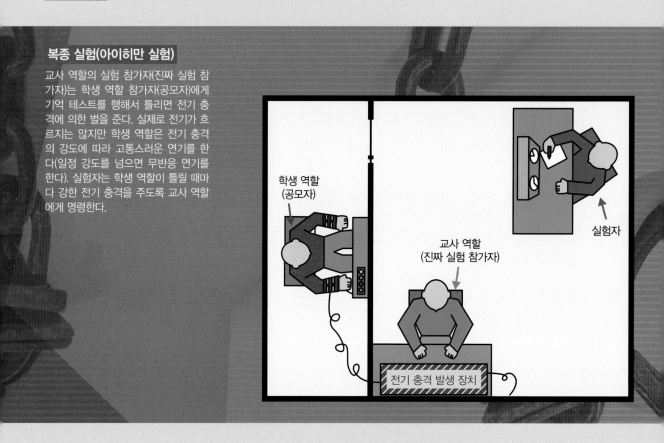

학생 역할
(공모자)

교사 역할
(진짜 실험 참가자)

실험자

전기 충격 발생 장치

만약 권위가 있는 사람이 당신에게 타인을 괴롭히라고 명령한다면 당신은 그 명령에 따를 수 있을까? 대부분을 '보통 사람이라면 상대를 괴롭히거나 벌을 주는 일은 하지 않을 것이다'라고 생각한다. 그러나 역사를 뒤돌아보면 나치의 유대인 학살이나 옴진리교의 지하철 사린 가스 살포 사건처럼 권위를 가진 사람의 명령에 따라 사람이 사람을 괴롭히기도 하고, 심지어 죽음에까지 이르게 하는 사건이 일어났다. 그렇다면 타인에게 육체적·정신적 고통을 주는 데 기쁨을 느끼는 일부 특수한 사람만 이렇게 권위자의 명령에 따르는것일까?

여러 가지의 독특한 연구를 한 것으로 알려진 사회심리학자 스탠리 밀그램(Stanley Milgram)은 나치의 유대인 학살에 관심을 갖고 홀로코스트에 관여한 아돌프 아이히만 재판이 있은 지 1년 후인 1961년에 심리학의 역사에 남는 실험을 시작했다. 세상 사람들은 아이히만 재판에 주목했고, 많은 생명을 빼앗은 아이히만이 비정한 성격의 소유자일 것이라고 상상했다. 그러나 재판 증언대에 선 아이히만은 많은 사람의 상상을 뒤엎고 언뜻 보면 겁쟁이 같은 모습으로 "단지 명령에 따랐을

뿐"이라고 주장했다. 밀그램은 정말로 사람은 명령을 받으면 그와 같은 잔학무도한 행위를 할 수 있는지 의문을 품고 실험을 진행했다. 바로 아이히만 실험으로 알려진 복종 실험이다.

◆ 망설이지 말고 계속해라

복종 실험에는 20세부터 50세까지의 건강한 성인이 참가했다. 실험의 명목은 '기억에 미치는 벌의 효과'였다. 실험에는 2명이 참가해 1명은 교사 역할, 또 한 사람은 학생 역할로 나뉘었으나 학생 역할은 실험자와 짠 공모자였다. 교사는 학생에게 일련의 단어 쌍 목록을 학습시킨 다음 테스트를 행하는 역할이었다. 예를 들면 '파랑새'라는 단어를 학습시킨 후 교사가 '파랑'이라고 하면 학생은 '새'라고 대답하는 과제였다. 실험자는 교사에게 학생이 잘못 대답하면 전기 충격을 가하는 벌을 주도록 지시했다.

전기 충격은 15볼트에서 450볼트까지 15볼트 단위로 30개의 레버가 붙어 있다. 15볼트 레버에는 '미미한 충격', 375볼트 레버에는 '위험:굉장한 충격'이라고 쓰여 있고, 그보다 더 높은

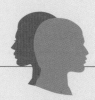

전기 충격 발생 장치

375볼트의 레버에는 '위험:굉장한 충격', 435볼트의 레버에는 'XXX'라고 써서 목숨이 걸린 강한 전기 충격임을 암시했다. 당초 예상을 훨씬 상회해 450볼트까지 전기 충격을 계속 준 실험 참가자가 65%나 되었다.

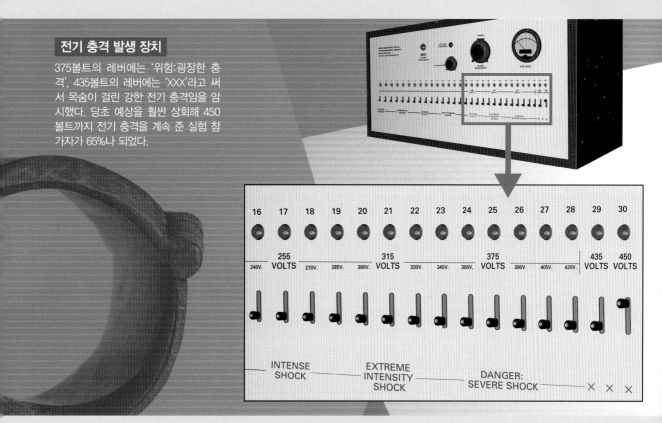

435볼트 이상의 레버에는 'XXX'라고 치사를 암시하는 기호가 쓰여 있었다.

실험이 시작되자 실험자는 학생이 틀릴 때마다 교사에게 강한 전기 충격을 주도록 지시했다.

실제로 학생에게 전류가 흐르지는 않지만, 학생은 전기 충격의 강도에 따라 신음 소리를 내기도 하고 절규를 하면서 실험을 그만둘 것을 호소했다. 이 반응을 본 교사 역할의 대부분 참가자는 실험을 그만두고 싶다고 했으나 주최자는 실험을 계속하도록 명령했다.

◆ 65%라는 충격적인 결과

한번 상상해보라. 이런 실험에서 치사량 450볼트까지 전기 충격을 준 사람은 100명 중 몇 명이나 될까? 밀그램은 실험을 시작하기 전에 동료 심리학자와 정신과 의사에게 결과를 예상해보라고 했다. 그들의 대부분은 마지막까지 레버를 누르는 사람은 100명 중 3명 정도이고 195볼트(매우 강한 충격)에서 중지할 것이라고 대답했다.

하지만 실제 결과는 예상을 훨씬 뛰어넘었다. 450볼트까지 전기 충격을 계속 준 실험 참가자가 65%나 된 것이다. 더구나 300볼트 이하에서 실험을 거부한 참가자는 단 한 명도 없었다.

이 복종 실험은 '우리 인간은 권위를 가진 인물이 명령하면 비록 그것이 윤리에 어긋난 행위나 사람을 상처 주는 행위라 할지라도 복종한다'는 것을 말해준다. (이케다 히로시)

강자에게 복종하고 약자를 혐오하는 인격

파시즘의 대두

제1차 세계대전 후 파시즘이 세계를 석권했다. 독일에서는 히틀러를 총통으로 하는 나치가 대두하고 하층 중산 계급을 중심으로 많은 지지를 받았다. 프롬에 의하면 제1차 세계대전의 패전으로 인한 불안, 권위에 대한 의존 같은 심리 상태가 이윽고 권위주의적 퍼스낼러티를 낳아 유대인의 박해로 이어졌다.

제1차 세계대전 후 유럽을 중심으로 파시즘이 대두했다. 파시즘이란 전체주의 정치 사상이나 정치 체제를 말한다. 개인에 대한 전체, 즉 국가나 민족이 우위에 선다는 정치 이념 또는 그 이념을 따르는 지배 체제다. 1929년 세계대공황을 발단으로 자본주의에 대한 위기감이 생기고, 이는 세계적인 사회 불안으로 번지면서 파시즘은 이탈리아와 독일, 스페인, 일본으로 급속하게 확산되었다.

독일에서는 제1차 세계대전에 패한 후 아돌프 히틀러를 총통으로 하는 나치가 정권을 잡았다. 나치가 약 600만 명이나 되는 유대인을 조직적이고 국가적으로 박해하고 학살한 홀로코스트는 파시즘의 사상과도 밀접하게 관련되어 있다. 그런데 왜 독일 국민은 히틀러의 과격한 사상에 심취했을까? 이것을 알려면 당시 시대 배경이나 독일이 놓인 상황 그리고 독일 국민의 심리 상태를 곰곰이 생각해볼 필요가 있다. 이 문제에 몰두한 사람이 정신분석학자이기도 한 에리히 프롬(Erich Seligmann Fromm)이다.

◆ 권위에 의존하는 사회적 성격

프롬은 그의 저서 《자유로부터의 도피》에서 유대인으로서 나치로부터 받은 박해 경험을 토대로 사회적 성격이라는 개념에 근거해 제1차 세계대전 후 독일 국민의 심리 상태를 분석했다. 어떤 사회나 집단에서 같은 경험이나 공통의 생활양식을 통해 사람들은 유사한 퍼스낼러티를 형성하는데, 이러한 퍼스낼러티를 사회적 성격이라고 한다.

프롬은 나치가 어떻게 영향력을 갖게 되었는지 다음과 같이 고찰했다. 독일이 제1차 세계대전에 패함으로써 몰락해가던 중산 계급 사람들은 불안에 눌려 권위에 과도하게 의존하는 사회적 성격을 형성하게 된다. 이윽고 중산 계급 사람들의 사회적 성격은 전후 경제적 쇠퇴에 대한 분노와 연결되고, 한편 나치가 이 권위주의적인 가치를 채워주자 억눌린 불안이나

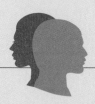

사회적 성격

특정 사회나 집단 속에서 생활하다 보면 사람은 그 집단 특유의 퍼스낼러티를 형성해간다. 물론 퍼스낼러티에는 개인차가 있어 소속 집단에 특징적인 퍼스낼러티를 강하게 갖는 사람과 그렇지 않은 사람이 나타난다.

같은 경험
공통의 생활양식

사회·집단

유사한 퍼스낼러티
= 사회적 성격

공격성이 유대인에게 향하게 되었다. 프롬은 강자에 대한 복종과 약자에 대한 혐오를 기반으로 하는 사회적 성격을 권위주의적 퍼스낼러티라고 불렀다.

그렇다면 권위주의적 퍼스낼러티가 독일 전 국민에게 볼 수 있는 특징이었을까? 사실 독일 노동자 계급이나 일부 부르주아 계급은 히틀러의 운동에 심취하지 않았다고 프롬은 말한다. 오히려 내심 반감을 품으면서도 당시의 심리적 피로 때문에 저항하기를 포기하고 단순히 따랐을 뿐이다. 한편 하층 중산 계급일수록 권위주의적 퍼스낼러티를 갖고 있어 히틀러의 이데올로기와 부합했다. 바꿔 말하면 권위주의적 퍼스낼러티를 갖고 있느냐 그렇지 않느냐에 따라 파시즘에 대한 반응과 행동이 달랐던 것이다.

◆ 안정된 개인차 발견

이 문제에 대해 프롬 이후 독일의 유대계 철학자인 테오도르 아도르노는 권위주의적 퍼스낼러티를 측정하는 척도 개발에 착수했다. 아도르노는 홀로코스트에 관여했던 많은 다양한 사람들에게 임상심리학적 면접을 행했다. 여기서 얻은 증언에서 권위주의적 퍼스낼러티의 특징을 추출하는 동시에 권위주의적 퍼스낼러티에는 개인차가 있다는 것을 발견했다. 개인차가 있다는 것은 독일뿐 아니라 일본인이나 미국인이어도 권위주의적 퍼스낼러티를 강하게 갖고 있는 사람과 그렇지 않은 사람이 존재한다는 것을 의미한다. 그 권위주의적 퍼스낼러티를 강하게 갖고 있는 사람일수록 권위와 강자에게 종속하고 동시에 약자를 학대하는 경향이 높다는 것이다. (이케다 히로시)

067

인지 부조화의 메커니즘

Keywords | 인지 요소 | 인지 부조화 | 정당화 |

여우와 신 포도

'어떤 일을 하고 싶으나 할 수 없다'고 하는 모순된 상태는 우리 일상생활 속에서도 빈번하게 일어난다. 포도를 먹고 싶었으나 포도가 너무 높이 달려 있어서 따 먹지 못한 실패를 인정하지 않는 여우의 태도가 바람직하다고는 할 수 없다. 그러나 이로써 심리적 불안감을 해소했다고 할 수 있다. 이런 심리적 갈등을 해결하는 방법을 우리는 경험적으로 잘 알고 있다.

이솝 우화에 나오는 〈여우와 신 포도〉 이야기가 있다. 배고픈 여우가 길을 가다가 먹음직스런 포도가 가지에 매달려 있는 것을 보았다. 여우는 이 포도를 따 먹으려고 몇 번이나 있는 힘을 다해 뛰어보았으나 너무 높아서 도저히 딸 수가 없었다. 그러자 여우는 "저 포도는 시어서 맛이 없을 거야"라고 중얼거리면서 그 자리를 떠났다.

사실 이 이야기에는 흥미 있는 심리적 현상이 나타나 있다. 즉, '포도를 먹고 싶으나 포도에 손이 닿지 않아서 포도를 먹을 수 없다'고 하는 모순된 상태가 그려져 있다. 우리는 다양한 대상에 대해 태도나 신념을 갖고 있는데, 이를 포함한 지식을 인지 요소라고 한다. 〈여우와 신 포도〉에 그려져 있는 것처럼 때로는 어떤 대상에 대한 인지 요소에 모순이 생길 수가 있다. 'A대학에 가고 싶으나 입학하기 어렵다'거나 '과자를 좋아하지만 먹으면 살이 찐다' 등 예를 들자면 끝이 없을 만큼 많다.

◆ 인지 부조화를 해결하는 다양한 방법

태도와 신념의 모순, 혹은 행동 불일치 등 인지 요소에 모순이 생기면 심리적으로 불쾌해진다. 사회심리학자 레온 페스팅거(Leon Festinger)는 이런 태도를 인지 부조화라고 불렀다. 그리고 그는 인지 부조화가 생기면 사람은 행동이나 태도 등 인지 요소를 바꿔 부조화를 해결하려고 하는 심리적 경향이 있다고 주장했다.

담배를 예로 들어 생각해보자. 담배를 피우는 행동과 담배는 건강에 나쁘다고 하는 정보에는 모순이 생긴다. 인지 부조화 상태가 되는 것이다. 이때 부조화나 불쾌감을 해결하기 위해 담배가 얼마나 해로운지에 대한 정보를 피하거나(새로운 정보에 대한 선택적 접촉), 담배는 스트레스를 해소하는 데 도움이 된다거나(새로운 인지 부가), 담배와 폐암과의 인과관계가 아직 충분히 입증되지 않았다고 생각하는(인지의 변화) 등의 방

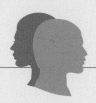

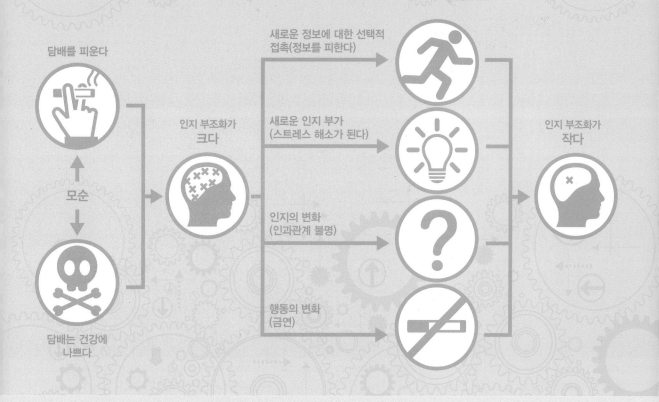

인지 부조화 이론 우리는 태도나 신념 등 인지 요소에 모순이 생기면 심리적으로 불쾌해진다. 이런 모순을 해결하기 위한 심리적 메커니즘을 설명하는 것이 인지 부조화 이론이다.

담배를 피운다

모순

담배는 건강에
나쁘다

인지 부조화가
크다

새로운 정보에 대한 선택적
접촉(정보를 피한다)

새로운 인지 부가
(스트레스 해소가 된다)

인지의 변화
(인과관계 불명)

행동의 변화
(금연)

인지 부조화가
작다

법을 선택한다. 아니면 담배를 끊는(행동의 변화) 경우도 있을 수 있다. 이런 방법을 선택함으로써 부조화를 해결하는 것이다.

◆ **실은 재미없었다고 태도를 바꾼다**

페스팅거는 인지 부조화에 대한 주장을 논리적으로 입증하기 위해 실험을 전개했다. 그는 한 집단에게 아주 지루하고 재미없는 일을 시킨 후 다음 실험 참가자에게 이 일이 재미있다고 전해줄 것을 요청했다. 요컨대 참가자가 다음 참가자에게 재미있는 일이었다고 거짓말을 하라는 것이다. 이때 한 집단에게는 거짓말의 대가로 20달러를 주겠다고 약속했고, 다른 집단에게는 1달러를 주겠다고 약속했다.

이와 같은 상황에서 페스팅거는 참가자가 다음 참가자에게 거짓말을 했을 때 대가가 많으면 그 거짓말이 정당화되지만, 대가가 적으면 그 거짓말이 정당화되지 않을 것으로 예측했

다. 즉, 20달러를 받은 경우에는 '대가 때문에 거짓말을 했다'고 정당화할 수 있으므로 인지 부조화가 약하다. 그러나 1달러는 '대가 때문에 거짓말을 했다'고 말할 수 있는 돈이 아니라서 '지루한 일'과 '재미있다'고 거짓말을 한 것 사이에 인지 부조화가 강하게 일어난다. 그렇기 때문에 실은 작업이 재미없었다고 태도를 바꿈으로써 부조화를 해결하려고 할 것이다. 실험 결과는 예측대로 1달러를 받은 집단이 20달러를 받은 집단보다도 일이 더 재미있었다고 답했다. (이케다 히로시)

068

TV나 게임은 아이의 폭력을 조장한다?

Keywords │ 관찰 학습 │ 보보 인형 실험 │ 대리 강화 │ 사회적 학습 이론 │

보보 인형 실험

보보 인형은 아래에 무게추가 달려 있어 아무리 넘어뜨려도 오뚝이처럼 다시 일어나는 풍선 인형이다. 앨버트 밴듀라는 이 보보 인형을 이용해 흥미 있는 실험을 했다.

T V나 게임은 흥미 있는 경험을 우리에게 선사하지만, 아이들에게는 나쁜 영향을 미친다고 걱정하는 목소리가 높다. 특히 최근 청소년 범죄가 예전에 비해 잔혹성을 띠는데, 그 원인으로 TV나 게임의 폭력과 살인 장면의 영향이 크다는 지적이 있다. 실제로 미디어나 게임이 아이의 폭력 행위에 영향을 주는 것일까?

◆ 그냥 보기만 해도 학습된다

사람은 무언가를 학습(→019)할 때 직접 경험하면서 배우기도 하지만, 다른 사람의 행동을 관찰하면서 배우기도 한다. 이를 관찰 학습이라고 하는데, 앨버트 밴듀라는 보보 인형 실험이라 불리는 일련의 실험을 통해 공격 행동에 관한 관찰 학습을 검증했다.

먼저 밴듀라는 관찰 학습이 성립하는 것을 검토하기 위해 4세 아이들을 대상으로 실험을 진행했다. 아이들을 실험군과 대조군, 두 그룹으로 나누고 실험군에게는 어른이 장난감 망

치로 보보 인형을 때리는 영상을 보여주었다. 이에 반해 대조군에게는 어른이 놀고 있는 모습의 영상을 보여주었다. 그런 다음 두 조건의 아이들을 장난감 방에 들어가게 하고 그 모습을 촬영했다. 그 결과, 실험군의 아이들은 대조군에 비해 눈에 보이게 공격적인 행동을 했다. 이것은 아이들이 폭력 행위를 관찰 학습한 결과라고 할 수 있다.

◆ 칭찬받는 것을 보면 행동이 강화된다

앨버트 밴듀라는 앞의 실험을 더욱 발전시켜 관찰 학습의 대리 강화 영향을 확인하는 실험을 진행했다. 강화란 조작적 조건화에서 바람직한 행동에 대해 기쁜 자극 등의 보상을 주는 것을 말한다. 보상을 주면 그 행동의 빈도는 증가한다(강화된다). 관찰 학습으로 말하자면 관찰 대상 인물이 어떤 행위를 하고 그에 대한 보상이 주어져 강화되면 관찰하는 당사자는 간접적으로 강화를 받게 된다. 이것을 대리 강화라고 한다.

두 번째 보보 인형 실험에는 2~5세의 남녀 각각 40명이 참

폭력 행위의 모방

폭력 행위를 한 모델(어른)이 칭찬받는 모습을 본 아이들(보상군)은 모델이 질책받는 모습을 본 아이들(벌칙군)보다도 폭력 행위를 많이 했다. 흥미로운 것은 폭력 행위를 한 후에 모델이 칭찬도 벌칙도 받지 않은 그룹의 아이들(통제군)이 모델이 칭찬받은 그룹과 같은 정도의 폭력 행위를 보였다는 점이다.

가했다. 아이들은 어른이 보보 인형에게 폭력을 휘두르는 영상을 시청한 후 세 조건으로 나누어졌다. 첫 번째 보상군 아이들에게는 어른이 폭력을 휘두른 후에 다른 어른으로부터 칭찬받는 모습을 보여주었다. 두 번째 벌칙군 아이들에게는 어른이 다른 어른으로부터 야단을 맞는 모습을 보여주었다. 그리고 마지막 통제군 아이들에게는 아무것도 보여주지 않았다. 그런 다음 모든 아이를 보보 인형이 있는 다른 방으로 이동하게 하고 거기서 노는 모습을 관찰했다.

그 결과, 폭력을 휘두른 어른이 칭찬받는 영상을 본 보상군의 아이들은 어른이 야단맞는 영상을 본 벌칙군보다도 보보 인형에게 폭력 행위를 하는 경향을 보였다. 이것으로 대리 강화의 영향이 확인되었다고 할 수 있다. 그런데 흥미롭게도 어른이 칭찬도 질책도 받지 않는 모습을 본 통제군 아이들이 칭찬을 받은 보상군과 같은 정도의 폭력 행위를 보였다. 이것은 강화나 대리 강화 없이 그냥 관찰하는 것만으로도 모방 학습이 가능하다는 것을 보여준다. 그리고 이 실험에서는 여자아

이보다도 남자아이가 보다 많은 폭력 행위를 하는 것으로 나타났다.

밴듀라의 실험에서 아이들은 영상을 통해 본 모델(어른)의 행위를 간접적으로 학습한다는 것을 알 수 있었다. 밴듀라는 이와 같은 대리 강화나 관찰 학습에 관한 연구 성과를 근거로 해서 독자적으로 사회적 학습 이론을 제창했다. 이런 연구의 영향인지 최근에는 어린아이가 많이 시청하는 프로그램이나 애니메이션에서는 폭력 행위가 없는 내용을 편성하는 경향이 있다. (이케다 히로시)

굳이 불합리한 행동을 선택하는 이유

Keywords | 셀프핸디캐핑 | 이기적 귀속 | 자존심 |

셀프핸디캐핑

과제 종료 후 거짓 피드백을 주어서 자신의 능력과 과제 결과를 연결하기 어려운 상황을 만들면 실험 참가자는 자기 능력에 대한 자신이 없기 때문에 다음 과제에서는 자신에게 불리한 선택을 한다. 결과가 좋지 않을 것을 대비해서 그것을 합리화하기 위한 핑곗거리를 미리 준비해두는 것이다.

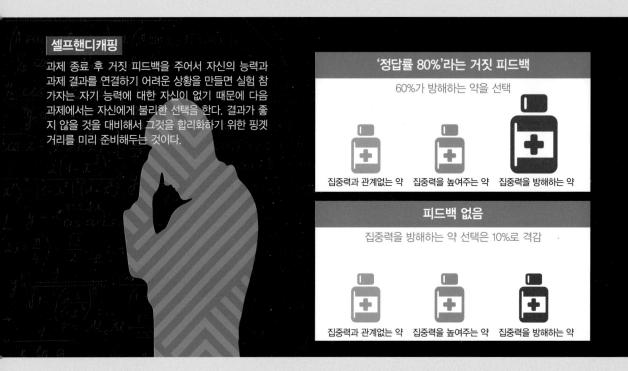

'정답률 80%'라는 거짓 피드백

60%가 방해하는 약을 선택

집중력과 관계없는 약   집중력을 높여주는 약   집중력을 방해하는 약

피드백 없음

집중력을 방해하는 약 선택은 10%로 격감

집중력과 관계없는 약   집중력을 높여주는 약   집중력을 방해하는 약

사람은 불합리한 행동을 하기도 한다. 특히 자기 스스로 발목 잡는 행동을 무의식적으로 취하기도 한다. 실패했을 때를 대비해 미리 자신에게 불리한 상황을 만드는 이 같은 일은 사회적인 자살행위가 될 수도 있다. 그러나 몇 가지 조건이 겹치면 이와 같은 행동으로 이끌리는 듯하다. 미국의 심리학자 스티븐 버글래스와 에드워드 존스는 1989년에 다음과 같은 실험 결과를 보고했다.

◆ 자신이 없으면 일부러 실패한다

두 사람은 '집중력에 영향을 주는 약의 효과를 검증한다'는 거짓 명목으로 실험 참가자를 모집한 후 그들을 두 그룹으로 나누었다. 참가자에게는 약을 먹기 전후에 과제를 내주고 아주 어렵다는 설명을 덧붙였다. 실제 한 그룹에는 거의 답이 없는(주관적 어려움이 높은) 설문으로 구성된 과제를 주고, 다른 그룹에는 답이 명확한 쉬운 설문이 대부분인 과제를 주었다. 답이 없는 과제가 주어진 그룹은 '이런 건 못 한다'는 무력감을, 쉬운 과제가 주어진 그룹은 '어렵다더니 의외로 쉽다'고 느낄 만한 것이었다.

그리고 과제의 성적을 피드백해주었는데, 답이 없는 과제 그룹에게는 거짓 피드백을 해주었다. 실제 점수와 상관없이

80%의 정답률이라고 알려주었다. 즉, '어떻게 80%나 되지?'라며 결과와 자신의 능력을 연결시키기 어려운 상황을 만들었다. 좋은 성적을 냈지만 능력에 자신을 갖지 않도록 한 것이다. 한편 쉬운 과제가 주어진 그룹에게는 실제 성적을 피드백해주어 자신의 능력으로 만들어낸 결과라고 생각하게 만들었다.

그 후 약을 복용하고 다음 과제를 풀게 했는데, 여기서 약은 3종류를 준비했다. 집중력을 높여주는 약과 집중력을 방해하는 약, 집중력과 관계없는 약이다. 참가자들에게는 이 약 중에서 자유롭게 선택하도록 했다. 다음 과제에 들어가기 전에 그들은 어떤 약을 선택했을까?

결과는 능력에 자신을 갖지 못한 그룹은 약 60%가 집중력을 방해하는 약을 선택했는데, 이것은 쉬운 과제가 주어진 그룹보다도 훨씬 많았다. 버글래스와 존스는 두 번째 실험에서는 답이 없는 과제가 주어진 그룹에는 성적을 알려주지 않았다. 그러자 집중력을 방해하는 약을 선택하는 참가자가 약 10% 격감했다. 여기서 집중력을 방해하는 약을 선택한 이유는 '왠지 모르지만 높은 평가를 받은 것', 즉 '실력으로 성공할 자신이 없었던 것'이라고 생각할 수 있다.

집중력을 방해하는 약이라고 고지한 약을 선택한 참가자는 자신의 성적이 내려갈 것을 알고 선택한 셈이다(실제로는

셀프핸디캐핑의 부정적 측면

셀프핸디캐핑을 너무 많이 이용하면 실패 원인과 정면으로 맞서기 어려워 실패를
반복하기 쉽다. 불리한 상황에서도 결과를 낼 수 있어야 자존심이 높아진다.

그런 효과가 없는 약이지만). 요컨대 일부러 자신에게 불리한 선택을 한 것이다. 이런 행위를 셀프핸디캐핑(self-handicapping)이라고 한다.

이 선택을 이해하는 포인트는 현재 상황에서는 나쁘지 않은 입장(실험에서는 좋은 성적을 거두었다)에 있다는 것과, 자신이 없다는 것이다. 사회심리학에서는 사람은 자존심을 지키고 싶은 마음을 갖고 있다고 본다. 자존심은 특히 남성에게는 능력과 연결되기 쉽다. 능력은 성과로 나타낼 수 있는 것이므로 성공하면 자존심을 지킬 수 있지만, 실패하면 자존심이 상할 수 있다.

그래서 자신이 없을 때는 자기 스스로 실패 확률을 높여 실제로 실패했을 때의 핑곗거리를 만든다. 그럴듯한 핑곗거리가 있으면 설령 성공하지 못했다 해도 '불리한 상황이었다' '나에게 능력이 없어서가 아니다'라는 말로 자존심을 지킬 수가 있다. 성공했다면 '불리한 조건임에도 성공했다. 나는 역시 뛰어난 존재다!'라고 한층 더 자존심을 높일 수가 있다. 그러니까 셀프핸디캐핑을 자존심을 지키기 위한 목적으로 이용한다면 나쁠 것은 없다.

◆ 자기 스스로 거는 제약

하지만 언제까지나 셀프핸디캐핑에 자존심을 걸 수는 없다. 웬만한 실력자가 아니라면 실패의 연속이 될 수 있기 때문이다. 여러 연구에서 셀프핸디캐핑이 많은 사람은 성공 확률이 낮다는 것을 보여준다.

'내가 무능하기 때문이다'라고 실패에 정면으로 맞서면 자존심이 상할 뿐 아니라 기가 죽어 의욕을 잃기 쉽다. 따라서 때로는 셀프핸디캐핑도 필요하다. 하지만 과도하게 사용하면 자신에게 무엇이 부족한지를 발견할 기회, 즉 성장할 기회나 노력할 기회를 잃어버린다. 셀프핸디캐핑을 하지 않는 사람과의 차이는 점점 벌어질 수밖에 없다. 의욕을 유지한 채로 자신의 부족한 부분과 마주하기란 쉽지 않다. 하지만 '부족한 부분을 극복하면 정말로 성공할 수 있다'고 믿고, 셀프핸디캐핑이 없는 진정한 자신과 마주하는 일도 필요하다. (스기야마 다카시)

070

방관자가 부른 비극

방관자 효과

남이 위급한 상황에 있을 때 자신 이외에 다른 사람이 있으면 원조 행동이 억제된다. 키티 제노비스 사건에서는 그녀가 위급한 상황이라는 것을 38명이나 되는 주민이 알았는데도 아무도 도우러 나서지 않았다.

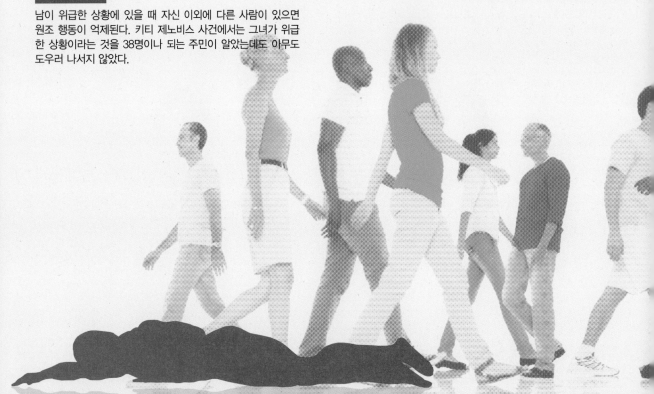

19 64년 3월 13일 밤, 미국 뉴욕 퀸스 지역에서 키티 제노비스라는 젊은 여성이 잔인하게 살해되었다. 그녀는 레스토랑에서 일을 마치고 자신의 아파트로 귀가하던 중에 치한의 습격을 받았다. 제노비스는 몇 번이나 큰 소리로 도움을 요청했다. 아파트에 살던 동네 사람 38명이 그 외치는 소리를 들었고, 현장을 목격한 사람도 있었으나 놀랍게도 아무도 도우러 나오지 않았으며 경찰에 신고하는 사람조차 없었다. 결국 범인은 한 차례 그 자리를 떠났다가 다시 현장에 나타났다. 그녀는 30분 이상 범인과 격렬하게 대치하다 수차례 칼에 찔려 목숨을 잃었다.

이 사건은 미국에 커다란 충격을 주었다. 젊은 여성이 치한에게 목숨을 잃었을 뿐 아니라 38명이나 되는 주민이 위험한 일이 일어났음을 알면서도 누구 한 사람 돕지 않았기 때문이다. 많은 매스컴이 이 사건의 특이성을 거론하며 주민의 냉담이 불러일으킨 비극이라고 떠들었다. 그러나 사회심리학자인

존 달리(John Darley)와 빕 라테인(Bibb Latane)은 매스컴의 보도와는 다른 시점으로 이 사건에 주목했다.

◆ 방관자가 늘수록 원조 행동은 준다

빕 라테인과 존 달리는 38명이나 있는데 왜 아무도 돕지 않았는가 하는 시점이 아니라 반대로 38명이나 있었기 때문에 아무도 돕지 않은 것은 아닐까 생각했다. 그들은 이런 현상을 방관자 효과라고 칭하고 일련의 실험을 전개했다.

긴급한 상황이라는 것을 알지만 많은 사람이 있기 때문에 오히려 남을 돕는 원조 행동이 억제된 것이 아닐까 예측한 것이다. 실험에서는 대학생들이 개인적인 학교생활 문제를 얘기하는 집단 토론의 장을 만들었다. 참가자는 익명성을 지키기 위해 개별적으로 방에 들어가 인터폰을 통해 토론을 벌였다. 또한 인터폰을 사용해 의견을 말하는 시간은 2분간으로 정해져 있어 그 시간이 되면 마이크의 스위치가 꺼지게 되어 있었

방관자 효과 실험 발작을 일으킨 사람(공모자)과 실험 참가자, 이 두 사람만 있을 경우 발작을 하는 동안에 도움을 요청하러 방에서 나온 참가자는 84%에 달했으나 6명이 함께 있을 경우(나머지 4명은 실제로는 존재하지 않고 녹음된 목소리)에는 31%로 줄었다. 자신 이외의 타인이라는 존재가 원조 행동을 억제한다고 하는 방관자 효과를 뒷받침하는 결과이다.

2명의 그룹

도움을 요청한 비율
84%

6명의 그룹

도움을 요청한 비율
31%

다. 그리고 어떤 참가자 한 사람(공모자)이 의견을 말하는 도중 뇌전증(간질) 비슷한 발작을 일으켜 도움을 요청한다. 그런데 발작을 일으킨 참가자의 인터폰은 꺼져 있다. 사실 이 참가자는 발작을 연기하는 것으로, 존 달리와 빕 라테인은 진짜 실험 참가자가 이 상황을 얼마나 빨리 실험자에게 보고하는지 주목했다.

실험을 위해 2명, 3명 그리고 6명의 그룹을 설정했다. 다만 진짜 실험 참가자와 발작을 일으킨 참가자(공모자)를 제외한 기타 참가자는 실제로는 존재하지 않고 목소리만 녹음된 것이었다.

실험 결과, 발작을 일으킨 사람과 두 명이서 토론하고 있을 때는 발작을 하는 동안에 84%의 참가자가 방을 뛰어나왔고, 3분 이내에 전원이 방을 나왔다. 그런데 자신과 발작을 일으킨 사람 외에 4명의 참가자가 더 있게 되자 발작을 하는 동안에 방을 나온 사람은 31%로 줄었고, 38%의 사람은 마지막까지

도움을 요청하지 않았다.

◆ 방관자 효과의 심리적 과정

이 결과는 존 달리와 빕 라테인이 예측한 대로 방관자 수가 늘어나면 원조 행동이 억제된다는 것을 뒷받침한다. 그들은 이런 현상이 발생하는 심리적 과정으로 책임의 분산과 관계가 있다는 것을 지적했다. 즉, 발작을 일으킨 사람 이외에 자신밖에 없다면 자신에게 모든 책임이 있게 되므로 원조 행동을 한다. 그러나 자신 이외에도 여러 사람이 있으면 그만큼 책임이 분산되어 다른 사람이 도와줄 것이라는 심리가 작동하게 된다. (이케다 히로시)

071

마주치면 마주칠수록 좋아진다

| Keywords | 단순 접촉 효과 | 인지적 유창성 | 오귀속 |

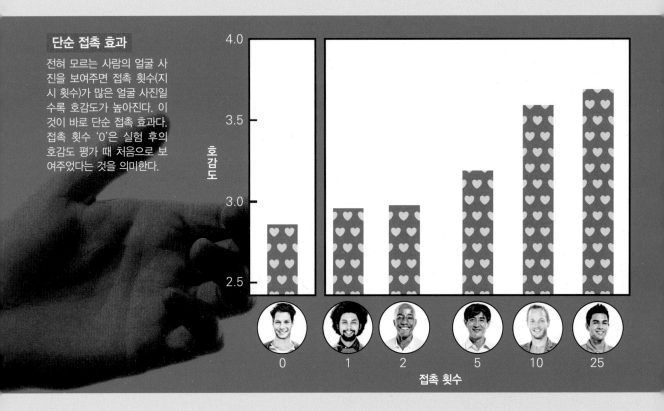

단순 접촉 효과

전혀 모르는 사람의 얼굴 사진을 보여주면 접촉 횟수(지시 횟수)가 많은 얼굴 사진일수록 호감도가 높아진다. 이것이 바로 단순 접촉 효과다. 접촉 횟수 '0'은 실험 후의 호감도 평가 때 처음으로 보여주었다는 것을 의미한다.

직장에서 언제나 얼굴을 볼 수 있는 자리에 앉아 있는 남자와 여자가 결혼했다. 같은 사무실이니까 당연히 함께 일을 했다. 두 사람이 처음 만났을 때 인상은 최악이어서 말을 걸고 싶지도 않았고 얼굴을 볼 때마다 불쾌했다고 한다. 그런데 어떻게 결혼에 이를 만큼 친밀해졌을까? 사실 사람은 단순하게 몇 번 마주치거나 목소리를 들으면 그에 대해 적극적으로 생각하지 않아도 차츰 좋은 감정이 생기게 된다. 이 현상을 단순 접촉 효과, 또는 이 효과를 연구한 사회심리학자 로버트 자이언스의 이름을 따서 자이언스 법칙이라고 한다(→038).

◆ 스트레스 없이 처리＝좋은 것

먼저 로버트 자이언스의 실험을 살펴보자. 그는 실험 참가자에게 전혀 모르는 사람의 얼굴 사진을 보여주는 실험을 했다. 사진을 보여주는 횟수는 각기 달랐다. 어떤 얼굴 사진은 1회, 어떤 사진은 2회, 이런 식으로 최대 25회까지 보여주었다. 그런 다음 각 사진에 대한 호감도를 '좋다'부터 '나쁘다'까지 7단계로 평가하게 했다. 결과는 자이언스 법칙대로 제시 횟수가 많은 사진일수록 호감도가 높았다.

자이언스는 터키어 단어로도 같은 실험을 했다. 터키어를 모르는 실험 참가자에게 얼굴 사진 실험과 같은 방법으로 진행한 것이다. 결과는 얼굴 사진과 마찬가지로 터키어 단어도 본 횟수가 많을수록 호감도가 높았다. 이와 같이 단순 접촉 효과는 많이 접해 익숙한 음악, 경치, 도형, 문자, 의복, 맛, 냄새 등에서도 일어난다.

또한 단순 접촉 효과는 기억되지 않을 정도로 작은 접촉에서도 일어나는 것으로 알려져 있다. 광고의 효과도 단순 접촉 효과의 영향이 크다. 예컨대 TV나 잡지, 인터넷 광고에도 이 단순 접촉 효과가 있는 셈이다. 처음에는 그다지 좋은 인상을 주지 못한 제품이거나 거의 기억에 남지 않은 제품이라도 몇 번 보는 사이에 차츰 좋은 제품으로 인식되거나 갖고 싶어지기도 한다.

왜 이런 현상이 일어나는 것일까? 이것은 반복해 접촉함으로써 그 대상의 존재가 당연한 것처럼 느끼는 착각이라고 설명할 수 있다. 인상의 좋고 나쁨과 상관없이 '있는 것이 당연하다'고 기억되는 것이 중요하다. 기억함으로써 그것을 인지(지각)하는 준비 상태가 만들어진다. 이것을 인지적 유창성이라고 한다. 그리고 유창하게 스트레스 없이 처리할 수 있는 것은 처리가 곤란

단순 접촉 효과의 역효과

보통은 접촉 횟수가 많을수록 호감도가 높아지지만, 애초에 싫었던 상대와의 접촉 횟수가 늘어나면 혐오감이 증가할 수 있다. 상대의 호의를 얻기 위해 단순 접촉 효과를 이용할 때는 다소 주의가 필요하다.

한 것보다 좋다. 즉 호감이 간다고 하는 착각(오귀속)이 생긴다. 이렇게 해서 단순 접촉 효과가 일어나는 것이다.

◆ 협동하면 단순 접촉 효과가 상승한다

그렇다고 단순 접촉 효과가 만능은 아니다. 상대가 진짜 싫거나 혐오감을 갖고 있을 경우에는 반대로 나쁜 인상이 심해질 수 있다. 예컨대 서로 싫어하는 사람을 사이좋게 만들기 위해 함께 식사하는 자리를 갖거나 레크리에이션에 불러내거나 하면 오히려 혐오감이 더 증가하는 것으로 알려져 있다. 귀찮다고 느끼는 세일즈맨이 단순 접촉 효과를 노려 자주 방문하거나 끊임없이 전화를 한다면 당신은 어떨까? 당신은 그때마다 헛되게 시간을 빼앗겨 기분이 좋지 않을 것이므로 역효과가 날 것이다.

이미 싫어하거나 번거로움을 느끼고 있는 경우에는 서로 협력해야 하는 상황이 필요하다(→073). 공동의 문제를 협력해서 해결할 때 우리는 상대의 존재 가치를 실감한다. 이와 같이 상대를 존중하는 계기가 필요하다고 할 수 있다.

이 글의 첫머리에서 소개한 남녀는 같은 일을 하기 때문에

협력해서 문제를 해결할 기회가 많이 있었을 것이다. 단순 접촉 효과와 협동의 효과가 상승작용을 해서 결혼에 이르게 되었을 것으로 생각할 수 있다. 만약 당신이 세일즈맨으로서 효과를 발휘하고 싶다면 이와 같은 상황을 만드는 것이 좋다. 즉, 상대의 문제를 자신의 문제처럼 진지하게 생각해 가려운 곳을 긁어주는 서비스를 제공하는 것이다. 그런 다음 뻔질나게 방문하면 상대는 당신의 좋은 고객이 될 수 있다. (스기야마 다카시)

072

사회의 지도는 때로 왜곡된다

Keywords | 사회적 인지 | 바이어스 | 스테레오 타입 | 태도 |

직업 스테레오 타입

이 두 여성의 직업은 한쪽이 도서관 사서이고 다른 한쪽은 웨이트리스이다.
어느 쪽이 사서이고 어느 쪽이 웨이트리스일까?

마음은 자기 자신의 주변을 감지하는 센서이기도 하다. 사람에게 신변이란 무엇일까? 사람은 사회적 동물이다. 따라서 사람의 마음은 '사회의 센서'라 해도 과언이 아니다. 그리고 사람이 사회를 받아들이는 메커니즘을 심리학에서는 사회적 인지라고 부른다(여기서 말하는 '사회'란 자기 입장이나 상황도 포함하는 사회이다).

사회는 매우 복잡하다. 그러나 그 속에서 잘 살아가려면 빠르고 효율적으로 자신과 사회 상황을 파악해야 한다. 그러기 위해 무엇이 있으면 편리할까?

예컨대 공간적으로 이동할 때 지도가 있으면 길을 잃지 않을 뿐 아니라 시간과 노력을 낭비하지 않아도 된다. 마찬가지로 사회 구조나 관계성에 관한 지도가 있으면 사회를 보다 순조롭게 파악할 수 있을 것이다. 그래서 우리는 경험에서 추출한 '사회의 지도'를 갖게 되었다. 이 지도를 스키마(도식)라고 한다(→046). 스키마 덕에 우리는 사회적으로 미아가 되지 않아도 된다. 하지만 사회는 너무나 복잡해 지도가 따라가지 못하는 것도 있다. 요컨대 우리의 사회적 인지가 왜곡돼버리는 것이다. 이 왜곡을 바이어스(bias, 편견)라고 한다.

◆ 스테레오 타입은 기억에 남는다

사회심리학자인 클라우디아 코엔은 바이어스를 확인하기 위해 어떤 실험을 전개했다. 실험 참가자에게 한 여성과 그 남편이 생일을 축하하는 비디오를 보여주고 참가자가 비디오의 무엇을 기억하고 있는지 확인했다. 참가자는 여성의 직업은 도서관 사서라고 말하는 그룹과 웨이트리스라고 말하는 그룹으로 무작위로 나누었다.

사실 비디오를 만들기 전에 도서관 사서는 '조용하고 성실하며 지적이다', 웨이트리스는 '밝고 쾌활하며 성적 매력이 있다'라는 고정화된 이미지(고정관념)가 사회 안에 있다는 것을 알고 있었다. 사회에서 공유되는 이런 판에 박힌 고정관념을 스테레오 타입이라고 한다. 비디오에는 각 직업의 스테레오 타입과 일치하는 특징, 예를 들어 도서관 사서의 스테레오 타입이라면 '안경을 끼고 있다' '책장에 책이 많다' '방에 공예품이 놓여 있다', 웨이트리스의 스테레오 타입이라면 '팝 음악을 듣고 있다' '햄버거를 먹고 있다' '선물로 잠옷(당시로서는 섹시한 침구)을 받고 있다' 등 9항목씩 총 18항목이 포함되어 있었다.

정보 바이어스

어떤 대상에 미리 고정화된 이미지(스테레오 타입)를 갖고 있으면 이미지와
모순된 정보를 무시하고 이미지와 일치되는 대상을 본다.

참가자에게 비디오를 보여준 직후, 4일 후, 7일 후에 걸쳐
비디오에 나온 특징을 재확인하는 테스트를 했다. 그 결과, 처
음에 말한 여성의 직업 스테레오 타입에 일치한 특징을 불일
치하는 특징보다도 잘 기억하고 있었다.

◆ 태도를 유지하는 메커니즘

이와 같이 기억 내용의 편견은 4가지 정보 바이어스로 설명
할 수 있다.

먼저 정보 취득 바이어스는 미리 들은 직업에 맞는 정보에
주목한다는 것이다. 기억 바이어스는 기존의 사항, 즉 스테레
오 타입과 일치하는 정보는 기억되기 쉽다. 해석 바이어스는
스테레오 타입과 모순된 정보를 접해도 스테레오 타입을 지키
는 방향으로 정보를 해석하는 것, 예를 들어 웨이트리스라고
듣는 중에 선반에 많은 책이 있는 장면(지적 이미지의 상징)이
나와도 '책장에 군데군데 책이 있었다'며 이미지를 바꾸려고
하지 않는다. 그리고 신념 유지 바이어스는 확증 바이어스라
고도 하는데, 기존의 것이 확인되면 인지적 쾌감이라 불리는
좋은 기분이 되는 것을 가리킨다.

이것은 호감이나 혐오감 같은 사물에 대한 감정에도 적용된
다. 이와 같은 감정을 심리학에서 태도라 부르는데, 우리는 태
도에 사고방식(인지)이나 행동을 일치시켜 태도를 유지한다.
예를 들면 '예방접종은 귀찮다'고 하는 태도가 있으면 '예방접
종은 무의미하므로(사고방식)' '예방접종은 하지 않는다(행동)'
로 전개된다. 이것은 타인과의 의사소통에도 영향을 주기 때
문에 어떤 계기로 '사이가 좋지 않게 될지도 모른다'고 하는 태
도가 형성되면 사이좋지 않은 요소에 주목해 '그러니까 사이가
좋을 수가 없다(사고방식)' '가능하면 얽히지 않도록 해야겠다
(행동)'고 생각해 사이좋게 될 기회를 포기해버린다.

이와 같이 사회의 지도는 빠르고 효율적인 이해를 가져오기
위한 것이지만, 우리는 때로 그 제약을 받아 치우친 사고방식
이나 행동, 태도를 보이기도 한다. (스기야마 다카시)

073

자기 집 잔디는 왜 파랗게 보이는가

Keywords | 내집단 편애 | 집단 응집성 | 여름 캠프 실험 |

집단 응집성

개인을 그룹에 머물게 작용하는 힘을 집단 응집성이라고 한다. 이 중 그룹이
공유하고 있는 과제나 목적이 매력적인 것을 과제 달성적 응집성이라 하고,
그룹 내 인간관계가 매력적인 것을 대인 응집성이라고 한다.

과제 달성적 응집성

대인 응집성

당신은 넓은 정원이 딸린 단독주택을 갖고 있다. 푸른 잔디가 있는 집에서 살고 싶었던 당신은 좋은 품질의 잔디를 고르기 위해 다양한 잔디를 검토했다. 그리고 좀 비싸기는 하지만 당신이 가장 예쁘다고 생각하는 잔디를 주문했다. 정원의 잔디는 당신이 생각한 대로 멋진 질감이 나왔다. 푸른 잔디가 자랑스럽기까지 했다. 이웃집 잔디도 그런대로 괜찮지만 당신의 정원에 비하면 초라하게 느껴질 정도다. 푸른 색깔이 다르기 때문이다.

그런데 이 예와 같이 자기 소유물이 다른 사람의 것보다 좋다고 자찬하는 사람에게 짚이는 곳은 없는가? 잔디만이 아니다. 자신이 사귀는 사람에 대한 이야기가 나오면 연예인 중 누구와 닮았는지를 화제로 삼는다. 잘생겼거나 예쁜 유명인의 이름이 거론되면 그 비주얼에 기대를 하게 마련이다. 그런데 결혼식에서 직접 보면 '어디가 닮았다는 거지?' 하는 생각이 들기도 한다. 이와 같이 자신의 것이나 자기 집안을 과대평가하는 것을 심리학에서는 내집단*(內集團) 편애라는 개념으로 설명한다.

◆ 목적의 매력과 정서적 유대

사람은 무의식적으로 타인이나 사물을 내 편과 내 편이 아닌 것으로 분류한다. 그리고 내 편이 아닌 것은 경우에 따라서는 적이 될 수도 있으므로 경계하거나 비하하기 쉽다. 하지만 자기편에 대해서는 호의적이며 높게 평가한다. 이와 같이 동류를 편애하는 경향을 내집단 편애, 혹은 내집단 바이어스라고 한다.

내집단 편애는 소속되어 있는 조직이나 그룹의 집단 응집성이 높을 때 특히 현저하게 나타난다. 집단 응집성이란 개인을 그룹에 머물게 작용하는 힘으로, 과제 달성적 응집성과 대인 응집성이 있다. 심리학에서 말하는 그룹은 어떤 형태로 목적을 공유하는 두 사람 이상의 집단을 말하며, 그룹에는 반드시 공유하는 목적이 있다. 이 목적(과제)이 매력적이면 개인은 그룹을 소중하게 생각한다. 이와 같은 응집성이 과제 달성적 응집성이다. 한편 사람은 친화 욕구를 갖고 있어 정서적으로 이어진 관계성이 부족하면 그 자체를 스트레스로 받아들인다. 그룹 속에 이와 같은 정서적 유대가 생긴다면 그룹 멤버십 그 자체가 개인을 끌어들인다. 이와 같은 응집성이 대인 응집성이다.

여름 캠프 실험

다양한 조건에 의해 집단이 얼마나 다이내믹하게 변해가는가를 관찰한 실험이 있다. 실험은 아래 그림처럼 크게 세 단계로 나누었다. 갈등 해소기에서는 대립 집단이 과제를 공유하자 과제 달성적 응집성이 작동해 두 집단이 하나의 내집단이 되었다.

 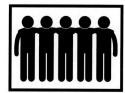

①집단 형성기
소년들을 두 그룹으로 나누고 각각 이글스(독수리)와 래틀스네익스(방울뱀)라는 그룹명을 붙여주었다. 이로부터 그룹 독자적인 규범이나 역할 분담이 생기고 동료 의식이 커진다.

②집단 간 대립
이 단계에서는 상품을 건 야구나 줄다리기 등 경쟁적인 의미가 강한 게임을 진행했다. 상대 그룹에 맞서 싸우려는 저항 심리가 강해졌다. 게임 중에는 적대적인 언동이 눈에 띄었고 게임이 끝난 후에 상대 캠프를 습격하는 공격적인 행동까지 보였다.

③갈등 해소기
이 단계에서는 움직이지 않는 트럭 구조와 수도 시설을 수리하는 등 두 그룹이 힘을 합쳐야 해결할 수 있는 과제를 내주었다. 이런 과제를 통해 집단 간 갈등은 해소되어갔다.

◆ 동료 의식과 적대심이 높아지는 조건

내집단 편애가 너무 지나치면 내집단 이외의 사람들, 즉 외집단*(外潗團)에 대한 적대적 감정으로 변할 수가 있다. 그리고 한번 적대적 감정이 싹트면 단순한 접촉으로는 해소되지 않고 집단 간 갈등(집단과 집단의 감정적인 알력)을 오래 끌게 되는 것으로 알려졌다.

미국 사회심리학자 무자퍼 셰리프는 여름 캠프 실험을 실시했다(도둑 동굴이라는 캠프장에서 진행했으므로 도둑 동굴 실험이라고도 한다). 이 실험에서 셰리프는 11~12세 소년들을 두 그룹으로 나누었다. 그리고 각 그룹에 친목을 도모하기 위해 다른 그룹과 1주일간 접촉하지 않도록 하고, 다양한 방법으로 동료 의식을 키워주었다. 그런 다음 두 그룹 간에 상품을 건 야구 시합을 시켜 그룹 내의 동료 의식과 그룹 간의 적대심을 부추겼다.

이 동료 의식과 적대심은 시합이 끝난 후에도 계속되었다. 적대심(집단 간 갈등)을 해소하기 위해 영화를 본 후 함께 식사하는 자리를 마련하기도 했다. 그러나 무의미한 교류는 오히려 적대심을 키우는 결과를 가져왔다.

이 적대심은 도랑에 빠진 트럭을 함께 구조하는 등 두 그룹이 힘을 합쳐야 해결할 수 있는 과제에 몰두하게 하자 해소되었다. 다시 말해 협력해서 과제에 몰두한 순간 내집단이 된 것이다. 이와 같이 동료 의식은 우리의 대인 감정에 깊은 영향을 미친다. (스기야마 다카시)

074

사랑의 현수교 실험이 잘 진행되기 위한 조건은?

Keywords | 연애 | 정동 2요인설 | 매력 |

카필라노 현수교
눈앞이 아찔한 현수교에서 심리학사에 남는 사랑의 현수교 실험을 진행했다.

현수교 효과는 연애심리학에서 가장 유명한 현상이다. 당신이 마음에 두고 있는 사람과 높은 곳에 걸려 있는 흔들리는 현수교를 건넌다고 해보자. 상대는 현수교를 건너면서 심장 박동이 빨라지고 혈압이 올라간다. 그러면 그(녀)는 이 두근거리는 마음을 당신에 대한 애정이라고 착각할 수가 있다. 이 현상이 생기면 상대는 당신을 보다 좋아하게 될 것이다. 그 때문에 데이트할 때는 현수교 아니면 도깨비집이나 제트코스터처럼 가슴이 두근거리는 어트랙션에 가는 것이 좋겠다고 말한다.

◆ **성공률 50%**

이 현상의 배경에 있는 것이 스탠리 샥터가 제안한 정동(情動)의 인지설(정동 2요인론→058)이다. 보통 우리는 감정을 다음과 같은 경로로 느낀다. 즉, '사건→그 사건의 해석→감정'이다. 연애로 말하자면 '멋있는 이성→그 사람이 좋아진다→함께 있으면 가슴이 두근거린다' 식의 흐름이다. 감정은 우리의 인지 결과나 그 반응으로 생긴다. 그런데 스탠리 샥터는

실제로는 '사건→감정→그 감정에 대한 해석'이라는 흐름이 있다고 생각했다. 연애로 말하면 '멋있는 이성→함께 있으면 가슴이 두근거린다→그 사람과 함께 있으면 왜 가슴이 두근거릴까, 이게 사랑인지도?'라고 나중에 감정을 인지한다는 흐름이다. 즉, 감정은 인지에 앞서 생기고, 우리는 그것을 나중에 해석한다는 것이다. '왜 그 애 앞에 서면 두근거릴까, 내가 그 애를 좋아하는 걸까?' 중학교 다닐 때 이런 사고 패턴을 경험한 사람도 적지 않을 것이다.

혹시 감정이 인지의 결과로 생기는 것이 아니라 인지보다 먼저 생긴다고 하면 잘못된 인지를 유도할 수도 있다. 현수교를 건너면서 생긴 두근거림을 사랑이라고 잘못 인지시킬 수가 있는 것이다. 이것을 실제 실험적으로 검토한 것이 사회심리학자 도널드 더튼과 아서 아론의 현수교 효과다.

도널드 더튼과 아서 아론은 캐나다 밴쿠버에 있는 70미터 높이의 카필라노 현수교에서 실험을 했다. 이 다리를 혼자 건너온 남자에게 여자 대학원생이 다가가 간단한 실험에 협조해

도널드 더튼과 아서 아론의 실험

현수교 실험(실험군)에서는 전화번호를 받아 간 18명 중 9명이 전화를 걸어왔다. 그러나 낮은 콘크리트 다리에서 실험(통제군)했을 때는 전화번호를 받아 간 16명 중 2명만 전화를 걸어왔다.

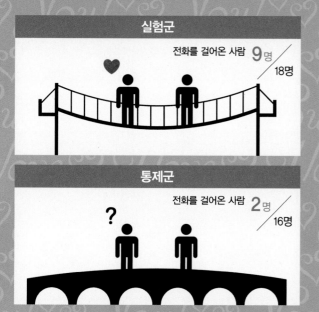

실험군

전화를 걸어온 사람 **9**명 / 18명

통제군

전화를 걸어온 사람 **2**명 / 16명

그레고리 화이트의 실험

두근거리는 상태와 그렇지 않은 상태에서 여성을 봤을 때 여성의 매력도를 실험 참가자에게 평가하게 했더니 미인인 경우에는 두근거리는 상태에서 매력도가 더 높았다. 그러나 미인이 아닌 경우에는 두근거리는 상태에서 매력도가 더 낮았다. 두근거림이 언제나 상대의 매력도를 높이는 것은 아니라는 것을 알 수 있다.

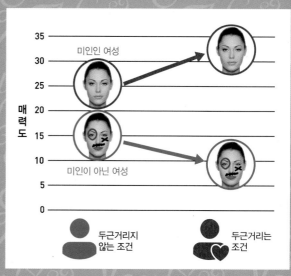

미인인 여성

미인이 아닌 여성

매력도

두근거리지 않는 조건

두근거리는 조건

달라고 요청한다. 그리고 마지막에 실험 결과를 알고 싶으면 전화하라며 자신의 전화번호를 건넸다. 카필라노 현수교를 건널 때 생긴 두근거림이 그 여성을 좋아하는 감정이라고 잘못 인지한 남자가 여성에게 사랑을 느껴 전화를 걸지 않을까 생각한 것이다. 실제 실험 결과에서는 전화번호를 받아 간 18명 중 9명이 전화를 걸어왔다. 이에 반해 두근거림이 생기지 않는 낮은 콘크리트 다리에서도 같은 실험을 했는데, 여기서는 전화번호를 받아 간 16명 중 2명만 전화를 걸어왔다.

◆ 경우에 따라서는 역효과도

이 실험은 아주 유명해졌지만 한 가지 커다란 함정이 있다. 그것은 다리를 건너면서 생긴 두근거림을 연애 감정이라고 착각하기 때문에 말을 거는 사람이 미인일 필요가 있다는 것이다. 만약 그렇지 않다면 남성은 다리를 건너면서 느낀 두근거림을 정확하게 다리 탓이라고 인지하거나 '이런 여성에게 가슴이 두근거릴 리가 없어'라고 생각할 게 분명하기 때문이다.

실제로 그 후 메릴랜드대학의 그레고리 화이트가 그다지 미인이 아닌 여성(화장으로 일부러 매력을 숨겼다)으로 같은 실험을 했더니 현수교 효과가 생기기는커녕 오히려 역효과가 나왔다.

즉, 현수교 효과가 나오려면 유감스럽지만 상대가 미인이어야 한다는 것이다. (오치 케이타)

075

바퀴벌레도 동료의 눈을 의식한다

Keywords | 사회적 촉진 | 퍼포먼스 | 각성 수준 |

사회적 촉진 타인이 존재하면 더 뛰어난 퍼포먼스를 발휘할 수 있다. 타인은 함께 경기를 하거나 경쟁하는 경우가 있는가 하면, 주위에서 응원을 해주는 경우도 있다.

自전거 경기(사이클), 수영, 100미터 달리기 등을 할 때 옆에 타인이 있느냐 없느냐에 따라 우리의 행동이 다르다. 혼자서 하는 것보다 누군가와 경쟁하거나 누군가 보고 있을수록 좋은 성적이 나오기도 한다. 이렇게 타인의 존재가 나의 능력 발휘에 영향을 미치기도 하는데, 이런 경향을 사회심리학자 플로이드 올포트는 사회적 촉진이라고 했다.

◆ 타인은 작업 결과를 촉진한다

1898년 미국의 심리학자 노먼 트리플렛은 사회적 촉진에 관한 고전적 연구 성과를 내놓았다. 트리플렛은 원래 자전거 경기에 흥미를 갖고 혼자서 달릴 때보다 다른 선수와 함께 달릴 때 더 좋은 기록이 나온다는 것을 깨달았다. 그래서 이를 확인하기 위해 낚싯줄을 낚싯대에 감아올리는 작업을 혼자 하는 경우와 다른 사람과 함께하는 경우를 비교하는 실험을 했다. 그 결과, 다른 사람과 함께하는 경우가 혼자서 하는 경우

보다 더 빨리 낚싯줄을 감아올린다는 사실을 확인했다. 이 외에도 곱셈 등 단순한 과제에서도 마찬가지로 사회적 촉진 효과가 나온다는 것을 밝혔다.

사회적 촉진은 타인의 존재가 우리 작업 결과에 영향을 미치는데, 함께 작업을 하는 공동 작업자로서 존재하는 경우와 관찰자로서 존재하는 경우 두 가지로 나눌 수 있다. 트리플렛 실험은 전자의 함께 작업을 하는 공동 작업자의 사회적 촉진을 다룬 것이라 할 수 있다.

한편 타인이 관찰자로서 존재하는 경우에 보통 이상의 실력을 발휘했다는 경험자도 많다. 이에 대해서 로버트 자이언스는 바퀴벌레를 사용해 흥미 있는 실험을 했다.

◆ 관찰자 효과는 상황에 따라 다르다

로버트 자이언스는 투명한 플라스틱으로 미로를 만들고, 거기에 다른 바퀴벌레가 관찰자로서 존재하는 상황 아래 바퀴벌

바퀴벌레 실험 타인의 존재가 퍼포먼스를 촉진할지 그렇지 않을지는 행위자가 과제에 숙달해 있느냐 아니냐 하는 요인에 의해서도 좌우된다. 간단한 미로를 달리게 하는 바퀴벌레 실험에서 관찰자가 있는 조건에서는 관찰자가 없는 조건에 비해 목표 지점까지 도달하는 데 걸리는 시간이 적었다. 반대로 복잡한 미로를 달리게 하는 실험에서는 관찰자가 있는 조건에서 목표 지점까지 더 많은 시간이 걸렸다.

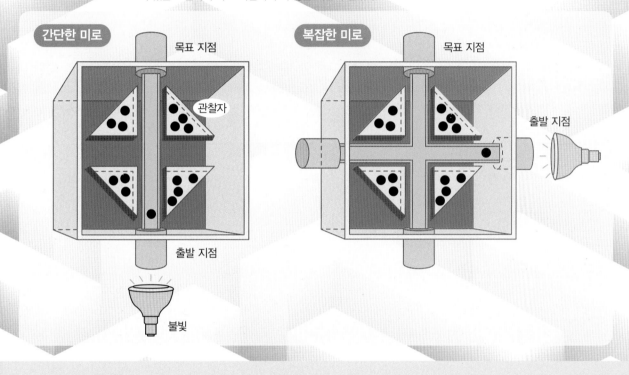

레의 퍼포먼스를 관찰했다. 그 결과, 관찰자가 있을 때 더 멋진 바퀴벌레의 퍼포먼스가 관찰되었다.

자이언스는 이번에는 간단한 미로와 복잡한 미로를 준비해서 바퀴벌레를 사용한 행동 관찰을 반복했다. 그러자 바퀴벌레의 관찰자가 있는 경우, 바퀴벌레는 간단한 미로에서는 빨리 미로를 찾았지만 복잡한 미로에서는 미로를 찾는 데 시간이 걸렸다. 이런 일련의 실험은 다른 연구자를 자극해 다양한 실험이 진행되었다.

이 실험을 정리하면 과제가 용이하고 숙달된 경우에는 관찰자의 존재는 행위자의 퍼포먼스를 촉진한다. 하지만 반대로 과제가 복잡하고 익숙하지 않은 경우에는 관찰자의 존재가 압박으로 작용해 오히려 퍼포먼스를 억제하는 것으로 나타났다.

이런 현상은 왜 일어나는 것일까? 이를 명확하게 설명한 로버트 자이언스의 각성 이론이 있다. 이 이론에서는 각성 수준이 상승하면 그때 지배적인 행동 경향이 강해진다고 가정했

다. 예를 들어 간단한 과제라면 이미 숙달되어 있기 때문에 잘못된 반응을 일으키는 일이 적다. 따라서 타인의 존재에 의해 각성 수준이 상승하면 그 간단한 과제에 대한 반응 경향이 강해져 결과적으로 작업 효율이 촉진된다. 한편 복잡한 과제의 경우는 충분히 숙달되어 있지 않기 때문에 잘못된 반응을 일으키기 쉽다. 그 때문에 타인의 존재에 의해 각성 수준이 상승하면 오히려 잘못된 반응을 일으키기 쉬워 결과적으로 작업 결과가 억제된다. (이케다 히로시)

076

성격은 5차원으로 되어 있다!

Keywords | 빅 파이브 성격 이론 | 특성 | 인자 |

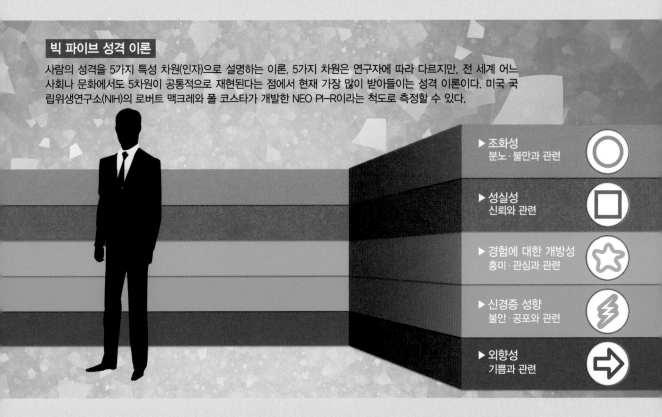

빅 파이브 성격 이론

사람의 성격을 5가지 특성 차원(인자)으로 설명하는 이론. 5가지 차원은 연구자에 따라 다르지만, 전 세계 어느 사회나 문화에서도 5차원이 공통적으로 재현된다는 점에서 현재 가장 많이 받아들이는 성격 이론이다. 미국 국립위생연구소(NIH)의 로버트 맥크레와 폴 코스타가 개발한 NEO PI-R이라는 척도로 측정할 수 있다.

▶ 조화성
분노·불만과 관련

▶ 성실성
신뢰와 관련

▶ 경험에 대한 개방성
흥미·관심과 관련

▶ 신경증 성향
불안·공포와 관련

▶ 외향성
기쁨과 관련

당신은 취업을 준비 중인 학생 또는 전직 희망자다. 당신이 입사하고 싶은 회사는 경쟁률이 높다. 이른바 인기 있는 신의 직장이다. 이 기업으로부터 서류 심사에 통과했으니 면접을 보자는 통보가 왔다. 우선 기쁠 수도 있다. 그러나 이 시점의 당신은 아직 아무것도 된 것이 없다. 다음 면접으로 승부가 나기 때문이다. 채용 담당자가 꼭 채용하고 싶다고 생각하게 만들지 않으면 서류 심사 결과는 아무 소용이 없게 된다. 채용되기 위해 자신을 속일 필요는 없으나 가능하면 좋은 인상을 주고 싶다. 이럴 때 도움이 될 만한 심리학은 없을까?

◆ 과학적으로 가장 신뢰할 수 있는 이론

심리학에는 성격(퍼스낼러티)의 기술적 모델이라는 것이 있다. 이것은 사람이 사람을 어떤 식으로 기술해왔는지, 바꿔 말하면 사람이 사람을 어떤 식으로 평가하고 설명하고 있는지를 모델화한 것이다. 그중에서도 가장 유명하고 강력한 이론이 빅 파이브 성격 이론(특성 5인자론)이다.

이 이론은 '사람의 개성을 표현하는 모든 말을 모아 분류했더니 5가지 특성이 되었다'고 하는 지극히 심플한 것이다. 연

구자에 따라 분류하는 구성 개념(이것을 특성 차원 또는 인자라 한다)의 명칭은 다르지만, 지금까지 전 세계 어느 사회나 문화에서 실시한 실험을 확인해봐도 거의 같은 결과가 나오는 강력한 이론이다. 분류 방법은 심리통계법의 하나인 인자 분석을 사용했으며, 누군가의 주관이나 판단으로 분류한 것이 아니다. 그렇기 때문에 가장 신뢰할 수 있는 성격 이론의 하나라 할 수 있다.

◆ 성격의 5가지 차원

성격의 5가지 차원을 하나씩 살펴보자. 먼저 조화성이란 불평이나 불만을 조절해서 남이나 조직에 협조적으로 행동할 수 있는 것이다. 누구라도 자신에 대해 반항적이고 비판적인 사람과는 어울리고 싶지 않으므로 조화성을 보는 건 당연하다.

다음으로 성실성은 신뢰할 수 있는 사람인가, 의지할 수 있는 사람인가 하는 점이 포인트이다. 자신을 배신할 것 같은 사람이나 약속을 지키지 않는 사람과는 역시 어울리기 어렵고 함께 뭔가를 하기도 어렵다.

경험에 대한 개방성은 흥미와 관심의 폭이 넓은 사람, 다

성격 이론 사용법

성격은 불변하며 고정적인 것이 아니라 노력에 따라 바뀔 수 있는 측면도 있다. 면접에서부터 일상생활의 다양한 상황까지, 자신이 어떤 존재이기를 원하는지 생각할 때 성격 이론이 도움이 될 것이다.

> 조화성은 높고, 성실해 보이는데, 취미나 관심 분야가 좀 좁군. 외향성은 우리 회사에 융합할 수 있는 레벨일까?

시 말해 여러 가지 지식이나 경험을 갖고 있어 재미있는 사람이라는 착안점이다. 시야가 좁고 사고방식이 경직화된 사람은 어울려도 재미가 없다. 만약 실력이 비슷하다면 재미가 없는 사람보다도 화젯거리가 많은 사람이 보다 매력적이고 존경받기 쉽다.

그리고 신경증 성향이란 감정의 기복이 심한 것을 말한다. 사소한 일에도 걱정을 많이 하는 사람이나 생각대로 되지 않으면 즉시 불안정해지는 사람과는 어울리기 어렵다.

여기까지의 4차원에서는 어떤 사람을 좋아할지 명확하다. 사람이나 조직에 협조적이고 신뢰할 수 있으며 관심의 폭이 넓고 정서적으로 안정되어 있는 사람이 좋은 인상을 남긴다고 할 수 있다. 그러나 마지막 차원은 좀 다르다. 서로 맞는 타입이라는 것이 있다.

마지막의 외향성이란 모르는 타인이나 사항에 관심을 갖고 적극적으로 새로운 일을 대할 것인가 하는 차원이다. 미개척 분야를 계속 추구하는 미국식 비즈니스 문화에서는 외향적인 쪽이 보다 좋은 직장인이라 할 수 있다. 일본도 미국식 비즈니스 문화를 받아들이고 있으므로 외향성이 높은 사람을 원하는

일이 많다. 그러나 모든 기업이 미국식 비즈니스 문화로 움직이는 것은 아니다. 화려하지 않지만 길게 필요한 사업을 하는 기업에서는 오히려 신중한 자세를 요구하는 경우도 있다. 자신이 원하는 기업 문화를 알아봐서 외향적인 사람과 내향적인 사람, 어느 쪽을 원하는지 생각해보자.

이 성격의 5차원은 생물학적인 기반도 연구하고 있어(→ 004), 사람의 행동을 예측하는 힘이 강한 것으로 알려져 있다. 그렇지만 현재 당신의 성격으로 당신의 미래 모든 것이 결정되는 것은 아니다. 미국에는 내향적인 사람도 외향적으로 가장해 사회에 적응하는 사람이 많다. 불편이나 불만이 많은 사람도 상대의 입장을 배려하려고 노력하면 조화성을 높일 수 있다. 이와 같은 마음가짐에 따라 성격이 변해가기도 한다. 먼저 5가지 차원으로 자기 자신을 살펴보고 어떤 존재가 되어 사람을 대하고 싶은지 생각해보면 좋을 것이다. (스기야마 다카시)

생산성을 높이려면 인간관계를 중시하라!

Keywords | 과학적 관리법 | 호손 실험 | 모티베이션 | 감정 | 인간관계 |

호손 실험

웨스턴 일렉트릭 사의 호손 공장에서 행해진 실험에서는 공장 내 조명의 밝기를 시작으로 다양한 조건을 바꿔가면서 작업 능률과의 관계를 조사했다.

조 직에서는 생산성 향상이 가장 중요한 과제이다. 예전에 는 기술을 가진 사람이 개별적으로 작업을 해서 물건을 만들어냈으나 산업혁명을 계기로 공장이라는 조직에 의해 효율적으로 대량생산을 하게 되었다. 그런데 많은 노동자를 모아 체계적으로 작업을 진행하려고 해도 잘되지 않는 경우가 많다. 노동자에 따라 생산성이나 작업의 질에 차이가 생기기 때문이 다. 1900년대 초, 프레더릭 테일러는 최대의 생산효과를 확보 할 수 있는 과학적 관리법을 제창했다. 표준이 되는 과업(노르 마) 설정, 작업실 조명의 밝기와 온도, 휴식 시간의 길이 등 다 양한 노동조건이 노동자의 생산성이나 효율성에 영향을 미친 다고 본 것이다.

◆ 노동조건과 생산성은 무관계?

이러한 과학적 관리법의 흐름을 타고 하버드대학 엘튼 메 이요와 프리츠 뢰슬리스버거 교수는 1924년부터 1932년까지 미국 시카고 교외에 있는 웨스턴 일렉트릭 회사의 호손 공장 에서 작업 조건과 생산 효율과의 관계를 검증하는 일련의 실 험을 실시했다. 이 실험은 공장 이름을 따서 호손 실험이라고 한다.

먼저 메이요와 뢰슬리스 버거는 공장 내 조명의 밝기와 작 업 효율의 관계를 조사하는 실험을 했다. 그 결과, 조명을 밝게 했을 때 이전보다도 생산성이 향상되었다. 그런데 조명을 어둡 게 해도 생산성이 향상된다는 예상치 못한 결과도 확인되었다.

호손 실험의 결과

조명의 밝기나 노동조건을 개선하자 생산성이 향상되었다. 그러나 개선 전의 상태로 돌아가도 생산성 향상이 계속되었다. 결국 생산성 향상에 기여한 것은 종업원의 모티베이션과 감정, 인간관계라는 것을 알 수 있었다. 이 발견은 그 후의 조직 경영에 큰 영향을 주었고, 호손 실험 또한 심리학, 경영학의 역사에 이름을 남기는 실험이 되었다.

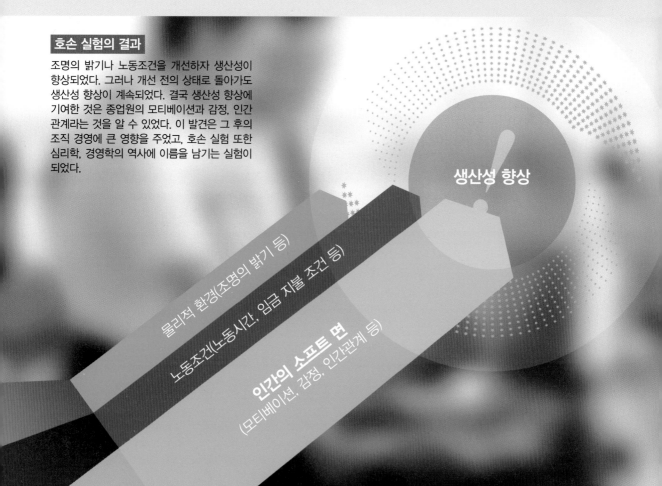

생산성 향상

물리적 환경(조명의 밝기 등)

노동조건(노동시간, 임금 지불 조건 등)

인간의 소프트 면
(모티베이션, 감정, 인간관계 등)

호손 실험은 계속되었고 5명의 여종업원을 선정해 노동시간, 임금 지불 방법 등 노동조건을 바꾸면서 실험을 진행했다. 그 결과 1년 반에 걸쳐 생산성이 향상되었다. 그런데 반대로 이전의 나쁜 노동조건으로 돌아가도 생산성은 마찬가지로 향상되었다.

◆ 인간의 소프트한 면을 중시하는 경영으로

메이요와 뢰슬리스버거는 그 원인을 찾기 위해 면접을 실시했다. 그리고 여종업원들은 하버드대학 교수의 실험 참가자로 선정된 자신들이 특별한 역할을 한다는 데 자부심을 갖고 있다는 것을 알게 되었다. 이것은 생산성이 작업 조건만으로 결정되는 것이 아니라 종업원의 감정이나 의식에 따라 좌우된다

는 것을 의미한다. 남녀는 서로 동료로서의 연대감이 형성되어 있는데, 이것도 생산성에 영향을 주는 것으로 나타났다.

호손 실험이 실시되기 전까지 조직 관리는 프레더릭 테일러의 과학적 관리법이 중심이었다. 그러나 호손 실험 결과, 조직의 생산성은 동료 의식이나 감정에 의해 좌우되는 것으로 밝혀졌다. 이것이 계기가 되어 인간의 소프트한 면으로서 모티베이션이나 감정, 인간관계 등의 중요성이 인식되어 그 후의 생산과 조직심리학 연구의 발전에 크게 공헌했다. (이케다 히로시)

팀이 효과적으로 작동하려면?

Keywords | 팀 효과성 모델 | 팀워크 | 팀 멘탈 모델 |

팀 효과성 모델

업적이나 창의성, 경쟁력 등 팀의 성과에 이어지는 조건을 넓게
정리한 모델. 입력-프로세스-출력 모델이라고도 한다.

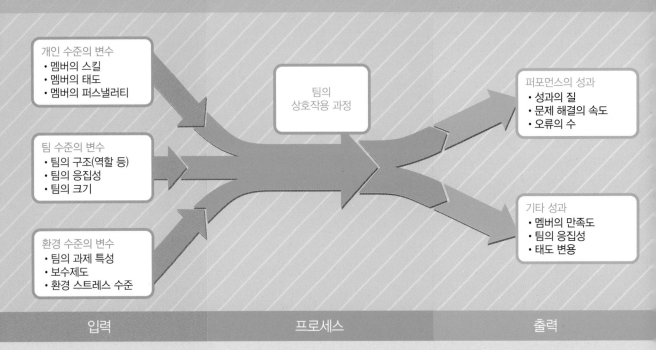

개인 수준의 변수	팀의 상호작용 과정	퍼포먼스의 성과
• 멤버의 스킬 • 멤버의 태도 • 멤버의 퍼스낼러티		• 성과의 질 • 문제 해결의 속도 • 오류의 수

팀 수준의 변수
• 팀의 구조(역할 등)
• 팀의 응집성
• 팀의 크기

기타 성과
• 멤버의 만족도
• 팀의 응집성
• 태도 변용

환경 수준의 변수
• 팀의 과제 특성
• 보수제도
• 환경 스트레스 수준

입력	프로세스	출력

경영 조직에서는 다양한 과제를 효율적으로 수행하기 위해 업무 내용에 따라 분업을 도입한다. 그 분업에 따라 과제를 수행하는 집단은 전통적으로 부문이나 부서로 불리며 학술적으로는 넓게 업무 집단으로 위치가 정해져 있다.

최근에는 업무 집단과 상호 호환적으로 팀이라는 명칭도 사용하고 있다. 팀은 업무 집단에 포함되는 하나의 형태이며, 개념적으로 명확하게 구별하기는 어렵다. 그러나 다음과 같은 세 가지 특성을 강하게 갖는 집단을 팀이라고 부르는 일이 많다. ①특정의 목적이나 달성해야 할 목표를 공유하고 있는 것, ②과제를 수행하는 데 상호 협력할 필요가 매우 강한 것, ③팀 내 각 멤버의 역할이 매우 명확한 것이다. 가장 전형적인 예가 어느 특정의 과제를 수행하기 위해 결집된 프로젝트 팀이나 의료 팀이다. 그러나 최근에는 이 세 가지 특성을 기존의 직장에 도입해 팀이라고 부르기도 한다.

◆ 팀의 성과에 연결되는 조건

팀은 어떻게 해서 높은 실적을 실현하는 것일까? 팀의 퍼포먼스에 관한 요소와 과정을 설명한 모델로서 사회심리학자인 조셉 맥그레스의 팀 효과성 모델이 있다. 이것은 업적이나 창의성, 경쟁력 등 팀의 성과에 이어지는 조건을 넓게 정리해 그 모델을 구축한 것으로, 입력-프로세스-출력 모델이라고도 한다.

출력이란 팀 활동의 결과로서 나온 성과를 의미한다. 그리고 출력을 만들어내는 요인이 팀의 상호작용 프로세스이다. 이것은 멤버 간에 행하는 의사소통이나 정보 공유, 협력, 연계를 가리킨다. 이들을 효율적 또는 효과적으로 실행할 수 있느냐 없느냐가 팀의 성과를 크게 좌우하게 된다.

그리고 팀의 상호작용 과정은 입력이라 불리는 세 변수의 영향을 받는다. 즉 멤버의 스킬이나 태도로 이뤄지는 개인 수준의 변수, 팀의 구조나 팀의 응집성 등으로 이뤄지는 팀 수준의 변수, 그리고 과제 특성이나 보수제도 등의 환경 수준 변수로 구성된다.

팀 멘탈 모델

팀으로서의 기능을 최대한으로 발휘하기 위해서는 팀워크의 심리적 측면에 대한 이해가 필요하다. 팀 멘탈 모델이란 팀에 관한 다양한 지식을 멤버와 공유하는 상태를 말한다.

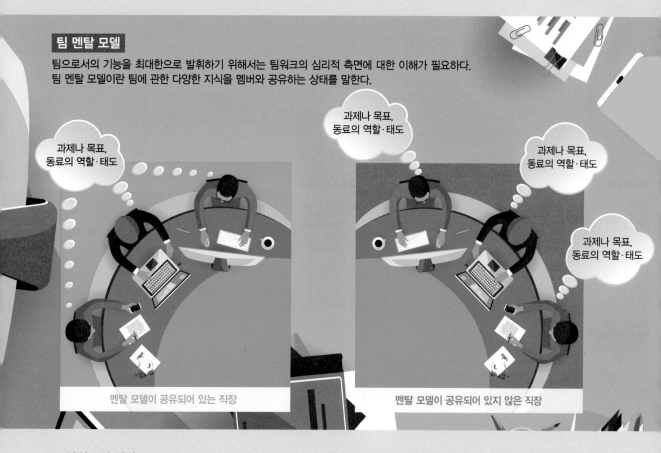

멘탈 모델이 공유되어 있는 직장

멘탈 모델이 공유되어 있지 않은 직장

◆ 팀워크의 의미

팀 효과성 모델이 시사하는 가장 중요한 점은, 팀의 성과는 원활하고 질이 높은 팀 활동에 좌우된다는 것이다. 이것을 팀워크라고 한다. 팀워크는 일상적으로 이용할 수 있는 말이기 때문에 다양한 설명이나 정의가 되어 있으나, 관련된 연구를 토대로 정리해보면 팀워크는 행동적 측면과 심리적 측면, 두 가지를 포함하는 개념이라고 할 수 있다.

팀워크의 행동적 측면이란 팀 멤버 간에 이루어지는 다양한 활동을 의미한다. 팀워크 행동은 팀 퍼포먼스의 통제 관리와 팀의 원활한 대인관계에 포괄적으로 정리된다.

한편 팀워크의 심리적 측면이란 팀 멤버 간에 이루어지는 활동의 실행을 촉진하고 조정하는 기능을 의미한다. 대표적인 개념으로서는 팀 효력감과 팀 멘탈 모델을 들 수 있다. 팀 효력감이란 팀이 하는 특정 과제를 효과적으로 수행할 수 있다는 팀의 능력에 관한 멤버가 공유한 집합적인 신념을 가리킨다. 팀 멘탈 모델이란 팀의 과제나 역할, 목표, 능력에 관한 지식을 팀 멤버가 공유하고 있는 상태를 의미한다. 팀 멘탈 모델을 멤버 간에 공유함으로써 효과적인 지원이나 백업을 할 수 있다. (이케다 히로시)

VII
마음의 병과 건강

079

심리 테스트로 무엇을 알 수 있을까

Keywords | 혈액형 성격 진단 | 바넘 효과 | 개성 | 표준화 |

MMPI의 프로파일(검사 결과) 예

MMPI에서는 폭넓게 정신 질환의 가능성을 확인할 수 있지만, 그림처럼 전체적으로 오른쪽 항목 점수가 높다. 특히 Pa, Sc, Ma 등이 높은 경우는 주변에서 일어나는 사건을 바르게 통합하는 현실 검토 능력이 떨어져 엉뚱한 행동을 할 위험이 높다.

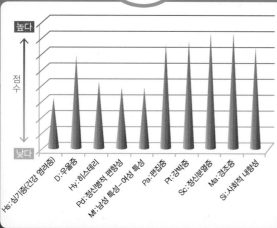

TEGⅡ프로파일의 예

TEGⅡ는 5가지 심리 상태의 균형으로 개인의 개성을 파악한다. 비판정신(CP), 합리성(A), 복종(AC)이 떨어지지만, 남을 잘 보살핌으로써 즐거움을 추구하는(FC) 그림 같은 M자형 프로파일은 골목대장 타입이라고 한다.

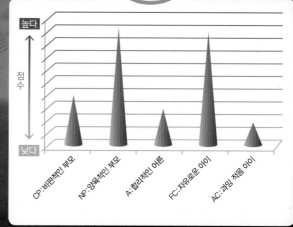

일 본인은 혈액형으로 성격을 진단하는 것을 좋아한다. 당신도 해본 적이 있는가? 어떤 관공서에는 'B형 블루스'라는 동아리가 있다고 한다. 이 동아리는 B형 아내를 둔 남성들이 술을 마시며 서로를 위로할 목적으로 만들었다고 한다.

B형 아내를 둔 남성들이 어떤 고통을 겪는지 모르지만, 혈액형으로 보는 성격의 스테레오 타입(고정관념)은 이 세상에 흔하다. 흔히 볼 수 있는 혈액형별 성격을 요약하면 다음과 같다.

- A형: 일이나 인간관계 등으로 스트레스를 받는 일이 많다.
- B형: 흥미가 있는 일에는 집중력을 발휘한다.
- O형: 마음이 태도에 드러나 잘 감추지 못한다.
- AB형: 이해득실을 잘 따진다.

당신은 이런 진단이 맞다고 생각하는가? 사실 이 항목들은 혈액형과 관계없이 보통 사회생활을 하고 있다면 누구에게나

해당되는 특징이다. 스트레스도 집중력도 이해득실 계산도 누구에게나 해당된다. 자신의 마음을 잘 감추는 사람은 어쩌면 배덕자*(앙드레 지드의 소설 《부도덕한 사람 L'Immoraliste》)인지도 모른다.

◆ 사람을 속성으로 판단하지 않는다

혈액형 성격 진단이 맞는 것처럼 생각되는 것은 바넘 효과의 영향이다. 바넘 효과란 어느 누구한테나 들어맞는 일반적인 성격 특성을 자신의 성격과 일치한다고 믿는 현상을 말한다. 19세기에 활약했던 미국의 흥행사 피니어스 바넘이 사람의 성격을 잘 알아맞혔다는 데서 유래되었다.

그렇다면 신뢰할 수 있는 심리 테스트란 어떤 것일까? 혈액형이나 별자리, 성별, 출신지를 심리학에서는 속성이라 하는

우치다-크레페린 정신 작업 검사의 예

서로 이웃한 숫자를 더한 그 1의 자리를 숫자 사이에 기입하는 테스트. 취직 시험 등에서 많이 사용한다.
일반적으로 그림처럼 시간의 경과에 따라 완만하게 작업량이 감소해간다.

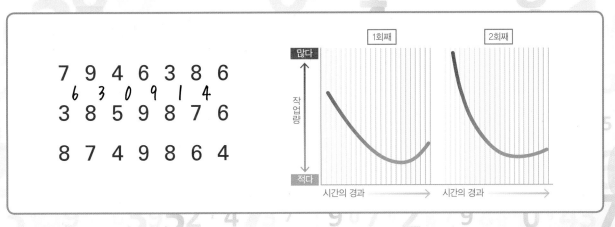

데, 신뢰할 수 있는 심리 테스트는 속성으로 사람을 판단하지 않는다. 같은 자극을 다른 사람에게 주고, 반응의 차이를 측정함으로써 개개인의 개성을 파악하는 것이 신뢰할 수 있는 심리 테스트이다.

심리학자들은 어떤 자극을 주면 자신이 조사하고 싶은 것을 알 수 있는지 철저하게 연구한다. 그리고 어떤 반응을 하면 어떤 개성이 있는지도 철저하게 연구한다. 이 절차를 표준화라고 하며, 이 절차를 거친 심리 테스트를 표준화된 심리 테스트라고 한다. 일본에서 많이 이용하는 신뢰할 수 있는 심리 테스트를 소개하자면 다음과 같은 것들이 있다.

◆ 신뢰할 수 있는 심리 테스트

- MMPI(미네소타 다면적 인성 검사): 질문지형(설문 형식) 심리 테스트이다. 심기증(건강 염려증)에서 파라노이아(편집증), 우울증까지 폭넓게 정신 질환의 가능성을 체크할 수 있다. 다만 항목이 550개나 되기 때문에 심리적인 돌봄이 필요한 사람의 경우는 숙제로 내주고 집에서 체크하게 하기도 한다.
- TEG II(Tokyo University Egogram New Ver. II): 이것도 질문지 형식의 심리 테스트이다. 5가지 심리 상태, 즉 비판적인 부모(CP), 양육적인 부모(NP), 합리적인 어른(A), 자유로운 아이(FC), 과잉 적응 아이(AC)의 균형으로 개인의 개성을 파악한다.
- NEO PI-R(NEO 성격 척도 개정판): 성격의 5요인(→076)에 기반을 둔 검사이다
- YG 성격 검사(야타베·길포드 성격 검사): MMPI처럼 다면적이지만 병리가 아닌 개성을 측정할 수 있게 구성되어 있다. 120개 항목의 질문을 통해 평균형, 정서불안 적극형, 안정 소극형, 안정 적극형, 정서불안 소극형의 5가지 성격 유형으로 판단해서 개성의 정도를 나타낼 수도 있다.
- 우치다-크레페린 정신 작업 검사: 무작위로 늘어놓은 한 자리 숫자를 이웃한 숫자끼리 더해 1의 자리의 수를 사이에 기입해가는 것으로, 휴식 시간을 두고 두 번 실시한다. 1분마다 작업량을 전반, 후반별로 그래프화해서 작업 곡선을 그리고 곡선의 모양이나 작업량으로부터 성격을 판단한다. 정형 곡선이 아니라 작업량에 변화가 있는 경우에는 주의 집중에 문제가 있는 것으로 간주한다. 자동차 운전면허 적성 검사 등에도 이용된다.

일본에서 가장 많이 사용하는 지능검사(→080)로는 성인용 WAIS(웩슬러 성인 지능검사), 아동·학생용 WISC(웩슬러 아동 지능검사), 유아용 WPPSI(웩슬러 유아 지능검사) 등이 있다. (스기야마 다카시)

080

지능검사로 무엇을 알 수 있을까

Keywords | 지적 장애 | 학습 장애 | 특별 지원 교육 |

지능검사의 도구

지능검사는 집단에서 하는 경우와 개별적으로 하는 경우가 있다. 집단에서 하는 경우는 질문지를 이용하는데, 집단식 검사에서 낮은 수치가 나오면 개별식 검사를 하기도 한다. 블록 쌓기나 축소 모형, 컬러 칩, 그림이나 문자 카드 등을 이용해 지적인 능력 문제를 확인할 수 있다.

당신은 지능이라 하면 어떤 이미지가 떠오르는가? 타고난 두뇌, 유전되는 것, 노력이나 경험과 상관없는 지적 능력…… 이와 같은 이미지를 갖고 있는 사람이 많지 않을까.

결론부터 말하자면, 현대 심리학은 지능이 존재하는지 존재하지 않는지 확실히 대답하지 않는다. 사실 지능이 확실히 있는지 심리학자도 모르는 것이다.

존재가 불확실한 것을 측정할 수는 없다. 그러나 지능검사라는 것은 확실히 존재한다. 판매도 되고 있다. 그 검사에 근거해 지능지수나 지능 편차치라는 것도 산출한다. 이들 수치는 병원에서는 의학적인 자료로서, 학교에서는 교육적 배려를 검토하는 자료로서 중요하게 생각한다. 대체 지능검사로 무엇을 알 수 있을까?

◆ 사회에 적응할 수 있는 지적인 능력

이야기는 19세기 후반의 프랑스로 거슬러 올라간다. 프랑스는 전통적으로 인권 논쟁이 뜨거운 나라다. 그 가운데서도 지금으로 말하자면 '지적 장애나 학습 장애 아이들이 그들에게 맞지 않는 교육을 받고 있는 것이 옳은 일일까?' 하는 논쟁을 정책 수준에서 한다. 거기서 특별 지원 교육을 하는 반을 만들자는 계획이 진행되었다.

하지만 특별 지원 교육반에 들어가는 아이들과 보통 학급에서 공부해야 하는 아이를 어떤 식으로 구별하면 좋을까. 이 문제에 답한 사람이 알프레드 비네이다. 비네는 자신의 딸들을 12년간 관찰한 것을 토대로 지능에 대해 깊이 있게 고찰하기 시작했다. 프랑스 정부가 지능검사를 만들어달라고 하자 비네는 지능을 '소속하는 사회에서 주위 사람이 그 연령에게 기대하는 지적 능력'이라고 정의했다. 그리고 각 연령의 아이들이 어떤 일을 할 수 있을까 조사한 후, 그 연령의 아이가 할 수 있는 과제를 연령이 낮은 순(난이도가 낮은 순)으로 늘어놓고 시행하는 검사를 작성했다. 이것이 현재 우리가 사용하는 지능검사의 원형이다.

이와 같이 지능에 대한 최초의 정의는 일반 아이들과 함께

지능의 정의

웹슬러는 언어 이해, 지각 추론, 작업 기억(워킹 메모리), 처리 속도의 네 가지 능력(지표)으로 지능을 정의한다.
검사 결과를 토대로 개인이 잘하는 것, 싫어하는 것을 추정해 실제로 지원하는 데 이용한다.

지각 추론
시각 정보를
전체와 관련지어
이해하는 능력

작업 기억(워킹 메모리)
집중력을
발휘해서 정확하게
파악하는 능력

언어 이해
말을 이해하고
활용하는 능력

처리 속도
정보를 사무적으로,
수많이, 정확하게
처리하는 능력

교육받기 어려운 아이를 가르치기 위한 것이었다. 바꿔 말하면 비네는 '소속하는 사회에 잘 적응할 수 있는 지적인 능력을 지능이라고 하자'는 제안과 함께 지능검사를 제공했다.

◆ 어려움에 처한 사람을 돕는 단서

그 후 이 검사를 토대로 다양한 지능검사가 개발되었다. 특히 미국에서는 군인의 인사, 이민 수용 등 정책적인 필요성에 의해 두드러지게 발전했다. 그중에서 지능의 정의는 연구자에 의해 계속 논의되어왔는데, 소속하는 사회나 집단에 적응할 수 있는 지적인 능력이라는 정의는 거의 변함없다. 따라서 많은 사람이 생각하는 '타고난 두뇌'를 측정하는 것이 아니다.

현재 일본에서 많이 사용되는 것은 데이비드 웹슬러(David Wechsler)의 정의를 토대로 한 방법이다. 이 검사를 개발한 사람들은 언어 이해와 지각 추론, 작업 기억(워킹 메모리), 처리 속도의 네 가지 능력이 현대 사회를 살아가는 데 필요하다고 생각해 검사를 개발했다. 그리고 소속 사회의 평균값을 미리 조사했으므로 검사를 받은 사람의 능력이 평균에서 위인지 아래인지 알 수 있다. 모든 항목이 고루 높거나 낮은 사람은 드물고 대부분 불균형으로 나온다. 이 검사 결과를 토대로 개인이 잘하는 것과 싫어하는 것을 추정해 지적 능력 문제를 이해하는 데 사용되고 있다.

이와 같이 사용하는 한 지능이 존재하느냐 존재하지 않느냐는 중요한 문제가 아니다. 지능검사가 어려움에 처한 사람의 고민을 알아내는 실마리가 된다면 지능이 실재 존재하든 존재하지 않든 유용한 것이다. (스기야마 다카시)

그림을 보는 것만으로 마음을 알 수 있는가

Keywords | 로르샤흐 테스트 | TAT | 바움 테스트 |

로르샤흐 테스트 그림의 이미지

피험자에게 이와 같은 잉크 얼룩 그림을 보여주고 무엇으로 보이는지 묻는다. 여기에 게재되어 있는 것은 실제 테스트에서 사용되는 그림처럼 보이게 만든 이미지이다.

TAT 그림 이미지

TAT에서는 이와 같이 인물을 포함한 애매한 상황을 그린 그림을 피험자에게 보여주고 이야기를 생각하게 한다. 이것도 실제로 사용되는 그림을 토대로 한 이미지이다.

바움 테스트의 이미지

피험자에게 '과일이 열리는 나무'를 그리게 하고, 그 그림의 전체적인 인상이나 세부 사항을 보고 피험자의 마음 상태를 파악한다. 이 그림도 실제 사용된 이미지이다.

위의 잉크 얼룩 그림을 보기 바란다. 당신은 이 잉크 얼룩이 무슨 모양으로 보이는가?

20세기 초 유럽의 아이들이 즐기던 놀이가 있다. 물통의 물에 잉크를 떨어뜨려 수면에 번지면 종이에 적셔 무늬를 만들었다. 헤르만 로르샤흐라는 소년은 특히 이 놀이를 좋아해 잉크 얼룩을 만들어 사람에게 보이기를 반복했다. 그러다가 그는 같은 잉크 그림도 사람에 따라 보이는 모양이 다르다는 것을 알게 되었다. 커서 정신과 의사가 된 그는 그림처럼 잉크 얼룩에 대한 반응 차이로 개성의 차이를 해명하는 심리 테스트를 만들 수 없을지 생각했다. 이렇게 해서 탄생한 것이 로르샤흐 테스트(로르샤흐 잉크 반점 검사)이다.

이번에는 잉크 얼룩 옆 그림을 보기 바란다. 이 그림을 토대로 드라마틱한 이야기를 만들어달라고 한다면 당신은 어떤 이야기를 만들까? 심리학자 헨리 머레이와 크리스티애너 모건은 같은 그림을 보고도 사람에 따라 그 그림에서 연상하는 이야기가 다르다는 점에 착안해 심리 테스트를 고안했다. 바로 주제 통각 검사(TAT) 혹은 회화 통각 검사라 불리는 인격 진단 검사다. 그들이 고안한 그림은 일상의 갈등 장면(복잡한 감정을 북돋우는 장면)으로 구성되어 있다.

◆ 개인의 마음 움직임을 반영

로르샤흐 테스트나 TAT는 사람에게 애매모호한 자극을 주면 거기에 개인의 마음의 움직임을 반영한 의미가 주어진다고 하는 가정에 근거한 심리 테스트이다. 마음을 비추는 방법이라는 의미에서 투영법이라고 불린다.

이번에는 그 옆의 그림을 보기 바란다. 어느 소년이 그린 '과일이 열리는 나무'를, 그 본질을 손상하지 않는 범위에서 재현한 것이다. 소년에게 '과일이 열리는 나무'를 그리게 했을 뿐이지만, 이 소년은 모자를 쓴 자신과 비슷한 나이의 남자를 그리고 싶다며 추가했다. 이 그림의 남자는 자신이 아니라고 말하지만 나무를 지키고 있는 듯하다.

이 테스트는 바움 테스트라고 한다. 바움이란 독일어로 '나무'라는 의미이다. 바움 테스트처럼 그림을 그리는 심리 테스트를 묘화법이라 하는데, '과일이 열리는 나무'라고 하는 모호

투영법 · 묘화법의 원리

같은 자극·지시의 입력에 대해 피험자마다 다른 반응이 출력된다는 것은 입력과 출력 간의 정보 처리 과정에 차이가 있다는 것을 나타낸다. 이 정보 처리 과정의 차이를 피험자의 심리적 특징으로 파악하고, 피험자의 반응(말이나 이야기, 이미지)에서 그것을 추정해가는 것이 투영법과 묘화법의 원리다.

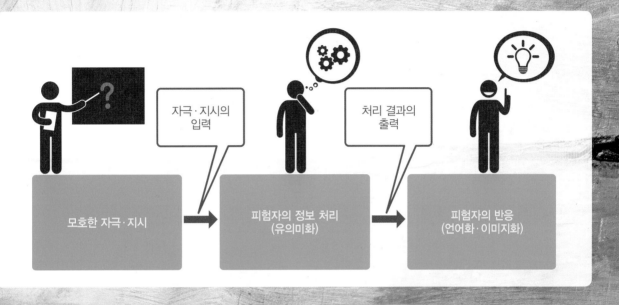

한 자극이나 지시에 모양을 주는 과정에 마음의 상태가 투영된다고 가정하는 점은 투영법과 같다. 이 외에도 집과 나무와 사람을 그리도록 지시하는 HTP 테스트, 강이나 길 등 검사자의 지시로 하나씩 더해가며 하나의 풍경을 만들게 하는 풍경 구성법 등이 일본에서 주로 사용하는 묘화법이다.

◆ 반응 패턴은 무한하다

그런데 이와 같이 그림을 보거나 그리는 심리 테스트는 어디까지 믿을 수 있을까? 믿을 수 있느냐 없느냐의 차이는 완전히 같은 자극을 입력했는데도 각각 다른 출력이 나온다는 점이다. 즉, 입력이 같으므로 출력의 차이는 그 사이에 있는 정보 처리의 차이가 반영되어 있다고 생각할 수 있다. 그래서 방대한 데이터를 토대로 출력을 분류해서 체계화하면 출력(반응)의 특징에 반영된 개성을 추측할 수 있다.

예를 들어 로르샤흐 테스트에서는 평범한 반응이라 불리는 지극히 흔한 반응이 체계화되어 있으므로 다른 반응을 한 경우에는 개성적인 자극의 처리 패턴, 즉 개성적인 심리적 특징

을 가질 가능성이 있다. TAT나 바움 테스트 등도 마찬가지로 체계화되어 있다.

그러나 반응 패턴은 무한하게 있을 수 있으므로 분류할 수 없는 반응도 많다. 오히려 그와 같은 반응에 강한 개성이 나타나기 쉽다. 또한 마음은 사회의 센서(→072)이기도 하므로 당시의 사회적 상황을 반영한다. 그 때문에 많은 검사를 담당해온 베테랑이나 천재적인 센스를 가진 명인의 감이 없다면 신뢰할 수 없는 결과가 되기 쉽다. 다시 말하면 매뉴얼화된 해석을 어디까지 신뢰할 수 있는지는 미지수라서 예술적이라고도 할 수 있는 명인의 해석에 의해 비로소 의미가 있는 결과가 된다고 할 수 있다. (스기야마 다카시)

마음의 병과 그 원인

Keywords | 외인성 | 내인성 | 심인성 | 소인-스트레스 모델 |

지능검사의 도구

질환명	특징
통합실조증	증상이 급격하게 나타나는 급성기에는 감각이나 지각을 통합하지 못해 이상한 경험을 하기도 하고, 주위를 내다볼 수 없다는 불안에서 피해망상을 갖는다. 급성기 이외에는 정신활동이 정체하는 일이 많다.
쌍극성 장애 (조울증)	우울증과 지나치게 흥분하는 기분이 반복되는 증상. 조증일 때는 활력에 차서 일을 많이 하는 한편 독선적이고 공격적이 된다. 우울증 상태에서는 조증 상태일 때의 행동을 고민한다.
우울증	자기 가치를 잃어버린 체험 속에서 살아갈 기력이나 기쁨을 잃어버리고 비애감이 하루 종일 계속된다. 초조해하기도 하고 잠을 잘 자지 못하며, 죽고 싶다고 생각하는 경우도 있다.
강박성 장애	자동적으로 떠오르는 'ㅇㅇ는 괜찮을까'라는 침입 사고에 과잉으로 반응한 나머지 무의미한 안전을 바라는 행동을 반복한다.
섭식 장애	식이 행동에 심각한 문제가 있는 정신 장애로, 먹는 양을 극도로 제한하는 신경성 식욕부진증, 스트레스 발산을 식사에 의존하는 신경성 과식증이 있다. 과식과 거식을 반복하는 타입도 있다.

정신 질환이 생기는 원인

정신 질환은 발병 원인에 따라 크게 세 가지로 분류한다. 그중에서도 심인성 정신 질환은 심리적 메커니즘과 관계되므로 정신의학뿐 아니라 심리학 분야에서도 연구가 진행되고 있다.

외인성
약물이나 알코올의 남용, 갑상선 기능의 이상 항진, 뇌 손상 등 명확하게 특정할 수 있는 기질적인 이상이 있는 것

내인성
확실히 특정하기 어렵지만, 뭔가 뇌 수준의 기질적인 이상이 있는 것

심인성
학대나 만성적 과로, 스트레스 등 생활환경이나 실연 등의 사건을 비롯해 심리 면에 영향이 깊은 사건이나 상황이 있는 것

마음의 병(정신 질환)은 예전에는 악마가 들린 것으로 취급해 차별의 대상이 되었다. 그러나 과학적 이해가 진행되면서 누구나 걸릴 수 있는 일반 질환으로 생각하게 되었다. 심리학에서 취급할 수 있는 정신 질환은 극히 일부지만 여기서는 대표적인 것을 소개한다. 일본의 정신의학에서는 정신 질환이 생기는 원인에 따라 외인성, 내인성, 심인성으로 분류하는 습관이 있으므로 이 분류에 따라 살펴보기로 한다.

◆ 외인성, 내인성 정신 질환

외인성 정신 질환은 약물이나 사고 등의 물리적 충격으로 심신의 일부가 손상을 입어 생기는 정신 질환이다. 마음은 신체를 베이스로 활동한다. 베이스 부분이 기능부전에 빠지면 마음도 이상한 상태가 된다.

피네아스 게이지(→007)의 인격 변용도 이 가운데 하나이다. 이 외에도 마약이나 알코올, 니코틴(담배) 의존증(중독)과 금단 증상도 여기에 분류된다.

내인성 정신 질환은 유전적인 소인에 따라 특정 뇌내 신경전달물질(→004)이 과다하게 되거나 고갈되는 뇌 기능의 극단적 개성에 기인한 정신 질환 등이 분류된다. 통합실조증, 조울증(쌍극성 장애) 등이 이에 해당된다. 다만 일련의 쌍둥이

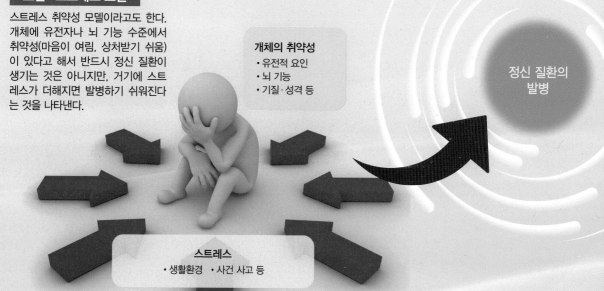

소인-스트레스 모델

스트레스 취약성 모델이라고도 한다. 개체에 유전자나 뇌 기능 수준에서 취약성(마음이 여림, 상처받기 쉬움)이 있다고 해서 반드시 정신 질환이 생기는 것은 아니지만, 거기에 스트레스가 더해지면 발병하기 쉬워진다는 것을 나타낸다.

개체의 취약성
- 유전적 요인
- 뇌 기능
- 기질·성격 등

정신 질환의 발병

스트레스
- 생활환경 · 사건 사고 등

(일란성 쌍생아) 연구에 따르면 유전적인 소인만으로 생기는 것이 아니라 소인과 스트레스(환경 요인)의 상호작용으로 일어나는 것으로 알려졌다.

◆ 심인성 정신 질환

심인성 정신 질환이란 마음의 '사회 센서'(→072)로서의 측면에 유래하는 정신 질환이다. 마음은 생활환경에 반응해 변화하므로 스트레스나 부담이 큰 사건 사고 같은 경험에 대한 반응으로서 정신적인 증상이 생긴다. 그중에서도 원인이 되는 사건이 특정할 수 있는 것은 반응성이라 부르기도 한다. 예를 들어 실연에 의한 큰 충격이나 상사의 계속적인 성추행에 대한 스트레스 등 심리적 부담에서 자신을 잃어버리고 자기 자신과 장래를 비관해서 우울증에 이른 경우는 반응성 우울증이라 한다.

또한 사건 그 자체는 일시적이라 해도 반복해 떠오르면 심리적으로는 몇 번의 스트레스가 되는 사건을 재경험하게 된다. 무거운 기분 상태가 계속되면 기분 일치 효과 작용으로 극단적인 생각이 차츰 심해져 마음은 현실에서 멀어져 고뇌하기 시작한다. 그러다가 너무 지쳐 자신이 누구이며 무엇을 하고 있는지 분명하지 않은 상태가 되는 것을 해리성 장애라고 한다. 극단적인 생각이 자신이라는 존재에 대한 비관으로 기울어

그만둘 수 없는 상태가 계속되면 부정적인 감정의 폭주 상태인 우울증에 빠지게 된다. 사고력이 떨어져 점점 비관을 멈출 수 없게 되어 그 괴로움에서 자기 소멸을 바라는 일도 있다. 한편 '뭔가 나쁜 일이 일어나는 것은……'(예를 들어 잡균투성이가 되어 병이 된다)고 하는 예기 불안(강박관념)에 마음이 사로잡히면 '뭔가 방도를 강구해야 한다'(예를 들어 더 균을 제거해야 한다)는 하는 충동에 사로잡힌다. 충동에 사로잡히면 불안이 경감되기는 하지만 본질적인 효력이 없는 안전 희구 행동(강박행위, 예를 들어 손이 닳도록 씻는 행위)을 반복하게 된다. 이 상태가 강박성 장애이다.

최근 선진국에서 볼 수 있는 고칼로리 생활 습관 속에서는 날씬한 것이 아름답다고 생각해 살을 빼려는 여성이 많다. 이 같은 바람에 사로잡히는 배경에는 가정 요인 등이 있는데, 공복감이나 저영양 상태에서 '살이 찌지 않는다'라는 안심감을 얻으면 심각한 섭식 장애에 빠지는 일도 있다.

심인성 정신 질환이 생기는 데는 심리적 메커니즘의 영향이 강하므로 특히 이상심리학이라 불리는 분야에서 메커니즘 해명을 진행하고 있다. (스기야마 다카시)

약이 마음에 듣는 구조

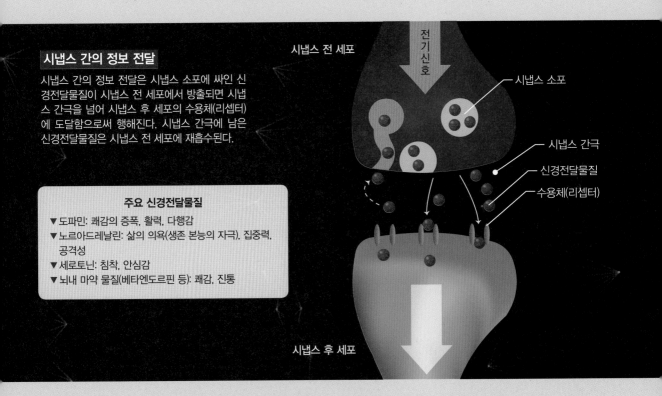

시냅스 간의 정보 전달

시냅스 간의 정보 전달은 시냅스 소포에 싸인 신경전달물질이 시냅스 전 세포에서 방출되면 시냅스 간극을 넘어 시냅스 후 세포의 수용체(리셉터)에 도달함으로써 행해진다. 시냅스 간극에 남은 신경전달물질은 시냅스 전 세포에 재흡수된다.

주요 신경전달물질

▼ 도파민: 쾌감의 증폭, 활력, 다행감
▼ 노르아드레날린: 삶의 의욕(생존 본능의 자극), 집중력, 공격성
▼ 세로토닌: 침착, 안심감
▼ 뇌내 마약 물질(베타엔도르핀 등): 쾌감, 진통

시냅스 전 세포

전기신호

시냅스 소포

시냅스 간극

신경전달물질

수용체(리셉터)

시냅스 후 세포

마음의 약은 마음의 병을 고친다……. 당신은 정말 그렇다고 생각하는가? 결론부터 말하자면 '약이 마음의 병을 고친다'는 것은 거짓이다. 마음의 약은 향정신제라 불리는데, 확실히 듣는다. 하지만 그 '듣는다'는 것은 '고친다'는 것이 아니다. 잘못 사용하면 고치는 것과는 반대 방향으로 듣는 일도 있으므로 주의가 필요하다.

◆ 뇌에 작용해서 마음에 영향을 준다

그러면 향정신제는 어떻게 듣는 것일까? 향정신제란 뇌와 중추신경에 작용하는 약을 말한다. 현재 널리 활용되는 약의 대부분은 뇌에 작용하는 것이라서 대담하게 요약하자면 '뇌에 작용해서 마음의 활약에 영향을 주는 약'이라고도 할 수 있다.

뇌의 상태가 마음의 상태에 영향을 준다는 것은 피네아스 게이지의 사례(→007)에서도 살펴보았다. 게이지의 경우는 사고로 뇌의 일부가 손상되었다. 그 결과는 마음과 행동에 크게 영향을 미쳤다. 그러나 비록 게이지와 같이 손상되지는 않았다 해도 뇌의 상태는 항상 변화한다. 우리 마음도 그에 따라 변화해간다.

가깝게 일어날 수 있는 뇌의 변화는 뇌내의 신경전달물질(→004)의 증감이다. 신경전달물질이란 시냅스(신경세포의 접합 회로) 사이의 정보 전달을 하는 물질이다. 우리의 심리적 활동은 여러 시냅스 사이에서 정보를 전달함으로써 이루어진다. 하지만 정보는 시냅스끼리 직접적으로 전달할 수 없으므로 신경전달물질이 매개 역할을 다한다.

어느 신경전달물질이 부족해지면 그 물질이 담당하는 정보가 전달되지 못하기 때문에 결과적으로 특정 심적 활동이 정체하게 된다. 반대로 신경전달물질이 너무 많아지면 특정 심적 활동이 과다해진다. 즉, 마음의 활동이 신경전달물질의 변화로 바뀔 수 있는 것이다.

향정신제의 대부분은 이 신경전달물질과 마음의 활동 관계를 이용한 것이다. 약이라는 생리적 자극으로 특정 신경전달물질의 양이나 작용을 조정한다. 예컨대 우울증이나 불안 장애에서는 뇌내의 세로토닌이 고갈되어 기쁨에 관련하는 뇌 활동이 정체한다. 세로토닌을 흡수하고 분해하는 대사 시스템을 억제함으로써 뇌내의 세로토닌 양을 늘리는 타입의 항우울증 약(선택적 세로토닌 재흡수 억제제: SSRI)이 개발되어 있다. 또한 통합실조증은 도파민이 과잉 분비되어 발생하는 것으로 환청이나 환각 등의 이상 체험이 활발해진다. 그래서 도파민

통합실조증은 도파민이 과잉 분비되어 이상 체험을 일으키는 질환이다. 그래서 통합실조증에는 시냅스 후 세포의 도파민 수용체를 차단하는 향정신제가 이용된다. 이와 같이 신경전달물질의 양이나 작용을 조정하는 것이 향정신제의 역할이다.

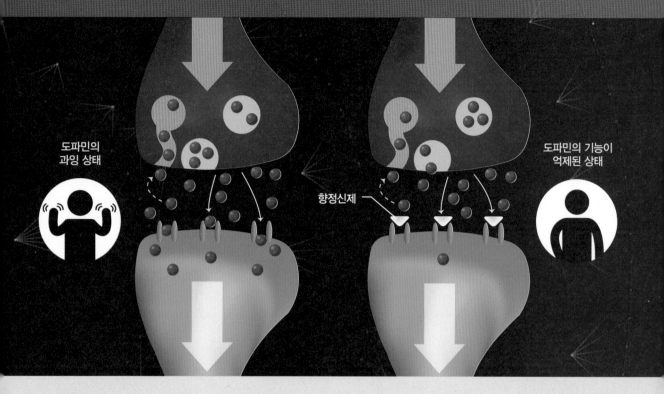

도파민의
과잉 상태

향정신제

도파민의 기능이
억제된 상태

수용체를 차단해서 그 기능을 억제하는 약을 사용한다. 이와 같이 약으로 뇌내의 신경전달물질을 적당한 양으로 조정하면 증상이 가벼워진다. 이것이 향정신제의 약리 이미지이다.

◆ 적당한 양의 조정이 어렵다

중요한 점은 증상이 가벼워지는 것은 약이 듣는 동안뿐이라는 사실이다. 약을 끊으면 뇌는 원래 상태로 돌아간다. 즉, 향정신제로 마음의 병을 고치는 것이 아닌 셈이다.

조정이 너무 지나쳐 특정 신경전달물질이 너무 기능을 발휘하거나 기능 부전에 빠져도 생활에 지장을 초래한다. 예를 들어 도파민의 기능이 너무 저하되면 머리가 멍해져 전혀 의욕이 생기지 않아 아무것도 할 수 없다. 그러나 의식은 있으므로 '아무것도 못하는 나는⋯⋯'이라는 생각에 자존심이 상한다. 일부 환자는 이 상태가 너무 괴롭다고 호소한다. 그러나 약이 너무 부족하면 이상 체험에 근거한 이상한 행동이나 말을 하게 된다. 이럴 때의 말과 행동은 사회적으로나 신체적으로 위험이 크기 때문에 안전 우선으로 처방하는 경우가 많다. 한마디로 양을 조절하기가 어렵다는 얘기다.

또한 약은 노리는 효과만 가져다주는 것이 아니라 목적 이

외의 생리적 시스템에도 작용해 부작용을 일으킨다. 일본에서도 2010년대 들어 언론에 보도되었는데, 약의 부작용으로 정신 질환이 악화되거나 심각한 후유증이 남는 일도 있다. 2012년에는 NHK가 특집 프로그램을 내보낼 정도로 이 문제, 즉 향정신제의 피해는 아무도 모르게 퍼져 나가고 있다.

그러면 향정신제의 악영향을 받지 않고 유익한 효과만을 억기 위해서는 어떻게 해야 할까? 물론 가장 중요한 것은 신뢰할 수 있는 의사의 지시를 따르는 것이다. 그러나 의사 말대로 복용한다고 해도 정말로 약이 듣는 것인지, 어느 정도 듣고 있는지 환자가 보고하지 않으면 의사도 알 수가 없다. 의사에게 정확하게 보고하기 위해 환자도 자신의 증상을 주체적으로 이해할 필요가 있다. (스기야마 다카시)

084

마음을 치료하는 기법

심리요법의 기본

어떤 기법을 이용하든 심리요법의 진전을 크게 좌우하는 것은 무엇보다도 치료 전문가와 내담자의 인간관계와 신뢰 관계다. 칼 로저스는 이런 심리요법의 기본이 되는 요소를 체계화하고, 함께 고민한다고 하는 이 치료 효과를 주장했다.

마음은 약물에도 반응하지만 본질적으로는 이 세상을 극복하기 위해 이 세상을 이해하는 시스템으로 획득되어 생존경쟁 속에서 진화되어왔다. 그렇기 때문에 마음은 세상을 이해하는 데 도움이 되는 자극(정보)에 민감하게 반응해 그 상태를 바꾼다.

사람은 사회적 동물이기 때문에 특히 사회적인 자극에 민감하게 반응하도록 뇌와 마음이 진화되었다. 예컨대 기쁨이나 의욕과 관련되는 뇌내 신경전달물질인 도파민은 소셜 네트워크 서비스(Social Network Services/sites, SNS)에서 누군가로부터 호의적인 반응을 얻기만 해도 분비가 촉진된다. 그만큼 사람의 뇌와 마음은 사회적인 자극의 영향을 강하게 받는다. 이런 마음의 성질을 이용해 마음의 문제를 가볍게 해주는 것이 마음의 치료, 즉 심리요법이다.

◆ 인간관계, 인지에 대한 주목

심리요법의 가장 기본적인 요소를 체계화한 것이 미국 심리학자 칼 로저스가 제안한 내담자 중심 요법이다. 로저스는 그의 독자적인 인간 철학에 초기 정신분석에서 치료 효과가 있는 인간관계(치료 관계) 논쟁을 올려놓고 생각했다. 그리고 치료 전문가(치료자)가 내담자를 소중하게 대하면 그 내담자의 자존심과 마음이 회복되고 긍정적으로 된다는 것을 증명했다.

그런데 이것만으로 충분히 회복될 수 있을까? 이것은 건전한 사람이 일시적으로 자신을 잃어버렸을 때에 한한다. 통합실조증이나 우울증, 불안 장애처럼 현저한 증상이 있을 경우에는 인지행동요법이라는 마음과 행동의 생활 습관을 개선하는 방법이 필요하다. 인지행동요법은 아론 벡이 창시한 인지요법을 하나의 원천으로 삼아 발전시킨 심리요법이다.

이 심리요법은 '어떤 때에' '무엇을 하면' '마음과 몸의 상태가 어떻게 변하는가'를 밝혀 증상과 그에 수반되는 고통을 최소화하는 방법을 설계한다. 예를 들어 우울증으로 괴로워한다면 '어떤 때에 괴로움이 더해지는가', '무엇을 하면 기분이 가벼워지는가'를 치료자가 파악하여 가장 편안해지는 사고와 행

인지행동요법

인지행동요법에서는 내담자의 상태와 내담자를 둘러싼 상황을 총체적으로 파악, 내담자 자신에게 가능한 대처나 주위가 할 수 있는 지원을 찾아간다. 내담자가 스트레스를 느끼는 사건이나 변화는 무엇인지, 그때 내담자의 인지와 기분, 감정, 행동은 어떤지를 구체적으로 검토한다.

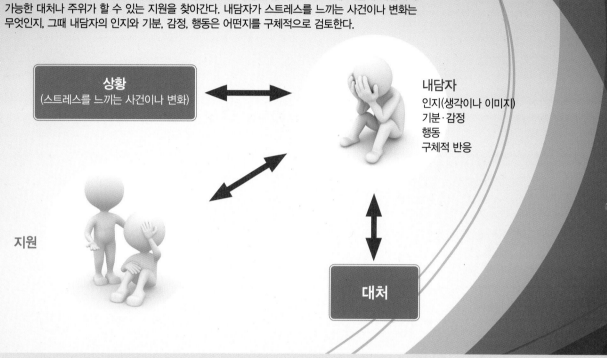

상황
(스트레스를 느끼는 사건이나 변화)

내담자
인지(생각이나 이미지)
기분·감정
행동
구체적 반응

지원

대처

동을 설계한다.

　인지행동요법은 각 증상이 어떤 심리적 메커니즘에서 발생하고 유지되는가 하는 이상심리학 연구와 함께 발전했다. 통합실조증 같은 심리학만으로는 이해할 수 없는 내인성 증상(→082)도 있으나 증상을 악화시키는 반응의 메커니즘을 심리학적으로 파악함으로써 인지행동요법은 약물요법에 떨어지지 않는 치료 효과를 발휘하고 있다.

◆ 마음의 갈등에 대한 대응

　또한 매일 생활 속에서 감정이 민감하게 반응하는 마음의 문제도 있다. 여기서 효과를 발휘하는 것이 개인 내 마음의 갈등을 다루는 정신분석적 심리요법이다.

　정신분석적 심리요법은 지그문트 프로이트가 구성한 정신분석이라는 마음의 메커니즘 가설에 근거한 심리요법을 통틀어 말하는 것으로 근대적 심리요법 중에 가장 역사가 깊다. 긴 역사 속에서 모든 마음의 문제를 취급해왔으나 오늘날에는 특히 사회생활에서 일어나는 갈등, 즉 퍼스낼러티 장애의 이해와 대응으로 활용되고 있다.

　예를 들어 부모가 된 여성이 아이를 키우는 중에 자기 어머니의 양육에 애정이 결핍되었다는 것을 알았다고 하자. 그러면 그녀는 자신의 어머니를 대할 때마다 마음이 복잡해진다. 정신분석적 심리요법에서는 이 복잡한 마음을 잘 들어주고 때로 치료자도 그 갈등에 대해 함께 생각함으로써 복잡한 기분이 단순해지는 과정을 공유한다.

　마음을 치료하는 기법인 심리요법은 심리학의 발전을 도입해 현재도 진화를 계속하고 있다. 긴 역사 속에서 도태되고 있기는 하지만, 마음의 메커니즘에 대한 보다 과학적인 이해가 진행되는 가운데 보다 세련된 방법으로 발전할 것으로 보인다. (스기야마 다카시)

085

정말 무서운 수면 부족

세계 각국의 평균 수면 시간

OECD가 발표한 평균 수면 시간을 보면 일본과 한국, 멕시코 사람의 수면 시간이 평균보다 적다는 것을 알 수 있다. 수면 부족이 초래하는 심신에 대한 악영향은 이루 헤아릴 수 없다.

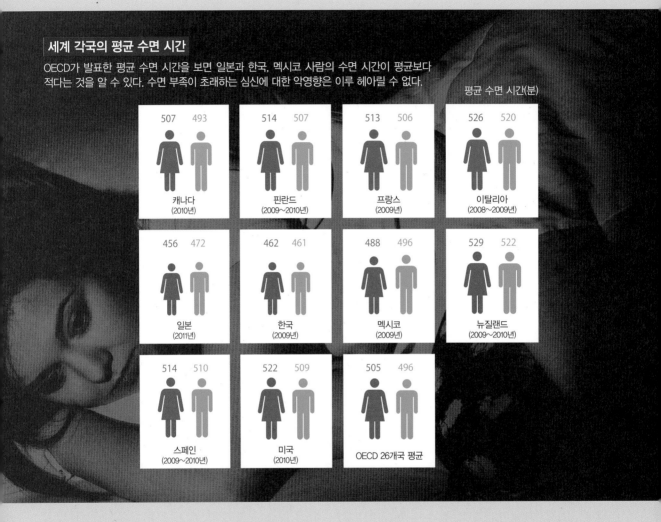

평균 수면 시간(분)

507 493 캐나다 (2010년)	514 507 핀란드 (2009~2010년)	513 506 프랑스 (2009년)	526 520 이탈리아 (2008~2009년)
456 472 일본 (2011년)	462 461 한국 (2009년)	488 496 멕시코 (2009년)	529 522 뉴질랜드 (2009~2010년)
514 510 스페인 (2009~2010년)	522 509 미국 (2010년)	505 496 OECD 26개국 평균	

ECD(경제협력개발기구)가 2014년 정리한 자료에 의하면 일본인의 하루 평균 수면 시간은 남자 7시간 52분, 여자 7시간 36분이다(이 수면 시간은 세계 26개국 중에서 남자는 최하위에서 3번째이고 여자는 최하위이다). 사실 우리는 하루 중 3분의 1이나 되는 시간을 수면으로 보낸다. 그만큼 수면은 신체와 정신에 중요하다고 할 수 있다.

◆ 다양한 신체 증상

수면에는 리듬이 있는 것으로 알려져 있다. 깊은 논렘(Non-REM) 수면과 얕은 렘 수면이 약 90분마다 4~6회 교대로 반복된다. 렘 수면 중에는 근육이 움직이지 않지만, 눈이나 뇌는 활동한다(렘이란 급속 안구 운동을 의미하는 영어 Rapid Eye Movement Sleep의 머리글자 REM을 말한다). 논렘 수면 중에는 몸을 움직이기는 하지만 눈과 뇌는 쉬는 상태로, 꿈은 렘 수면 때 꾼다.

수면을 충분히 취하지 못하는 상태가 계속되면 졸릴 뿐 아니라 의욕이 떨어지고 주의력이 산만해지며 피곤해서 몸이 나른하게 느껴진다. 수면이 체내 호르몬 분비나 자율신경 기능에 크게 영향을 미치기 때문이다. 보통 잠이 들고 나서 2~3시간 후에 성장 호르몬이 분비되는데, 이 호르몬은 성장 촉진과 세포 재생, 피로 해소 등의 기능을 한다. 따라서 수면 부족으로 인해 성장 호르몬 분비가 부족하면 피로감이 없어지지 않는 신체 증상이 나타날 수 있다.

수면 리듬과 호르몬 분비

성장 촉진, 세포 재생, 피로 해소 등의 작용을 하는 성장 호르몬은 잠든 지 2~3시간 후의 논렘 수면 시에 분비된다. 깊은 잠을 자지 못하면 피로가 해소되지 않는 것도 이 호르몬 분비의 영향이 크다.

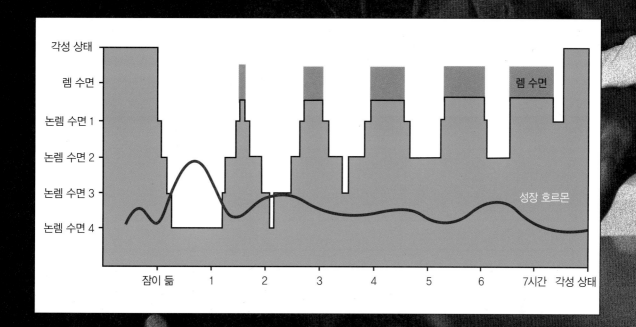

◆ **당뇨병과 고혈압 예방**

수면이 부족하면 부신피질에서 분비되는 인슐린의 기능이 떨어져 혈중 포도당이 분해되지 않기 때문에 혈당치가 올라가 당뇨병 위험이 높아진다.

또한 수면 부족은 자율신경의 기능을 혼란시켜 고혈압이 생기기 쉬운 것으로 알려져 있다. 혈압은 보통 기상 시부터 서서히 올라가기 때문에 활동하는 낮 동안에 높고 저녁 무렵에는 내려간다. 수면 시에는 하루 중에서 가장 혈압이 낮다(낮 동안에는 교감신경이 우위지만, 수면 시에는 부교감신경이 우위가 되기 때문이다. 교감신경은 심장의 활동을 활발하게 해서 심장 박동 수를 늘리고 혈압을 상승시킨다. 반대로 부교감신경은 심장의 활동을 억제하고 심장 박동 수를 떨어뜨려 혈압을 내리는 기능을 한

다). 그러나 밤에 잠을 잘 못 자거나 자주 잠에서 깨거나 해서 각성 상태가 계속되면 혈압이 낮 동안과 마찬가지로 높아진다. 고혈압이나 당뇨병은 동맥경화나 심장병, 뇌졸중 등 성인병(생활 습관병)과도 관련되므로 충분한 시간 동안 양질의 수면을 취하는 것이 건강에 좋다고 할 수 있다.

일반적으로 보다 수면을 잘 취하기 위해서는 ①낮에 운동을 한다, ②자기 전에 가벼운 스트레칭을 한다, ③밤늦은 시간에는 먹지 않는다, ④침실의 조명을 어둡게 한다, ⑤목욕을 한다, ⑥베개에 신경을 쓴다 등의 노력이 필요하다.   (미쓰도 다카코)

086

수면은 기억을 정착시킨다

Keywords │ 서파 수면 │ 간섭 │ 장기 기억 │ 절차적 기억 │ 꿈 │

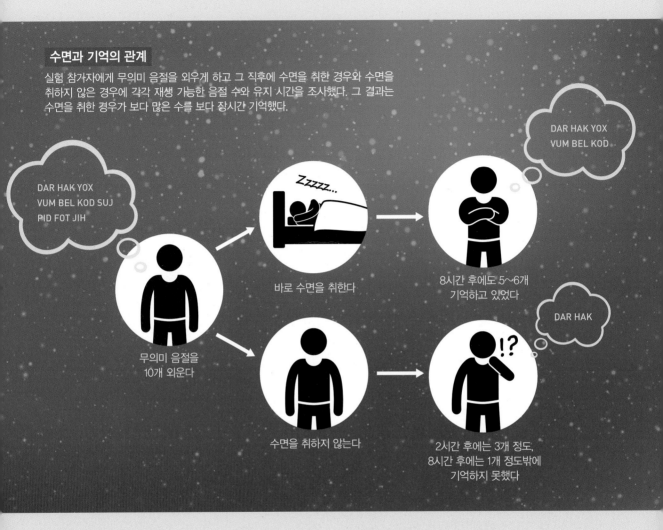

수면과 기억의 관계

실험 참가자에게 무의미 음절을 외우게 하고 그 직후에 수면을 취한 경우와 수면을 취하지 않은 경우에 각각 재생 가능한 음절 수와 유지 시간을 조사했다. 그 결과는 수면을 취한 경우가 보다 많은 수를 보다 장시간 기억했다.

DAR HAK YOX
VUM BEL KOD SUJ
PID FOT JIH

무의미 음절을
10개 외운다

바로 수면을 취한다

DAR HAK YOX
VUM BEL KOD

8시간 후에도 5~6개
기억하고 있었다

수면을 취하지 않는다

DAR HAK

2시간 후에는 3개 정도,
8시간 후에는 1개 정도밖에
기억하지 못했다

수면과 깊이 관련되는 또 하나의 기능은 기억이다. 최근 연구로 렘 수면과 논렘 수면(그중에서도 가장 깊은 잠이라고 하는 서파 수면*)은 각기 다른 종류의 기억을 정착시키는 데 중요한 역할을 하는 것으로 알려졌다.

◆ 장기 기억에 관한 논렘 수면

19세기 심리학자 헤르만 에빙하우스는 세 글자로 된 알파벳 무의미 음절을 실험 참가자에게 암기하게 한 후 그것이 어떻게 망각되어가는지를 조사했다. 그 결과, 외우고 나서 처음 1시간 정도 지나면 새로운 정보의 절반 이상을 잊어버린다는 것을 알았다(→040). 그러나 기억한 직후에 수면을 취하면 수면을 취하지 않은 경우보다 많은 음절을 기억하고 있었다. 새

로운 정보가 들어오면 그 이전 기억이 방해받는 것을 간섭이라고 한다. 기존에는 간섭에 의해 기억이 방해받는 것을 수면이 막는 역할을 한다고 생각했다.

최근 연구에서는 수면이 간섭에 의한 기억의 망각을 막을 뿐 아니라 보다 적극적으로 기억의 정리와 정착에 도움을 주는 것으로 밝혀졌다. 외부의 정보는 먼저 신경세포에 단기 기억으로서 일시적으로 기록되고 거기서부터 해마에 전달되어 일정 기간 유지된다(해마에 기억이 유지되는 기간은 길어야 1개월이라고 한다). 해마는 간직된 정보에서 중요한 것만을 취사선택해 그것을 장기 기억(지식과 수식 같은 선언적 기억이나 개인의 경험 등 에피소드 기억)으로 대뇌피질 영역에 보낸다(→026). 대뇌피질과 해마 사이에 연속적으로 주고받기가

수면과 꿈에 관한 뇌의 영역

해마에 간직된 외부 정보는 대뇌피질에 보내지고 거기서 장기 기억으로 정착되지만, 해마와 대뇌피질의 상호작용은 수면 중에도 계속돼 주로 논렘 수면(서파 수면) 동안에 행해진다. 한편 렘 수면 동안 시각 정보를 처리하는 시각 영역은 활성화되어, 우리는 문자 그대로 꿈을 꾸는 상태에 있다. 또한 윤리적인 사고나 판단 등의 기능을 담당하는 전두 전 영역은 활동을 정지하고 있는 상태이므로 현실에는 있을 수 없는 황당무계한 꿈을 꾸게 된다.

전두 전 영역
윤리적인 사고나 판단을 담당하는 전두 전 영역은 꿈을 꾸는 렘 수면 중에는 활동을 정지한다. 꿈이 현실세계의 원칙을 무시한, 허황되고 근거가 없는 것은 이 때문이다.

시각 영역
렘 수면은 급속 안구 운동을 수반하는 수면이다. 이때 시각 정보 입력이 없는데도 시각 영역이 활동을 한다. 이것은 우리가 꿈을 꾸고 있음을 나타낸다.

해마
해마는 수면 중에도 활동을 계속하며, 외부 정보를 정리해 대뇌피질에 보낸다.

이루어지는 것은 주로 논렘 수면(서파 수면) 동안이며, 대뇌피질의 장기 기억 보관 장소(각 감각 영역 등)에 서서히 재분배된다. 한편 렘 수면은 깨어 있는 뇌 상태와 비슷하기 때문에 장기 기억 중에서도 기능의 습득에 관여하는 절차적 기억과 관련이 있는 것으로 보여진다.

◆ 꿈은 기억 단편의 우발적 활성화?

렘 수면 중에 꾸는 꿈은 기억과 어떻게 관계되는 것일까? 수면 중에 새로 부호화된 기억과 보고된 꿈의 직접적인 관계에 대해서는 현재까지 설득력 있는 증거가 없다. 아주 선명하고 감정적인 꿈은 렘 수면 상태에서 잠을 깬 경우가 많다. 논렘 수면에서 잠을 깨면 선명한 이미지는 없지만, 보다 명료한

사고(생각, 이성, 평가)가 있는 경우가 있다. 단기 기억을 장기 기억으로 정착시킬 때 해마와 대뇌피질 사이의 정보에 기억의 단편이 우발적으로 활성화되어 꿈으로써 나타나는 것이 아닐까 하는 설이 가능성으로 거론되고 있다. (미쓰도 다카코)

087

역경을 뒤집는 힘, 회복 탄력성이란?

파킨슨병 환자 역할을 한 파킨슨병 배우

파킨슨병으로 쓰러져 배우 생활을 은퇴했던 마이클 J. 폭스는 이 병과 싸우면서 회복력을 발휘해 복귀했다. 그는 자신이 앓는 병에 대한 경험을 살려 파킨슨병 환자 역까지 소화해냈다. 왼쪽은 영화 《백 투 더 퓨처》 시리즈에서 그가 맡은 주인공을 그린 캐나다의 스트리트 아트. 오른쪽은 2013년 4월 미국 화이트하우스에서 있었던 만찬회에 부인 트레이시 폴런(배우)과 함께 참석하는 마이클 J. 폭스.

배우 마이클 J. 폭스를 알고 있는가? 그는 1980년대에 영화 《백 투 더 퓨처(Back To The Future)》 시리즈에서 '마티 맥플라이' 역을 맡아 인기 절정을 누렸다. 그러다 28세 때인 1991년에 파킨슨병 진단을 받는다. 한순간에 청춘스타에서 난치병 환자가 된 그가 살면서 느낀 실의는 헤아릴 수 없을 것이다. 그러나 그는 결코 포기하지 않았다. 파킨슨병 치료법을 연구하기 위한 활동가로 지내며 끈기 있게 병과 마주했고, 파킨슨병을 앓고 있는 역을 맡아 배우로 복귀했다. 파킨슨병 환자를 지원하는 단체도 설립했다. 그리고 50대가 된 후 병세가 가벼워지자 자신의 이름을 건 방송 프로그램 시리즈에 주연을 맡을 정도로 활약을 보였다.

◆ 특별히 낙관적인 타입?

실의에 빠진 마이클 J. 폭스를 절망으로부터 구한 것은 무엇일까? 바로 회복 탄력성(리질리언스)이다. 리질리언스(resilience)란 원래 물리학 용어로 '외부 충격에 의한 변형 상태를

물리치는 힘'을 의미한다. 예를 들어 심각한 트라우마(심적 외상) 체험에 시달린 사람 모두가 PTSD(외상 후 스트레스 장애)에 빠지는 것은 아니다. 미국의 데이터이지만, PTSD에 빠지는 건 14% 정도이다. PTSD에 빠지지 않는 사람에게는 트라우마 체험에서 받은 마음의 변형 상태를 물리치는 힘이 있었다고 생각할 수 있다. 이 힘이 리질리언스이다.

앞에서 마이클 J. 폭스 이야기를 듣고 당신은 무슨 생각이 들었는가? '그처럼 리질리언스가 있는 사람은 특별히 낙관적이고 터프한 마인드를 갖고 있을 거야'라고 생각했는가?

그렇게 생각했다면 옳지 않다. 사실 마이클 J. 폭스는 미국에서는 상대적으로 부정적으로 분류되는 유전자의 보유자이다. 이 유전자를 보유한 사람은 변화에 민감하고 특히 부정적인 징후에 반응한다. 그래서 '트러블이 생기지 않을까' '대참사를 부르지 않을까' 같은 부정적인 연상을 하는 일도 많다. 즉, 마이클 J. 폭스는 역경에 굴하기 쉬운 인자를 보유한 사람이다. 그런데도 왜 그는 절망하지 않고 파킨슨병을 역으로 이용

리질리언스의 구성 요소

같은 역경을 만나도 딛고 일어서는 사람이 있는가 하면, 그렇지 못한 사람도 있다. 딛고 일어서는 사람에게 공통적으로 볼 수 있는 특징을 찾는 가운데 발견한 것이 리질리언스라는 회복 탄력성이다. 리질리언스의 구성 요소는 타고난 기질적인 것도 있으나 후천적으로 획득하는 것도 있다.

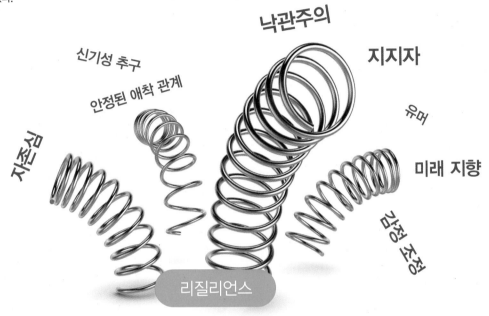

낙관주의
신기성 추구
지지자
안정된 애착 관계
유머
자존심
미래 지향
감정 조정
리질리언스

하며 활약할 수 있었을까?

◆ 비밀은 어린 시절에 있다

그 비밀은 그의 어린 시절에 있는 듯하다. 부정적인 유전자를 보유한 사람은 일본에서는 다수파에 해당하지만 그가 태어나 자란 북미에서는 소수파다. 마이클 J. 폭스도 어린 시절에는 괴짜 취급을 받았다. 그러나 그의 할머니는 "너는 분명 성공할 것이다"라며 그의 자부심을 지켜주고 긍정적인 미래를 믿게 했다.

이 할머니의 대응에 리질리언스의 힌트가 숨어 있다. 지금까지의 연구에서 리질리언스는 자존심, 안정된 애착 관계, 지지하는 사람이 옆에 있는 것, 긍정적인 미래 지향, 낙관주의 등으로 구성된다고 알려져 있다. 마이클 J. 폭스의 할머니의 대응에는 모든 것이 들어 있다. 그는 할머니가 키워준 리질리언스 덕에 역경에서도 절망하지 않았던 것이다.

리질리언스에는 이외에도 새로운 사태나 상황에 가슴 설레는 신기성 추구, 감정 조정, 유머 센스도 중요하다고 한다. 그러나 모든 것이 갖춰 있지 않아도 리질리언스로서 기능을 발휘할 수 있다. 신기성 추구나 낙관주의는 타고난 개성, 즉 기질의 영향도 받지만 기질만으로 리질리언스가 결정되는 것이 아니라는 것은 마이클 J. 폭스의 예에서도 확실히 밝혀진다. 그의 할머니와 같은 사람이 옆에 있지 않아도 마음먹기에 따라 사람을 소중하게 대해주는 사람을 가까이 둘 수 있다. 긍정적인 미래 지향도 자존심도 마음먹기에 따라 높일 수 있다. 리질리언스는 우리의 마음가짐에 따라 키울 수가 있다. 역경에 빠지고 나서가 아니라 바로 지금부터 키워가자. (스기야마 다카시)

088

범죄자는 병자인가?

Keywords | 생래적 범죄인설 | 뇌 기능 이미징 | 전두 전 영역 | 반사회적 퍼스낼러티 장애 |

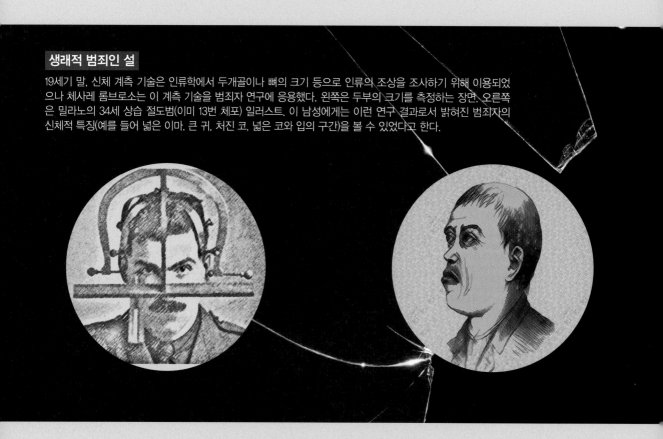

생래적 범죄인 설

19세기 말, 신체 계측 기술은 인류학에서 두개골이나 뼈의 크기 등으로 인류의 조상을 조사하기 위해 이용되었으나 체사레 롬브로소는 이 계측 기술을 범죄자 연구에 응용했다. 왼쪽은 두부의 크기를 측정하는 장면. 오른쪽은 밀라노의 34세 상습 절도범(이미 13번 체포) 일러스트. 이 남성에게는 이런 연구 결과로서 밝혀진 범죄자의 신체적 특징(예를 들어 넓은 이마, 큰 귀, 처진 코, 넓은 코와 입의 구간)을 볼 수 있었다고 한다.

상습적인 폭력 범죄는 암이나 우울증이나 불안과 마찬가지로 임상 장애이다. 이 자극적인 견해를 펼친 사람이 펜실베이니아대학의 아드리안 레인이다. 현재 신경범죄학의 일인자로 알려진 그는 과거 30년 이상에 걸쳐 범죄와 생물학적 요인(예를 들어 유전, 뇌의 구조와 기능, 자율신경계의 역할)을 연결하는 실증적 연구를 해왔다. 레인은 "범죄자는 뇌의 구조나 기능 등에 문제가 있어 사고나 감정, 행동 등이 적절하게 기능하지 않는다"고 밝혔다.

◆ 전두 전 영역에 활력 저하

범죄 원인을 생물학적 요인으로 구하려는 접근을 아드리안 레인이 처음 발견한 것은 아니다. 19세기 말 실증적 범죄학 연구의 아버지인 체사레 롬브로소가 먼저 했다. 롬브로조는 범죄자를 해부한 뇌에서 원인류나 설치류 등에서도 확인되는 커다랗게 패인 곳을 발견했다. 롬브로조는 이를 근거로 범죄자는 원시적인 종으로 태어났으며, 그 증거가 머리의 골격이나 얼굴에 나타난다고 생각하는 '생래적 범죄인설'을 주장했다.

롬브로조는 해부나 신체 계측 등을 토대로 범죄자의 증거를 찾아냈는데, 레인은 PET(양전자 단층 촬영→뇌의 기능을 가시화)나 MRI(자기 공명 영상→뇌의 구조를 가시화) 등의 뇌 기능 영상 기술(→010)을 이용해 범죄자 유형을 찾아냈다. 예를 들어 41명의 살인자와 그 살인자의 성별과 연령이 같은 일반인 41명에게 지속적으로 집중력이 필요한 문자를 검출하는 과제를 내주었다. 그 후 PET를 이용해 과제 수행 중의 당대사를 측정했더니 살인범은 일반인에 비해 전두 전 영역의 당대사가 적고 그 활동이 낮게 나타났다. 이 전두 전 영역이란 타인의 기분을 배려하는 공감성, 자신의 감정이나 욕구의 억제, 또는 자신의 행동이나 언행이 초래하는 결과를 내다보는 등 인간성을 담당하는 영역으로 알려져 있다.

왜 살인범은 전두 전 영역의 활동이 떨어지는 걸까? 이 의문에 대해 레인은 인재 파견 회사를 통해 반사회성 인격 장애(ASPD)의 실험 협력자를 모집해 뇌의 구조 면에서 검토를 시도했다. 이 방법으로 모집한 이유에 대해서는 ASPD를 가진 사람은 양심이나 공감성이 부족하고 충동적이며 공격성이 높

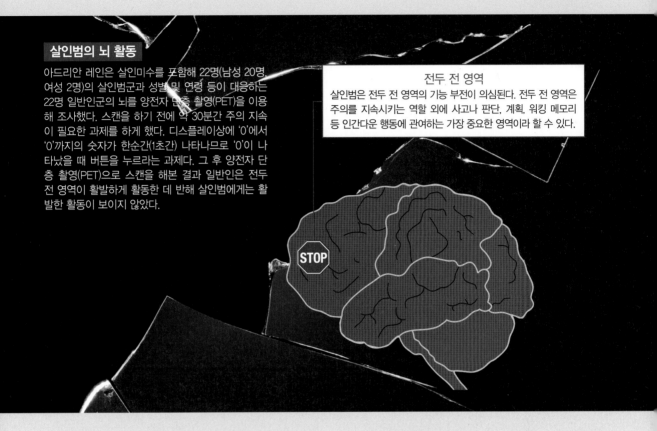

살인범의 뇌 활동

아드리안 레인은 살인미수를 포함해 22명(남성 20명, 여성 2명)의 살인범군과 성별 및 연령 등이 대응하는 22명 일반인군의 뇌를 양전자 단층 촬영(PET)을 이용해 조사했다. 스캔을 하기 전에 약 30분간 주의 지속이 필요한 과제를 하게 했다. 디스플레이상에 '0'에서 '0'까지의 숫자가 한순간(1초간) 나타나므로 '0'이 나타났을 때 버튼을 누르라는 과제다. 그 후 양전자 단층 촬영(PET)으로 스캔을 해본 결과 일반인은 전두 전 영역이 활발하게 활동한 데 반해 살인범에게는 활발한 활동이 보이지 않았다.

전두 전 영역

살인범은 전두 전 영역의 기능 부전이 의심된다. 전두 전 영역은 주의를 지속시키는 역할 외에 사고나 판단, 계획, 워킹 메모리 등 인간다운 행동에 관여하는 가장 중요한 영역이라 할 수 있다.

STOP

아 근무지의 규칙이나 동료와의 협동 작업에 적응하지 못하고 항상 새로운 자극을 찾아 파견 회사에 등록한다고 생각했기 때문이라고 한다. ASPD인 사람이 갖고 있는 알코올이나 약물 습관, 정신 질환 등을 이들과 똑같이 맞춘 대조군과 비교했더니 ASPD군은 대조군보다도 전두 전 영역의 회백질이 11~14% 적었다. 즉, 반사회적 인물은 전두 전 영역의 신경세포가 적기 때문에 그 활동이 낮다는 것을 보여준다.

◆ 열악한 생육 환경도 영향

이와 같이 레인은 범죄나 반사회적 행동의 원인을 설명하는 데 생물학적 요인을 빠뜨릴 수 없다는 것을 실증적으로 증명해 보였다. 한편 또 하나의 중요한 사실인 사회적 요인도 무시하지는 않는다.

예를 들어 수많은 사회적 요인의 하나인 범죄자의 생육 환경 영향에 대해 검토한 연구가 있다. 레인은 극빈, 가정 내의 불화, 학대 등 열악한 환경에서 태어나 자란 살인범과 비교적 건전한 가정에서 태어나 자란 살인범의 뇌 기능에 대해 PET

를 이용해 비교했다. 그 결과, 비교적 건전한 가정에서 태어나 자란 살인범 쪽이 전두 전 영역의 기능이 떨어진다는 것을 알았다. 즉 열악한 환경에서 태어나 자란 살인범은 생애 건강력(life history)의 영향을 강하게 받고, 건전한 가정환경에서 태어나 자란 살인범은 뇌의 구조나 기능 등의 생물학적 요인에 영향을 강하게 받는다는 것을 시사한다.

레인의 연구에서도 범죄자는 생물학적 요인뿐만 아니라 사회적 요인과의 상호작용에 의해 만들어진다는 지금까지의 통설에 큰 변화는 볼 수 없다. 그러나 뇌의 가시적 기술에 의해 생물학적 요인이 우리의 상상 이상으로 범죄나 반사회적 행동에 크게 관여한다는 것을 보여준 레인의 공적은 크다고 할 수 있다. (오우에 와타루)

VIII
사회 속에서의 마음

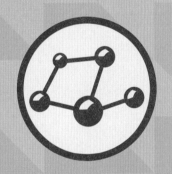

089

살인범의 특성을 추정한다

Keywords | 프로파일링 | FBI 방식 | 리버풀 방식 | 지리적 프로파일링 |

연쇄살인의 특징

범행 형태

질서형	무질서형
계획적 범행	우발적 범행
자기 취향의 피해자 (다만 지인은 아니다)	피해자 또는 현장을 알고 있다 (피해자를 선택한 것은 아니다)
피해자를 조작한다	피해자를 물건으로 취급한다
대화는 신중	대화는 없다
정돈된 범행 현장	혼란스런 범행 현장
피해자를 복종시킨다	피해자를 돌연 습격한다
자제심 있음	자제심 없음
죽이기 전에 가학적인 행위	죽인 후에 성적 행위
시체를 숨긴다	시체는 그대로 방치
흉기나 증거를 남기지 않는다	흉기나 증거를 남긴 채 그대로 둔다
피해자를 접촉 현장에서 범행 현장으로, 시체를 감출 현장으로 이동시킨다	접촉 장소, 범행 현장, 시체 유기 장소가 모두 동일

범인상

질서형	무질서형
지능은 평범 또는 그 이상	지능은 평범 또는 그 이하
사회적 능력 있음	사회적 능력 없음
직업은 숙련을 요하는 일을 좋아한다	직업은 숙련을 요하지 않는 일
성적 능력 있음	성적 능력 없음
장남이 많다	막내가 많다
부친의 직업이 안정적이다	부친의 직업이 불안정하다
유소년기에 일관된 가정교육을 받지 않았다	유소년기의 가정교육이 엄격했다
범행 시의 감정은 통제되어 있다	범행 시의 감정은 불안정하다
범행 시의 음주 있음	범행 시의 음주 없음
원인이 되는 스트레스 있음	원인이 되는 스트레스 없음
배우자 또는 애인과 동거	독거
이동성이 높다, 좋은 차	현장 가까이에 거주 또는 직장 있음
사건의 뉴스에 흥미 있음	사건의 뉴스에 흥미 없음
범행 후에는 전직, 거주지 이동	범행 후에 행동 변화가 눈에 띈다 (약물 사용, 음주, 종교에 심취 등)

사건의 상황이나 피해자의 상태, 범인의 행동 등의 정보를 분석해 범인이 어떤 인물인지 그 속성을 추정하는 범죄 유형 분석 기법을 프로파일링이라고 한다. 이 기법은 FBI(미국 연방수사국) 아카데미의 행동과학과 멤버들이 연쇄살인 사건 수사를 위해 만든 것이다. 연쇄살인이란 1명(드물게는 2명 이상)의 범인이 1회에 한 사람씩 살인을 반복하는 범죄로 살인과 살인 사이에는 수일에서 수년간 살인을 범하지 않는 기간(냉각 기간)을 가진다. 이런 타입의 살인은 피해자가 범인과 이전부터 면식이 있거나 연애 관계나 금전 대차 관계가 있는 인물이 아니라 당일에 처음 만난 인물인 경우가 적지 않다. 그 때문에 기존의 수사 기법을 사용할 수 없는 경우가 많았다.

◆ FBI 방식의 성과와 한계

FBI는 프로파일링이라는 기술을 개발하면서 먼저 미국의 교도소에 수감 중인 연쇄살인범과 성적인 동기 때문에 살인을 저지른 36명의 데이터를 철저하게 분석했다. 그중의 몇 명에 대해서는 당시 행동과학과에 재직하고 있던 로버트 레슬러와 존 더글러스가 실제로 면접 조사까지 했다. 그 결과, 연쇄살인범은 크게 두 가지 그룹으로 분류할 수 있었다. 하나는 말로 피해자를 유혹해 그곳에서 성폭행을 하거나 고문을 해서 살해한 후 유체나 증거품을 산에 묻어 처리하는 타입으로, 질서형 연쇄살인이라 한다. 또 하나는 말을 하지 않고 갑자기 상대를 덮쳐 살해하고 나서 시체를 해체하거나 시체에 성행위를 하고 시

연쇄살인과 대량 살인 연쇄살인이란 한 번에 한 사람씩 살인을 반복하는 범죄를 말한다. 대량 살인은 한 번에 두 사람 이상 살인을 하는 범죄를 말한다. 특히 연쇄살인은 이른바 모르는 사람이 대상인 경우가 적지 않기 때문에 프로파일링이 개발되기까지는 수사에 어려움이 많았다.

데이비드 캔터의 원 가설

지리적 프로파일링의 기본이 되는 가설은 연쇄살인 가운데 가장 먼 두 범죄 지점을 연결해 만든 원 안에 범인의 거주지 (거점)가 있다고 하는 데이비드 캔터의 원 가설이다.

체나 증거를 현장에 남기고 도주하는 타입으로, 무질서형 연쇄살인이라고 한다. FBI가 발견한 매우 흥미있는 사실은 범인이 이 둘 중 어느 타입이냐를 밝혀냄으로써 범인의 속성을 어느 정도 알 수 있다는 것이었다. 예컨대 질서형 연쇄살인의 범인은 비교적 고학력이고 일정한 직업이 있으며 지능도 높고 배우자나 애인이 있는 경우가 많고 깨끗이 관리한 차를 탄다. 무질서형 연쇄살인의 범인은 지적 수준이 낮고 무직이나 비숙련공 등 전문성이 낮은 직업에 종사하고 있으며 혼자 또는 부모와 살며 배우자는 없다. 정신질환이 있을 가능성이 높은 특징이 있다.

이 방법은 이때까지 전혀 짐작하지 못했던 연쇄살인범의 대략적인 범인상을 밝힘으로써 FBI를 비롯한 미국 형사·경찰 업무에 널리 응용되었다. 적용되는 범죄도 연쇄살인에서 성폭행 사건, 아이에 대한 성범죄, 방화, 테러 등으로 확대되어갔다. 그러나 FBI의 방법론에는 커다란 문제가 있었다. 그것은 타입으로 분류할 수 없는 것, 즉 두 타입을 동시에 갖고 있는 연쇄살인범이 실제로는 적지 않다는 것이다. 이와 같은 연쇄살인범은 혼합형으로 분류하지만 프로파일링은 어려워진다.

◆ 새로운 수사 방법을 찾아서

한편 독자적으로 프로파일링 기술을 개발한 연구자로 영국의 데이비드 캔터가 있다. 캔터는 리버풀대학을 거점으로 주로 다변량 해석 등의 고도 통계 방식과 데이터를 이용한 프로파일링 기술을 개발했다. 이 방식은 리버풀 방식이라고도 불린다. 리버풀 방식은 FBI 방식처럼 타입 분류가 어려운 문제에 부딪히는 일은 없었으나 고도의 방식이어서 실제 범죄 수사 현장에 도입하기는 쉽지 않았다. 그러나 일본 경찰에서는 FBI 방식보다도 오히려 리버풀 방식을 이용해 실제 사건의 프로파일링을 시행한다.

최근에는 이들 방식뿐 아니라 연속 방화 사건이나 연속 성범죄 등의 연속 범죄 발생 패턴으로부터 범인의 주거지를 추정하기도 하고, 다음 범행 현장을 예측하기도 하는 지리적 프로파일링 기술 연구를 하고 있다. (오치 케이타)

VI 사회 속에서의 마음

090

거짓말을 간파한 폴리그래프 검사(거짓말 탐지 검사)

Keywords | 자율신경계 | CQT | CIT | fMRI |

폴리그래프 검사

폴리그래프 검사에서는 호흡이나 맥박, 피부 전기 활동 등 피검자 스스로는 컨트롤하기 어려운 자율신경계의 활동을 지표로 이용한다. 피검자에게는 여러 전극이나 센서가 장착되지만, 비침습적인 것이므로 신체적 고통이나 정신적 스트레스를 느끼는 일은 없다.

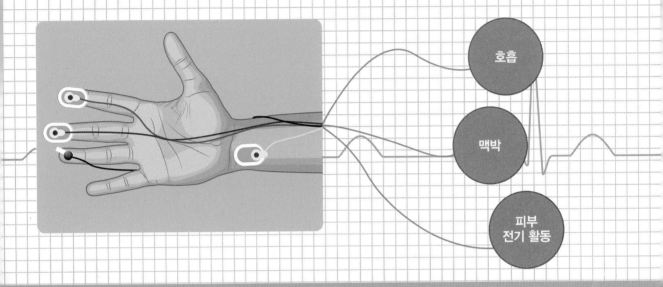

호흡

맥박

피부
전기 활동

범 죄 수사에서 피의자의 진술에 대해 진위를 따지는 것은 사건 해결과 직결되는 중요한 문제다. 이 문제를 피의자의 생리적 반응으로 밝히려고 하는 수사 지원 방법이 폴리그래프 검사(거짓말 탐지 검사)다.

◆ 자율신경계의 활동을 측정

경찰이 하는 폴리그래프 검사에서는 주로 자율신경계의 지표인 호흡이나 맥박, 피부 전기 활동 등을 측정한다. 자율신경계의 활동은 뇌파 등의 중추신경계의 활동에 비해 비교적 측정이 용이하고 자신의 의사로 컨트롤하기가 어렵다. 이와 같은 특징 때문에 폴리그래프 검사의 지표로 오래 이용되어왔다.

검사는 각종 센서를 장착한 피의자에게 검사자가 사건에 관한 질문을 하고 질문에 대응하면서 생기는 생리적 반응의 변화를 모니터링 한다. 폴리그래프 검사에서 사용되는 질문 방법에는 두 종류가 있다. 하나는 CQT(대조 질문법)라 불리는 것이고, 또 하나는 CIT(은닉 정보 검사)라는 것이다. CQT는 주로 미국, 캐나다, 이스라엘 등에서 이용하며, CIT는 일본에서 이용하고 있다. 이 두 질문 방법의 기저에 있는 이론은 완전히 다르다.

CQT는 다음 3종류의 질문 항목으로 구성되어 있다. 하나는 무관계 질문이라 해서 사건과 관계없는 사항을 얻을 수 있다(예를 들어 '당신의 이름은 마이크입니까?' '현재 샌프란시스코에 살고 있죠?'). 이 무관계 질문에 대한 반응은 결과 분석에는 사용하지 않는다. 또 하나의 질문 항목은 관여가 의심되는 사건에 대해 직접적으로 묻는 관계 질문이다(예를 들어 '당신은 톰슨 거리에 있는 어느 가정집에 침입했습니까?' '당신은 심슨 씨를 살해했습니까?'). 그리고 세 번째 질문 항목은 과거의 법적 행위 유무에 대해 묻는 대조 질문이다(예를 들어 '당신은 서른 살까지 남의 물건을 훔친 적이 있습니까?').

CQT의 이론에 따르면 만약 피의자가 무고하다면 의심하는 사건(관계 질문)보다도 과거의 나쁜 일(대조 질문)이 발각되는 것이 보다 심각한 문제이므로 관계 질문보다도 대조 질문에 강한 생리 반응을 보인다. 또한 피의자가 범인이라면 그 반대로 대조 질문보다 관계 질문에 강한 반응을 보일 수 있다. 그러나 무고한 사람이라 해도 내가 알지 못하는 무언가를 잘못해서 체포되었을지도 모른다고 불안하게 생각할 수 있다. 이럴 경우는 상정한 대로 반응을 보이지 않고 대조 질문보다도 관계 질문 쪽에 강한 반응을 보일 수도 있다. 이런 이유로

CIT(은닉 정보 검사)

CIT에서는 피의자밖에 모르는(엄밀하게 말하면 경찰이나 피해자는 물론 알고 있다) 공개되지 않은 사건의 진실에 대해 질문한다. 칼을 사용해 살해를 한 강도 살인 사건이라고 했을 때, 살해 방법에 대해 질문할 경우에 사건의 진실과 합치하는 '칼'이 옳고 그름을 판단하는 질문이 된다. 이 옳고 그름을 판단하는 질문과 옳고 그름을 판단하지 않는 질문 순서를 바꿔 3~5회 반복해 옳고 그름을 판단하는 질문을 할 때 일관적으로 생리적 반응에 변화가 생기는지 어떤지를 모니터링한다. 살해 방법 이외에도 침입 방법이나 빼앗은 금품, 도주로 등 다양한 질문을 해서 종합적으로 판단한다.

살해에 사용한 흉기는 **일본도**입니까?

살해에 사용한 흉기는 **금속 방망이**입니까?

살해에 사용한 흉기는 **식칼**입니까?

살해에 사용한 흉기는 **해머**입니까?

살해에 사용한 흉기는 **권총**입니까?

식칼로 죽였다……

CQT는 비판을 받아왔다.

또 하나의 질문 방법인 CIT는 범인만 알고 있는 사건의 상세 정보에 대한 반응을 검출하는 것이다. 만약 피의자가 범인이라면 범행을 한 장소나 범행 상황에 대해 생생하게 기억하고 있을 것이다. 그래서 사건의 범행 상황에 대한 질문을 해서 그에 대한 생리적 반응 변화에 따라 사건의 상세한 기억의 유무를 판단하는 것이다.

CIT 질문은 범죄 사실에 합치하는 옳고 그름을 판단하는 질문 하나와 옳고 그름을 판단하지 않는 여러 문제로 구성된다. 만약 범행과 관계없는 사람이라면 어느 질문이 사건 사실에 합치한 것인지 구별할 수 없다. 따라서 CIT에는 무고한 사람을 범인으로 몰 우려가 적다.

◆ fMRI에 의한 허위 검출

최근 주목받고 있는 거짓말 검출 방식은 기능적 자기 공명 영상(fMRI)을 이용한 것이다. 알고 있으면서도 모른다고 하거나 진실과 다른 반응을 할 때 활성화하는 뇌의 영역을 가시화해 진술의 진위를 밝히려는 것이다. 진실을 말하는 경우에 비해 거짓말을 하는 과정에서 인지적 부하가 걸려 전두 전 영역이나 전방 대상피질(anterior cingulate cortex, ACC) 등과 같은 부위의 활동이 활발해진다.

펜실베이니아대학 대니얼 랭리벤은 거짓말 관련 뇌 영역을 식별하기 위해 fMRI를 사용해 모의 CIT 검사를 했다. 실험 참가자에게 20달러를 건네며 트럼프를 1장 뽑게 하고, 그 카드(클로버 5)를 검사 종료까지 숨기도록 지시했다. 그 후 카드의 무늬에 관한 질문을 했다. 질문에는 옳고 그름을 판단하는 질문(클로버 5)과 옳고 그름을 판단하지 않는 질문(하트 2) 등이 있었다. 옳고 그름을 판단하는 질문과 옳고 그름을 판단하지 않는 질문을 할 때의 뇌 활동을 비교했더니 옳고 그름을 판단하는 질문을 할 때 전방 대상회 등의 영역이 활성화되는 것으로 나타났다. 전방 대상회는 경쟁하는 과제의 억제 등에 관여하는데, 진실을 억제하는 허위 검출에서도 중요한 영역이라고 할 수 있다.

fMRI를 이용한 검사는 거짓말을 직접 검출하는 기법이며 그 실현화에 대한 기대가 크다. 그러나 장치가 매우 고가인 데다 부피가 커서 이동하기 불편하고 피검자의 신체 동작을 심하게 제한할 필요가 있는 등 기술적 과제가 많이 남아 있다. (오우에 와타루)

091
목격 증언은 변한다

Keywords | 간섭 | 사후 정보 효과 | 소스 모니터링 가설 |

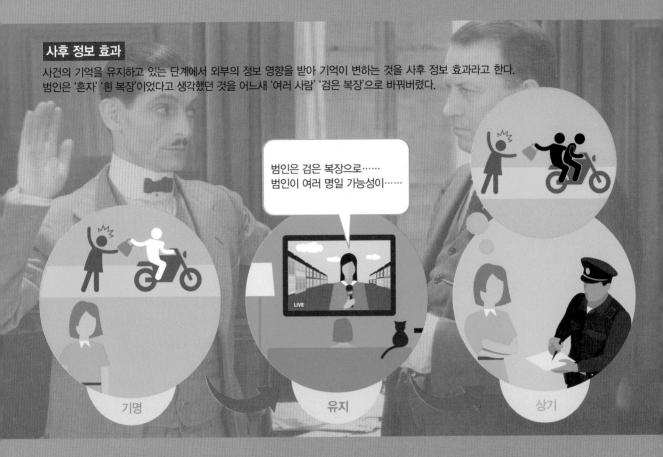

사후 정보 효과

사건의 기억을 유지하고 있는 단계에서 외부의 정보 영향을 받아 기억이 변하는 것을 사후 정보 효과라고 한다.
범인은 '혼자' '흰 복장'이었다고 생각했던 것을 어느새 '여러 사람' '검은 복장'으로 바꿔버렸다.

범인은 검은 복장으로……
범인이 여러 명일 가능성이……

LIVE

기명

유지

상기

사건이나 사고 등을 목격한 경우, 그 후에 경찰에게 당시 상황을 설명하거나 재판에서 증언을 하게 될 수도 있다. 목격자의 증언에 대해서는 사건 정보를 받아들이고(기명), 증언하기(상기)까지 정보를 취하는(유지) 기억의 각 과정에서 다양한 요인이 영향을 주어 그 신뢰성을 떨어뜨린다는 것이 많은 연구에서 밝혀졌다. 예를 들어 기억 과정에서 새로운 경험이 머릿속에 새겨지면서 목격자의 감정적 스트레스가 사건의 주변적 정보 지각을 방해하는 것으로 알려져 있다(→049).

유지 기간 중에는 외부의 정보가 목격자의 기억에 간섭하는 것이 문제다. 예를 들면 TV나 신문에서 사건에 대한 정보를 접할 수도 있고, 경찰관으로부터 사정을 듣는 사이에 새로운 정보를 들을 수도 있다. 이러한 정보는 반드시 목격자의 기억 내용과 일치한다고는 볼 수 없다. 날치기 사건을 목격했다고 하자. 오토바이를 탄 범인이 흰 복장으로 보였으나 TV에서는 검은 복장이라고 보도했다. 이와 같은 경우에 목격자의 기억이 TV 정보에 영향을 받아 검은 복장이었다고 잘못 증언해버리는

일을 사후 정보 효과라고 한다. 범인의 옷 색깔이나 차종 같은 상세 정보에 대한 사후 정보가 간섭하는 일이 있는가 하면, 존재하지 않았던 대상이 사후 정보로 받아들여지기도 한다. 예를 들어 단독범인데도 여러 명일 가능성이 있다는 보도를 접하고 범인은 오토바이를 탄 2인조라고 증언할 수도 있다.

◆ 모순된 정보의 영향

사후 정보 효과에 관해 선구적인 연구를 한 사람이 미국의 심리학자 엘리자베스 로프터스이다. 실험에서는 보행자가 사고를 당하는 교통사고 컬러 슬라이드 약 30장을 200명의 학생에게 보여주었다. 문제가 된 것은 차가 신호등 앞에서 정지해 있는 슬라이드다. 절반의 실험 참가자는 슬라이드 속에서 정지 신호등을, 나머지 절반은 서행 신호등을 보았다. 일련의 슬라이드를 다 본 후 슬라이드에 관한 몇 가지 질문을 했다. 질문의 하나는 ①'차가 정지 신호등에서 멈춰 있었을 때 다른 차가 지나갔습니까?' 또는 ②'차가 서행 신호등에서 멈춰 있었

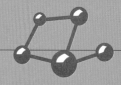

엘리자베스 로프터스의 실험

슬라이드에서 정지 신호등을 본 실험 참가자, 서행 신호등을 본 실험 참가자에게 각각 절반은 슬라이드 내용과 일치하는 질문을 하고, 나머지 절반에게는 일치하지 않는 질문을 했다. 그 후 기억 테스트에서는 정지 신호등과 서행 신호등 두 장의 슬라이드를 제시하고 맨 처음 슬라이드에서 본 것은 어느 쪽이었는지 판단하게 했다. 정답률은 일치하지 않는 질문을 접한 쪽이 낮았다.

슬라이드		질문	기억 테스트
정지 신호등	일치	차가 정지 신호등에서 멈춰 있었을 때 다른 차가 지나갔습니까?	맨 처음 슬라이드에서 본 것은 정지 신호등이었습니까? 서행 신호등이었습니까?
	불일치	차가 서행 신호등에서 멈춰 있었을 때 다른 차가 지나갔습니까?	
서행 신호등	일치	차가 서행 신호등에서 멈춰 있었을 때 다른 차가 지나갔습니까?	
	불일치	차가 정지 신호등에서 멈춰 있었을 때 다른 차가 지나갔습니까?	

을 때 다른 차가 지나갔습니까?'였다. 슬라이드에서 정지 신호등을 본 참가자의 절반에게는 ①의 질문, 나머지 절반에게는 ②의 질문을 했다. 서행 신호등을 본 경우도 마찬가지다. 절반의 참가자에게는 슬라이드와 질문에서 정보가 일치하고 나머지 절반은 일치하지 않는다. 즉 모순된 사후 정보를 제시했다.

기억 테스트에서 맨 처음 슬라이드 속에서 정지 신호등과 서행 신호등 중 어느 쪽을 보았는지 판단하게 한 결과, 일치된 정보를 준 참가자의 정답률은 75%, 불일치 정보를 준 경우는 41%였다. 요컨대 사건 기억과 모순된 사후 사건은 목격자의 기억에 영향을 주고 증언의 정확성을 떨어뜨린다는 결과였다.

◆ 정보원의 식별 문제

사건에 관한 원래 기억은 증언 중에 잘못된 정보로 바뀌어 버린다고 하는 가설이 있는 한편, 원래 기억과 잘못된 정보 기억이 함께 존재한다고 생각하는 사람도 있다. 소스 모니터링 가설에서는 어떤 정보에 관한 기억을 어디서 얻었는가 하는

정보원의 식별 능력이 기능을 발휘하지 못할 때 사후 정보 효과가 일어난다고 생각한다. 즉, TV에서 본 것(검은 복장)을 자신이 본 것(흰 복장)이라고 생각해버리는 것이다.

더욱이 기억의 유지 단계에서는 헤르만 에빙하우스의 망각에 관한 연구에서도 알 수 있듯이 시간의 경과가 기억을 어슴푸레하게 한다(→040). 사건 발생 후 5년, 10년이 지나도 새로운 정보 제공을 호소하는 미해결 사건에서는 범행에 관한 재현 VTR 등도 반복해 방송한다. 그것이 사후 정보로서 기억에 영향을 미칠 수도 있다. 사후 정보는 사건으로부터 일정 기간을 두고 잘못된 사후 정보를 주면 그 영향이 매우 크다는 것을 알 수 있다. 오랜 기간이 지난 목격 증언이 영화나 소설에서처럼 선명하게 사건을 해결로 이끌기는 어려울지도 모른다. (우치노 야시오)

092

휴먼 에러(인간의 과오)를 안다

Keywords | 슬립 | 미스테이크 | 규칙 위반 |

체르노빌 원자력발전소

방사능 누출 사고를 낸 체르노빌의 4호기(중앙)는 석관이라 불리는 철근 콘크리트제 구조물로 건물 전체를 덮어 방사성 물질이 밖으로 나가지 못하게 봉인했다. 그러나 내면과 외면 양쪽으로부터 석관의 노후화가 진행되고 있다. 석관 붕괴에 대비해 금속제 아치인 제2석관(중앙 안쪽, 높이 105미터, 중량 32,000톤)이 건설되고 있으며, 현재의 석관을 그대로 덮어 완성했다.

19 86년 4월 26일, 체르노빌 원자력발전소 4호기에서 원자로의 노심이 녹으면서 대량의 방사성 물질이 누출되는 방사능 사고가 발생했다. 이 사고는 보수 점검을 위해 동작 시험을 하면서 노심 긴급 냉각 장치를 일시적으로 해제한 것이 원인이 되어 일어났다. 핵분열 연쇄반응이 통제 불가능 상태가 되자 노심이 폭발했고 이에 따른 화재로 대량의 방사성 물질이 대기로 퍼져 나갔다. 이 사고로 발전소 기술자와 화재 진압 작업을 했던 소방대원 28명이 사고 후 수개월 이내에 사망했다. 일설에 의하면 적어도 4,000명 이상이 피폭의 영향으로 죽었다고 한다.

원자력발전소나 화학공장, 해상 석유 굴삭 기지, 대형 여객기처럼 사전에 철저한 안전 대책을 세우는 거대 시스템에서도 인적 요인, 즉 휴먼 에러(인간의 과오)에 의한 참사가 끊임없이 일어난다. 이런 경향이 최근에 현저하게 늘고 있다. 보잉사에 의하면 1960년까지는 설계나 제조 기술의 미숙으로 인한 기계적 고장이 항공기 사고의 큰 원인이었다. 그러나 테크놀

러지의 진보와 함께 기계적 고장에 의한 사고는 줄고 대신 휴먼 에러가 사고 원인의 대부분을 차지하게 되었다.

◆ 오인과 경험 부족

다양한 연구자가 휴먼 에러에 대한 정의를 내렸으나 와세다 대학 고마쓰바라 아키노리(小松原明哲)가 내린 정의가 단순하고 알기 쉽다. 그는 휴먼 에러를 "해야 할 것이 정해져 있을 때 해야 할 것을 하지 않거나 하지 말아야 할 것을 한 것"이라고 정의한다.

휴먼 에러의 원인이나 발생 조건을 확실히 해두면 에러 발생 빈도를 줄일 수 있고, 에러가 생겨도 그 피해를 최소화할 수 있다. 수많은 것 중에 한 분류 방법이긴 하지만 휴먼 에러는 슬립(깜박하는 실수)과 미스테이크(오인과 착각, 경험 부족에 의한 실수)란 두 종류의 에러와, 의도적인 규칙 위반으로 나누는 방법이 있다.

먼저 두 종류의 에러 중 슬립이란 동작이나 행위를 할 때 무

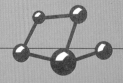

로스 로데오스 공항 점보기 충돌 사고

테네리페제도의 로스 로데오스 공항(테네리페 공항)에서 1977년에 발생한 역사상 최악의 항공기 사고(그림은 이미지). 538명의 승객과 승무원이 사망했다. 미국에서 온 팬암항공와 네덜란드에서 온 대형 항공기 KLM(보잉 747 시리즈)이 이륙하기 전 활주로에서 충돌해 폭발했다. 이 사고는 KLM기의 부조종사가 관제탑의 지시를 잘못 들어 발생한 휴먼 에러에 의한 대참사에 해당한다. 이 외에도 짙은 안개가 끼어 있던 당시의 기상 상황, 관제관과 양 기장의 판단 미스, 무선 혼신 등 몇 가지 요인이 겹쳤다. 이와 같이 하나의 심각한 사고가 발생한 배경에는 29건의 경미한 사고와 300건의 사소한 실수가 존재했다고 하는 생각을 하인리히의 법칙이라고 한다.

의식적으로 생기는 에러를 말한다. 대표적인 것으로는 행위를 하는 목적이나 상황이 비슷한 경우, 다른 목적이나 상황인데도 습관적으로 하는 동작(지금까지 계속 반복해왔던 스키마, 스크립트로서 정착된 것)을 하거나(예를 들어 엘리베이터에서 10층에 있는 회사로 향할 때 자신의 아파트 층수인 8층을 누른다). 행위 도중에 다른 용건에 대응하다 완료하지 않고 도중에 끝내버리는 일 등을 들 수 있다. 후자에 대해서는 특히 랩스(lapse, 실수, 깜박함)라 해서 슬립과 구별하기도 한다.

또 하나의 에러인 미스테이크란 계획이나 행동을 잘못 판단해 목표 달성에 맞지 않는 부적절한 행위를 함으로써 생기는 에러를 말한다. 환자의 증상을 잘못 판단해 부적절한 처치를 하거나, 마그네슘이나 나트륨처럼 물에 접촉하면 발화되는 금수성 물질로 인한 화재에 물을 뿌리는 등의 실수를 들 수 있다. 미스테이크의 원인에는 지식·경험 부족이나 깊이 생각하지 않고 성급히 결정해버리는 것 등이 있으며, 초보자뿐 아니라 숙련자도 저지르기 쉬운 에러이므로 주의해야 한다.

슬립이나 미스테이크와는 달리 규칙 위반은 정해져 있는 법이나 규칙을 준수하지 않아 생기는 에러이며 경험과 관계없이 생긴다. 규칙 위반에는 규칙 그 자체를 모르는 것, 선의나 호의에 의한 위반, 지금까지 무사고라고 방심하거나 복잡하고 귀찮은 순서를 생략하는 일 등이 있다.

◆ 조직의 문화·분위기

휴먼 에러의 원인을 그 당사자에게 돌리기 쉽지만 배경에 있는 조직의 문화나 분위기 등도 간과할 수 없는 중요한 요인이다. 예를 들어 당사자를 둘러싼 상사나 동료와의 인간관계, 의사소통의 부족, 일이나 작업에 대한 의욕, 안전보다도 업무의 효율화나 비용 삭감이 우선되는 조직 문화도 요인이 될 수 있다.

휴먼 에러 연구에서는 장래 일어날 수 있는 사고를 미연에 방지하려는 관점에서 인간은 본질적으로 실수를 하기 쉬운 존재라는 것만 생각하기 쉽다. 그러나 대참사를 미연에 방지할 수 있는 것도 현장의 기술자나 조종사라는 것을 잊어서는 안 된다. (오우에 와타루)

리더십의 새로운 모습

Keywords | 신뢰 | PM 이론 | 서번트 리더십 |

리더십

리더는 팔로어(멤버)의 수용을 전제로 목표를 달성하기 위하여 조직체를 이끌어나간다. PM 이론에 의하면 리더십에는 목표 달성 기능(P 기능)과 집단 유지 기능(M 기능) 두 가지가 있으며, 이 양자를 겸비한 PM 이론 리더십이 이상적이라고 보고 있다.

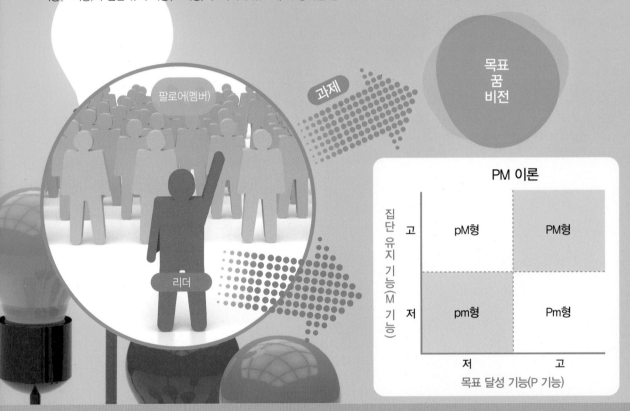

기업이나 학교, 스포츠 등의 집단은 어떤 특정 과제를 수행하기 위해 존재한다. 이 과제는 한 사람의 힘으로 달성하기는 어렵고 대부분의 경우는 여러 멤버의 몰두에 의존한다. 그리고 여러 멤버를 과제 달성으로 이끄는 역할이나 과정이 리더십이다. 리더십은 심리학을 비롯해 경영학이나 정치학 등 다양한 학문 영역에서 그 중요성에 관심이 모아지고 있으며, 현재도 많은 연구가 축적되어가고 있다.

◆ 리더십은 집단의 현상

리더십 연구의 리더라 할 수 있는 랄프 스톡딜은 "리더십이란 목표 달성을 위한 집단의 모든 활동에 영향을 주는 과정이다"라고 설명한다. 요컨대 집단은 목표를 달성하기 위해 다양한 활동을 하는데, 그 활동의 방향성을 정하거나 멤버에게 의

욕을 주거나 멤버의 협력을 촉진시키도록 이끄는 영향력을 리더십이라고 한다.

이 정의는 좀 추상적이기는 하지만 명확하게 이해하기 위해서는 다음 두 가지를 유의할 필요가 있다. 하나는 리더십이란 어떤 특정의 개인에게 한정되지 않고 멤버도 리더십을 발휘할 수 있는 집단의 기능을 가리킨다는 점이다. 또 하나는 리더십이 멤버에 의한 수용을 전제로 한다는 점이다. 일반적으로 리더십이란 리더가 일방적으로 하는 일을 가리킨다고 생각하기 쉽지만 비록 리더가 아무리 뛰어난 언행을 발휘해도 받아들이는 멤버가 움직이지 않으면 의미가 없다. 따라서 이 전제로부터 생각하면 멤버가 받아들여야 비로소 리더십이라는 현상이 생긴다는 것을 의미한다. 리더십 연구자인 제임스 쿠제스는 "리더십을 한마디로 표현하면 '신뢰'라는 말로 집약할 수 있다"

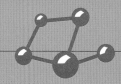

새로운 리더십

최근에는 종래의 영웅형인 톱다운형 리더십 대신 서번트 리더십이 관심을 모으고 있다. 사회의 다양화와 유동화가 진행되는 현대에는 조직도 유연해야 하고 신속한 의사결정도 필요하다. 멤버의 능력을 살리고 집단이 전체로서 기능을 발휘하게 하는 새로운 리더십이 요구되는 배경에는 이런 환경 변화도 있다.

톱다운형 리더십
(기존의 리더십)

• 영웅형   • 톱다운
• 상의하달 • 지시·명령

리더
구성원

서번트 리더십
(새로운 리더십)

• 봉사한다   • 아래에서 받쳐준다
• 배려한다   • 자기희생

리더
구성원

고 지적한다.

◆ 리더십의 기능

리더십에는 크게 두 가지 기능이 있다. 하나는 목표 달성 기능(P 기능)이며, 집단의 목표 달성에 기여하는 리더의 역량을 말한다. 또 하나는 집단 유지 기능(M 기능)이며, 집단 멤버의 인간관계를 배려하는 자질이다. 세계적으로 알려진 사회심리학자 미스미 쥬지(三隅二不二)가 제안한 이 PM 이론에서는 두 기능의 어느 한쪽이 아니라 양쪽을 겸비한 PM형 리더십이 집단의 생산성 및 구성원의 만족도나 모티베이션을 가장 높인다고 한다.

일반적으로는 리더십이란 많은 사람 위에 서서 그들을 이끄는 것이라 생각하는 일이 많다. 사실 리더십 연구에서도 예전부터 그런 리더십을 의식해 연구하고 실천해왔다. 하지만 최근에는 멤버가 잠재력을 발휘할 수 있도록 봉사하는 서번트 리더십(servant leadership), 즉 섬기는 리더십이 주목을 모으고 있다. (이케다 히로시)

094

마케팅의 심리학

정교화 가능성 이론

정교화 가능성 이론이란 설득 메시지를 받는 소비자의 태도에 따라 메시지의 설득 효과가 달라진다는 것을 밝힌 이론이다. 소비자가 메시지에 설득되어 제품 구입을 결정할 수도 있고, 구입하지는 않지만 그 브랜드에 대해 좋은 이미지를 갖게 될 수도 있다. 또한 소비자를 전혀 설득하지 못할 수도 있다. 이것도 소비자가 메시지를 어떻게 받아들이고 처리했느냐에 따라 달라진다.

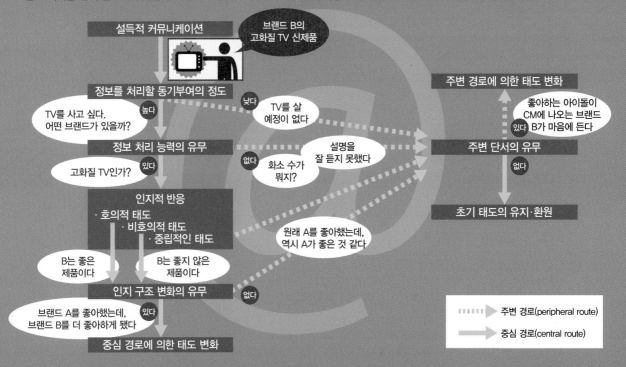

심리학은 인간의 행동이나 인지에 대해 연구하는 학문이기 때문에 다른 연구 영역에 활용하기도 한다. 그 하나가 마케팅 연구다. 마케팅이란 기업이 소비자에게 제품과 서비스를 팔기 위해 하는 다양한 기업 활동(제품 만들기, 광고)을 가리킨다. 소비자가 선택하게 만들려면 소비자에 대해 깊이 이해할 필요가 있다. 여기서는 마케팅 연구에 활용되는 대표적인 심리학 이론 세 가지를 소개하려 한다.

◆ 소비자는 어떻게 선택하는가

하나는 정교화 가능성 이론이다. 기업은 자사 제품을 선택하게 만들기 위해 광고를 한다. 심리학에서는 이것을 설득적 커뮤니케이션으로 취급해 연구를 해왔다. 설득 메시지에 의한 태도 변화를 설명하는 이론의 하나가 리처드 페티(Richard Petty)와 존 카시오포(John Cacioppo)가 주장하는 설득의 정교화 가능성 이론이다. 정교화란 소비자가 설득 메시지를 잘 생각하는 것이며, 정교화 가능성 이론은 소비자가 설득 메시지를 잘 생각했느냐 하지 않았느냐에 따라 설득 효과가 달라진다는 이론이다.

브랜드 A의 TV를 애용하는 L씨와 M씨가 있다. 브랜드 B는 아이돌을 모델로 초고화질 신형 TV를 광고했다. 고화질 TV를 사고 싶던 L씨는 광고를 주의 깊게 살펴보고 브랜드 B를 사기로 결정했다. 한편 TV를 살 예정이 없었던 M씨는 광고를 보고도 아이돌밖에 기억에 남지 않았다. 같은 광고를 본 L씨와 M씨의 반응은 이와 같이 다르다. 이런 현상을 정교화 가능성 이론으로 설명할 수 있다. 광고라는 설득적 커뮤니케이션을 접했을 때 L씨는 정보를 정교화하고 M씨는 정교화하지 않았던 것이다.

또 하나는 선택 휴리스틱스(choice heuristics)이다. 이것은

선택 휴리스틱스

선택지가 적으면 모든 속성을 철저히 밝혀 종합적으로 평가할 수 있지만, 선택지가 많으면 그렇게 할 수가 없다. 그래서 선택 휴리스틱스라는, 정확성은 다소 희생해도 빨리 판단할 수 있는 처리 방법을 선택한다. 그림에서는 네 브랜드의 5가지 속성 중 '색'이라는 속성에 주목해 선택하는 예를 나타냈다.

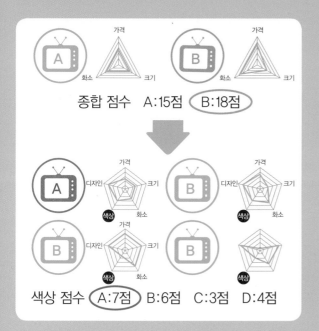

프레이밍 효과

같은 500원을 할인한다 해도 30,000원짜리 TV라면 가격 할인율이 1.7%에 지나지 않지만, 1000원짜리 화장수라면 할인율이 50%나 된다. 대부분의 소비자는 50% 할인을 매력적으로 생각할 것이다. 이와 같이 실질적인 내용은 변하지 않지만 언어 제시 방법(틀)에 따라 사람들의 선택이나 판단이 달라지는 현상을 프레이밍 효과라고 한다.

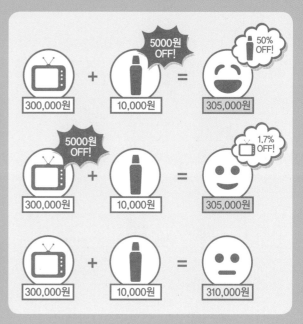

뭔가를 선택할 때 정확성을 다소 희생하더라도 보다 간단하고 빨리 판단할 수 있는 처리 방법을 가리키는데, 여러 타입이 있다. 예를 들어 이 세상에 TV 브랜드가 A와 B밖에 없고, TV의 속성이 가격, 크기, 화소 수 세 가지뿐인 경우라면 소비자는 가격, 크기, 화소 수가 자신에게 어느 정도 중요한지 검토하고, A와 B의 세 속성과 속성 중요도를 곱해 각 브랜드를 종합 평가해서 브랜드를 결정할 것이다.

이 검토 방법은 아주 합리적으로 보이지만 브랜드 수가 늘어나거나 속성이 늘어나면 귀찮은 일이 된다. 그래서 더 간단한 방법을 택하게 된다. 예를 들어 모든 속성에 최저 수준을 설정하고, 하나라도 수준에 못 미치는 브랜드를 검토 대상에서 제외시키거나(연결형), 반대로 수준 이상인 속성이 하나라도 있는 브랜드를 대상으로 남기거나(분리형), 중요한 속성 순으로 가장 좋은 브랜드가 하나가 될 때까지(가장 중요한 속성으로 정할 수 없는 경우는 그다음으로 중요한 속성으로) 검토(사전 편찬형)하거나 한다. 이 세상에 존재하는 브랜드의 수나 속성에 따라서도 소비자의 브랜드 선택 방법이 다르다.

◆ 영향력 있는 숫자가 매력적

또 다른 이론으로 프레이밍 효과(framing effect)가 있다. 경제학자이자 심리학자인 아모스 트버스키(Amos Tversky)와 대니얼 카너먼(Daniel Kahneman)이 실험으로 밝힌 효과이다.

예를 들어 L씨는 대형 판매점에서 TV(300,000원)와 화장수(10,000원)를 사려고 한다. L씨가 지불할 총 금액은 310,000원이다. 이 판매점에서 5,000원 할인 행사를 할 경우, TV를 5,000원 할인해주는 것보다도 화장수를 5,000원 할인해주는 행사가 L씨에게는 매력적으로 느껴질 것이다. 지불 금액은 305,000원으로 같다고 해도 L씨가 구입을 결정할 때 총 금액을 검토하는 것이 아니라 TV 가격과 화장수 가격을 따로 틀을 설정해서 검토하기 때문이다. 이 두 상품을 할인율로 환산하면 TV는 1.7% 할인이 되므로 TV 가격에 대한 영향력이 적은 데 반해 화장수는 50% 할인으로 영향력이 크고 매력적이라 느껴진다. 이와 같이 내용은 같아도 언어 표현의 차이가 선호에 영향을 주는 현상을 프레이밍 효과라고 한다. (가이 에리나)

095

메이크업은 누구를 위해?

메이크업과 인상의 관계

매력도는 글래머러스 메이크업을 했을 때 가장 높지만 호감도와 신뢰도는 내추럴 메이크업일 때 가장 높다.
매력도와 호감도, 신뢰도를 한꺼번에 모두 높이는 메이크업을 하기는 좀처럼 어려운 것인지도 모른다.

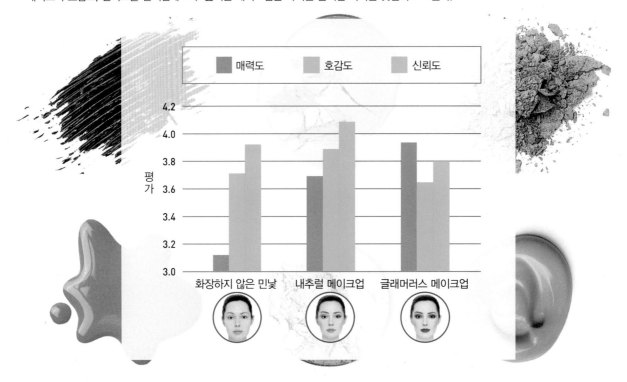

현 대 사회에서 화장은 특히 여성에게 중요하다. 왜 여성은 화장을 할까?

가장 중요한 이유는 외견적인 매력을 높이기 위해서다. 대표적인 화장으로 먼저 파운데이션을 들어보자. 파운데이션으로 피부 결을 정돈하고 기미나 잡티 등을 가린다. 우리는 타인의 나이를 판단할 때 피부 텍스처 정보를 이용한다. 그 때문에 피부 결을 정돈하면 보다 젊어 보인다. 특히 여성에게는 나이가 어려 보이는 것이 매력을 높일 수 있는 방법이다. 그래서 혈색이 좋게 보이도록 하거나 입술을 붉게 보이게 화장하기도 한다. 이 같은 정보도 대인 매력을 판단하는 데는 아주 중요한 요소이다. 안색은 건강 상태를 보이는 신호이기도 하기 때문이다(→017). 또한 여성의 붉은 입술은 남성의 성적 감정을 자극하고 외견적인 매력을 높이는 것으로 알려져 있다. 붉은색을 입술뿐 아니라 옷차림이나 소지품에 사용하는 것도 마찬

가지로 매력을 끄는 효과가 있다고 알려져 있는데 이를 로맨틱 레드 효과라고 한다.

남성이 여성에 비해 화장을 하지 않는 이유는 대인 매력에 차지하는 외모 효과가 여성에 비해 크지 않기 때문이라 할 수 있다. 남성의 매력은 오히려 경제력이나 사회적 지위, 건강해 보이는 근육 등으로 규정짓는 일이 많다(→016).

◆ 외견적 매력을 높이는 메이크업

외견적 매력을 높이기 위해서는 어떤 메이크업이 효과적일까? 이 문제를 검토한 사람이 하버드대학 낸시 에토코이다. 그녀는 20세부터 50세 여성 모델의 얼굴을 디지털 가공해서 민낯과 내추럴 메이크업을 한 얼굴, 글래머러스 메이크업을 한 얼굴을 만들었다. 그리고 이들 얼굴 사진을 여러 사람에게 보여주고 매력도와 호감도, 신뢰도를 평가하게 했다. 그 결과,

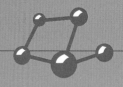

메이크업과 자신에 대한 만족도 관계

화장한 후에는 화장 전에 비해 얼굴에 대한 만족도가 높아지고 자신의 얼굴을 매력적이라고 생각하는 정도
도 높았다. 화장은 타인을 위해 하는 것이지만 또한 자신을 위한 것이기도 한 것이다.

화장이 진할수록 매력도는 높아지지만 호감도나 신뢰도는 자
연스럽게 화장했을 때가 가장 높았다.

화장은 확실히 외견적인 매력을 높이는 효과가 있지만 그
사람 본연의 정보를 가리기 때문에 전체적인 인상을 꼭 좋게
하는 것만은 아니다.

◆ 자신에 대한 만족도를 높이는 메이크업

메이크업에는 사실 한 가지 중요한 역할이 있다. 그것은 자
신에 대해 보다 긍정적인 감정을 갖게 한다는 점이다. 올드도
미니언대학교 토머스 캐시 교수는 민낯 상태와 메이크업을 한
상태의 여성에게 자신의 얼굴이나 신체에 대한 만족도를 9단
계로 평가하게 했다. 그 결과, 메이크업을 하면 자신의 얼굴에
대한 평가와 만족도가 크게 높아진다는 것을 알아냈다.

만족도가 높은 메이크업을 하면 사람들 앞에 나갔을 때의

행동에도 크게 영향을 미친다. 여성이라면 누구든 메이크업이
잘되지 않은 날은 어둡고 소극적이지만, 반대로 메이크업이
잘된 날에는 밝고 적극적이 된 경험이 있을 것이다. 메이크업
에 따라 생기는 이와 같은 자기 변화가 더욱 자신의 매력을 높
일 가능성도 있다. 메이크업은 이렇게 사람에게 아주 큰 영향
을 주고 있다고 할 수 있다. (오치 케이타)

096

유체 이탈과 환생의 수수께끼

유체 이탈

유체 이탈 현상이 생기는 동안에는 자신의 신체 위에 자신의 의식이 있기 때문에, 바로 아래에 있는 자신을 내려다보는 것처럼 느낀다.

유체 이탈 혹은 체외 이탈이라고 하는 현상은 자신의 의식이 자신의 신체로부터 바깥쪽으로 빠져나와 있는 주관적인 체험을 말한다. 공중에 떠 있는 듯한 감각을 동반하면서 고속으로 이동하는 것처럼 느껴지기도 한다. 이와 같은 유체 이탈은 연령이나 성별, 문화권이나 사회적인 지위 등과 관계없이 10~20%의 사람이 체험하는 것으로 알려져 있다. 또 수면 중에 일어나는 경우가 가장 많으나 향정신제 등을 복용했을 때나 질병이나 상처로 인해 고통이 심할 때, 죽음 체험 때도 체험하는 경우가 있다.

◆ 자기 신체 인지 과정에 혼란?

유체 이탈을 설명하는 가설의 하나는 실제 우리의 의식 성분이 육체를 떠나 떠다닌다는 것이다. 이와 같은 의식 성분을 아스트랄체*(astral 體)라고 한다. 이 가설은 과학으로 설명할

수 없는 신비적·초자연적 현상을 좋아하는 사람뿐 아니라 일반 사람들에게도 매우 인기가 있는 견해이지만, 실제로 이 설을 믿는 과학자는 거의 없다. 그 이유는 아스트랄체라는 물체가 과학적으로 발견되지 않았고, 육체를 떠나 있어 눈 등의 감각기관을 갖지 않는 물체가 어떻게 자신의 모습이나 멀리 있는 광경을 볼 수 있는지 설명할 수 없기 때문이다.

그런데도 왜 이렇게 많은 사람이 유체 이탈을 체험하는 것일까? 이 문제를 뇌신경과학의 관점에서 설명하려고 한 사람이 제네바대학병원 신경과 의사 올라프 블랑케이다. 그는 2002년 ≪네이처≫지에 발표한 논문에서 대뇌의 우반구 각회(→032)를 전기로 자극해 체외 이탈 체험을 재현할 수 있었다고 보고했다. 또한 그는 3D로 작성한 가상현실(버추얼 리얼리티) 인물에 자신과 같은 행동을 하게 해서 그것을 실시간으로 보여주면 사람은 자신이 체외 이탈을 하고 있다고 느끼게 된

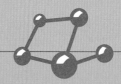

유체 이탈이 생기는 뇌의 영역

블랑케는 우반구의 각회를 전기로 자극해 유체 이탈 체험을 재현하는 데 성공했다.

전두엽

측두엽

두정엽

각회

후두엽

다는 것, 그와 같은 상황 아래에서는 자기 자신의 신체에 가해진 통증 자극에 대한 감수성이 떨어지고 그 대신에 3D 이미지에 대한 침해에 민감해진다는 것을 밝혔다. 그는 '유체 이탈은 뇌가 자기 신체를 인지하는 과정에서 일어나는 착각'이라고 생각했다.

◆ 남과 대화하는 가운데 형성되는 기억?

한편 사람이 죽으면 정신은 아스트랄체로 체외에서 나가 다른 개체로 다시 태어난다는 환생이라는 현상을 일부 문화권의 사람들은 믿고 있다. 일본도 그와 같은 나라 중 하나다. 막부 말기, 현재의 도쿄 히노시(日野市)에 살던 농민의 아들 카쓰고로(勝五郎)가 "나는 원래 규베에(久兵衛)라는 사람의 아들로 이름은 도조(藤藏)였다. 다섯 살 때 천연두를 앓다 죽었다"고 말한 사건은 세계적으로도 유명하다. 또한 초심리학 연구자 이안 스티븐슨은 환생 신앙이 있는 인도나 스리랑카에서 비슷한 사례를 다량 수집했다.

그러나 이와 같은 사례도 조사해보면 신뢰성이 그리 높지 않다. 환생 현상은 꿈이나 유체 이탈 체험을 남과 이야기하는 사이에 전생의 자신이 이미지화되어 폴스 메모리(가짜 기억)가 형성되거나 주위 사람의 유도적인 질문에 의해 그 기억이 실제 사건을 보다 현실적으로 재구성함으로써 일어나는 것으로(→091), 자기 자신도 그것이 상상에 의한 것인지 전생에서 이어진 기억인지 구별할 수 없게 된 상태가 아닐까 생각된다. (오치 케이타)

097

외계인에게 납치된 사람들

Keywords | 에이리언 애브덕션 | 수면 시 환각 | 폴스 메모리 |

우주인 그레이

영화 《미지와의 조우》에 나온 그레이는 그 후 에이리언 애브덕션 현상의 주역이 된다.
우리도 우주인이라 하면 즉시 이 타입을 떠올리지 않을까?

미국에서 1960년대부터 '우주인에게 유괴되어 인체 실험을 받았다'고 주장하는 사람이 나타났다. 이 현상이 알려진 계기는 1961년 9월 19일 미국 뉴햄프셔에 거주하던 힐 부부가 캐나다 여행에서 돌아오는 길에 UFO에 유괴되었다고 하는 사건이다(이 사건은 TV 드라마로 만들어졌다). 우주인에게 유괴되었다고 하는 사람들은 서서히 늘어 현재는 놀랍게도 수십만 명이나 된다. 그중에는 우주인의 아이를 임신했다는 사람도 있고, 어렸을 때부터 여러 번 우주인에게 유괴당했다는 사람, 우주인이 자기 몸에 뭔가 장치를 심어 넣었다(임플란트 현상)는 사람도 있다.

처음에는 이런 일을 믿는 사람은 그다지 많지 않았으나 '우주인에게 유괴되었다'고 하는 사람들의 증언이 너무나 일치한다는 것, 그들의 대부분은 정신 질환에 걸리지 않았다는 것으로부터 우주인에 의한 유괴(에이리언 애브덕션)가 실제로 일어나고 있는 것이 아닐까 믿는 과학자도 나타났다. 그 대표적인 인물의 한 사람이 하버드대학 의학부 정신과 의사 존 마크이다. 그가 쓴 《애브덕션》이라는 책은 베스트셀러가 되었다.

정말로 우주인에 의한 유괴가 일어나는 것일까?

◆ 영화 개봉 직후에 유괴 러시

우주인에 의한 유괴에 대해 많은 심리학자는 회의적인 입장을 취했다. 이런 현상이 사회·문화적인 요인에 크게 규정되어 있는 것처럼 생각되었기 때문이다. 예를 들어 우주인에 의한 유괴를 그린 TV 드라마 〈아우터 리미츠〉(국내에서는 〈제3의 눈〉이라는 제목으로 방영됨)가 방영된 후와, 이 현상을 다룬 버드 홉킨스(Budd Hopkins)가 쓴 《침략자들(Intruders)》이란 책이 나온 직후 자신이 우주인에게 유괴되었다는 사람이 급증했기 때문이다.

이 현상에 가장 큰 영향을 미친 것은 스티븐 스필버그 감독의 영화 《미지와의 조우》(1977년)로, 이 영화가 개봉된 직후에는 공전의 에이리언 애브덕션 현상이 관찰되었다. 특히나 지구인을 유괴하는 우주인의 모습이 《미지와의 조우》에 등장한 우주인 타입인 그레이 일색이 되었다. 그 전에는 파충류 형상이나 미소년 형상, 로봇형 등 다양한 모습의 우주인을 목격

에이리언 애브덕션의 발생 모델

뭔가 기묘한 감각을 느끼거나 몸에 이상한 자국이 있으면 사람은 에이리언 애브덕션을 공상하기도 하고 최면요법을 받기도 한다. 폴스 메모리가 형성되는 것은 이때다. 상당히 많은 사람이 자신이 우주인에게 납치되었다는 것은 믿으면서도 기억을 되돌려보려고는 하지 않는다.

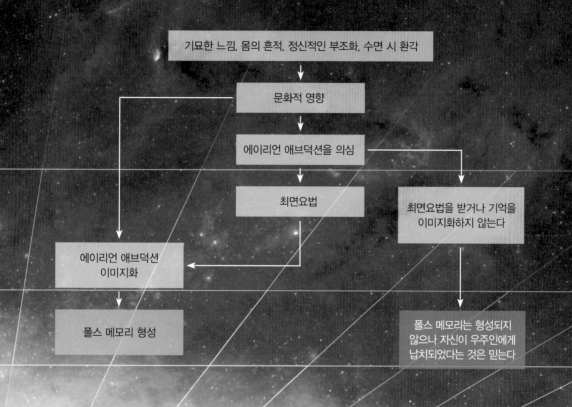

기묘한 느낌, 몸의 흔적, 정신적인 부조화, 수면 시 환각

↓

문화적 영향

↓

에이리언 애브덕션을 의심

↓

최면요법 → 최면요법을 받거나 기억을 이미지화하지 않는다

에이리언 애브덕션 이미지화

↓

폴스 메모리 형성

폴스 메모리는 형성되지 않으나 자신이 우주인에게 납치되었다는 것은 믿는다

했다고 말했으나 이 영화 이후부터 그들은 전혀 우주에 나타나지 않게 되었다.

◆ 생생한 악몽에 의미를 부여

그렇다면 왜 이렇게 많은 사람이 우주인에게 납치되었다고 말하는 것일까? 심리학적으로는 두 가지 중요한 메커니즘이 존재한다.

하나는 잠이 들면서 보는 환각이라는 현상이다. 이것은 잠이 들기 직전과 잠에서 깬 직후에 보는 사실적인 꿈을 말하는 것으로 악몽인 경우가 많다. 가위눌림 현상을 수반하는 일도 많다고 한다. 이와 같은 현상이 병리적인 현상은 아니지만 사람들은 너무나 생생한 체험에 뭔가 의미를 부여하는 일이 많다는 것이다. 의미 부여에 사용되는 것은 일본에서는 유령인 경우가 많지만 우주인에 의한 유괴가 화제가 된 미국에서는 '우주인에 의한 유괴'가 많아진 것이라고 볼 수 있다.

또 하나의 메커니즘은 폴스 메모리(가짜 기억)다. 이것은 우주인에게 납치된 것이 분명하다고 생각해 과거의 기억을 상기하려고 노력함으로써 영화나 TV 속 한 장면이나 자신의 과거 체험 기억이 마치 퍼즐처럼 맞춰져 실제 체험하지 않은 사건의 기억이 형성되는 것이다(→091). 어쩌면 대다수가 잠이 들기 직전의 환각이나 '잠에서 깼을 때 방 안이 잠들기 전과 뭔가 달랐다', '몸에 이상한 자국이 있었다' 등의 일을 계기로 자신이 우주인에게 유괴되었다고 하는 폴스 메모리를 차츰 만들어간 것이 아닐까 하는 것이다.

그러나 사실은 아직 완전히 밝혀졌다고는 할 수 없다. 우주인이 지구에 오지 않았다는 증거도 없기 때문이다. (오치 케이타)

098

초능력을 과학화한다

Keywords | 초심리학 | 제너 카드 | 통계적 가설 설정

제너 카드 라인은 텔레파시에 대한 과학적 실험을 하기 위해 칼 제너의 협력을 얻어 다섯 가지 모양의 제너 카드를 고안했다. 이 같은 모양이라면 텔레파시가 받는 측에게 도달할지 어떨지의 판단에 자의성이 들어갈 여지는 적다.

상대의 마음을 읽거나 상대의 마음에 정보를 보내주는 텔레파시, 생각의 힘에 의해 물체를 움직이거나 물체의 움직임에 영향을 주는 사이코키네시스(psychokinesis), 미래에 무슨 일이 일어날지 지각하는 예지, 멀리 떨어진 장소에 있는 것을 볼 수 있는 리모트 뷰잉(remote viewing), 벽으로 시각이 차단된 곳을 꿰뚫어 그곳에 무엇이 있는지를 파악하는 투시, 마음속으로 생각한 것을 사진 필름에 감광 효과가 나타나게 하는 염사, 영혼 등 초자연적인 존재와의 교신 능력 등 우리의 오감을 뛰어넘는 이와 같은 정신적 능력을 초능력이라고 한다.

초능력이 존재한다는 생각은 오래전부터 있어왔으나 과학, 그리고 심리학에서도 초능력의 실존에 대해 항상 관심을 두었다. 초능력에 관한 심리학적 연구를 초심리학이라 부르는데, 과학적인 연구는 1920년대 조지프 라인과 루이저 라인 부부가 하기 시작했다. 조지프 라인은 원래 생물학자였으나 당시 초능력에 중대한 관심을 갖고 있던 심리학자 윌리엄 맥두걸의 영향을 받아 이 분야에 대한 연구를 하게 된다.

◆ 재현성 있는 현상을 객관적인 방법론으로

라인은 과학으로서 초능력을 연구하려면 먼저 필요한 것이 재현성이 있는 현상이라고 생각했다. 이와 같은 초자연적인 현상에 관심을 갖는 종래의 과학자가 탐구의 중심에 둔 것은 심령 현상이었다. 그러나 영혼의 등장은 일시적이어서 과학적인 검토에 적합하지 않았고 영혼을 부를 수 있다고 주장하는 영매사들도 좀 수상쩍은 존재였다. 그래서 라인은 다루는 내용을 심령 현상이 아니라 텔레파시나 투시 같은 객관적인 실험이 가능한 현상에 한정하기로 했다.

다음에 문제가 된 것은 무엇을 텔레파시로 전달시킬까 하는 것이었다. 그림이나 사진 등 이미지를 재료로 할 경우, 그것이 잘 보내졌는지 어떤지 판단하는 데는 자의적인 요소가 혼입될 수 있다. 또한 트럼프(카드) 맞추기 등의 방법으로는 선택할 카드에 사전의 취향 등 치우침이 생기기 쉽다. 그래서 라인은 듀크대학의 동료였던 과학자 칼 제너의 협력을 얻어 제너 카드(Zener card)를 개발했다. 이것은 별 모양과 사각형 등 다섯

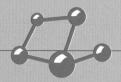

라인의 과학적인 초능력 실험

라인은 제너 카드를 사용한 텔레파시 실험 장치(왼쪽)나 주사위를 사용한 사이코키네시스에 대한 실험 장치(오른쪽)를 고안해 연구를 거듭했다. 초심리학에 대한 과학적 연구의 기초를 구축한 라인의 공적은 높이 평가되고 있다.

가지 모양을 그린 카드이다. 라인은 보내는 사람이 이 중 한 개의 모양을 선택해 텔레파시로 받는 사람에게 보내고, 받는 사람은 수신한 모양을 기록하는 형태로 실험을 했다. 만약 텔레파시가 존재하지 않는다면 받는 사람의 정답률은 우연히 맞힐 확률인 20%일 것이다. 만약 20%보다도 높은 값이 나와 그것이 통계적으로도 유의미하다면 초능력이 존재한다고 말할 수 있다.

라인의 방법론은 통계적 가설 검정의 생각(→099)에 기초를 두고 있으며, 또한 이와 같은 방법론을 초능력 연구에 도입한 것이 라인의 큰 업적이라 할 수 있다.

◆ 텔레파시의 존재를 나타내는 증거?

라인의 방법론으로 행한 텔레파시 연구에서는 우연이라고는 도저히 생각할 수 없는 정답률이 관찰되는 일이 적지 않았다. 또한 텔레파시 실험에서의 결과는 개시 때가 가장 좋고 차츰 떨어지다 다시 상승하는 U곡선 효과나, ESP(초감각적 지

각)를 믿는 피험자는 믿지 않는 피험자에 비해 양호한 결과를 내는 경향이 있다고 하는 산양·양 효과 등, 비교적 재현성이 높은 현상이 증명되었다고 생각하는 연구자도 적지 않다.

그러나 초심리학 실험에서는 종종 피험자나 실험자가 부정을 행하기 쉽다는 것도 알려져 있어, 이런 부정 때문에 표면적으로는 텔레파시가 존재하는 것처럼 보일 뿐이라는 반론도 제기되고 있다. 텔레파시 초심리학의 역사는 어떤 의미에서 부정과의 싸움이었다고 해도 과언이 아니다. 현재도 심리학자는 다양한 타입의 초심리 현상이 존재하는지 밤낮으로 연구를 계속하고 있다. (오치 케이타)

통계적 가설 검정

통계적 가설 검정에서는 비교 대상 간에 '차이가 없다'고 가정하는 귀무가설을 세우고 이 귀무가설이 성립되지 않는다는 것(차이가 없다고는 할 수 없다)을 보이는 절차를 밟는다. '일정의 차이가 있다'고 하는 가정은 무수하게 세울 수가 있으므로 이것을 직접 검토하기는 어렵다. 이에 반해 '차이가 없다'고 하는 가정이 성립되지 않는다는 것을 보이기 위해서는 한 번의 통계적 가설 검정으로 끝난다. 그러므로 이와 같은 번거로운 절차를 밟는 것이다.

A 집단   실험!   B 집단

실험 결과에 차이가 나왔다!

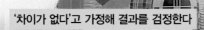
이 결과는 우연에 의한 것인가, 그렇지 않으면 필연적인, 의미가 있는 차이인가?

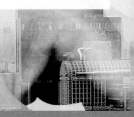

'차이가 없다'고 가정해 결과를 검정한다

기 원전 4세기에 쓰였으며, 지금도 읽히고 있는 고전으로 아리스토텔레스의 《변론술》이 있다. 이 책에는 화자가 청중을 제대로 설득하기 위해서는 ①청중의 감정에 호소해야 하고, ②화자가 인품을 갈고 닦아야 하며, ③강조하고 싶은 것에는 중후한 표현을 써야 한다고 적혀 있다.

심리학 연구를 발표할 경우에도 이 세 가지를 지키면 충분할까? 아리스토텔레스의 변론술에는 심리학 논문을 학술 잡지에 발표할 때 반드시 필요한 것이 빠져 있다. 바로 데이터와 그 해석이다.

◆ 데이터의 오차를 수학적으로 처리한다

심리학 연구를 과학적으로 할 경우, 실험이나 조사로 양적 데이터를 얻고 그것을 바탕으로 주장을 편다. 양적 데이터를 얻으려면 측정을 반복해야 하기 마련인데, 거기에는 반드시

오차나 변동이 포함된다. 이것은 심리학 연구만이 아니라 물리학, 화학, 생물학, 의학, 농학 등 관찰 데이터를 취급하는 학문이 모두 해당된다. 이 관찰 데이터에 포함되는 오차를 수학적으로 처리할 수 있게 된 것은 20세기 들어 통계학이 발전하면서부터다.

◆ 심리학에서 많이 이용하는 통계 방식

심리학에서도 많이 사용하는 분산 분석은 통계학자 로널드 피셔가 1920년대에 발표한 연구를 바탕으로 한다. 피셔의 논문은 농업 용지에 따른 수확량의 변동이 주제였다. 예를 들어 어떤 비료가 수확량에 영향을 미치는지 검토했다. 농지는 구획에 따라 조건이 다르기 때문에 엄밀하게 같은 조건의 농지는 있을 수 없다. 피셔가 고안한 실험 계획법에서는 관심이 없는 요인을 통제하기 위해 농지를 구획 짓고, 비료를 사용하는

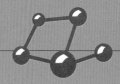

메타 분석

메타는 '뒤에'를 뜻하는 그리스어로, '메타 분석'이란 분석한 후에 행하는 분석, 즉 '분석의 분석'이라는 의미이다. 과거에 따로 행한 복수의 분석 결과를 다시 분석함으로써 개개의 분석에서는 발견하지 못했던 결과를 밝힐 가능성이 있다. 그러나 이용 가능한 출판된 데이터는 이른바 '좋은 결과'가 나왔기 때문에 출판된 것일 수도 있으므로, 데이터 그 자체에 바이어스(편견)가 있을지도 모른다는 점(출판 바이어스라고 한다)에 주의해야 한다.

보다 신뢰할 수 있는 결과로!

과거에 행한 연구로부터 실험 데이터를 수집해 분석

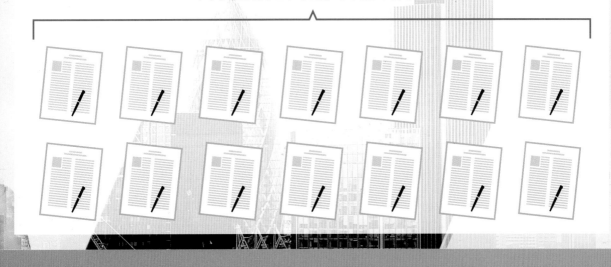

농지를 무작위로 골라 할당했다. 심리학에서도 이와 같은 방식이 활용되고 있어, 사람을 대상으로 실험을 할 경우에도 무작위로 조건을 할당한다. 이것은 실험 계획의 근간을 이루는 방식으로 널리 보급되었다.

얻은 데이터를 토대로 측정 오차가 아닌 의미 있는 차이를 주장하고 싶을 때에는 통계적 가설 검정을 하는 것이 표준적이다. 통계적 가설 검정은 통계학자 예르지 네이만과 에곤 피어슨이 20세기 중반에 정식화(定式化)한 연구를 바탕으로 하며, 비교 대상 간에 '차이가 없다'고 가정하는 귀무가설을 검정하는 형태로 행한다. 통계적 가설 검정의 역사는 비교적 짧지만, 자연과학이나 사회과학 같은 양적 데이터를 취급하는 학문 전체에서 널리 행해지고 있다. 심리학뿐 아니라 실험이나 조사, 관찰 데이터를 분석하는 전문 분야의 강력한 도구이며, 실험을 보고하는 논문에서 통계적 가설 검정을 하는 것은 사

실상 표준이 되었다.

메타 분석에서는 다른 상황에서 행한 여러 실험 결과를 정리해 통계 해석을 한다. 어떤 연구자가 행한 개별 연구에서는 통계적으로 유의미한 차이가 얻어지지 않았다고 해도 복수의 다른 연구자가 행한 실험 데이터를 정리해 분석하면 통계적으로 유의미한 차이가 발견되는 경우도 있다. 이때 중요한 것은 출판되거나 공표된, 이용 가능한 데이터가 치우쳐 있지 않다는 것이다.

아리스토텔레스는 실험을 좋아하지 않았다고 한다. 아리스토텔레스가 놓친 실험의 유용성은 후에 여러 연구자에 의해 재발견되었고, 인류의 지적 탐구와 행복 추구에 빼놓을 수 없는 도구로서 확립되어 현재에 이르고 있다. (미쓰도 히로유키)

마음의 탐구는 계속된다

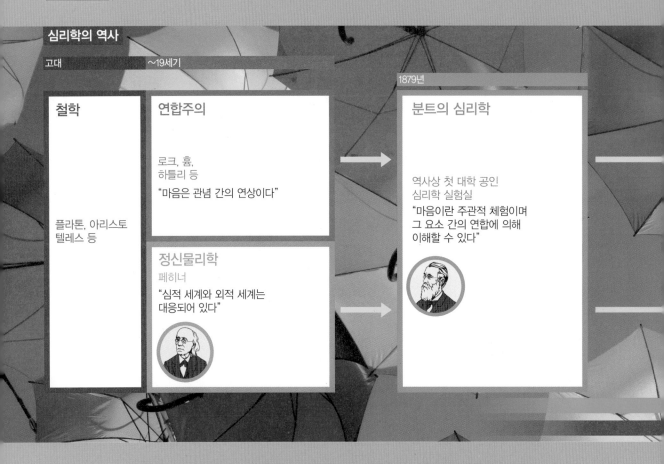

심리학의 역사

| 고대 | ~19세기 | 1879년 |

철학

플라톤, 아리스토
텔레스 등

연합주의

로크, 흄,
하틀리 등

"마음은 관념 간의 연상이다"

정신물리학

페히너

"심적 세계와 외적 세계는
대응되어 있다"

분트의 심리학

역사상 첫 대학 공인
심리학 실험실

"마음이란 주관적 체험이며
그 요소 간의 연합에 의해
이해할 수 있다"

심리학이 언제 탄생했느냐는 문제에는 답을 내기가 어렵다. 우리는 자신이 '마음'을 갖고 있다는 것을 안 이후 계속해서 그것에 대해 탐구해왔다고 할 수 있기 때문이다. 모든 학문은 고대 그리스 시대에 그 기원을 둔다고 말하기도 하지만, 실제로 플라톤이나 아리스토텔레스도 마음의 법칙이나 분류에 대해 수많은 기술을 남겼다.

◆ 학문으로서의 심리학의 성립

학문으로서의 심리학이 성립된 것은 빌헬름 분트가 1879년에 라이프치히대학에서 세계 최초로 대학 공인 심리학 실험실을 개설한 해라고 말한다. 그렇다고 해서 어느 날 갑자기 심리학이 학문으로서 나타났다는 것은 아니다. 분트에 이르는 흐름을 만든 중요한 원류로서 두 가지를 들 수 있다.

한 가지는 연합주의라는 개념이다. 이것은 17세기에서 18세기에 걸쳐 존 로크나 데이비드 흄, 데이비드 하틀리 같은 철학자들이 논한 것이다. 여기서는 사고 등 마음의 움직임을 관념

간의 연상이라는 개념으로 설명하려고 했다.

또 한 가지는 정신물리학이다. 라이프치히대학 물리학 교수이며 의사이기도 했던 구스타프 페히너(→040)는 우리의 주관적인 체험인 감각과 물리적인 자극 사이의 연관을 식으로 표현하는 페히너 법칙을 제창했다. 그는 우리의 심적 세계와 외적 세계의 대응을 밝히려고 생각했던 것이다.

이러한 흐름을 받아 분트는 심리학 실험실에서 순간 노출 장치나 시간 측정기 등 다양한 실험 장치를 이용해 마음에 대한 법칙을 밝히려고 했다. 그가 취급하려 했던 '마음'은 우리의 주관적인 체험이며, 그는 다양한 실험 상황 아래에서 자신의 마음을 관찰하는 실험적 내관이라는 방법을 이용해 의식 과정을 요소로 분해하고, 그 연합 양식이나 법칙을 밝히는 것을 심리학의 목표로 삼았다.

◆ 현대 심리학의 흐름

그런데 20세기가 되자 이와 같은 요소주의적인 심리학 접

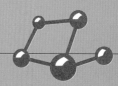

근에 대한 비판이 나타나기 시작했다. 그중에서도 독일을 중심으로 발전한 게슈탈트 심리학(→035)의 흐름은 '전체는 단순한 요소의 집합이 아니다'라는 슬로건 아래 막스 베르트하이머, 볼프강 쾰러, 쿠르트 코프카 같은 연구자들이 많은 연구를 했다.

또한 심리학의 대상은 무엇인가라는 문제에 대해서도 중요한 비판이 등장했다. 그 대표자가 존 왓슨(→019)이다. 그는 심리학의 대상은 아무나 관찰할 수 없는 우리의 직접 체험이 아니라 객관적으로 관찰 가능하고 기록도 가능한 행동이어야 한다고 생각했다. 이와 같은 생각을 행동주의라고 한다. 행동주의는 처음에 큰 저항을 받았지만, 차츰 많은 연구자의 지지를 받아 심리학 세계를 석권했다. 일본을 포함한 전 세계 많은 심리학 연구실은 심리학 대상을 관찰 가능한 행동으로 한정하고, 인간보다도 단순한 동물인 토끼나 쥐, 비둘기 등을 연구 대상으로 하게 되었다.

그러나 이와 같은 방법론에서는 우리 언어나 사고 등의 고도한 그리고 우리에게 인간다움을 가져다주는 심적 과정을 연구하는 것은 어렵다는 것도 분명했다. 여기서 등장한 것이 율릭 나이서 같은 인지심리학자 등이다. 그들은 인간을 일종의 컴퓨터, 즉 정보 처리 기계로 취급해 그 소프트웨어에 대해 밝히는 것이 심리학이라고 생각했다(→052). 이 생각을 매우 많은 심리학자가 받아들임으로써 인지심리학은 행동주의를 대신해 심리학의 주역이 되어간다.

심리학은 현재 뇌신경과학이나 진화심리학, 동물행동학 등 접근 영역과 융합하고 동시에 마케팅이나 휴먼 에러 방지, 교육이나 복지 등 폭넓은 분야에 응용되는 인간 과학으로서 크게 발전했다. (오치 케이타)

이 책에 등장하는 주요 연구자

로버트 액셀로드
(Robert M. Axelrod, 1943-)

미국 정치학자. 게임 이론, 인공지능, 진화생물학, 복잡계, 국제 안전 보장 등 연구 주제가 많으나 특히 협력 행동의 진화에 관한 학술적 연구로 알려졌고 그 성과가 폭넓은 영역에서 인용되고 있다.

솔로몬 애시
(Solomon Eliot Asch, 1907-1996)

폴란드 출신 미국 심리학자. 게슈탈트 심리학의 영향을 강하게 받았다. 사회심리학에 실험적 방법을 도입한 선구자로 인상 형성, 암시, 동조 등의 연구에서 커다란 성과를 남겼다.

아서 아론
(Aurthur Aron, 1945-)

미국 사회심리학자. 친밀한 대인관계, 모티베이션, 공감, 편견 등에 관한 연구가 전문으로, 그중에서도 도널드 더튼과 공동 연구한 사랑의 현수교 실험은 심리학사에 남는 유명한 실험이다.

에드워드 윌슨
(Edward Osborne Wilson, 1929-)

미국 곤충학자, 사회생물학자. 사회성 곤충의 연구로부터 출발해 사람을 포함한 동물의 사회적 행동을 진화의 관점에서 설명하는 사회생물학을 확립했다. 생물 다양성의 개념을 주창한 한 사람이기도 하다.

데이비드 웩슬러
(David Wechsler, 1896-1981)

루마니아 출신의 미국 심리학자. 뉴욕대학 부속병원에서 지능검사를 개발했다. 그의 이름을 딴 WAIS, WISC, WPPSI는 현재도 전 세계에서 사용되고 있다.

막스 베르트하이머
(Max Wertheimer, 1880-1943)

독일 심리학자. 게슈탈트 심리학을 창시한 한 사람으로, 그의 운동 지각에 관한 연구가 게슈탈트 심리학 탄생의 계기가 되었다. 새로운 인식이나 문제 해결을 가져오는 생산적 사고 연구로도 알려져 있다.

빌헬름 분트
(Wilhelm Maximilian Wundt, 1832-1920)

독일 심리학자, 생리학자, 철학자. 1879년 라이프치히대학에 세계 최초로 심리학 실험실을 개설, 실험심리학을 주창한 것으로 알려져 있다. 심리학을 철학에서 분리해 과학으로 확립하려고 했다.

폴 에크만
(Paul Ekman, 1902-1994)

미국 심리학자. 정동이나 표정에 관한 선구적인 연구를 한 후 인류에는 6가지 기본 정동이 있다고 주장했다. 상대의 표정에서 거짓말을 간파하는 학자가 활약하는 인기 TV 드라마 시리즈에서 주인공 모델이 되기도 했다.

헤르만 에빙하우스
(Herman Ebbinghaus, 1850-1909)

독일 심리학자. G. T. 페히너의 정신물리학에 영향을 받아 기억 연구에 몰두했다. 무의미 음절이나 절약법 등 그가 고안한 다양한 방식은 후에 실험심리학의 발전에 크게 공헌했다.

에릭 에릭슨
(Erik Homburger Erikson, 1902-1994)

독일 태생의 미국 정신분석가. 정규 교육을 거의 받지 않고, 20대를 방랑 여행으로 보냈다. 독자의 심리사회적 발달론, 정체성(자아 동일성)의 개념을 제창했다.

대니얼 카너먼
(Daniel Kahneman, 1934-)
이스라엘 태생의 미국 심리학자이자 경제학자. 경제학에 심리학 방식을 도입해 불확실한 상황에서 의사결정 모델을 이론화했다. 2002년 노벨 경제학상을 수상했다.

마이클 가자니가
(Michael Gazzaniga, 1939-)
미국 인지신경학자. 분리 뇌 연구를 통해 대뇌반구의 기능 분화에 대해 중요한 발견을 했다. 신경과학계의 발전과 함께 생긴 이론상의 문제를 다룬 신경윤리학 저서도 있다.

조슈아 그린
(Joshua Greene, 1974-)
미국 심리학자. 신경과학자, 철학자. 인간의 도덕성과 도덕적 판단 문제에 행동 실험이나 뇌 기능 영상 등 과학적인 방식으로 접근해 독자적으로 연구하고 있다.

프랜시스 크릭
(Francis Harry Compton Crick, 1916-2004)
영국의 분자생물학자. DNA 이중 나선 구조의 발견으로 1962년 노벨생리의학상을 수상했다. 만년에는 의식 연구로 돌려 왜 뇌라는 물질에서 의식이 생기는 지 해명하려고 했다.

로버트 클로닌저
(Claude Robert Cloninger, 1944-)
미국 정신의학자, 유전학자. 도파민과 신기성 추구, 세로토닌과 손해 회피 등 뇌내의 신경전달물질과 기질 사이에 관련이 있다는 독자의 퍼스낼러티 이론을 제창했다.

볼프강 쾰러
(Wolfgang Köhler, 1887-1967)
독일 심리학자. 베르트하이머, 코프카와 함께 게슈탈트 심리학을 창시했다. 유인원의 지능에 대해 연구했으며, 특히 침팬지가 시행착오에 의하지 않은 통찰 학습을 밝힌 실험으로 유명하다.

프랜시스 골턴
(Francis Galton, 1822~1911)
영국의 유전학자이며 인류학자, 통계학자. 다윈의 사촌. 우생학(優生學)의 창시자로 악명이 높으나 심리학에 통계적 방식을 도입해 회귀나 상관 등의 개념을 발전시킨 공적도 크다.

크리스토프 코흐
(Christof Koch, 1956-)
미국 신경과학자. 의식이 어떠한 신경활동에 의해 생기는지 밝히는 의식의 신경상관(NCC) 연구로 세계적으로 알려졌다. 오랜 기간 크릭의 공동 연구자이기도 했다.

쿠르트 코프카
(Kurt Koffka, 1886-1941)
독일 심리학자. 베르트하이머, 쾰러와 게슈탈트 심리학을 창시했다. 1935년에 게슈탈트 심리학의 체계화를 목표로 한 저서 《게슈탈트 심리학의 원리》를 영어로 간행했다.

로버트 자이언스
(Robert Boleslaw Zajonc, 1923-2008)
폴란드 태생의 미국 사회심리학자. 단순 접촉 효과를 제창했다. 자극에 대한 감정적 반응은 인지적 평가에 앞서 일어난다고 하는 그의 감정 우선설은 심리학의 세계에 커다란 논쟁을 불러일으켰다.

피터 살로베이
(Peter Salovey, 1958-)

미국 사회심리학자. 존 메이어와 함께 정서 지능(티)의 개념을 발전시키고, 그 측정 척도를 개발함으로써 종래의 정서 나 지성, 지능 연구 확장에 공헌했다. 예 일대학 23대 학장을 지냈다.

무자퍼 셰리프
(Muzafer Sherif, 1908~1988)

터키 출신의 미국 사회심리학자. 솔로몬 애시와 나란히 사회심리학에 실험적 방 법을 도입한 선구자의 한 사람으로, 동 조나 집단 간 갈등, 태도에 관한 연구가 후세에 큰 영향을 주었다.

스탠리 샥터
(Stanley Schachter, 1922-1997)

미국 사회심리학자. 정동이 생기는 데 생리적 각성과 인지적 평가 양쪽이 필요 하다고 하는 정동 2요인론을 제롬 싱어 와 함께 제창했다. 이 이론을 발전시켜 비만이나 끽연 행동 연구에도 몰두했다.

클로드 섀넌
(Claude Elwood Shannon, 1916-2001)

미국의 수학자이며 전기공학자. 정보 이 론 고안자로, 수학적 의사소통 이론은 심리학에 큰 영향을 주었고, 후에 정보 처리적 접근을 낳는 계기가 되었다.

제롬 싱어
(Jerome Singer, 1934-2010)

미국 사회심리학자. 전문은 스트레스의 연구. 스탠리 샥터와 함께 정동 2요인론 을 제창한 것으로 알려져 있으나 이 외에 도 많은 연구자의 논문에도 이름을 나란 히 해 '가장 뛰어난 제의 저자'로 불린다.

필립 짐바르도
(Philip George Zimbardo, 1933-)

미국 사회심리학자. 밀그램과 고교 동급 생. 스탠퍼드 모의 감옥 실험으로 사회적 으로 큰 충격을 주었으며, 이 실험 사건 을 토대로 한 영화도 만들어졌다. 정평 있는 심리학 교과서의 저자이기도 하다.

로저 스페리
(Roger Wolcott Sperry, 1913-1994)

미국 신경생물학자. 좌우 뇌가 분리된 환자의 인지 기능에 대해 조직적으로 연 구했다. 이 대뇌반구의 기능 분화에 관 한 연구가 평가를 받아 1981년 노벨생리 의학상을 수상했다.

마틴 셀리그만
(Martin Seligman, 1942-)

미국 심리학자. 우울증에 대한 관심에서 실험적 연구를 거듭하다 학습성 무기력 의 개념을 제창했다. 1998년에 미국 심 리학회 회장으로서 긍정 심리학의 필요 성을 호소함으로써 긍정 심리학의 창시 자가 되었다.

찰스 다윈
(Charles Darwin, 1809-1882)

영국 박물학자. 자연도태 개념을 중심으 로 한 진화론을 주장해 현대에 이르는 생물학의 기초를 확립했다. 인간의 마음 의 기원과 진화에 대해서도 저서를 남 기고 현대 심리학에도 영향을 주었다.

존 달리
(John Darley, 1938-)

미국 사회심리학자. 1964년에 일어난 키티 제노비스 사건 후 방관자 효과와 관련된 일련의 연구로 알려지게 되었다. 그 후에도 도덕성과 이타적 행동 등을 주제로 열정적으로 연구했다.

존 더글러스
(John Edward Douglas, 1945-)

전 FBI(미국연방수사국) 특별수사관. 로버트 레슬러와 함께 범죄 수사의 새로운 기법으로 프로파일링을 개발했다. FBI를 그만둔 후에는 범죄를 주제로 한 저술가로서 활약하고 있다.

도널드 더튼
(Donald Dutton, 1943-)

캐나다 사회심리학자. 아서 이론과 함께 실험한 사랑의 현수교 실험이 유명하다. 주로 가정폭력 등 친밀한 관계에서 생기는 폭력 문제를 연구하고 있으며, 전문가 증인으로서 법정에도 선다.

안토니오 다마시오
(Antonio Damasio, 1944-)

포르투갈 태생의 미국 신경과학자. 정서가 의사결정에서 중심적인 역할을 한다고 하는 소마틱 마커 가설을 제시한 것으로 알려져 있다. 피네아스 게이지 사례는 그의 저서에서 유명해졌다.

앨런 튜링
(Alan Mathison Turing, 1912-1954)

영국 수학자. 인공지능 구상을 통해 컴퓨터 기초 이론을 구축했다. 제2차 세계대전 중에는 암호 해독에 종사했다. 동성애자이기도 했던 그의 파란의 개인사를 그린 영화가 2014년에 공개되었다.

에드워드 데시
(Edward Deci, 1942-)

미국 사회심리학자. 모티베이션 연구의 일인자. 모티베이션을 높이는 요인으로서 타인이 아닌, 자기 스스로 결정하는 일의 중요성을 주장한 자기 결정 이론은 새로운 모티베이션의 이론으로 주목받고 있다.

아모스 트버스키
(Amos Tversky, 1937-1996)

이스라엘 태생의 미국 심리학자이자 행동경제학자. 대니얼 카너먼과 함께 의사결정에 대한 연구를 진행했다. 살아 있었다면 대니얼 카너먼과 함께 노벨경제학상을 공동 수상했을 것이라고들 한다.

존 투비
(John Tooby, 1952-)

미국 인류학자. 심리학자인 부인 레다 코스미디스와 함께 진화심리학을 창시했다. 그들이 1992년에 편집한 논문집 《적응한 마음-진화심리학과 문화의 발생》은 진화심리학의 기초를 쌓은 책으로 유명하다.

리처드 도킨스
(Clinton Richard Dawkins, 1941-)

영국의 행동생물학자이자 진화론자.《이기적 유전자》의 저자로 진화는 유전자 단위로 일어난다고 하는 현대 진화생물학의 기본적 개념을 대중에게도 알렸다. 철저한 무신론자로서도 알려져 있다.

줄리오 토노니
(Giulio Tononi)

이탈리아 태생의 미국 신경과학자이자 정신과 의사. 2004년에 발표한 의식의 정보 통합 이론은 뇌에서 의식이 발생하는 메커니즘을 해명한 이론의 하나이다.

율릭 구스타프 나이서
(Ulric Gustav Neisser, 1928-2012)

독일 태생의 미국 심리학자. 인지심리학의 창시자 중 한 사람으로 《인지심리학》에서 이 영역의 체계화를 시도했다. 생리학적 타당성의 중요성을 주장한 것으로 알려져 있다.

존 바그
(John Bargh, 1955-)

미국 사회심리학자. 자이언스의 지도 아래 박사 학위를 취득했다. 행동의 배후에서 일하는 자동적이고 무의식적인 심리적 과정을 연구 주제로 했으며, 수많은 성과로 커다란 주목을 받았다.

프레드릭 바틀렛
(Frederic Charles Bartlett, 1886-1969)

영국 심리학자. 인지심리학의 선구자. 에빙하우스의 통제된 실험적 방식을 비판하며, 일상적인 문맥에서 인지의 작용에 주목해 연구를 했다. 스키마의 개념을 제창한 것으로 알려져 있다.

해리 할로
(Harry Frederick Harlow, 1905-1981)

미국 심리학자. 원숭이를 이용한 애착 실험이 유명하다. 애착 형성에는 부모와 신체적 접촉이 중요하다는 점과, 반대로 부모로부터 떨어져 자란 경우에는 행동에 이상이 생길 수 있다는 점을 밝혔다.

이반 파블로프
(Ivan Petrovich Pavlov, 1849-1936)

러시아 생리학자. 그의 조건 반사 연구는 학습에 관한 수많은 견해를 가져왔고 존 왓슨이 제창한 행동주의 심리학의 발전에 커다란 영향을 주었다. 1904년 노벨생리의학상을 수상하였다.

데이비드 버스
(David Buss, 1953-)

미국 심리학자. 진화심리학의 창시자 중 한 사람. 투비가 편집한 논문집에도 기고했다. 배우자 선택이나 번식 전략 연구로 알려져 있으나 근년에는 질투, 스토킹 등 인간의 어두운 면을 연구하고 있다.

앨런 배들리
(Alan David Baddeley, 1934-)

영국 인지심리학자. 기억 연구의 일인자로, 고차 인지 기능에 깊이 관여하는 워킹 메모리(작업 기억) 개념의 모델을 구축한 업적이 높이 평가되고 있다.

윌리엄 해밀턴
(William Donald Hamilton, 1936-2000)

영국 진화생물학자. 혈연도태와 포괄적응도의 개념을 제창하고, 자연도태론으로는 설명하기가 어려운 동물의 이타적 행동을 이론적으로 제시하였다. 현대 진화생물학 최대 이론가라고 불린다.

사이먼 바론 코헨
(Simon Baron-Cohen, 1958-)

영국 발달심리학자. 자폐증 연구자. 자폐증 아이가 곤란을 겪는 타인의 심적 상태와 의도를 이해하는 '마음의 이론' 연구를 하고 있으며, 이 분야 일인자로 주목받고 있다.

앨버트 밴듀라
(Albert Bandura, 1925-)

캐나다 심리학자. 사회적 학습 이론과 자기 효능감을 비롯해 수많은 성과를 남겼다. 특히 관찰만으로 학습이 성립된다는 것을 보인 사회적 학습 이론은 학습의 인지적 측면을 중시하는 연구의 길을 열었다.

장 피아제
(Jean Piaget, 1896-1980)

스위스 심리학자. 실험과 자신의 세 아이의 관찰로 지각과 지능, 사고 발달 연구를 진행해 독자적인 발생적 인식론을 구축했다. 20세기에 가장 영향력이 있는 심리학자의 한 사람이다.

알프레드 비네
(Alfred Binet, 1857-1911)

프랑스 심리학자. 1892년에 소르본에 심리학 실험실을 개설. 사고에 대해 연구했다. 그 후 프랑스 정부의 의뢰를 받아 지금까지 사용되고 있는, 지능검사의 원형을 만들어냈다.

로널드 피셔
(Ronald Aylmer Fisher, 1890-1962)

영국 통계학자. 로담스테드 농사시험장 통계연구실에서 근무하면서 대량의 데이터를 취급하는 가운데 실험계획표와 분산 분석, 소표본 등에 관한 통계 이론을 체계화하는 성과를 남겼다. 우생학을 주장하는 생물학자이기도 하다.

레온 페스팅거
(Leon Festinger, 1919-1989)

미국 사회심리학자. 인지 부조화 이론과 사회적 비교 과정의 이론으로 사회심리학에 커다란 족적을 남겼다. 그러나 1960년대 중반에 사회심리학을 떠나 지각 연구와 고고학, 역사학으로 눈을 돌렸다.

구스타프 페히너
(Gustav Theodor Fechner, 1801-1887)

독일의 물리학자이자 철학자. 정신과 신체의 관계성을 탐구하는 정신물리학을 창시해, 그 후의 실험심리학 성립에 크게 공헌했다. 한편 사후 세계 등에 관심을 갖고 신비주의적 사상을 주장했다.

올라프 블랑케
(Olaf Blanke, 1969-)

스위스 신경과학자. 뇌신경과학적 접근으로 신체의 지각과 자기의식에 대한 연구를 하고 있다. 유체 이탈 체험을 인공적으로 일으키는 실험은 사회적으로 큰 관심을 모았다.

지그문트 프로이트
(Sigmund Freud, 1856-1939)

오스트리아 정신과 의사. 인간의 무의식 충동에 주목하는 심리학 이론·심리요법인 정신분석학을 창시했다. 심리학의 영역을 넘어 20세기 사상과 문학, 예술에 지대한 영향을 미쳤다.

도널드 브로드벤트
(Donald Eric Broadbent, 1926-1993)

영국 심리학자. 18세에 영국 공군에 입대했고, 그 후 케임브리지대학에서 바틀렛으로부터 심리학을 배웠다. 사이버네틱스(cybernetics)의 영향을 받아 심리학에 정보 처리적인 개념을 도입했다.

에리히 프롬
(Erich Seligmann Fromm, 1900-1980)

독일의 사회학자이자 정신분석학자. 인간의 행동을 사회 구조와의 관계에서 이해하려고 한 점에 특징이 있다. 저서 《자유로부터의 도피》에서는 나치 정권 아래의 독일 국민의 심리를 당시의 사회 경제 상황으로 분석했다.

아론 벡
(Aaron Temkin Beck, 1921-)

미국 정신과 의사. 당초는 정신분석적 심리요법을 행했다. 그러나 우울증을 비롯한 정신 질환 환자에게는 특유의 인지 왜곡이 존재한다는 데에 주목하고, 그 치료를 목적으로 한 인지요법을 고안했다.

와일더 펜필드
(Wilder Graves Penfield, 1891-1976)

미국 태생의 캐나다 신경외과 의사. 간질 환자의 뇌 수술을 진행하는 동안에 뇌의 각 부위에 전기 자극을 가하면서 반응하는 신체 부위를 관찰한 결과, 대뇌 피질의 영역들이 특정한 종류의 사고나 정서와 관련이 있음을 밝혔다.

엘레노어 맥과이어
(Eleanor Anne Maguire, 1970-)

아일랜드 태생의 영국 인지신경과학자. 런던의 택시 기사 해마가 일반인에 비해 발달해 있다는 것을 제시한 연구로 2003년 이그노벨상을 받았다.

월터 미셸
(Walter Mischel, 1930-)

미국 사회심리학자. 인격에 대한 연구를 전제로 한 행동에는 상황을 뛰어넘는 일관성이 존재한다고 하는 생각을 비판해, 약 20년에 걸친 '인간–상황 논쟁'을 불러일으켰다. 마시멜로 테스트의 고안자이다.

조지 밀러
(George Armitage Miller, 1920-2012)

미국 심리학자. 단기 기억의 용량이 약 7항목이라고 주장한 논문으로 유명하다. 정보 이론의 관점에서 인간의 행동을 통일적으로 설명하는 TOTE 시스템 등 인지심리학의 선두자로 이름을 남겼다.

스탠리 밀그램
(Stanley Milgram, 1933-1984)

미국 사회심리학자. 복종 실험(아이히만 실험) 외에도, 세상 사람은 극히 소수의 지인을 매개로 이어져 있다고 하는 스몰 월드 현상을 처음으로 실험적으로 검증하는 등 독창적인 연구를 많이 했다.

존 메이너드 스미스
(John Maynard Smith, 1920-2004)

영국 진화생물학자. 생물학에 게임 이론을 수학적인 방식을 도입한 선구자로 진화적으로 안정된 전략(ESS)의 개념을 제창, 생물의 사회적 행동의 진화 해명에 크게 공헌했다.

존 메이어
(John Mayer, 1953-)

미국 심리학자. 피터 살로베이와 함께 정서 지능(EI) 연구의 일인자. 최근에는 다른 연구자와도 정서지능을 포함한 새로운 측면을 부가하는 듯한 보다 폭넓은 지성에 대해 연구하고 있다.

엘튼 메이요
(George Elton Mayo, 1880-1949)

오스트레일리아 태생의 미국 심리학자. 산업·조직심리학, 인간관계론의 선구자로 호손 실험을 통해 조직 경영의 과학적 관리법을 비판하고 인간의 소프트웨어 면의 중요성을 주장했다.

조지프 라인
(Joseph Banks Rhine, 1895-1980)

미국 초심리학자. 1920년대부터 초능력에 대한 과학적인 연구를 하기 시작했고 1935년에는 교수로 있던 듀크대학에서 초심리학연구소(현재는 라인연구센터)를 개설했다.

빕 라테인
(Bibb Latane, 1937-)

미국 사회심리학자. 존 달리와 함께 방관자 효과에 대한 연구를 했다. 원조 행동이나 사회적 방임 등, 타인의 존재가 개인의 행동에 어떤 영향을 미치는지를 설명하는 사회적 충격 이론으로도 알려져 있다.

빌라야누르 라마찬드란
(Vilayanur Suramanian Ramachandran 1951-)

인도 태생의 미국 신경과학자이자 신경과 의사. 환상지(환각지), 공감각, 카프그라 증후군 등 일견 불가해한 현상에 대해 독창적인 연구를 하는 것으로 알려져 있다. 《뇌 속의 유령(Phantoms in the Brain)》 등 베스트셀러 저서도 다수.

자코모 리촐라티
(Giacomo Rizzolatti, 1937-)
우크라이나 출신 이탈리아 신경심리학
자. 이탈리아 파르마대 자코모 리촐라티
교수 연구팀은 1990년대에 원숭이의 뇌
에서 거울 뉴런을 발견, 신경과학과 심
리학계에 커다란 반향을 불러일으켰다.

벤저민 리베트
(Benjamin Libet, 1916~2007)
미국 생리학자. 1980년대에 행한 자발적
인 근운동과 운동준비전위에 관한 실험
은 인간의 의식이나 자유의지를 둘러싼
중대한 문제가 제기되어 철학자들을 둘
러싸고 지금도 논란이 되고 있다.

아드리안 레인
(Adrian Raine, 1954-)
영국 심리학자. 영국의 두 교도소에서
심리기관으로 근무한 경험을 갖고 있으
며, 현재 대학에서 교편을 잡고 있다. 신
경과학 방식을 이용해 반사회적 행동의
원인을 찾아 그 치료를 시도하는 신경범
죄학을 제창했다.

로버트 레슬러
(Robert Kenneth Ressler, 1937-2013)
전 FBI(미국연방수사국) 특별수사관. 수
많은 살인범의 면접 조사를 통해 프로파
일링 개발에 주도적인 역할을 했다. 은
퇴 후에는 집필 활동을 하며, 일본의 방
송 프로그램에도 자주 출연했다.

헤르만 로르샤흐
(Herman Rorschach, 1884-1922)
스위스 정신의학자. 프로이드의 정신분
석과 카를 융의 분석심리학을 배웠다.
개인에게 잠재해 있는 기본적 성격 구조
를 분석하기 위한 투사법의 하나로 로르
샤흐 테스트를 고안했다.

콘라트 로렌츠
(Konrad Zacharias Lorenz, 1903~1989)
오스트리아 동물학자. 종에 고유한 행
동양식을 실제 생활환경 속에서 연구하
는 동물행동학을 확립했다. 특히 각인과
동물의 공격 행동 연구로 알려져 있다.
1973년 노벨생리의학상을 수상했다.

칼 로저스
(Carl Ransom Rogers, 1902-1987)
미국 심리학자. 내담자 중심 요법을 제
창했다. 각국의 분쟁 지역에서 워크숍을
개최하는 등 평화 활동에도 매진했다.
프로이트와 나란히 가장 영향력이 있는
심리요법가로 평가된다.

엘리자베스 로프터스
(Elizabeth F. Loftus, 1944-)
미국 인지심리학자. 가짜 기억 연구의
일인자로 사건이나 사고의 목격 증언의
신뢰성이라는 실천적 연구 주제를 개척
한 선구자. 전문가 증인으로서 많은 재
판에서 증언을 하고 있다.

체사레 롬브로소
(Cesare Lombroso, 1836-1909)
이탈리아 정신의학자. 교도소에 수감되
어 있는 죄수의 신체를 측정하는 등 범
죄 원인의 실증적 연구를 했다. 《범죄인
론》에서 범죄에 유전의 영향을 지적하
는 생래적 범죄인설을 주장했다.

존 왓슨
(John Broadus Watson,1878-1958)
미국 심리학자. 객관적으로 관찰 가능한
행동만을 심리학의 연구 대상으로 해야
한다는 행동주의를 제창했다. 42세 때
여성 문제로 대학교수직을 그만둔 후 광
고업계에 몸을 담고 심리학 일반서를 출
판했다.

- **국재(局在)**: 한정된 곳에만 있다는 의미.

- **가소성(可塑性)**: 고체가 외부에서 탄성 한계 이상의 힘을 받아 형태가 바뀐 뒤 그 힘이 없어져도 본래의 모양으로 돌아가지 않는 성질. 천연수지, 합성수지 따위가 이러한 성질을 지닌다.

- **그물체**: 중간뇌에서 숨뇌에 걸쳐 있는, 신경세포와 신경섬유의 집단. 호흡과 혈압을 조절하고 의식이나 주의력을 유지하는 데 중요한 역할을 한다.

- **정동(情動)**: 희로애락과 같이 일시적으로 급격히 일어나는 감정. 진행 중인 사고 과정이 멎게 되거나 신체 변화가 뒤따르는 강렬한 감정 상태이다.

- **뇌자도**: 뇌에서 발생하는 자기장으로 뇌 활동의 비밀을 밝히는 데 사용되는 신호다.

- **사상(事象)**: 관찰할 수 있는 사물과 현상.

- **도태압**: 자연 돌연변이체를 포함하는 개체군에 작용하여 경합에 유리한 형질을 갖는 개체군의 선택적 증식을 재촉하는 생물적, 화학적 또는 물리적 요인.

- **예정 조화**: 독일의 철학자 G.W.F. 라이프니츠의 중심 사상인 형이상학적 개념. 이 세계는 무수한 단자들로 이루어져 있는데, 그것들은 저마다 독립적이고 상호 간에 아무런 인과관계도 없다. 그럼에도 불구하고 이 우주에 질서가 있는 것은 신(神)이 미리 모든 단자의 본성이 서로 조화할 수 있도록 창조하였기 때문이라는, 즉 '미리 정해진 조화'라는 사상.

- **역치**: 생물체가 자극에 대한 반응을 일으키는 데 필요한 최소한도의 자극의 세기를 나타내는 수치.

- **신경판**: 척추동물의 발생 초기에 외배엽의 중앙 등 쪽에 생기는 납작한 세포층. 나중에 신경관이 된다.

- **간주관적**: 많은 주관 사이에 서로 공통되는 것이 있는. 또는 그런 것.

- **동기(同期)**: 둘 이상의 주기 현상(週期現象)이 그들 사이의 상호작용이나 외부로부터의 신호 작용에 의하여, 같은 위상(位相) 또는 일정한 위상차(位相差)가 되는 일. 주파수가 일치하거나 정수비(整數比)의 관계로 된다.

- **다동(多動)**: 주의가 산만하여 가만히 있지 못하고 과잉 행동을 보이는 증상. 소아 행동 이상의 하나(학습 장애를 초래함).

- **각회(角回)**: 두정엽과 측두엽의 윗부분에 위치하며, 언어와 관련된 역할을 한다.

- **잔효(殘效)**: 동물 시험을 실시하기 이전에 기존의 사료 또는 환경 조건의 효과가 잔류하여 시험 성적에 영향을 미치는 일. 약효가 남아 있음.

- **육감((六感)**: 오관 이외의 감각. 일반적으로 도무지 알 수 없는 사물의 본질을 직감적으로 포착하는 심리 작용이다.

- **군화(群化)**: 회화나 조각 따위에서 대상을 집합체 단위로 구성하는 일.

- **도지 반전 도형(圖地反轉圖形)**: 도형의 일정한 영역이 그림으로 보이거나 바탕으로 보이기도 하는 도형을 말한다.

- **초상 현상(超常現象)**: 현재까지 자연 과학의 연구 결과에서는 설명되지 않는 현상을 말한다. 초심리학에서는 사이 현상이라고 하는데 보통 초감각적 지각(ESP)과 염력의 두 가지를 드는 경우가 많다. 보통 사람에게는 없는 초능력을 가진 사람이 경험하기 쉬운 현상으로, 유명한 종교가 등에는 이런 능력을 갖춘 사람이 많다.

- **청크(chunk)**: 개개의 낱자, 단어, 문장 등의 기억 단위. 인간의 기억은 자극의 물리적 단위의 수보다는 의미 있는 청크의 수에 의해 제한되며, 대개 일곱 청크를 기억한다.

- **청킹(chunking)**: 단기 기억에 관한 연구에서 사용되는 용어 가운데 하나로, 기억 대상이 되는 자극이나 정보를 서로 의미 있게 연결시키거나 묶는 인지 과정을 지칭한다. 이러한 인지 과정은 결과적으로 단기 기억의 용량을 확대시키는 효과가 있다.

- **상기(想起)**: 지난 일을 돌이켜 생각하여 냄.

- **라이프로그(lifelog):** 개인의 생활이나 일상을 디지털 공간에 저장하는 일.

- **암묵지(暗默知):** 학습과 경험을 통하여 개인에게 체화되어 있지만 겉으로 드러나지 않는 지식을 말한다. 문서 등에 의하여 표출되는 명시지(明示知)에 상대되는 개념이다.

- **스키마(schema):** 기억 속에 저장된 지식을 말한다. 즉, 지식의 추상적 구조라고 할 수 있다.

- **아이 카메라(eye camera):** 안구(眼球)의 움직임을 밖에서 촬영하여 시선의 변화 및 경로를 알기 위한 측정 장치.

- **기명(記銘):** 기억 과정에서 새로운 경험을 머릿속에 새기는 일. 정보 처리 용어로는 '부호화'에 해당한다.

- **터널 시야(tunnel vision):** 어두운 터널을 자동차로 운전할 때 터널의 출구만 밝게 보이고, 주변은 온통 어두워지는 시각 현상을 말한다. 즉, 눈앞의 상황에만 집중하느라 주변에서 일어나는 현상을 제대로 이해하거나 파악하는 능력이 저하되는 현상을 말한다.

- **변화 맹시(change blindness):** 연속 제시되는 장면들에서 어느 한 부분의 변화가 있음에도 이 변화를 탐지하는 것이 어려운 현상.

- **보텀업(bottom-up)형:** 계획·프로젝트 등이 전반적인 원칙보다 먼저 세부적인 데서 출발하는 방식.

- **톱다운(top-down)형:** 계획·프로젝트 등이 일반적인 것에서 시작하여 세부적인 사항으로 진행되는 방식.

- **내집단(內集團):** 가치관과 행동 양식이 비슷하여 구성원이 애착과 일체감을 느끼는 집단. 다른 집단에 대하여 배타적인 대항 의식을 나타내는 심리적인 집단이다.

- **외집단(外集團):** 규범이나 가치, 습관, 태도 따위에 있어서 자기와 공통성이 없는 타인으로 이루어져 불쾌감과 대립감을 불러일으키는 집단.

- **배덕자(背德者):** 프랑스의 작가 앙드레 지드가 지은 장편소설. 책밖에 몰랐던 청년 고고학자 미셸이 큰 병을 앓고 난 뒤 인생의 기쁨을 발견하여, 과거의 도덕과 관습에 안주하지 못하고 고민하며 관능적 생활에 빠진다는 내용으로, 20세기 불안 문학(不安文學)의 선구적 작품으로 평가받는다. 1902년에 발표하였다.

- **서파 수면(徐波睡眠, slow wave sleep):** 수면 기간 중에 연속하여 뇌전도(뇌파)를 기록하면 수면의 깊이가 증가함에 따라서 뇌파의 주파수는 감소(서파화)하며 진폭이 커지는 것이 보통이다. 이와 같은 뇌전도에 서파가 기록되어 있는 기간 중의 수면 형식을 서파 수면 혹은 정수면(正睡眠)이라 한다. 이때의 생체는 뇌의 활동 수준 저하, 근긴장의 저하, 심장박동 수 및 호흡수의 감소, 혈압의 저하, 대사의 저하 등이 관찰된다.

- **아스트랄체(astral body):** 육체와 분리된 영적 세계에 있는 몸, 성기체(星氣體)라고 한다.

001 무토 다카시(無藤隆) 외(2004). 심리학 유히카쿠
- Ray, W.J. (2012). Methods toward a science of behavior and experience (10th ed.). Belmont, CA: Wadsworth Cengage Learning.(레이, W. J. 오카다 케이지(岡田圭二)(편역)(2013). 개정 엔사이클로피디어 심리학 연구 방법론 기타오지쇼보)

002 Cohen, J. (2010). Almost chimpanzee: Searching for what makes us human, in rainforests, labs, sanctuaries, and zoos. NewYork: Times Books.(코엔 존. 오노 아키코(大野晶子)(번역)(2012). 침팬지는 왜 사람이 되지 못했는가—99퍼센트 유전자가 일치하는데도 조금도 닮지 않은 형제 고단샤)

003 Bear, M.F., et al. (2007). Neuroscience: Exploring the brain (3rd ed.). Philadelphia: Lippincott Williams & Wilkins.(베어, M. F. 외 가토 히로시(加藤宏司) 외(감역)(2007). 베어 코너스 파라다이스 신경과학——뇌의 탐구 니시무라쇼텐)
- Ramachandran, V.S., & Blakeslee, S. (1998). Phantoms in the brain: Probing the mysteries of the human mind. New York: William Morrow.(라마찬드란, V. S. 블레이크슬리, S. 야마시타 아쓰코(山下篤子)(번역)(2013). 뇌 속의 유령 가도카와쇼텐)

004 Kandel, E.R., et al. (Eds.) (2013). Principles of neural science (5th ed.). New York: McGraw-Hill Medical.(에릭 리처드 캔들 외(편) 가나자와 이치로(金澤一郎) · 미야시타 야스시(宮下保司)(일본어판 감수)(2014). 캔들 신경과학 메디컬 사이언스 인터내셔널)
- 기지마 노부히코(木島伸彦)(2014). 클로닌저의 퍼스낼리티 이론 입문——자신을 알고 자신을 디자인한다 기타오지쇼보

005 Gazzaniga, M.S. (2009). Human: The science behind what makes your brain unique. New York: Harper Perennial.(마이클 가자니가, 시바타 야스시(柴田裕之)(번역)(2010). 인간다움이란 무엇인가——인간의 독특함을 밝히는 과학의 최전선 인터시프트)

006 Corkin, S. (2013). Permanent present tense: The man with no memory, and what he taught the world. London: Allen Lane Press(수젠 코킨, 가지하라 다에코(鍛原多恵子)(번역)(2014). 나는 기억력이 나쁘다——건망증 환자 H · M의 생애 하야카와쇼보)
- 이시아이 스미오(石合純夫)(2003). 고차뇌 기능 장애학 치의학출판
- 이시아이 스미오(石合純夫)(2009). 잃어버린 공간 의학서원
- Karnath, H.O., & Rorden, C. (2012). The anatomy of spatial neglect. Neuropsychologia, 50, 1010–1017.
- 야마도리 아쓰시(鍛原多恵子)(2002). 기억의 신경심리학 의학서원

007 Damasio, H., et al. (1994). The return of Phineas Gage: Clues about the brain from the skull of a famous patient. Science, 264, 1102–1105.
후쿠다 유키(福田由紀)(편저)(2010). 심리학 요론——마음의 세계를 탐구한다 바이후칸

008 센주 아쓰시(千住淳)(2013). 사회뇌란 무엇인가 신초샤

009 Cattaneo, L., & Rizzolatti, G. (2009). The mirror neuron system. Archives of Neurology, 66, 557–560.
- Mukamel, R., et al. (2010). Single-neuron responses in humans during execution and observation of actions. Current Biology, 20, 750–756.
- Pellegrino, G. di, et al. (1992). Understanding motor events: A neurophysiological study. Experimental Brain Research, 91, 176–180.
- Rizzolatti, G., & Sinigaglia, C. (2010). The functional role of the parieto-frontal mirror circuit: Interpretations and misinterpretations. Nature Reviews Neuroscience, 11, 264–274.
- Rizzolatti, G., et al. (1996). Premotor cortex and the recognition of motor actions.
Cognitive Brain Research, 3, 131–141.

010 Bear, M.F., et al. (2007). Neuroscience: Exploring the brain (3rd ed.). Philadelphia: Lippincott Williams&Wilkins.(베어, M. F. 외 가토 히로시(加藤宏司) 외(감역)(2007). 베어 코너스 파라다이스 신경과학——뇌의 탐구 니시무라쇼텐)

011 다윈, C. 시마지 다케오(島地威雄)(번역)(1959). 비글호 항해기(上) 이와나미쇼텐
- 다윈, C. 시마지 다케오(島地威雄)(번역)(1959). 비글호 항해기(下) 이와나미쇼텐
- 다윈, C. 이케다 지로(池田次郎) · 이타니 준이치로(伊谷純一郎)(번역)(1967). 인류의 기원 주오코론샤(中央公論社)
- 후쿠다 쇼지(福田正治)(2007). 진화적 필요로서의 감정 진화. 연구 간행물(후지대학 스기타니 캠퍼스 일반 교육), 35, 21–34.
- 하세가와 마리코(長谷川眞理子)(1993). 남성과 여성=성의 불가사의 고단샤
- 하세가와 마리코(長谷川眞理子) 외(2005). 진화학의 방법과 역사 이와나미쇼텐
- 하야카와 요이치(早川洋一)(2012). 진화학의 역사. 비교내분비학, 38, 65–68.
- 히라이시 가이(平石界)(2000). 진화심리학——이론과 실증 연구 소개. 인지과학, 7, 341–356.
- 이시카와 마사아키(石川雅章) · 후나야마 고지(舩山研司)(1994). 영장류의 교합 및 턱 · 안면 두개골 형태 변이에 대한 경과 연구 소아치과학잡지, 32, 444–453.
- 이시로 아키오(井代彬雄)(1984). 사회 다위니즘——나치즘의 한 측면. 역사연구, 22, 1–22.
가와타 마사카도(河田雅圭)(1990). 처음 등장한 진화론 고단샤
- 사이토 나루야(斎藤成也)(2011). 다윈 입문——현대 진화학의 전망 치쿠마쇼보
- 사쿠라 오사무(佐倉統)(2002). 진화론이라는 사고 고단샤

012 Dawkins, R. (2006). The selfish gene(30th anniversary ed.). Oxford: Oxford University Press. (리처드 도킨스, 히다카 도시타카(日高敏隆)(번역)(2006). 이기적 유전자 기노쿠니야쇼텐)
- 하세가와 마리코(長谷川眞理子)(1999). 진화 게임 이론과 동물행동. 인지과학, 6, 168–178.
- 하야카와 요이치(早川洋一)(2012). 진화론의 역사. 비교내분비학, 38, 65–68.
- 가와타 마사카도(河田雅圭)(1982). 포유류 발정의 진화——암컷 개체에게 유리한 점. 포유류과학, 22, 7–27.
- 가와타 마사카도(河田雅圭).(1990). 처음 등장한 진화론 고단샤
- 노부오 마사타카(正高信男)(1999). 공격성과 사람의 진화. 영장류연구, 15, 1–15.
- 무로야마 야스유키(室山泰之)(1998). 영장류의 호혜적 이타주의 행동. 영장류연구, 14, 165–178.
- 오노에 가즈노리(小野江和則)(2013). 불필요한 선택에 의한 진화와 생명 다양성의 의의. 학술의 동향, 18, 84–87.
- 다나카 도시아키(田中俊明)(2006). 양육 환경에 따른 부모자식의 연결과 대립. 어린이미래학연구, 1, 47–52.
- 야마다 히로시(山田弘司)(1998). 행동생태학과 의인화. 동물심리학연구, 48, 217–232.
- 야마네 세이키(山根正気)(1980). 사람의 성과 번식. 포유류과학, 20, 1–20.

013 Daly, M., & Wilson, M. (1988). Homicide. New Brunswick, NJ: Transaction Publishers. (델리, M. 윌슨, M. 하세가와 마리코(長谷川眞理子) · 하세가와 도시카즈(長谷川寿一)(번역)(1999). 사람이 사람을 죽일 때——진화로 그 수수께끼를 푼다 신시사

쿠샤

- 하세가와 마리코(長谷川眞理子)(2011). 진화심리학의 탄생과 전망. 임상정신의학임상정신의학, 40, 783–789.
- 하야카와 요이치(早川洋一)(2012). 진화의 역사. 비교내분비학, 38, 65–68.
- 이시로 아키오(井代彬雄)(1984). 사회 다위니즘 –나치즘의 한 측면. 역사연구, 22, 1–22.
- 가지 니오코(加仁仁保子)(2009). 인간 행동의 진화적 설명——진화심리학과 인간 행동생태학. 철학논총, 36, 116–127.
- 도요시마 료이치(豊嶋良一)(2007). 아이의 마음을 키운다는 것은?——진화심리학의 관점에서. 일본주산기·신생아의학회잡지, 43, 844–846.
- 야마다 히로시(山田弘司)(1998). 행동생태학과 의인화. 동물심리학연구, 48, 217–232.
- 야마네 세이키(山根正気)(1980). 사람의 성과 번식. 포유류과학, 20, 1–20.

014 Rapoport, A., & Chammah, A.M. (1965). Prisoner's dilemma: A study in conflict and cooperation. Ann Arbor, MI: University of Michigan Press.(라포포트, A. 샤마, A. M. 히로마쓰 다케시(廣松毅) 외(번역)(1983). 죄수의 딜레마——분쟁과 협력에 관한 심리학적 연구 게이메이샤)

015 Axelrod, R. (1984). The evolution of cooperation. New York: Basic Books.(액슬로드, R. 히로유키 마쓰다(松田裕之)(번역)(1998). 협력의 진화——박테리아에서 국제관계까지 미네르바쇼보)

016 Buss, D.M. (1989). Sex differences in human mate preferences: Evolutionary hypotheses tested in 37 cultures. Behavioral and Brain Sciences, 12, 1–14.

- 후쿠다 쇼지(福田正治)(2007). 진화적 필연으로서의 감정. 연구간행물(후지대학 스기타니 캠퍼스 일반 교육), 35, 21–34.
- 하세가와 마리코(長谷川眞理子)(1993). 남성과 여성=성의 불가사의 고단샤
- 하세가와 마리코(長谷川眞理子)(1999). 진화게임 이론과 동물행동. 인지과학, 6, 168–178.
- 하세가와 마리코(長谷川眞理子)(2011). 마음과 행동의 성차——진화생물학의 관점에서. 임상정신의학, 40, 145–150.
- 하세가와 마리코(長谷川眞理子)(2011). 진화심리학의 탄생과 전망. 임상정신의학, 40, 783–789.
- 하야카와 사토시(早川智)(2013). 성은 왜 있는가——진화생물학의 관점에서. 니혼대학 의학잡지, 72, 126–128.
- 하야시 다케히코(林岳彦)(2009). 성적 대립에 의한 진화——그 귀결의 하나로서

의 종분화. 일본생태학회지, 59, 289–299.
- 가리노 켄지(狩野賢司)(1996). 어류의 성도태 연구방법——야외조사, 실험, 해석법. 어류학잡지, 43, 1–11.
- 가와타 마사카도(河田雅圭)*(1990). 처음 등장한 진화론 고단샤
- 기무라 모토코(木村幹子)(2009). 성 선택+자연 선택자연——배우자 선택이 환경 적응과 관련해서 진화할 때. 일본생태학회지, 59, 281–287.
- 기무라 모토코(木村幹子)·야스모토 아키코(安元暁子)(2009). 종 분화의 성 선택과 성적 대립. 일본생태학회지, 59, 269–272.
- 노부오 마사타카(正高信男)(1999). 공격성과 사람의 진화. 영장류 연구, 15, 1–15.
- 스토 시즈요(須藤鎮世)(2015). 무모 변이에 의한 사람의 진화. 슈지쓰대학 약학잡지, 2, 1–17.
- 야마네 세이키(山根正気)(1980). 사람의 성과 번식. 포유류과학, 20, 1–20.
- 야스모토 아키코(安元暁子)(2009). 식물의 생식 격리 진화에서 성 선택 및 성적 대립의 역할. 일본생태학회지, 59, 301–311.

017 Bruce, V., & Young, A.W. (1998). In the eye of the beholder: The science of face perception. Oxford: Oxford University Press.

- 오치 케이타(越智啓太)(2013). 미인의 정체 – 외형적 매력을 둘러싼 심리학 실무교육출판
- Singh, D.(1993). Body shape and women's attractiveness. Human Nature, 4, 297–321.
- Singh, D. (1993). Adaptive significance of female physical attractiveness: Role of waist–to–hip ratio. Journal of Personality and Social Psychology, 65, 293–307.

018 사카모토 신지(坂本真士) 외(편)(2010). 임상에 활용하는 심리학 도쿄대학출판회

019 후쿠다 유키(福田由紀)(편저)(2010). 심리학 요론——마음의 세계를 탐구한다 바이후칸

020 Gallup, G.G. (1970). Chimpanzees: Selfrecognition. Science, 167, 86–87.

021 Baars, B.J. (1997). In the theater of consciousness: The workspace of the mind. Oxford: Oxford University Press.(바르스. B.J. 오사카 나오유키(苧阪直行)(감역)(2004). 뇌와 의식의 작업 공간 교도출판)

- Koch, C. (2012). Consciousness: Confessions of a romantic reductionist. Cambridge, MA: MIT Press.(코치, C. 쓰치야 나오쓰구(土谷尚嗣)·오바타 후미야(小畑史哉)(번역)(2014). 의식을 둘러싼 모험 이와나미쇼텐)

- Libet, B. (2004). Mind Time: The temporal factor in consciousness. Cambridge, MA: Harvard University Press.(리벳, B. 시모조 신스케(下條信輔)(번역)(2005). 마인드·타임——뇌와 의식의 시간 이와나미쇼텐)
- Massimini, M.,&Tononi, G. (2013). Nulla di più grande: Dalla veglia al sonno, dal coma al sogno. Il segreto della coscienza e la sua misura. Milano: Baldini and Castoldi.(마시미니, M. 토노니, G. 하나모토 도모코(花本知子)(번역)(2015). 의식은 언제 생겨나는가——뇌의 수수께끼에 도전하는 정보 통합 이론 아키쇼보)

022 하타노 간지(波多野完治)(편)(1965). 피아제의 발달심리학 고쿠도샤

023 Mundy, P., & Jarrold, W. (2010). Infant joint attention, neural networks and social cognition. Neural Networks, 23, 985–997.

- 오야부 야스시(大藪泰)(2004). 공동주의——신생아에서 2년 6개월까지의 발달 과정 川島書店

024 고야스 마스오(子安増生)(2000). 마음의 이론——마음을 읽는 뇌의 과학 이와나미쇼텐

025 Field, T.M., et al. (1982). Discrimination and imitation of facial expression by neonates. Science, 218, 179–181.

- 히라키 가즈오(開一夫)(2011). 아기의 불가사의 이와나미쇼텐
- 가와다 마나부(川田学)(2007). 유아는 타인의 체험을 자기 것으로 느끼는가?——타인이 먹을 때 느끼는 유사 산미 반응 검토. 발달연구, 21, 101–112.
- Meltzo, A.N., & Moore, M.K. (1977). Imitation of facial and manual gestures by human neonates. Science, 198, 75–78.
- Rizzolatti, G., & Craighero, L. (2004). The mirror–neuron system. Annual Review of Neuroscience, 27, 169–192.

026 Akers, K.G., et al. (2014). Hippocampal neurogenesis regulates forgetting during adulthood and infancy. Science, 344, 598–602.

- Rovee–Collier, C. (1999). The development of infant memory. Current Directions in Psychological Science, 8, 80–85.

027 Mischel, W. (2014). The marshmallow test: Mastering self-control. New York: Little, Brown and Company.(미셸, W. 시바타 야스시(柴田裕之)(번역)(2015). 마시멜로 테스트–성공하는 아이·성공하지 못하는 아이 하야카와쇼보)

028 Harlow, H.F. (1958). The nature of love. American Psychologist, 13, 673–685.

• 사카모토 신지(坂本真士) 외(편)(2010). 임상에 활용하는 기초심리학 도쿄대학출판회

029 American Psychiatric Association (2013). Diagnostic and statistical manual of mental disorders (5th ed.). Washington, DC: Author. 다카하시 사부로(高橋三郎)・오노 유타카(大野裕)(감역)(2014). DSM-5 정신 질환의 진단 및 통계 편람 의학서원)

030 Held, R., et al. (2011). The newly sighted fail to match seen with felt. Nature Neuroscience, 14, 551–553.
Morgan, M. J. (1977). Molyneux's Question. Cambridge: Cambridge University Press.

031 고토 다쿠오(後藤倬男)・다나카 헤이하치(田中平八)(편)(2005). 환상의 과학 핸드북 도쿄대학출판회
• Mariusz Switulski/Shutterstock.com
• McGurk, H., & MacDonald, J. (1976). Hearing lips and seeing voices. Nature, 264, 746–748.
• Wolfe, J.M., et al. (2006). Sensation &perception. Sunderland, MA: Sinauer Associates.

032 나가다 노리코(長田典子)(2010). 소리를 들으면 색이 보인다——공감각의 크로스 양상. 일본색채학회지, 34, 348–353.
• Ramachandran, V.S. (2003). The emerging mind: The Reith lectures 2003. London: Prole Books.(라마찬드란, V. S. 야마시타 아쓰코(山下篤子)(번역)(2011). 뇌 속의 유령, 재차 가도카와 쇼텐)
• Ramachandran, V.S. (2011). The tell-tale brain: A neuroscientist's quest for what makes us human. New York: W.W. Norton.(라마찬드란, V. S. 야마시타 아쓰코(山下篤子)(번역)(2013). 뇌 속의 천사 가도카와 쇼텐)
• 라마찬드란, V. S. 허버드, E. M. (2003). 숫자에서 색을 보는 사람들——공감각으로 뇌를 탐구한다. 닛케이 사이언스, 2003년 8월호, 42–51.

033 Dziurek/Shutterstock.com
• Haggard, P., & Chambon, V. (2012). Sense of agency. Current Biology, 22, R390–R392.
• Matsumiya, K., & Shioiri, S. (2014). Moving one's own body part induces a motion aftereffect anchored to the body part. Current Biology, 24, 165–169.
• Michotte, A. (1963). The perception of causality. London: Methuen. Palmer, S.E. (1999). Vision science: Photons to phenomenology. Cambridge, MA: MIT

Press.

034 Fox, R., & McDaniel, C. (1982). The perception of biological motion by human infants. Science, 218, 486–487.
• Johansson, G. (1973). Visual perception of biological motion and a model for its analysis. Perception & Psychophysics, 14, 201–211.
• Lange, J., & Lappe, M. (2006). A model of biological motion perception from conf igural form cues. Journal of Neuroscience, 26, 2894–2906.
• Nakayasu, T., & Watanabe, E. (2014). Biological motion stimuli are attractive to medaka sh. Animal Cognition, 17, 559–575.
• Palmer, S.E. (1999). Vision science: Photons to phenomenology. Cambridge, MA: MIT Press.
• Thorpe, S., et al. (1996). Speed of processing in the human visual system. Nature, 381, 520–522.
• Wolfe, J.M., et al. (2006). Sensation& perception. Sunderland, MA: Sinauer Associates.

035 Goldstein, E.B. (2002). Sensation and perception (6th ed.). Pacific Grove, CA: Wadsworth.
• Palmer, S.E. (1999). Vision science: Photons to phenomenology. Cambridge, MA: MIT Press.

036 Bexton, W.H., et al. (1954). Effects of decreased variation in the sensory environment . Canadian Journal of Psychology, 8, 70–76.
• Heron, W. (1957). The pathology of boredom. Scientic American, 196, 52–56. Heron, W., et al. (1956). Visual disturbances after prolonged perceptual isolation. Canadian Journal of Psychology, 10, 13–18.
• 나가쓰카 야스히로(長塚康弘)(1966). Sensory Deprivation의 연구. 심리학연구, 4, 687–703.
• 오카다 다카시(岡田尊司)(2012). 마인드 컨트롤 분게이슌주
• Scott, T.H., et al. (1959). Cognitive effects of perceptual isolation. Canadian Journal of Psychology, 13, 200–209.

037 Ramachandran, V.S. (2011). The tell-tale brain: A neuroscientist's quest for what makes us human. New York: W.W. Norton. (라마찬드란, V. S. 야마시타 아쓰코(山下篤子)(번역)(2013). 뇌가 없는 천사 가도카와 쇼텐)
• Ramachandran, V.S., & Blakeslee, S. (1998). hantoms in the brain: Probing the mysteries of the human mind. New York:

William Morrow.(라마찬드란, V. S. 블레이크슬리, S. 야마시타 아쓰코(山下篤子)(번역)(2013). 뇌가 없는 유령 가도카와쇼텐)
• Ramachandran, V.S., & Rogers-Ramachandran, D. (1996). Synaesthesia in phantom limbs induced with mirrors. Proceedings of the Royal Society of London, 263, 377–386.

038 Bayliss, A.P., et al. (2007). Affective evaluations of objects are influenced by observed gaze direction and emotional expression. Cognition, 104, 644–653.
• Shimojo, S., et al. (2003). Gaze bias both reflects and influences preference. Nature Neuroscience, 6, 1317–1322.
• 시모조 신스케(下條信輔)・다나카 노리유키(2012). 서바이벌 마인드——놓쳐버린 미래에 치쿠마쇼보
• Zajonc, R.B. (1968). Attitudinal eects of mere exposure. Journal of Personality and Social Psychology, 9, 1–27.

039 Hartmann, M., et al. (2012). Moving along the mental number line: Interactions between whole-body mot ion and numer ic a l cogni t ion. Journal of Experimental Psychology: Human Perception and Performance, 38, 1416–1427.
• Klatzky, R.L., et al. (1989). Can you squeeze a tomato? The role of motor representations in semantic sensibility judgments. Journal of Memory and Language, 28, 56–77.
• Loetscher, T., et al. (2010). Eye position predicts what number you have in mind. Current Biology, 20, R264–R265.
• Pasqualotto, A., et al. (2014). Sensory deprivation: Visual experience alters the mental number line. Behavioural Brain Research, 261, 110–113.
• Rugani, R., et al. (2015). Number-space mapping in the newborn chick resembles humans' mental number line. Science, 347, 534–536.

040 에빙하우스, H. 우쓰키 다모쓰(宇津木保)(역) (1978). 기억에 대하여——실험심리학에 대한 공헌 세이신쇼보
• Gardner, H. (1985). The mind's new science: A history of the cognitive revolution. New York: Basic Books. (가드너, H. 사에키 유타카(佐伯胖)・가이호 히로유키(海保博之)(감역)(1987). 인지혁명——지식의 과학 탄생과 전개 산업도서)
• Gregg, V.H. (1986). An introduction to human memory. London: Routledge & Kegan Paul. (그레그, V. H. 다카하시 마사노부(高橋雅延) 외(번역)(1988). 휴먼 메모

리 사이언스사)
• 하코다 유지(箱田裕司) 외(2010). 인지심리학 유히카쿠
• 오야마 다다스(大山正)·스기모토 도시오(杉本敏夫)(편저)(1990). Horn book 심리학 호쿠죠출판
• Sabbagh, K. (2009). Remembering our childhood: How memory betrays us. Oxford: Oxford University Press.(사바흐, K. 오치 케이타(越智啓太) 외(번역)(2011). 어렸을 때의 추억은 진짜인가——기억이 어긋났을 때 기억 화학동인)
• 사가라 모리지(相良守次)(1960). 도해심리학 고분샤
• 우메모토 다카오(梅本堯夫)·오야마 다다스(大山正)(편저)(1994). 심리학 역사로의 초대——현대 심리학의 배경 사이언스사

041 Bunting, M., et al. (2006). How does running memory span work? Quarterly Journal of Experimental Psychology, 59, 1691–1700.
• Cowan, N. (2008). What are the differences between long–term, short–term, and working memory? Progress in Brain Research,169, 323–338.
• Cowan, N. (2010). The magical mystery four: How is working memory capacity limited, and why? Current Directions in Psychological Science,19, 51–57.
• 에빙하우스, H. 우쓰키 다모쓰(宇津木保)(번역)(1978). 기억에 대하여——실험심리학에 대한 공헌 세이신쇼보
• Gardner, H. (1985). The mind's new science: A history of the cognitive revolution. New York: Basic Books.(가드너, H. 사에키 유타카(佐伯胖)·가이호 히로유키(海保博之)(감역)(1987). 인지혁명——지의 과학 탄생과 전개 산업도서)
• Gilchrist, A.L., et al. (2008). Working memory capacity for spoken sentences decreases with adult ageing: Recall of fewer but not smaller chunks in older adults. Memory, 16, 773–787.
• Kane, M.J., et al. (2007). For whom the mind wanders, and when: An experiencesampling study of working memory and executive control in daily life. Psychological Science, 18, 614–621.
• Miller, G.A. (1956). The magical number seven, plus or minus two: Some limits on our capacity for processing information. Psychological Review, 63, 81–97.(밀러, G. A. 다나카 요시히사(田中良久)(번역)(1956). 희한한 숫자 7——인간의 정보 전달력의 한계. 아메리카나, 3, 77–95.)

• Myers, D.G. (2013). Psychology (10th ed.). New York: Worth.(마이어스, D. 무라카미 후미야(村上郁也)(번역)(2015). 마이어스 심리학 니시무라쇼텐)
• 오타 노부오(太田信夫)·다지카 히데쓰구(多鹿秀継)(편)(1991). 인지심리학——이론과 데이터 세이신쇼보

042 Bower, G.H. (1981). Mood and memory. American Psychologist, 36, 129–148.
• Bower, G.H., et al. (1978). Emotional mood as a context for learning and recall. Journal of Verbal Learning and Verbal Behavior, 17, 573–585.
• Godden, D.R., & Baddeley, A.D. (1975). Context-dependent memory in two natural environments: On land and underwater. British Journal of Psychology, 66, 325–331.
• 이노우에 고와시(井上毅)·사토 고이치(佐藤浩一)(편저)(2002). 일상 인지심리학 기타오지쇼보
• Smith, S.M., & Vela, E. (2001). Environmental context-dependent memory: A review and meta-analysis. Psychonomic Bulletin&Review, 8, 203–220.

043 Bear, M.F., et al. (2007). Neuroscience: Exploring the brain (3rd ed.). Philadelphia: Lippincott Williams & Wilkins.(베어, M. F. 외 가토 히로시(加藤宏司) 외(감역)(2007). 베어 코너스 파라다이스 신경과학——뇌의 탐구 니시무라쇼텐)
• Maguire, E.A., et al. (2000). Navigation-related structural change in the hippocampi of taxi drivers. Proceedings of the National Academy of Sciences of the United States of America, 97, 4398–4403.
• Nielson, D.M., et al. (2015). Human hippocampus represents space and time during retrieval of real–world memories. Proceedings of the National Academy of Sciences of the United States of America, 112, 11078–11083.

044 Chase, W.G., & Simon, H.A. (1973). Perception in chess. Cognitive Psychology, 4, 55–81.
• 하코다 유지(箱田裕司)외(2010). 인지심리학 유히카쿠
• 이시바시 유키마사(石橋千信) 외(2010). 농구의 프리스로(Free throw) 결과 예측 시 숙련 선수의 시각적 탐색 활동. 스포츠심리학연구, 37, 101–112.
• 가토 다카아키(加藤貴昭)·후쿠다 다다히코(福田忠彦)(2002). 야구의 타격 준비 시간에서 타자의 시각 탐색 전략. 인간공학, 38, 333–340.
• 나쓰하라 다카유키(夏原隆之) 외(2015). 축

구의 전술적 판단을 수반하는 패스 인지과정. 체육학연구, 60, 71–85.
• 오우라 요코(大浦容子)·고토 가쓰히코(後藤克彦)(1994). 기량의 숙달과 인지적 소산. 교육심리학연구, 42, 1–10.
• 다케우치 다카유키(竹內高行)·이노마타 기미히로(猪俣公宏)(2012). 야구 타격 시의 시각 탐색 전략. 스포츠심리학연구, 39, 47–59.
• 도키쓰 유코(時津裕子)(2002). 감식안 연구——고고학자의 전문적 인지 기능에 관한 실증적 연구. 일본고고학, 14, 105–125.

045 Bargh, J.A., et al. (1996). Automaticity of social behavior: Direct effects of trait construct and stereotype activation on action. Journal of Personality and Social Psychology, 71, 230–244.
• Collins, A.M., & Loftus, E.F. (1975). A spreadingactivation theory of semantic processing. Psychological Review, 82, 407–428.
• 고료 겐(御領謙) 외(1993). 최신 인지심리학으로 초대——마음의 역할과 구조를 탐구한다 사이언스사
• Harris, J.L., et al. (2009). Priming effects of television food advertising on eating behavior. Health Psychology, 28, 404–413.
• 핫토리 마사시(服部雅史) 외(2015). 기초부터 배우는 인지심리학——인간 인식의 불가사의 유히카쿠
• Kahneman, D. (2011). Thinking, fast and slow. New York: Farrar, Straus and Giroux.(카네만, D. 무라이 아키코(村井章子)(번역)(2012). 패스트&슬로——당신의 의사는 어떤 식으로 결정될까? 하야카와쇼보)
• Lee, S.W., & Schwarz, N. (2010). Dirty hands and dirty mouths: Embodiment of the moral–purity metaphor is specific to the motor modality involved in moral transgression. Psychological Science, 21, 1423–1425.
• Zhong, C.B., & Liljenquist, K. (2006). Washing away your sins: Threatened morality and physical cleansing. Science, 313, 1451–1452.

046 바틀렛, F. C. 우쓰키 다모쓰(宇津木保)·쓰지 쇼조(辻正三)(번역)(1983). 상기의 심리학——실험적 사회적 심리학 연구 세이신쇼보
• Sabbagh, K. (2009). Remembering our childhood: How memory betrays us. Oxford: Oxford University Press.(사바흐, K. 오치 케이타(越智啓太) 외(번역)(2011). 어렸을 때의 추억은 진짜인가——기억이 어긋났을 때 화학동인)
• 우메모토 다카오(梅本堯夫)·오야마 다다

스(大山正)(편저)(1994). 심리학사에 초대
——현대심리학의 배경 사이언스사

047 Brown, R., & Kulik, J. (1977). Flashbulb memories. Cognition, 5, 73–99. Everett Historical/Shutterstock.com
• 후쿠다 유키오(福田幸男)・스가 히토미(1994). 섬광 전구 기억의 특징(1)——종단적 연구에 의한 상기의 정확성에 대해. 요코하마국립대학 교육간행물, 34, 1–14.
• Ken Tannenbaum/Shutterstock.com
• Luminet, O., & Curci, A. (2009). The 9/11 attacks inside and outside the US: Testing four models of ashbulb memory formation across group and the specific effects of social identity. Memory, 17, 742–759.
• Pillemer, D.B. (1984). Flashbulb memories of the assassination attempt on President Reagan. Cognition, 16, 63–80.
• Winograd, E., & Neisser, U. (Eds.) (1992). Aect and accuracy in recall: Studies of "ashbulb" memories. Cambridge: Cambridge University Press.

048 Fisher, R.P., & Geiselman, R.E. (1992). Memory- enhancing techniques for investigative interviewing: The cognitive interview. Springeld, IL: Thomas.(피셔, R. P. 에반 가이젤맨, R. E. 미야타 히로시(宮田洋)(감역)(2012). 인지 면접—목격자의 기억 상기를 촉진하는 심리학적 테크닉 간세이가쿠인대학 출판회)
• 이치노세 게이이치로(一瀬敬一郎) 외(편저)(2001). 목격 증언의 연구——법과 심리학의 가교 역할 기타오지쇼보
• Perfect, T.J., et al. (2008). How can we help witnesses to remember more? It's an (eyes) open and shut case. Law and Human Behavior, 32, 314–324.
• 우치야마 도모미(内山朋美)・미쓰도 히로이키(光籐宏行)(2015). 눈을 감으면 예전의 어떤 일이 떠오르는가 기억?——폐안 효과의 기명 정보의 제시 양상과 계열 위치의 영향. 일본심리학회 제79회 발표 논문집, 795.
• Vredeveldt, A., et al. (2011). Eyeclosure helps memory by reducing cognitive load and enhancing visualisation. Memor y&Cognition, 39, 1253–1263.
• Yarmey, A.D. (1986). Verbal, visual, and voice identification of a rape suspect under different levels of illumination. Journal of Applied Psychology, 71, 363–370.

049 Artwohl, A. (2002). Perceptual and memory distortion during ocer–involved shootings. FBI Law Enforcement Bulletin, 71, 18–24.
• Burke, A., et al. (1992). Remembering emotional events. Memory & Cognition, 20, 277–290.
• Grossman, D., & Christensen, L.W. (2004). On combat: The psychology and physiology of deadly conflict in war and in peace. Illinois: PPCT Research Publications.(그로스만, D. 크리스텐센, L. W. 야스하라 가즈미(安原和見)(번역)(2008). 전쟁의 심리학——인간의 전투에 대한 메커니즘 후타미쇼보)
• Loftus, E.F., et al. (1987). Some facts about "weapon focus." Law and Human Behavior, 11, 55–62.
• Nobata, T., et al. (2010). The functional eld of view becomes narrower while viewing negative emotional stimuli. Cognition and Emotion, 24, 886–891.
• 오우에 와타루(大上涉) 외(2001). 불쾌한 정동이 목격자의 유효 시야에 미치는 영향. 심리학연구, 72, 361–368.

050 Bear, M.F., et al. (2007). Neuroscience: Exploring the brain (3rd ed.). Philadelphia: Lippincott Williams & Wilkins.(베어, M. F. 외 가토 히로시(加藤宏司) 외(감역)(2007). 베어 코너스 파라다이스 신경과학——뇌의 탐구 니시무라쇼텐)
• Rensink, R.A., et al. (1997). To see or not to see: The need for attention to perceive changes in scenes. Psychological Science, 8, 368–373.
• Simons, D.J., et al. (2000). Change blindness in the absence of a visual disruption. Perception, 29, 1143–1154.
• Wolfe, J. M. Fixating on the "*", find the X and T. Retrieved from http://search.bwh.harvard.edu/new/research.html (December 25, 2015)

051 하코다 유지(箱田裕司) 외(2010). 인지심리학 유히카쿠
• 도쿄대학 교양학부 통계학교실(편)(1992). 자연과학의 통계학 도쿄대학출판회

052 Broadbent, D.E. (1954). The role of auditory localization in attention and memory span. Journal of Experimental Psychology, 47, 191–196.
• Copeland, B.J. (2012). Turing: Pioneer of the information age. Oxford: Oxford University Press.(코프랜드, B. J. 핫토리 가쓰라(服部桂)(번역)(2013). 튜링——정보 시대의 파이오니아 NTT출판)
• Gardner, H. (1985). The mind's new science: A history of the cognitive revolution. New York: Basic Books.(가드너, H. 사에키 유타카(佐伯胖)・가이호 히로유키(海保博之)(감역)(1987). 인지혁명——지식의 과학 탄생과 전개 산업도서)
• 고료 겐(御領謙) 외(1993). 최신 인지 심리

학으로 초대——마음의 기능과 구조를 탐구한다 사이언스사
• 하코다 유지(箱田裕司) 외(2010). 인지심리학 유히카쿠
• 고타니 겐(小谷賢)(2015). 인텔리전스 세계사-제2차 세계대전에서 스노덴 사건까지 이와나미쇼텐
• 미치마타 치카시(道又爾他) 외(2003). 인지심리학——지의 구조를 탐구한다 유히카쿠
• 모리 도시아키(森敏昭他) 외(1995). 그래픽 인지 심리학 사이언스사
• 오타니 다쿠시(大谷卓史)(2014). 기계와의 경재에서 인간이 이길 수 있는가. 정보관리, 56, 878–880.
• 다카오카 에이코(高岡詠子)(2014). 튜링의 계산 이론 입문——튜링 기계에서 컴퓨터로 고단샤
• 와타나베 이사오(渡辺功)(1980). 선택적 주의와 기억. 심리학평론, 23, 335–354.

053 DARPA Grand Challenge(2007). DARPA Grand Challenge '05. Retrieved from http://archive.darpa.mil/grandchallenge05/index. html (December 25, 2015)
• Mnih, V., et al. (2015). Human–level control through deep reinforcement learning. Nature, 518, 529–533.
• Pelli, D.G., & Farell, B. (1999). Why use noise? Journal of the Optical Society of America A, 16, 647–653.

054 Fantz, R.L. (1961). The origin of form perception. Scientic American, 204, 61–72.
• Farah, M.J., et al. (1998). What is "special" about face perception? Psychological Review,105, 482.
• 교바 지로(行場次朗)・하코다 유지(箱田裕司)(편저)(2014). 신・지성과 감성의 심리——인지심리학 최전선 후쿠무라출판
• 하코다 유지(箱田裕司) 외(2010). 인지심리학 유히카쿠
• 고이케 히데우미(小池秀海)(2004). 얼굴의 인지와 사건 관련 전위. 교린의회지, 35, 153–157.
• 모리카와 가즈노리(森川和則)(2012). 얼굴과 신체에 대한 모양과 크기의 착시 연구 새로운 전개——화장 착시와 복장 착시. 심리학평론, 55, 348–361.
• Rossion, B. (2014). Understanding face pe rcept ion b y means of human electrophysiology.Trends in Cognitive Sciences,18, 310–318.
• 다케하라 다쿠마(竹原卓真)・노무라 미치오(野村理朗)(편저)(2004). 얼굴 연구의 최전선 기타오지쇼보
• 요시카와 사키코(吉川左紀子) 외(편)(1993). 얼굴과 마음——얼굴의 심리학 입문 사이

언스사

055 하코다 유지(箱田裕司)·엔도 도시히코(遠藤利彦)(편저)(2015). 진짜 똑똑한 것은 무엇인가─감정 지성(EI)을 키우는 심리학 세이신쇼보

· 고이즈미 레이조(小泉令三)(2011). 사회성과 정동의 학습(SEL-8S) 도입과 실천 미네르바쇼보

· 고이즈미 레이조(小泉令三). SEL-8S 실천 모습(사진).

· Momm, T., et al. (2015). It pays to have an eye for emotions: Emotion recognition ability indirectly predicts annual income. Journal of Organizational Behavior, 36, 147-163.

· Myers, D.G. (2013). Psychology(10th ed.). New York: Worth.(마이어스, D. 무라카미 후미야(村上郁也_(번역)(2015). 마이어스 심리학 니시무라쇼텐)

· 오우에 와타루(大上渉). SEL-8D교재(사진).

· Sy, T., et al. (2006). Relation of employee and manager emotional intelligence to job satisfaction and performance.Journal of Vocational Behavior, 68, 461-473.

· 도요타 히로시(豊田弘司)·야마모토 고스케(山本晃輔)(2011). 일본판 WLEIS (Wong and Law Emotional Intelligence Scale)의 작성. 나라교육대학 교육실천종합센터 연구간행물, 20, 7-12.

· Zagorsky, J.L. (2007). Do you have to be smart to be rich? The impact of IQ on wealth, income and nancial distress. Intelligence, 35, 489-501.

056 Eibl-Eibesfeldt, I. (1970). Liebe und Haß: zur Naturgeschichte elementarer Verhaltensweisen. München: R. Piper. (에이블 아이베스펠트, I. 히다카 도시타카(日高敏隆)·구보 가즈히코(久保和彦)(번역)(1986). 사랑과 미움─인간의 기본적 행동양식과 그 자연지(신판) 미스즈쇼보)

· Ekman, P., & Friesen, W.V. (1975). Unmasking the face: A guide to recognizing emotions from facial clues. Englewood Cliffs, NJ: Prentice-Hall.(에크만, P. 프리센, W. V. 구도 쓰토무(工藤力)(번역)(1987). 표정 분석 입문──표정에 숨겨진 의미를 찾는다 세이신쇼보)

· Ekman, P., & Friesen, W.V. (1976). Pictures of facial affect. Palo Alto, CA: Consulting Psychologists Press.

057 Damasio, A.R. (1994). Descartes'error: Emotion, reason, and the human brain. New York: G.P. Putnam. (다마시오, A. R. 다나카 미쓰히코(田中彦)(번역)(2010). 데카르트의 오류 – 감정, 이성, 인간의 뇌 치쿠마쇼보)

· Klüver, H., & Bucy, P.C. (1937). Psychic blindness and other symptoms following bilateral temporal lobectomy in rhesus monkeys. American Journal of Physiology, 119, 352-353.

· Oatley, K., &Jenk ins, J.M. (1996). Under standing emotions. Cambridge, MA: Blackwell Publishers.

058 Bear, M.F., et al. (2007). Neuroscience: Exploring the brain (3rd ed.). Philadelphia: Lippincott Williams & Wilkins.(베어, M. F. 외 가토 히로시(加藤宏司) 외(감역)(2007). 베어 코너스 파라다이스 신경과학──뇌의 탐구 니시무라쇼)

· Schachter, S., & Singer, J.E. (1962). Cognitive, social, and physiological determinants of emotional state. Psychological Review, 69, 379-399.

059 Hurlock, E.B. (1925). An evaluation of certain incentives used in school work. Journal of Educational Psychology, 16, 145-159.

060 Deci, E.L. (1971). Effects of externally mediated rewards on intrinsic motivation. Journal of Personality and Social Psychology, 18, 105-115.

· 도야마 미키(外山美樹)(2011). 행동을 지속하는 힘-동기부여의 심리학 신요샤

061 Bandura, A. (1977). Self-ecacy: Toward a unifying theory of behavioral change. Psychological Review, 84, 191-215.

· Seligman, M., & Maier, S. (1967). Failure to escape traumatic shock. Journal of Experimental Psychology, 74, 1-9.

062 Greene, J.D., et al. (2001). An fMRI investigation of emotional engagement in moral judgment. Science, 14, 2105-2108.

063 Haney, C., et al. (1973). A study of prisoners and guards in a simulated prison. Naval Research Reviews, 9, 1-17.

064 Asch, S.E. (1955). Opinions and social pressure. Scientic American, 193, 31-35.

· Sherif, M. (1935). A study of some social factors in perception. Archives of Psychology, 27, 1-60.

065 Milgram, S. (1963). Behavioral study of obedience. Journal of Abnormal and Social Psychology, 67, 371-378.

· Milgram, S. (1974). Obedience to authority: An experimental view. New York: Harper &Row. (밀그램, S. 기시다 슈(岸田秀)(번역)(1995). 복종의 심리──아이히만 실험(개정판) 가와데쇼보신샤)

066 Adorno, T.W., et al. (1950). The authoritarian personality. New York: Harper &Row.(아도르노, T. W. 외 다나카 요시히사(田中義久) 외(번역)(1980). 권위주의적 퍼스낼러티 아오키쇼텐)

· Fromm, E. (1941). Escape from freedom. New York: Henry Holt and Company.(에리히 프롬, E. 히다카 로쿠로(日高六郎)(번역)(1965). 자유로부터의 도피 도쿄소겐샤)

067 Festinger, L. (1957). A theory of cognitive dissonance. Stanford, CA: Stanford University Press. (페스팅어, L. 스에나가 도시로(末永俊郎)(감역)(1965). 인지적 불협화 이론──사회심리학서설 세이신쇼보)

· Festinger, L., &Carlsmith, J.M. (1959). Cognitive consequences of forced compliance. Journal of Abnormal and Social Psychology, 58, 203-210.

068 Bandura, A. (1965). Inuence of model's reinforcement contingencies on the acquisition of imitative responses. Journal of Personality and Social Psychology, 1, 589-595.

· Bandura, A., et al. (1963). Imitation of filmmediated aggressive models. Journal of Abnormal and Social Psychology, 66, 3-11.

069 Berglas, S., & Jones, E.E. (1978). Drug choice as a self-handicapping strategy in response to noncontingent success. Journal of Personality and Social Psychology, 36, 405-417.

· 스기야마 다카시(杉山崇)(편)(2015). 입문! 산업사회심리학 호쿠쵸출판

070 Latané, B., & Darley, J.M. (1968). The unresponsive bystander: Why doesn't he help? New York: Appleton-Century-Crofts. (라타네, B. 달리, J. M. 다케무라 겐이치(竹村研一) 외(번역)(1977). 냉담한 방관자──배려의 사회심리학 브레인출판)

071 스기야마 다카시(杉山崇)(편)(2015). 입문! 산업사회심리학 호쿠쵸출판

· Zajonc, R.B. (1968). Attitudinal eects of mere exposure. Journal of Personality and Social Psychology, 9 (2, Pt.2), 1-27.

072 Cohen, C.E. (1981). Person categories and social perception: Testing some boundaries of the processing effects of prior knowledge. Journal of Personality and Social Psychology, 40, 441-452.

· 스기야마 다카시(杉山崇)(편)(2015). 입문! 산업사회심리학 호쿠쵸출판

073 Sherif, M., et al. (1961). Intergroup conflict and cooperation: The Robbers Cave experiment. Norman, OK: Univer sity Book Exchange.

• 스기야마 다카시(杉山崇)(편)(2015). 입문! 산업사회심리학 호쿠죠출판

074 Deymos.HR/Shutterstock.com

• Dutton, D.G.,&Aron, A.P. (1974). Some evidence for heightened sexual attraction under conditions of high anxiety. Journal of Personality and Social Psychology, 30, 510–517.

• 오치 케이타(越智啓太)(2015). 연애의 과학——만남과 헤어짐을 둘러싼 심리학 실무교육출판

• White, G.L., et al. (1981). Passionate love and the misattribution of arousal. Journal of Personality and Social Psychology, 41, 56–62.

075 Allport, F.H. (1924). Social psychology. Boston: Houghton Miin.

• Triplett, N. (1898). The dynamogenic factors in pacemaking and competition. American Journal of Psychology, 9, 507–533.

• Zajonc, R.B. (1965). Social facilitation. Science, 149, 269–274.

076 후쿠다 유키(福田由紀)(편저)(2010). 심리학 요론——마음의 세계를 탐구한다 바이후칸

• McCrae, R.R.,&Costa, P.T., Jr. (1985). Updating Norman's "adequate taxonomy" : Intelligence and personality dimensions in natural language and in questionnaires. Journal of Personality and Social Psychology, 49, 710–721.

• Norman, W.T. (1963). Toward an adequate taxonomy of personality attributes: Replicated factor structure in peer nomination personality ratings. Journal of Abnormal and Social Psychology, 66, 574–583.

077 Mayo, E. (1933). The human problems of an industrial civilization. New York: Viking Press.(메이요, E. 무라모토 에이이치(村本栄一)(번역)(1967). 산업문명의 인간 문제——호손 실험과 그 전개 일본능률협회)

• Taylor, F.W. (1911). The principles of scientific management. New York: Harper.(테일러 , F. W. 우에노 요이치(上野陽一)(편역)(1969). 과학적 관리법 산업능률단기대학 출판부)

078 Bandura, A. (1997). Self-efficacy: The exercise of control. New York: Freeman.

• Castellan, N.J., Jr. (Ed.) (1993). Individual and group decision making: Current issues.Hillsdale, NJ: LEA.

• McGrath, J.E. (1964). Social psychology:

A brief introduction. New York: Holt, Rinehart&Winston.

• 야마구치 히로미치(山口裕幸)(2008). 팀워크 심리학——보다 좋은 집단을 만들기 위하여 사이언스사

079 후쿠다 유키(福田由紀)(편저)(2010). 심리학 요론——마음의 세계를 탐구한다 바이후칸

080 후쿠다 유키(福田由紀)(편저)(2010). 심리학 요론——마음의 세계를 탐구한다 바이후칸

081 후쿠다 유키(福田由紀)(편저)(2010). 심리학 요론——마음의 세계를 탐구한다 바이후칸

082 후쿠다 유키(福田由紀)(편저)(2010). 심리학 요론——마음의 세계를 탐구한다 바이후칸

083 나가미네 다카히코(長嶺敬彦)(2006). 항정신병 약의 신체 부작용 의학서원

084 스기야마 다카시(杉山崇) 외(편)(2007). 앞으로의 심리임상——기초심리학과 통합ㆍ절충적 심리요법의 컬래버레이션 나카니샤출판

• 스기야마 다카시(杉山崇) 외(편)(2015). 기억심리학과 임상심리학의 컬래버레이션 기타오지쇼보

085 Lader, M.H., et al. (Eds.) (2006). Sleep and sleep disorders: A neuropsychopharmacological Approach. New York: Springer.

• OECD (2014). Balancing paid work, unpaid work and leisure. Retrieved from http://www.oecd.org/gender/data/balancingpaidworkunpaidworkandleisure.htm (December 25, 2015)

086 Rasch, B.,&Born, J. (2013). About sleep's role in memory. Physiological Reviews, 93, 681–766.

087 구제 고지(久世浩司)(2014). 자녀와 함께 키우는 꺾이지 않는 마음——탄력성을 단련하는 레슨 20 지츠쿄노니혼샤

• meunierd/Shutterstock.com

• Rena Schild/Shutterstock.com

088 아코 히로시 (安香宏)(2008). 범죄심리학의 초대——범죄ㆍ비행을 통해 인간을 생각한다 사이언스사

• Lombroso, C., et al. (2006). Criminal man. Durham, NC: Duke University Press.

• Raine, A. (2013). The anatomy of violence: The biological roots of crime. New York: Pantheon Books.(레인, A. 타카하시 요(高橋洋)(번역)(2015). 폭력의 해부학——신경범죄학으로 초대 기노쿠니야쇼텐)

• Raine, A., et al. (1994). Selective reductions in pref rontal glucose metabolism

in murderers.Biological Psychiatry, 36, 365–373.

• Raine, A., et al. (1998). Prefrontal glucose deficits in murderers lacking psychosocial deprivation.Cognitive and Behavioral Neurology,11, 1–7.

• Rowe, D.C. (2002). Biology and crime. Los Angeles: Roxbury.(로, D. C. 츠토미 히로시(津富浩)(번역)(2009). 범죄심리학——유전ㆍ진화ㆍ환경ㆍ윤리 기타오지쇼보)

• 우치다 마리카(内田麻理香)(2015). 평 <폭력의 해부학——신경범죄학의 초대>. 마이니치신문, 2015년 4월 5일(조간).

089 Canter, D. (2000). Offender profiling and criminal differentiation. Legal and Criminological Psychology, 5, 23–46.

• Douglas, J.E., et al. (1986). Criminal profiling from crime scene analysis. Behavioral Sciences & the Law, 4, 401–421.

• Ressler, R.K., et al. (1988). Sexual homicide: Patterns and motives. Lexington, MA: Lexington Books.

090 아베 노부히토(阿部修士)(2015). 거짓말쟁이와 정직한 사람 뇌의 메커니즘. 심리학 월드, 71, 13–20.

• Davies, G.M.,&Beech, A. R. (Eds.)(2012). Forensic psychology: Crime, justice, law, interventions. Chichester: BPS Blackwell.

• 기시 야스아키(岸靖亮)(2011). 기만의 메커니즘에 대한 연구——뇌 기능 및 마음 이론과의 관련성. 홋카이도대학 대학원 교육학연구원간행물, 114, 21–39.

• Langleben, D.D., et al. (2002). Brain activity during simulated deception: An eventrelated functional magnetic resonance study.Neuroimage, 15, 727–732.

• 나가미네 미쓰에(永岑光恵)(2008). 거짓말ㆍ속임의 신경과학적 연구의 현재와 전망-허위 검출의 관점에서. 과학기초론연구, 35, 93–101.

• 오치 케이타(越智啓太)(편)(2005). 범죄심리학 아사구라쇼텐

091 이치노세 게이이치로(一瀬敬一郎) 외(편저)(2001). 목격 증언 연구——법과 심리학의 가교 역할 기타오지쇼보

• Loftus, E.F. (1979). Eyewitness testimony. Cambridge, MA: Harvard University Press. (로프터스, E. F. 니시모토 다케히코(西本武彦)(번역)(1987). 목격자의 증언 세이신쇼보)

092 Chiles, J.R. (2002). Inviting disaster: Lessons from the edge of technology. New York: Harper Business.(로프터스, J. R. 다카하시 겐지(高橋健次)(번역)(2006). 최악의 사고가 일어나기까지 사람은 뭘 하고 있었는가 소시샤)

- 하가 시게루(芳賀繁)(2000). 실패의 메커니즘──분실물에서부터 대형 사고까지 일본출판서비스
- 이마나카 데쓰지(今中哲二)(2007). 체르노빌 원전 사고──무슨 일이 일어났는가. Retrieved from http://www.rri.kyoto-u.ac.jp/NSRG/Chernobyl/kek07-1.pdf (January 15, 2016)
- 이노우에 고와시(井上毅)·사토 고이치(佐藤浩一)(편저)(2002). 일상 인지심리학 기타오지쇼보
- 가이호 히로유키(海保博之)·다나베 후미야(田辺文也)(1996). 휴먼 에러-오류로 보는 사람과 사회의 심층 신요샤
- 고마쓰바라 아키노리(小松原明哲)(2008). 휴먼 에러(제2판) 마루젠출판
- 마에다 소로쿠(前田荘六)(2003). 가공의 위기 관리. 지성과정보, 15, 29-36.
- 나카타 도오루(中田亨)(2013). 휴먼 에러를 막는 지혜 아사히신문출판사
- 오야마 다다스(大山正)·마루야마 야스노리(丸山康則)(편)(2001). 휴먼 에러의 심리학──의료·교통·원자력 사고는 왜 일어나는가 레이타쿠대학출판회

093 Greenleaf, R.K. (2002). Servant leadership: A journey into the nature of legitimate power&greatness (25th anniversary ed.). New York: Paulist Press.(그린리프, R. K. 가나이 도시히로(金井壽宏)(감역)(2008). 서번트 리더십 에이지출판)
- Kouzes, J.M., & Posner, B.Z. (1993). Credibility: How leaders gain and lose it, why people demand it. San Francisco: Jossey-Bass.
- 미스미 쥬지(三隅二不二)(1984). 리더십 행동의 과학 유히카쿠
- Stogdill, R.M. (1974). Handbook of leadership: A survey of theory and research. New York: Free Press.

094 Bettman, J.R. (1979). An information processing theory of consumer choice. Reading, MA: Addison-Wesley.
- Petty, R.E., & Cacioppo, J.T. (1986). Communication and persuasion: Central and peripheral routes to attitude change. New York: Springer-Verlag.
- Robertson, T.S., & Kassajian, H.H. (Eds.) (1991). Handbook of consumer behavior. Englewood Clis, NJ: Prentice Hall.
- 스기모토 데쓰오(杉本徹雄)(편)(2012). 신소비자 이해를 위한 심리학 후쿠무라출판
- 다케무라 가즈히사(竹村和久)(1994). 프레이밍 효과의 이론적 설명──위험 상황에서 하는 의사결정의 상황 의존적 초점 모델. 심리학평론, 37, 270-293.

- 다케무라 가즈히사(竹村和久)(1996). 의사결정의 심리-그 과정 탐구 후쿠무라출판
- Tversky, A., & Kahneman, D. (1981). The framing of decisions and the psychology of choice. Science, 211, 453-458.

095 다이보 이쿠오(大坊郁夫)(편)(2001). 화장 행동의 사회심리학──화장하는 인간의 마음과 행동 기타오지쇼보
- Etcoff, N. (2011). Survival of the prettiest: The science of beauty. New York: Anchor.
- 오치 케이타(越智啓太)(2015). 연애의 과학──만남과 헤어짐을 둘러싼 심리학 실무교육출판

096 Blanke, O., et al. (2002). Neuropsychology: Stimulating illusory own-body perceptions. Nature, 419, 269-270.
- Blanke, O., et al. (2004). Out-of-body experience and autoscopy of neurological origin. Brain, 127, 243-258.
- Blanke, O., et al. (2005). Linking out-of-body experience and self processing to mental own-body imagery at the temporoparietal junction. Journal of Neuroscience, 25, 550-557.
- 오치 케이타(越智啓太)(2014). 만들 수 있는 허위 기억──당신의 추억은 진짜인가? 화학동인

097 Appelle, S. (1996). The abduction experience: A critical evaluation of theory and evidence. Journal of UFO Studies, 6, 29-78.
- Clancy, S.A., et al. (2002). Memory distortion in people reporting abduction by aliens. Journal of Abnormal Psychology, 111, 455-461.
- Mack, J.E. (1995). Abduct ion: Human encounters with aliens. New York: Del Rey. 오치 케이타(越智啓太)(2014). 만들 수 있는 허위 기억──당신의 추억은 진짜인가? 화학동인

098 Broughton, R.S. (1991). Parapsychology: The controversial science. New York: Ballantine Books.
- Cardena, E., et al. (Eds.) (2015). Parapsychology: A handbook for the 21st century. Jefferson, NC: McFarland.
- 이시카와 마사토(石川幹人)(2012). 초심리학──봉인된 불가사의 과학 기노쿠니야쇼텐
- 가사하라 도시오(笠原敏雄)(편)(1987). 코뿔소의 싸움터──초심리학 논쟁전사 헤이본샤

099 아리스토텔레스 도쓰카 시치로(戸塚七郎)(번역)(1992). 변론술 이와나미쇼텐
- 라마찬드란, V. S. 로저스＝라마찬드란, D. 기타오카 아키요시(北岡明佳)(감수)(2010).

지각은 환상──라마찬드란이 말하는 착각의 뇌과학 닛케이 사이언스 별책 174
- Salsburg, D. (2001). The lady tasting tea: How statistics revolutionized science in the twentieth century. New York: W.H. Freeman. (살스버그, D. 다케우치 요시유키(竹内惠行)·구마가이 에쓰오(熊谷悦生)(번역)(2006). 통계학을 개척한 뛰어난 사람들──경험에서 과학으로 진전한 한 세기 일본경제신문사)
- 도쿄대학 교양학 통계학교실(편)(1992). 자연과학의 통계학 자연과학의 통계학 도쿄대학출판회

100 King, D.B., et al. (2015). A history of psychology: Ideas and context (5th ed.). London: Routledge.
- 니시카와 야스오(西川泰夫)·다카스나 미키(高砂美樹)(2010). 심리학사(개정판) 방송대학교육진흥회
- 우메모토 다카오(梅本堯夫)·오야마 다다스(大山正)(편저)(1994). 심리학사로 초대──현대 심리학의 배경 사이언스사

* 본문의 도표 중 위의 문헌을 참조하여 작성한 것은 모두 문헌에서 일부 수정해 게재했다.

색인

편집 후기

지금까지 나온 책과는 좀 다른 유니크한 심리학 입문서라고 생각한다. 서점에 가면 심리학 입문서는 이미 많이 나와 있다. 심리학 개별 주제를 쉽게 설명한 책도 있고, 일이나 의사소통에 도움이 되는 심리학 테크닉을 소개한 것 등 종류도 다양하다.

이 책에서 집필자가 의도한 것은 심리학을 독자 여러분이 현실 학문으로서 즐기며 배울 수 있는 입문서를 만드는 것이었다. 내용은 심리학의 주요 영역인 인지심리학과 사회심리학, 발달심리학, 임상심리학 그리고 최근 들어 발달이 현저한 뇌신경과학적인 접근에 의한 심리학 연구와 진화심리학 중에서 주요 주제와 새로운 견해가 속속 보고되고 있는 화제 100가지를 골라 구성했다. 지면은 보기만 해도 즐거운 도표를 대담하게 배치해 올 컬러로 꾸몄다. 현대의 심리학에 절대 빼놓을 수 없는 기본적인 주제도 망라했으므로 이 책을 통독하면 심리학의 기본과 최전선 연구 성과를 모두 알 수 있을 것이다.

집필하면서 심리학을 처음 접하는 고등학생 정도의 젊은 사람들도 읽고 이해할 수 있게 학문적인 수준을 유지하면서 가능하면 알기 쉽게 기술하려고 애를 썼다. 한편 심리학에 대해 이미 일정 지식을 갖고 있는 독자에게도 만족할 만한 책이 되도록 새로운 시점이나 견해도 담았다. 이 책의 집필자는 모두 연구와 실천의 최전선에서 활약하는 현역 심리학자들이다. 이 책은 말하자면 우리가 생각하는 '심리학 중에 가장 재미있는 것'을 응축한 한 권이라 할 수 있다. 독자 여러분이 이 책을 통해 심리학을 배우는 길로 들어서거나 심리학에 더 흥미를 갖게 된다면 이보다 기쁜 일은 없을 것이다.

이 책의 글머리에도 언급한 것처럼 심리학의 미션은 인간 행동에 관한 법칙을 밝히는 것이다. 지금 심리학의 세계는 뇌신경과학과 생물학, 인류학, 사회학 등 인접하는 학문 영역과 협력에 의해 새로운 견해가 속속 나오고 있다. 한편 실천 면에서도 교육이나 의료, 경제 활동, 범죄 조사를 비롯한 현실 사회와의 접점이 더욱 넓어지고 있어 날로 변화하는 재미있는 시대를 맞고 있다. 독자 여러분에게 이 책이 이런 마음을 둘러싼 탐구 여행을 하는 데 좋은 나침반이 되었으면 좋겠다.

이 책은 애초에 소겐샤 가시하라 다카히로 씨가 기획했다. 가시하라 씨는 일러스트 선정과 주제를 정하는 데도 참여해 많은 조언을 해주었다. 그가 없었다면 이 책은 이 세상에 나올 수 없었을 것이다. 그리고 집필진의 한 사람인 오우에 와타루 선생은 멋진 원고를 써주었을 뿐 아니라 집필진 선정에도 편자(編者) 이상으로 열심히 해주었다. 이 자리를 빌려 이 두 분께 감사 인사를 드린다.

우리 심리학자가 매일 교육과 연구에 매진할 수 있는 것은 무엇보다 호기심 왕성한 학생들이 있기 때문이다. 이런 의미에서는 우리의 에너지원인 모든 학생 여러분에게 감사하지 않을 수 없다.

오치 케이타

편자 소개

오치 케이타(越智啓太)
호세이대학 문학부 교수. 전 경시청 과학수사연구소 연구원. 임상심리사. 전문은 범죄심리학과 인지심리학. 저서에는 《미인의 정체》, 《사례로 배우는 범죄심리학》, 《만들어지는 거짓 기억》, 《연애의 과학》, 《범죄 수사의 심리학》 등이 있다.

집필자 소개

이케다 히로시(池田 浩)
규슈대학 대학원 인간환경학연구원 준교수. 심리학 박사. 전문은 사회심리학, 산업·조직심리학. 주요 저서에는 《행동 특성(컴피텐시)과 팀 매니지먼트 심리학》, 《인적 자원 매니지먼트》, 《선취 지향의 심리학》, 《직장의 포지티브 멘탈 헬스》 등이 있다.

우치노 야시오(内野八潮)
규슈대학 대학원 인간환경학연구원 학술협력연구원. 인간환경학 박사. 전문은 인지심리학. 주요 저서와 논문에는 《심리학 A to B》, 《선화 재인 기억의 비대칭적 혼동 효과》, 《변화 검출의 경우, 추가·삭제의 비대칭성과 위화감》, 《The role of "iwaken" in the asymmetric effect of additions versus deletions on recognition memory for pictures》 등이 있다.

오우에 와타루(大上 涉)
후쿠오카대학 인문학부 준교수. 전문은 인지심리학과 범죄심리학. 주요 저서에는 《심리학》, 《진짜 지혜로운 것은 무엇인가》, 《일본 국내 테러조직의 범행 패턴》, 《흉기의 시각적 특징이 목격자의 인지에 미치는 영향》, 《범죄 현장에 남은 혈흔의 지각 우위성》 등이 있다.

가이 에리나(甲斐恵利奈)
자동차 관련 메이커 글로벌 고객시장조사부 근무. 호세이대학 대학원 인문과학연구과 박사 과정 재학. 전문은 마케팅 심리학, 사회심리학. 주요 논문에 《Possibility of self-presenting personality to predict product selection》, 《광고에 대한 소비자의 반응》 등이 있다.

사야마 나나오(佐山七生)
의료기관과 교육기관 근무. 호세이대학 대학원 인문과학연구과 박사 과정 재학. 임상심리사. 전문은 임상심리학, 사회심리학. 주요 논문에는 《Waist-to-chest ratio(WCR)와 Somatotype이 (여성이 본) 남성의 외견적 매력에 주는 영향》, 《데이트 폭행·학대 척도의 작성과 분석》 등이 있다.

스기야마 다카시(杉山 崇)
가나가와대학 인간과학부 교수. 임상심리사. 전문은 인격심리학과 사회심리학, 임상심리학. 저서와 논문에는 《입문! 산업 사회심리학》, 《사례로 배우는 기초 심리학 활용법》, 《임상심리학의 '자기'》 등이 있다.

마쓰모토 노보루(松本 昇)
일본학술진흥회 특별연구원. 쓰쿠바대학 대학원 인간종합연구과 박사 과정 재학 중. 임상심리사. 전문은 인지임상심리사. 저서와 논문에는 《기억 심리학과 임상심리학의 컬래버레이션》, 《억울과 자전적 기억의 포괄화》, 《PTSD의 기억 장애》 등이 있다.

미쓰도 다카코(光藤崇子)
일본학술진흥회 특별연구원 RPD. 큐슈대학 대학원 의학연구원 소속. 인간환경학 박사. 전문은 인지심리학과 인지과학. 주요 저서에는 《신학 사전》, 《쉽게 알 수 있는 정서 발달》, 《Perceptual inequality between two neighboring time intervals defined by sound markers》, 《Cortical activity associated with the detection of temporal gaps in tones》 등이 있다.

미쓰도 히로유키(光藤宏行)
규슈대학 대학원 인간환경학연구원 준교수. 인간환경학박사. 전문은 지각심리학. 주요 저서와 논문에는 《의사소통과 공통체》, 《인지심리학 핸드북》, 《선취 지향의 학제 연구》, 《Inferring the depth of 3-D objects form tactile spatial information》, 《Vertical size disparity and the correction of stereo correspondence》 등이 있다.

심리학 비주얼 백과

2019. 2. 15. 초 판 1쇄 인쇄
2019. 2. 23. 초 판 1쇄 발행

지은이 │ 오치 케이타
옮긴이 │ 김선숙
펴낸이 │ 이종춘
펴낸곳 │ BM (주)도서출판 성안당
주소 │ 04032 서울시 마포구 양화로 127 첨단빌딩 5층(출판기획 R&D 센터)
　　　 │ 10881 경기도 파주시 문발로 112 출판문화정보산업단지(제작 및 물류)
전화 │ 02) 3142-0036
　　　 │ 031) 950-6300
팩스 │ 031) 955-0510
등록 │ 1973. 2. 1. 제406-2005-000046호
출판사 홈페이지 │ **www.cyber.co.kr**
ISBN │ 978-89-315-8744-9 (03180)
정가 │ **19,000원**

이 책을 만든 사람들

책임 │ 최옥현
진행 │ 김해영
교정·교열 │ 신정진
표지·본문 디자인 │ 앤미디어
홍보 │ 정가현
국제부 │ 이선민, 조혜란, 김혜숙
마케팅 │ 구본철, 차정욱, 나진호, 이동후, 강호묵
제작 │ 김유석

■ **도서 A/S 안내**

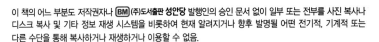

성안당에서 발행하는 모든 도서는 저자와 출판사, 그리고 독자가 함께 만들어 나갑니다.
좋은 책을 펴내기 위해 많은 노력을 기울이고 있습니다. 혹시라도 내용상의 오류나 오탈자 등이 발견되면 "좋은 책은 나라의 보배"로서 우리 모두가 함께 만들어 간다는 마음으로 연락주시기 바랍니다. 수정 보완하여 더 나은 책이 되도록 최선을 다하겠습니다.
성안당은 늘 독자 여러분들의 소중한 의견을 기다리고 있습니다. 좋은 의견을 보내주시는 분께는 성안당 쇼핑몰의 포인트(3,000포인트)를 적립해 드립니다.
잘못 만들어진 책이나 부록 등이 파손된 경우에는 교환해 드립니다.